フェイバリット　英単語・熟語〈テーマ別〉

コーパス
3000

大学入試完全対応

CEFR参照レベル　A1　A2　B1　B2

東京外国語大学

投野由紀夫 監修

東京書籍

はしがき

Hello, everyone!

『フェイバリット英単語・熟語〈テーマ別〉コーパス 3000 4th Edition』へようこそ！

この単語集は，2020 年からの新学習指導要領に基づいて行われる新しい英語教育を見据えて，好評頂いていた旧版を全面リニューアルしたものです．その特長は以下の4つのポイントにあります．

ポイント1：国際標準 CEFR に準拠

外国語教育で世界標準となりつつある「ヨーロッパ言語共通参照枠（CEFR）」．日本でも，大学入試における4技能試験が CEFR レベル判定で行われます．『コーパス 3000』はその CEFR レベルに完全対応．CEFR の単語レベルを明示しました．この『コーパス 3000』は A2〜B1レベルをカバーしています．易しいレベルからスタートするので，着実に無理なく単語を増やすことができます．A2レベルの基本 2000 語で，話し言葉の約9割をカバーすることができます．『コーパス 3000』を用いれば，スピーキングに必要な単語力を身につけることができます．

ポイント2：充実した「チャンク」情報

『コーパス 3000』では見出し語とその意味だけでなく，その語のよく使われる形である「チャンク」を載せています．「チャンク」は，英語を話したり書いたりするときに使うことができます．単語を「チャンク」として，ほかの単語とセットで覚えることで，4技能試験，特にスピーキング試験に対応するために必要な，実践的な単語力が習得できます．

ポイント3：重要構文にフォーカス

単語，特に動詞は，実際の入試問題において，さまざまな構文で使われます．それらの構文を正確に理解するには，構文の使い方を具体的に示す例文が必要です．『コーパス 3000』では，1つの単語が持つ主要な構文が「重要構文」として➡で示され，そのすべてに例文が対応しています．「重要構文」とその例文を学習すれば，読解力の増強とライティング力の向上につながります．

ポイント4：信頼のあつい「コーパス」情報

書名にもなっている「コーパス（corpus）」とは，大規模言語データベースです．『コーパス 3000』は，このデータベースを用いて作られています．コーパスによる使用頻度と用法の高度な分析に基づいていることが，この単語集が多くの学校から支持されている理由です．A2レベルの基本 2000 語は active vocabulary（発信語彙㊙）として使えるように，3000 語レベルから先の passive vocabulary（受信語彙）は数多く覚える，というアプローチは今回も不変です．

このような特長をもった『コーパス 3000』を使えば，4技能試験に対応できる高度な英語力が身につきます．いつも手もとに置いて，同じ単語を最低5回は復習しましょう．音声を聞いて，繰り返し暗唱しましょう．覚えた単語やチャンクを授業中にどんどん話したり書いたりしましょう．きっとこの単語集の素晴らしさがわかるはずです．

Good luck!

東京外国語大学教授　投野由紀夫

目　次

本書の特長と使い方

【全体の構成】

本書は８つの STAGE と２つの FINAL STAGE で構成されています．各 STAGE は見開き２ページを１単位とする LESSON と，後述する特設ページにより構成されています．

【STAGE について】

1. 見出し語句

全国国公私立大学の入試問題と高校の英語教科書の英文をデータベース化し，（このようなデータベースを「コーパス」と呼びます），それを基に，大学入試に必要とされる，「3000 語レベル」の単語と熟語を厳選しました．

＊大学入試問題コーパスに加えて，世界最大規模（約１億語）の言語データベース BNC（British National Corpus）も用いることにより，内容の精度を高めました．

[内訳と数]
見出し(熟)語 1773 項目／関連語・対義語 1079 項目／
特設ページで学ぶ語句 463 項目　　　　　　計 3315 項目

2. テーマ・平均単語レベル

記憶に残りやすいよう，単語をテーマ別に収録しました．単語の収録順については難易度にも配慮しました．平均して，STAGE 1-2 では「高校基礎」，STAGE 3-4 では「高校標準」，STAGE 5-6 では「高校発展」，STAGE 7-8 では「大学入試」レベルの語句を学習します．STAGE 1 から STAGE 8 まで，段階的に 3000 語レベルの語彙(※)が習得できる構成になっています．

3. STAGE 扉のグラフ

学習する見出し語の平均使用頻度の推移（高→低）を STAGE ごとに図式化したものです．前半の STAGE では使用頻度の高い基本語を学びます．後半の STAGE では，使用頻度はやや低いものの，入試問題において「かぎ」となる難解な語を学びます．

4. 見出し語の CEFR 参照レベル＊

A１から B２まで，４つのレベルがあります．A１は小学校〜中学１年程度，A２は中学２年〜高校１年程度，B１は高校２年〜大学受験レベル，B２は大学受験〜大学教養レベルです．

＊『CEFR-J Wordlist Version 1.5』東京外国語大学投野由紀夫研究室．
（URL: http://www.cefr-j.org/download.html#cefrj_wordlist より
2019 年５月ダウンロード）

5. 重要構文

英単語の中には，意味を知るだけでは不十分なものがあります．そのような単語は，意味だけ知っていても，その語が文中で使われている「構文」がわからなければ，英文の構造と内容を正確に読み取ることはできません．本書では，コーパスを駆使してそれらを抽出し，☞で示しました．

6. チャンク

単語は単体でバラバラに覚えるよりも，ほかの単語といっしょにフレーズとして覚えたほうが記憶に残りやすいといわれています．本書では単語のよく使われるフレーズを「チャンク」として取り上げ，チャンク マークを付けました．チャンクとは「かたまり」という意味です．

【FINAL STAGE】

難関大学入試対策を盤石にする，語彙力のさらなる強化を目的に設けました．ここで学習する 300 語は，国公立大学 40 校と私立大学 26 校の入試問題を分析し，厳選したものです．どの単語も難関大学を攻略するためには欠かせません．

【特設ページ】

さまざまな場面で役立つ 463 項目を学習します．見出し番号にS（supplementary「補足の」）をつけて，LESSON の見出し語句と区別しています．

1. 基本単語コーパス道場

基本単語のよく使われる形を学習します．

2. A Day in English

高校生の1日を英語でたどります．

3. イラストで覚える英単語

さまざまなテーマの語句をイラストを用いて学習します．

【発音表記】

見出し語の発音は，国際音標文字を用いた発音記号と仮名表記で示しました（p. 7の「発音記号と仮名表記」参照）．

【赤フィルター】

単語を覚えるときの助けとなるよう，付属の赤フィルターを使って，繰り返し学習してください．

主な記号

（ ）	語義の補足説明・省略可能な文字情報・伴われることの多い前置詞などの語
〈 〉	動詞の主語・目的語，前置詞の目的語，形容詞の被修飾語などになる可能性の高い語
［ ］	発音記号と仮名表記・言い換え表現
⬚ 発音	発音に注意すべき語
⬚ アクセント	アクセントの位置に注意すべき語
過去	不規則動詞の過去形
過分	不規則動詞の過去分詞
過去・過分	不規則動詞の過去形・過去分詞
比較	不規則変化する形容詞・副詞の比較級
最上	不規則変化する形容詞・副詞の最上級
複数	不規則変化する名詞の複数形
⬚	重要構文
◆	語法注記・参考情報
関連	派生関係にある語句や意味上関連のある語句
対義	対になる意味をもつ語句
⬚	コラム
⬚	直訳した表現
×	正しくない表現
道場	コーパス道場の掲載ページ

間	間投詞	形	形容詞
助	助動詞	接	接続詞
前	前置詞	代	代名詞
動	動詞	副	副詞
名	名詞		

発音記号と仮名表記

●母音

発音記号	仮名表記	例		発音記号	仮名表記	例	
[i:]	[イー]	eat	[íːt	イート]	[ʌ]	[ア]	up	[ʌ́p	アップ]
[i]	[イ]	it	[ít	イット]	[ɑ:]	[アー]	calm	[kɑ́ːm	カーム]
	[エ]	village	[vílidʒ	ヴィれッヂ]	[ɑ:r]	[アー]	car	[kɑ́ːr	カー]
[e]	[エ]	every	[évri	エヴリ]	[ɑ]	[ア]	fog	[fɑ́g	ふアッグ]
[æ]	[あ]	apple	[ǽpl	あプる]	[u:]	[ウー]	noon	[núːn	ヌーン]
[ə]	[ア]	about	[əbáut	アバウト]	[u]	[ウ]	look	[lúk	るック]
	[イ]	animal	[ǽnəml	あニムる]	[ɔ:]	[オー]	all	[ɔ́ːl	オーる]
	[ウ]	today	[tədéi	トゥデイ]	[ɔ:r]	[オー]	form	[fɔ́ːrm	ふォーム]
	[エ]	absent	[ǽbsənt	あブセント]	[ei]	[エイ]	aim	[éim	エイム]
	[オ]	collect	[kəlékt	コれクト]	[ai]	[アイ]	I	[ái	アイ]
[ər]	[ア]	letter	[létər	れタ]	[ɔi]	[オイ]	oil	[ɔ́il	オイる]
[əːr]	[ア〜]	early	[áːrli	ア〜り]	[au]	[アウ]	out	[áut	アウト]
				[iər]	[イア]	ear	[íər	イア]
				[eər]	[エア]	air	[éər	エア]
				[uər]	[ウア]	your	[júər	ユア]
				[ou]	[オウ]	old	[óuld	オウるド]

●子音

発音記号	仮名表記	例		発音記号	仮名表記	例	
[p]	[プ]	play	[pléi	プれイ]	[ʃ]	[シ]	ash	[ǽʃ	アッシ]
[b]	[ブ]	book	[búk	ブック]	[ʒ]	[ジ]	usually	
[t]	[ト]	hat	[hǽt	ハぁット]				[júːʒuəli	ユージュアり]
	[トゥ]	try	[trái	トゥライ]	[h]	[ハ]	hand	[hǽnd	ハぁンド]
[d]	[ド]	bed	[béd	ベッド]	[m]	[マ]	man	[mǽn	マぁン]
	[ドゥ]	dry	[drái	ドゥライ]		[ン]	stamp	
[k]	[ク]	clear	[klíər	クりア]				[stǽmp	スタぁンプ]
[g]	[グ]	grill	[gríl	グリる]	[n]	[ナ]	nice	[náis	ナイス]
[tʃ]	[チ]	teach	[tíːtʃ	ティーチ]		[ン]	pen	[pén	ペン]
[dʒ]	[ヂ]	age	[éidʒ	エイヂ]	[ŋ]	[ング]	king	[kíŋ	キング]
[ts]	[ツ]	hats	[hǽts	ハぁッツ]		[ン]	finger	
[dz]	[ヅ]	beds	[bédz	ベッヅ]				[fíŋgər	ふィンガ]
[f]	[ふ]	life	[láif	らいふ]	[l]	[ら]	love	[lÁv	らヴ]
[v]	[ヴ]	live	[lív	りヴ]	[r]	[ラ]	right	[ráit	ライト]
[θ]	[す]	cloth		[j]	[イ]	yes	[jés	イェス]
			[klɔ́(ː)θ	クろ(ー)す]		[ユ]	you	[júː	ユー]
[ð]	[ず]	with	[wíð	ウィず]	[w]	[ワ]	one	[wÁn	ワン]
[s]	[ス]	sky	[skái	スカイ]		[ウ]	wall	[wɔ́ːl	ウォーる]
[z]	[ズ]	is	[íz	イズ]				

＊発音記号では，最も強く発音する部分に第1アクセント（´）が，その次に強く発音する部分に第2アクセント（`）が付いています．仮名表記では第1アクセントのある箇所を太字にしました．

＊日本語にはない発音を特に平仮名で示しました．

7

覚えておきたい接頭辞

接頭辞	意味と例
a-	「…（の状態）に」 sleep（睡眠） → **a**sleep（眠って）
bi-	「2」「2つ」 **bi**cycle（自転車，2輪車）
bio-	「生命」**bio**logy（生物学）
co-, **com**-	「いっしょに」「共同」 **co**operation（協力） **com**pany（会社）
de-	「下降」**de**crease（減る）
dis-	「否定」「反対」 appear（現れる） → **dis**appear（姿を消す）
en-	「…（の状態）にする」 rich（豊富な） → **en**rich（豊かにする）
ex-	「外」「外側」 **ex**port（輸出する）
extra-	「…（の範囲）外の」 「…以外の」 ordinary（ふつうの） → **extra**ordinary （並みはずれた）
il-, **im**-, **in**-	「否定」「反対」 legal（合法的な） → **il**legal（違法な） possible（可能な） → **im**possible（不可能な） correct（正しい） → **in**correct（不正確な）
im-, **in**-	「中に[へ]」 **im**port（輸入する） **in**put（入力）
inter-	「…間の」 national（国家の） → **inter**national （国家間の）
mid-	「中の」「中間の」 **mid**summer（真夏） **mid**night（（真）夜中）

接頭辞	意味と例
mis-	「誤り」「悪い」 calculate（計算する） → **mis**calculate （計算を誤る） fortune（運） → **mis**fortune（不運）
multi-	「多くの」「多数の」 **multi**cultural（多文化の）
non-	「否定」 sense（正気） → **non**sense （ばかげたこと）
out-	「外」「外側」 **out**door（屋外の） **out**put（出力）
pre-	「前の」 **pre**war（戦前の） **pre**school（就学前の）
re-	「再び」「…し直す」 turn（回る） → **re**turn（戻る）
sub-	「下」「副」「細分」 **sub**way（地下鉄） **sub**title（副題）
trans-	「移動」「横断」 **trans**port（輸送する） **trans**plant（移植）
un-	「否定」「反対」 happy（幸福な） → **un**happy（不幸な） lock（錠を下ろす） → **un**lock（錠をあける）

覚えておきたい接尾辞

接尾辞	意味と例
-able	「…できる」「…の性質の」 believ**able**（信じられる） comfort**able**（心地よい）
-ee	「…される人」 employ（雇う） → employ**ee**（従業員）
-en	「…化する」「…にする」 weak（弱い） → weak**en**（弱める）
-er	「…する人[物]」 write（書く） → writ**er**（作家）
-ful	「…の１杯(の量)」 spoon（スプーン） → spoon**ful**（スプーン１杯）
-ful	「…がいっぱいの」 color（色） → color**ful**（色とりどりの）
-hood	「性質」「状態」 neighbor（隣人） → neighbor**hood**（近所）
-ic, -ical	「…に関する」「…的な」 science（科学） → scientif**ic**（科学的な） medicine（薬） → med**ical**（医学の）
-ics	「…学」「…論」 economy（経済） → econom**ics**（経済学）
-(i)fy	「…化する」「…にする」 class（等級） → class**ify**（分類する）
-ion	「動作」「状態」 create（創造する） → creat**ion**（創造）
-ism	「主義」 capital**ism**（資本主義）
-ist	「…の専門家」 piano（ピアノ） → pian**ist**（ピアニスト）

接尾辞	意味と例
-ive	「性質」「状態」 act（行動する） → act**ive**（行動的な）
-ize	「…化する」「…(に)する」 western（西洋の） → western**ize**（西洋化する）
-less	「…がない」「…できない」 care（注意） → care**less**（不注意な） count（数える） → count**less**（数えきれない）
-like	「性質」「状態」 business（商売） → business**like**（事務的な）
-ly	形容詞に付けて副詞を作る quick（速い） → quick**ly**（速く） free（自由な） → free**ly**（自由に）
-ment	「結果」「動作」 agree（同意する） → agree**ment**（同意）
-ness	「性質」「状態」 kind（親切な） → kind**ness**（親切）
-or	「…する人[物]」 act（演ずる） → act**or**（俳優）
-ship	「状態」「資格」「能力」 friend（友人） → friend**ship**（友情）
-ward(s)	「…の方へ[の]」 back（後ろ） → back**ward**（後方へ[の]）
-y	「性質」「状態」 dust（ほこり） → dust**y**（ほこりっぽい）

1. 前置詞

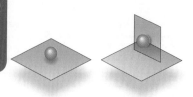

S1 ☑ …の上に，…の表面に
on [ɔ́n]

S2 ☑ …より上に
above [əbʌ́v]

S3 ☑ …の下に
under [ʌ́ndər]

S4 ☑ …の中に
in [ín]

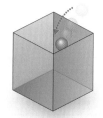

S5 ☑ …の中へ
into [íntuː]

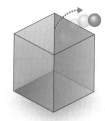

S6 ☑ …から(外へ)
out of

S7 ☑ …に沿って
along [əlɔ́ːŋ]

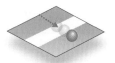

S8 ☑ …を横切って
across [əkrɔ́ːs]

S9 ☑ …を越えて
over [óuvər]

S10 ☑ (2つ)の間に
between
[bitwíːn]

S11 ☑ (3つ以上)の間に
among [əmʌ́ŋ]

S12 ☑ …の周りに
around
[əráund]

S13 ☑ …を通り抜けて
through
[θrúː]

STAGE 1

平均単語レベル
高校基礎

人間

1 ☑ human
[hjúːmən | ヒューマン]
`A2`

形 (動物や機械などに対して)人間の
関連 humanism 人文主義, humanitarian
人道主義の, humanity 人類, 人間性

2 ☑ population
[pàpjəléiʃn | パピュれイション]
`A2`

名 (特定の地域の)人口
関連 popular 人気のある, 大衆向きの,
popularity 人気

3 ☑ household
[háushòuld | ハウスホウるド]
`B1`

名 (1 つの家でいっしょに生活する)家族, 世帯

4 ☑ ancestor
[ǽnsestər | あンセスタ] `A2`

名 祖先, 先祖
対義 descendant 子孫

5 ☑ adult
[ədʌ́lt | アダるト] `A2`

名 (法律上の)成人, 大人
対義 child 子ども

6 ☑ kid
[kíd | キッド]
`A1`

名 子ども(◆child と同義)
関連 kidnap 誘拐する

`B1`

動 冗談を言う

身体(派生的意味)

7 ☑ hand
[hǽnd | ハぁンド]
`A2`

動 …を手渡す
関連 handout 配布資料
【hand Ⓐ Ⓑ】または**【hand Ⓑ to Ⓐ】**
ⒶにⒷを手渡す

8 ☑ hand down

〈伝統などを〉伝える, 残す

9 ☑ hand in ...

…を提出する

10 ☑ hand out

(…に)…を配る, 配布する(to ...)

11 ☑ face
[féis | ふェイス] `A2`

動 〈困難などに〉直面する, 立ち向かう
【be faced with Ⓐ】Ⓐに直面している

12 ☑ head
[héd | ヘッド]
`A2`

動 1 (…へ)向かう(for ...)
【be headed for Ⓐ】Ⓐへ向かっている
2 〈集団を〉率いる

☑ チャンク **a human being** — 人間
☑ The **human** body has various mysteries. ▶人間の体にはさまざまななぞがある.

☑ チャンク **the total** population — 全人口
☑ Tokyo has a large **population**. ▶東京の人口は多い.

☑ チャンク **an average** household — 平均的な家族
☑ She works hard to support a large **household**. ▶彼女は大家族を養うために一生懸命働いている.

☑ チャンク **a common** ancestor — 共通の祖先
☑ His **ancestors** came from France. ▶彼の祖先はフランスの出身だ.

☑ チャンク **a responsible** adult — 責任感の強い大人
☑ The tickets are 1,000 yen for **adults**. ▶チケットは大人1枚1,000円だ.

☑ チャンク **a little kid** — 小さな子ども
☑ They've got five **kids**. ▶彼らには子どもが5人いる.

☑ You must be **kidding**, right? ▶冗談でしょう?

☑ チャンク **hand over power** — 権力を移譲する
☑ He **handed** me the ticket. ▶彼は私にその切符を手渡した.
  [≒ He **handed** the ticket **to** me.]

☑ This story has been **handed down** for generations. ▶この物語は何世代にもわたって語り継がれてきた.

☑ I **handed in** the paper after class. ▶私は授業の後でレポートを提出した.

☑ Please **hand out** these papers to everyone. ▶みなさんにこの文書を配ってください.

☑ チャンク **face a difficult situation** — 困難な状況に立ち向かう
☑ I was **faced with** a lot of difficulties. ▶私は多くの危機に直面していた.

☑ チャンク **head for the station** — 駅へ向かう
☑ We **are headed for** the airport now. ▶私たちは今,空港に向かっているところだ.
☑ Haruka **heads** the brass band of our school. ▶遥は私たちの学校の吹奏楽団を率いている.

話す・伝える

13 ☐ **say**
[séi | セイ]
過去・過分 said **A1**

動 …を言う
関連 **saying** ことわざ

14 ☐ **It is said that ...**

…であると言われている

15 ☐ **say to** *oneself*

(心の中で)つぶやく

16 ☐ **that is to say**

すなわち

17 ☐ **to say nothing of ...**

…は言うまでもなく

18 ☐ **talk** **A1**
[tɔ́ːk | トーク]

動 話す, しゃべる
関連 **talker** 話し手
☞ 【talk about **A**】**A** について話す

B1

名 会話

学習・理解

19 ☐ **study**
[stʌ́di | スタディ]

A1

動 (読書・授業などを通じて)…を勉強する;
(大学などで)…について研究する
関連 **student** 学生
☞ 【study to be **A**】**A** になるために勉強する

20 ☐ **learn**
[lə́ːrn | ら～ン]

A1

動 (知識・技術などの獲得のために)…を学ぶ, 習う

☞ 【learn to *do*】…することを学ぶ

21 ☐ **understand**
[ʌ̀ndərstǽnd | アンダスタぁンド]
過去・過分 understood **A2**

動 〈言葉などを〉理解する
関連 **understanding** 理解
対義 **misunderstand** 誤解する

22 ☐ **make** *oneself*
understood

(…に)自分の言うことを理解させる(to ...)

23 ☐ **research**
[ríːsəːrtʃ | リーサ～チ]

A2

名 (新事実などを発見するための)研究, 調査
関連 **researcher** 研究者

☑ チャンク **say goodbye**	さよならを言う
☑ Jenny **said** to me, "I'm getting married."	▶ジェニーは「私, 結婚するの」と私に言った.
☑ **It is said that** the movie is not as interesting as expected.	▶その映画は期待したほどおもしろくはないらしい(⑩ おもしろくないといわれている).
☑ "This is my last chance," I **said to myself**.	▶「これが最後のチャンスだ」と私は心の中でつぶやいた.
☑ The boy finally got what he really wanted, **that is to say**, an electric guitar.	▶その少年はついに彼が心から欲しかったもの, すなわち, エレキギターを手に入れた.
☑ She speaks French and Spanish, **to say nothing of** English.	▶彼女は英語は言うまでもなく, フランス語とスペイン語も話す.
☑ チャンク **talk openly**	率直に話す
☑ We **talked** for about two hours.	▶私たちは約2時間話をした.
☑ Please **talk about** your life in New York.	▶ニューヨークでの生活について話してください.
☑ I'd like to **have a talk** with you.	▶少しお話ししたいのですが.

☑ チャンク **study for an exam**	試験勉強をする
☑ I have **studied** English for six years.	▶私は英語を6年間勉強している.
☑ She is **studying to be** a lawyer.	▶彼女は弁護士になるために勉強している.
☑ チャンク **learn a musical instrument**	楽器を習う
☑ Bob is **learning** Japanese.	▶ボブは日本語を学んでいる.
☑ I **learned to** use the software.	▶私はそのソフトの使い方を学んだ.
☑ チャンク **understand Italian**	イタリア語を理解する
☑ I don't **understand** the meaning of this word.	▶この単語の意味が分からない.
☑ I couldn't **make myself understood** in English **to** her.	▶私は自分の意思を英語で彼女に伝えられ(⑩ 理解させられ)なかった.
☑ チャンク **market research**	市場調査
☑ They are doing **research into** HIV.	▶彼らはエイズウイルスの研究をしている.

変化

24 ☐ change
[tʃéindʒ | **チェ**インヂ] ⒶⒶ1

動 **1** …を(別の性質・状態などに)変える;
(別の性質・状態などに)変わる
2 …を(別のものと)取り替える, 交換する
➡【change Ⓐ for Ⓑ】ⒶをⒷと取り替える

Ⓐ1 名 **1** (性質・状態などの)変化

2 つり銭, 小銭

25 ☐ become
[bikʌ́m | ビ**カ**ム]
過去 became
過分 become Ⓐ1

動 (…に)なる

26 ☐ grow
[gróu | **グ**ロウ]
過去 grew
過分 grown Ⓐ1

動 **1** 〈動植物が〉成長する;
〈大きさ・数などが〉大きくなる
関連 **grown-up** 大人, **growth** 成長
2 〈植物を〉栽培する, 育てる

27 ☐ grow up

〈人間が〉成長する, 大人になる

知覚

28 ☐ feel ➡p. 331 道場
[fíːl | **ふぃー**る]
過去・過分 felt Ⓐ1

動 〈痛み・感情などを〉感じる
関連 **feeling** 感情
➡【feel Ⓐ do】Ⓐが…するのを感じる
➡【feel Ⓐ doing】Ⓐが…しているのを感じる

29 ☐ feel like ...

…が欲しい

30 ☐ feel like doing

…したい気がする

31 ☐ listen
[lísn | **り**スン] Ⓐ1

動 (注意して)聞く, 耳を傾ける
関連 **listener** 聞き手
➡【listen to Ⓐ】Ⓐに耳を傾ける

32 ☐ smell
[smél | ス**メ**る] Ⓑ1 Ⓐ1

動 (特別な)においがする, 香りがする

名 (特別な)におい, 香り

33 ☐ taste
[téist | **テ**イスト] Ⓑ1 Ⓑ1

動 〈食べ物が〉味がする
関連 **tasty** おいしい

名 (食べ物の)味

STAGE 1

☐ チャンク **change dramatically** | 劇的に変わる
☐ Let's **change** the topic. | ▶話題を変えましょう.
☐ I'd like to **change** this sweater **for** a smaller one. | ▶このセーターをもっと小さいサイズのものと取り替えたいのですが.
☐ **Changes** in the weather have been violent these days. | ▶近ごろ天候の変化が激しい.
☐ Here's your **change**, $2.50. | ▶はい, おつりの2ドル50セントです.

☐ チャンク **become clear** | 明らかになる
☐ I want to **become** a professional pianist. | ▶私はプロのピアニストになりたい.

☐ チャンク **grow in size** | サイズが大きくなる
☐ Children **grow** very rapidly. | ▶子どもは成長するのがとても早い.
☐ My family **grows** various kinds of vegetables in our garden. | ▶私の家族は菜園でさまざまな種類の野菜を栽培している.
☐ He **grew up** to be a great artist. | ▶彼は成長して偉大な芸術家になった.

☐ チャンク **feel the pressure** | プレッシャーを感じる
☐ I **feel** a pain in my back. | ▶背中に痛みを感じる.
☐ I **felt** someone's hand touch my shoulder. | ▶だれかの手が私の肩に触れるのを感じた.
☐ I **felt** myself **turning** red. | ▶私は自分が赤面しているのを感じた.
☐ I **feel like** a cup of coffee. | ▶コーヒーが1杯飲みたい.
☐ I **feel like singing** loud. | ▶大声で歌いたい気分だ.

☐ チャンク **listen to the radio** | ラジオを聞く
☐ I was **listening to** music in my room then. | ▶そのとき私は部屋で音楽を聞いていた.

☐ チャンク **smell like mint** | ミントのような香りがする
☐ This flower **smells** sweet. | ▶この花はいいにおいがする.
☐ This coffee has a nice **smell**. | ▶このコーヒーはいいにおいがする.

☐ チャンク **taste sweet** | 甘い味がする
☐ This cake **tastes** good! | ▶このケーキ, おいしい(味がする)!
☐ This chocolate has a bitter **taste**. | ▶このチョコレートは苦(にが)い(味がする).

17

場所・位置

34 ☑ **live**¹
[lív | **リ**ヴ]
🎺 発音
A1

動 ❶ (ある場所に)住んでいる, 住む
関連 **livelihood** 生計
❷〈動植物が〉生きる
関連 **alive** 生きて(いる)
対義 **die** 死ぬ

35 ☑ **enter**
[éntər | **エ**ンタ]
A2

動〈場所などに〉入る
関連 **entrance** 入り口, **entry** 入ること, 参加

36 ☑ **place**
[pléis | **プ**レイス]
A1

名 ❶ (空間上の)場所

❷ (社会的・個人的な)立場

B1 動 (注意深く)…を置く

37 ☑ **in place**

正しい位置に

38 ☑ **take place**

〈予定されたイベントなどが〉行われる

個人

39 ☑ **own**
[óun | **オ**ウン]
A1

形 自分自身の

B1 動 …を所有している, 持っている

40 ☑ **individual**
[indəvídʒuəl | インディ**ヴィ**
ヂュアる]
B1

形 (集団に対して)個人の, 個々の

B2 名 (集団に対して)個人

41 ☑ **personal**
[pə́:rsənl | **パ**〜ソヌる]
A1

形 個人的な, 私的な
関連 **person** 人, **personally** 自分としては

42 ☑ **private**
[práivit | **プ**ライヴェット]
A2

形 ❶ 個人的な, 私的な(◆personal と同義)
関連 **privacy** プライバシー
対義 **public** 公的な
❷〈学校などが〉私立の；〈会社などが〉民間の

☑ チャンク **live in the city** 　　都会に住む

☑ I **live** in Okinawa. ▶私は沖縄に住んでいる.

☑ The mammoth **lived** during the ice age. ▶そのマンモスは氷河期に生きていた.

☑ チャンク **enter college** 　　大学に入学する

☑ We stopped talking when the teacher **entered** the classroom. ▶先生が教室に入ると私たちは話をやめた.

☑ チャンク **a good place for walking** 　　散歩をするのにいい場所

☑ We usually go to quiet **places** on a date. ▶私たちはふだん静かな場所でデートする.

☑ Put yourself in her **place**. ▶彼女の立場に立ってみなさい.

☑ I **placed** the glass on the table. ▶私はグラスをテーブルに置いた.

☑ Please put the books back **in place** after reading them. ▶読んだ後は本を正しい位置に戻してください.

☑ The game will **take place** next month. ▶その試合は来月行われる予定だ.

☑ チャンク **with my own eyes** 　　私自身の目で

☑ He has his **own** studio. ▶彼は自分専用のスタジオを持っている.

☑ I **own** a yacht. ▶私はヨットを所有している.

☑ チャンク **individual freedom** 　　個人の自由

☑ Each **individual** person has different abilities. ▶人にはそれぞれ異なった能力がある（＠ 個々の人はそれぞれ異なった能力を持つ）.

☑ The rights of the **individual** must be respected. ▶個人の権利は尊重されねばならない.

☑ チャンク **a personal question** 　　個人的な質問

☑ Paul quit his job for **personal** reasons. ▶ポールは個人的な理由により仕事を辞めた.

☑ チャンク **a private life** 　　私生活

☑ She's out on **private** business. ▶彼女は私用で外出しています.

☑ My big sister goes to a **private** college in Tokyo. ▶私の姉は東京の私立大学に通っている.

使う

43 ☐ **use** `A1`
動 [júːz | ユーズ]
名 [júːs | ユース]
〰〰 発音 `A2`

動 …を使う, 利用する
関連 useful 役に立つ, useless 役に立たない,
user 使用者

名 (…を)使うこと(of ...)

---

44 ☐ **It is no use** *do*ing

…してもむだである

---

45 ☐ **make use of ...**

〈設備・技術などを〉利用する, 使う

---

46 ☐ **of use**

役に立って

---

47 ☐ **operate**
[ápərèit | アペレイト]

`A2`

動 **1** 〈機械などを〉操作する
関連 operator オペレーター

2 (人・患部の)手術をする
関連 operation 手術
☞ **【operate on Ⓐ】** Ⓐに手術する

---

48 ☐ **available**
[əvéiləbl | アヴェイらブる]

`B1`

形 **1** (…に)利用できる(for ...)

2 〈商品・情報などが〉手に入る

---

49 ☐ **tool**
[túːl | トゥーる]

`A1`

名 (手で使う)道具;(仕事などに役立つ)ツール

出会い

50 ☐ **meet**
[míːt | ミート]
過去・過分 met

`A1`

動 **1** (約束して)…と会う;(偶然)…に出会う
関連 meeting 会議
2 〈必要・要求を〉満たす

---

51 ☐ **welcome** `A1`
[wélkəm | ウェるカム]
過去・過分 welcomed `A1`

間 (人を迎えるときのあいさつで)ようこそ

動 〈到着した人を〉歓迎する

---

52 ☐ **You're welcome.**

(相手のお礼に対して)どういたしまして

☑ チャンク **use** the library | 図書館を**利用する**

☐ I **use** my computer as a DVD player. | ▶私は自分のコンピュータを DVD プレーヤーとして使う.

☐ Let's save on the **use of** electricity. | ▶電気(⚫ の使用)を節約しましょう.

☐ **It is no use crying** over spilt milk. | ▶こぼれたミルクを嘆いてもむだだ;「覆水盆に返らず」(◆ことわざ)

☐ I will **make use of** nanotechnology to do the experiment. | ▶私はその実験をするためにナノテクノロジーを利用するつもりだ.

☐ This guidebook was **of use** when I traveled in America. | ▶アメリカを旅行したとき, このガイドブックが役に立った.

☑ チャンク **operate** a computer | コンピュータを**操作する**

☐ Anyone can **operate** this video camera easily. | ▶だれでもこのビデオカメラを簡単に操作することができる.

☐ The doctor **operated on** my left shoulder. | ▶その医師は私の左肩の手術をした.

☑ チャンク **be readily** available | **容易に**利用できる

☐ The hall is **available for** a dance. | ▶そのホールはダンスパーティーに利用できる.

☐ Various kinds of coffee are **available** at that store. | ▶その店ではいろいろな種類のコーヒーが手に入る.

☑ チャンク **carpenter's** tools | **大工**道具

☐ The computer is an essential **tool** for my job. | ▶コンピュータは私の仕事にとって不可欠なツールだ.

☑ チャンク **meet** him by chance | 偶然彼に**出会う**

☐ I **met** her for lunch yesterday. | ▶きのう彼女と会って昼食を食べた.

☐ We are sorry we could not **meet** your expectations. | ▶ご期待に応えることができず申しわけありません.

☑ チャンク **Welcome back**! | お帰りなさい!

☐ **Welcome** to Japan! | ▶日本へようこそ!

☐ They **welcomed** me warmly. | ▶彼らは私を温かく迎えてくれた.

☐ "Thank you very much for your help." "**You're welcome.**" | ▶「お手伝いいただきほんとうにありがとうございました」「どういたしまして」

認識・識別

53 ☑ **know**
[nóu | ノウ] 🎺← 発音
過去 knew
過分 known **A1**

動 …を知っている
関連 **know-how** ノウハウ, **knowledge** 知識

---

54 ☑ **know better than to** *do*

…するほど愚かではない

---

55 ☑ **notice** **B1**
[nóutis | ノウティス]

動 (見たり聞いたりして)…に気がつく

A2
名 (公共の場に出された)掲示, はり紙

---

56 ☑ **realize**
[rí(ː)əlàiz | リ(ー)アらイズ]
A2

動 **1** …を(十分に)理解する, …に気づく
関連 **realization** 認識
2 〈計画などを〉実現する

---

57 ☑ **recognize**
[rékəgnàiz | レコグナイズ]
B1

動 **1** (過去の経験から)…が(だれ[何]か)分かる
関連 **recognition** 見[聞き]覚え
2 …を(真実として)認める

移動・動き

58 ☑ **move** **A2**
[múːv | ムーヴ]

動 **1** 動く;…を動かす
関連 **movement** 動き
2 (…に)引っ越す(to ...)
3 〈人を〉感動させる(◆しばしば受身で)
➡【be moved by Ⓐ】Ⓐに感動する

A1
名 動き

---

59 ☑ **walk** **A1**
[wɔ́ːk | ウォーク]

動 歩く

A1
名 散歩

---

60 ☑ **sit**
[sít | スィット]
過去・過分 sat

動 座る;座っている
🖋 相手に「どうぞお座りください」と席を勧める場合は "Please take a seat." などと言うのがふつうです.

A1

☑ チャンク be known to many people	たくさんの人に知られている
☑ Do you know his cell phone number?	▶あなたは彼の携帯電話の番号を知っていますか？
☑ She knows better than to judge people by their educational backgrounds only.	▶彼女は学歴だけで人を判断するほど愚かではない.

☑ チャンク notice the difference	違いに気づく
☑ I noticed the strange sound.	▶私はその奇妙な音に気づいた.
☑ We put up a notice about the school festival.	▶私たちは学園祭の掲示を出した.

☑ チャンク realize a mistake	失敗に気づく
☑ I realized what was going on.	▶私は何が起こっているのか理解した.
☑ She finally realized her dream.	▶彼女はついに自分の夢を実現した.

☑ チャンク recognize the voice	声の主が分かる
☑ I recognized her in the crowd.	▶私は人込みの中から彼女を見つけた.
☑ The scientists finally recognized her mysterious ability.	▶科学者たちはついに彼女の不思議な能力を認めた.

☑ チャンク move my hands	私の手を動かす
☑ Don't move! Stay there.	▶動くな！そこにいろ.
☑ He moved to Boston last month.	▶彼は先月ボストンに引っ越した.
☑ I was deeply moved by a warm e-mail from my girlfriend.	▶私はガールフレンドからの思いやりのあるEメールに深く感動した.
☑ I made a move toward the door fearfully.	▶私はおそるおそるドアに近づいた(⑩ ドアに向かって動いた).

☑ チャンク walk to school	徒歩で通学する
☑ We walked along the beach.	▶私たちは海岸沿いに歩いた.
☑ Let's go for a walk.	▶散歩に行こうよ.

| ☑ チャンク sit at the table | 食卓につく |
| ☑ I sat (down) on the sofa and relaxed. | ▶私はソファーに座って，くつろいだ. |

始まり・初め

61 ☑ **begin**
[bigín | ビギン]
過去 began
過分 begun
A1

動〈物事を〉始める；〈物事が〉始まる
関連 beginner 初心者, beginning 始まり
対義 finish 終える, end 終わる
☞【begin doing [to do]】…しはじめる

62 ☑ **to begin with**

（理由などを述べるとき）まず第一に

63 ☑ **start**
[stá:rt | スタート]
A1

動 1〈物事を〉始める；〈物事が〉始まる（◆begin と同義）
☞【start doing [to do]】…しはじめる
2（…に向かって）出発する(for ...)
対義 arrive 到着する

A1 **名**（物事の）初め

64 ☑ **open**
[óupn | オウプン]
A1

動 1〈ドア・窓・容器・目などを〉あける
関連 opening 開始, オープニング,
openly 公然と, あからさまに
対義 close, shut 閉める, 閉じる
2〈店などが〉オープンする

A1 **形 1**〈ドア・窓・容器・目などが〉あいている
対義 closed, shut 閉まっている, 閉じている
2〈店などが〉営業中の

公共・社会

65 ☑ **society**
[səsáiəti | ソサイエティ] **A2**

名（人間）社会
関連 social 社会の

66 ☑ **community**
[kəmjú:nəti | コミューニティ]
B2

名地域社会；（宗教などを共にする）共同体

67 ☑ **public**
[pʌ́blik | パブリック]
B1

形公共の, 公の
関連 publicity 評判
対義 private 個人の
A2 **名**（一般）大衆, （一般の）人々

68 ☑ **in public**

人前で

☑ チャンク **begin** a meeting　　会議を始める

☑ Our school **begins** at 8:45.　▶私たちの学校は8時45分に始まる.

☑ When we got to the park,
it **began raining** [**to rain**].　▶私たちが公園に着くと雨が降りはじめた.

☑ **To begin with**, I can't swim.　▶まず第一に, 私は泳げない.

☑ チャンク **start** work　　仕事を始める

☑ The summer vacation **starts** in July.　▶夏休みは7月から始まる.

☑ Swans **started flying** [**to fly**] north.　▶白鳥が北へ飛び立ちはじめた.

☑ They **started for** the mountain
yesterday.　▶彼らはきのうの山へ向けて出発した.

☑ The **start** of the song is beautiful.　▶その曲の出だしは美しい.

☑ チャンク **open** a letter　　手紙の封を切る

☑ Shall I **open** the window?　▶窓をあけましょうか?

☑ A new shopping mall **opened**
yesterday.　▶新しいショッピングモールがきのうオープンした.

☑ Leave the window **open**, please.　▶窓をあけたままにしておいてください.

☑ Many convenience stores are **open**
24 hours a day.　▶多くのコンビニは24時間営業している.

☑ チャンク **members of** society　　社会の構成員

☑ We live in the multicultural **society**.　▶私たちは多文化社会に生きている.

☑ チャンク the African-American **community**　　アフリカ系アメリカ人の共同体

☑ We'd like to contribute to the
community through volunteer
activities.　▶私たちはボランティア活動を通じて地域
社会に貢献したいと思います.

☑ チャンク **public** opinion　　世論

☑ The **public** library is right over there.　▶公立図書館はすぐそこです.

☑ Is this temple open to the **public**?　▶この寺院は一般の人々に公開されていますか?

☑ Don't put on your makeup **in public**.　▶人前で化粧をしてはいけません.

発着

69 ☐ **leave**
[líːv | **り**ーヴ]
過去・過分 left

動 ❶〈場所を〉去る
👉【leave Ⓐ for Ⓑ】ⒶからⒷへ向けて出発する
❷〈仕事・学校などを〉やめる
❸ …を(同じ状態に)しておく
👉【leave Ⓐ Ⓑ】ⒶをⒷのままにしておく
👉【leave Ⓐ *doing*】Ⓐを…したままにしておく
A1 🔖 leave には「休暇」という意味もあります.

70 ☐ **leave behind**
〈物を〉置き忘れる

71 ☐ **arrive**
[əráiv | ア**ラ**イヴ]

動〈人・乗り物が〉到着する
関連 arrival 到着
👉【arrive at Ⓐ】Ⓐ(町・駅など比較的狭い場所)に到着する
👉【arrive in Ⓐ】Ⓐ(大都市・国など)に到着する
A1

時間

72 ☐ **while**　A2
[hwáil | (ホ)**ワ**イる]

接 …する間

B1 名 (しばらくの)間, (少しの)時間

73 ☐ **(every) once in a while**
時々, たまに

74 ☐ **until**
[əntíl | アン**ティ**る]
A1

前 (「継続」を表して)…まで(ずっと)(◆till と意味上の違いはないが, よりかたい語)

75 ☐ **past**
[pǽst | **パ**ぁスト]

名 過去(◆「現在」は present,「未来」は future)
B1 形 過去の
A1 前 ❶ (時刻が)…を過ぎて
❷ …を通り過ぎて

☑ チャンク leave **London**	ロンドンを去る
☐ We left Paris for Istanbul.	▶私たちはパリからイスタンブールへ向けて出発した.
☐ Why did you leave the company?	▶あなたはなぜその会社をやめたのですか?
☐ Please leave the windows open.	▶窓をあけたままにしておいてください.
☐ Don't leave the water running.	▶水を出しっぱなしに(◉ 水を出したままに)しないように.
☐ I left my cell phone behind at home.	▶私は携帯電話を家に置き忘れてしまった.

☑ チャンク arrive **early**	早く到着する
☐ Give me a call when you arrive at the station.	▶駅に着いたら電話してね.
☐ What time will you arrive in New York?	▶ニューヨークには何時に着く予定ですか?

☑ チャンク while **I was in America**	私がアメリカにいた間
☐ Haruka was reading a book while I was watching TV.	▶私がテレビを見ている間, 遥は本を読んでいた.
☐ He'll be back in a little while.	▶彼は少ししたら戻る予定です.
☐ I go fishing (every) once in a while.	▶私はたまに釣りに行く.

☑ チャンク from morning until **night**	朝から晩まで
☐ "You look sleepy." "Yes. I was reading until four in the morning."	▶「眠そうだね」「ああ, 朝の4時まで本を読んでいたんだ」

☑ チャンク look back on the **past**	過去を振り返る
☐ Just forget it. It's all in the past.	▶もう忘れなよ. 過去のことなんだから.
☐ Nobody knows his past life.	▶彼の過去の生活についてはだれも知らない.
☐ It's ten past seven now.	▶今7時10分(◉ 7時を過ぎて10分)です.
☐ We walked past the bus stop.	▶私たちはそのバス停を歩いて通り過ぎた.

希望・要求

76 ☑ **want**
[wánt | ワント]

動 ❶ …が欲しい，…を望む

❷ …したい（◆会話では would like to *do* の
ほうが丁寧な表現とされる）

☞**【want to *do*】**…したい

☞**【want Ⓐ to *do*】**Ⓐに…してもらいたい

☞**【want Ⓐ *done*】**Ⓐが…されることを必要と
する

A1 ☞**【want Ⓐ Ⓑ】**ⒶがⒷであることを望む

77 ☑ **hope** **B1**
[hóup | ホウプ]

動 …を望む

☞**【hope to *do*】**…することを望む

☞**【hope that ...】**…であることを望む

A1 **名** （実現が可能な）希望

関連 hopeful 有望な，hopeless 絶望的な

78 ☑ **require**
[rikwáiər | リクワイア]

動 ❶ …を必要とする

関連 requirement 必要条件

❷ （規則などによって）…を命じる（◆しばしば受身
で）

☞**【be required to *do*】**…することを要求
される

B1

79 ☑ **demand** **B1**
[dimǽnd | ディマぁンド]

名 要求；（商品・サービスの）需要

B1 **動** （権利として）…を要求する

文化・文明

80 ☑ **culture**
[kʌ́ltʃər | カるチャ] **A1**

名 （地域・年代などに独特の）文化

関連 cultural 文化の

81 ☑ **civilization**
[sìvələzéiʃn | スィヴィりゼイ
ション] **B1**

名 （特定の時期・場所で発達した）文明

関連 civil 市民の，civilize 文明化する

82 ☑ **industry**
[índəstri | インダストゥリ]
🔊 アクセント
B1

名 （主に工場生産を基盤とする）産業

関連 industrial 産業の

☑ **チャンク** **want a challenging job**	やりがいのある仕事を望む
☑ I **want** a new PC.	▶私は新しいパソコンが欲しい.
☑ My sister **wants to** study abroad.	▶姉は留学したいと思っている.
☑ I **want** you **to** come with me.	▶私は君にいっしょに来てもらいたいのだ.
☑ I **want** the report **finished** by tomorrow.	▶その報告書はあすまでに完成させてほしい（⟲ 完成されることを必要とする）.
☑ I **want** dinner ready soon.	▶すぐに夕食の準備をしてほしいんだけれど.

☑ **チャンク** **I hope so.**	そうであることを望みます.
☑ Joe **hopes to** become a professional dancer.	▶ジョーはプロのダンサーになりたいと思っている.
☑ I **hope that** it will be sunny tomorrow.	▶あしたは晴れるとよいのですが.
☑ Her kind words gave me **hope**.	▶彼女の優しい言葉は私に希望を与えてくれた.

☑ **チャンク** **require patience**	忍耐を必要とする
☑ The job **requires** computer skills.	▶その仕事はコンピュータの技能を必要とする.
☑ Passengers **are required to** turn off their cellular phones.	▶乗客は携帯電話の電源を切ることを求められる.

☑ **チャンク** **supply and demand**	需要と供給（⟲ 供給と需要）
☑ Your **demand** is reasonable.	▶あなたの要求はもっともだ.
☑ They **demanded** an apology from the government.	▶彼らは政府の謝罪を要求した.

☑ **チャンク** **popular culture**	大衆文化
☑ I am studying ancient Greek **culture**.	▶私は古代ギリシャ文化を研究している.

☑ **チャンク** **ancient civilization**	古代文明
☑ Let's think about modern **civilization**.	▶現代文明について考えてみましょう.

☑ **チャンク** **high-tech industries**	ハイテク産業
☑ I'm looking for a job in the computer **industry**.	▶私はコンピュータ産業の仕事を探している.

原因・結果

83 ☑ **cause** B2 名 (事故などの)原因
[kɔ́ːz | コーズ]

A2 動 〈事故などの〉原因となる;〈事故などを〉引き起こす(◆bring about と同義)

84 ☑ **result** A1 名 (…の)結果(of ...)
[rizʌ́lt | リ**ザ**るト]

B1 動 (結果として)起こる
➡【result from Ⓐ】Ⓐの結果として起こる.
Ⓐが原因で起こる

85 ☑ **as a result** 結果として

86 ☑ **result in ...** …という結果になる

同一・同等・類似

87 ☑ **like**¹ 前 …のような
[láik | **ら**イク] A1 対義 unlike …と違って

88 ☑ **look like ...** (外見が)…に似ている

89 ☑ **alike** B1 形 (外見などが)似ている(◆like との違いに注意)
[əláik | ア**ら**イク]

B1 副 (外見などが)同じように, 同様に

90 ☑ **similar** 形 (…に)(よく)似ている(to ...)
[símələr | **ス**ィミら] 関連 similarly 同様に
A2

91 ☑ **equal** 形 1 (…と)等しい(to ...)
[íːkwəl | **イー**クウォる] 対義 unequal 等しくない

2 平等な
B1 関連 equality 平等, equally 平等に

92 ☑ **copy** 名 (…の)コピー(of ...)
[kápi | **カ**ピ]
A1

☑ チャンク **discover the cause**	原因を突きとめる
☑ Smoking in bed was the **cause** of the fire.	▶寝たばこがその火事の原因だった.
☑ Speeding can **cause** an accident.	▶スピードの出しすぎは事故の原因となりうる.

☑ チャンク **the results of the exams**	試験の結果
☑ The **result** of the experiment was surprising.	▶その実験結果は驚くべきものであった.
☑ The accident **resulted from** the driver's carelessness.	▶その事故は運転手の不注意が原因で起こった.
☑ **As a result**, I had to stay there for three hours.	▶結果として, 私はそこに3時間いなければならなかった.
☑ His efforts **resulted in** great success.	▶彼の努力は大成功に終わった(● 大成功という結果になった).

☑ チャンク **Do it like this.**	こんなふうにやってごらん.
☑ This fruit tastes **like** an orange.	▶この果物はオレンジのような味がする.
☑ The building looks **like** an onion.	▶その建物はたまねぎに似ている.

☑ チャンク **look alike**	同じように見える
☑ Kate and her mother are very **alike**.	▶ケイトと彼女の母親はとてもよく似ている.
☑ The baby twins are always dressed **alike**.	▶その双子の赤ちゃんはいつもおそろいの(● 同じように)服を着ている.

☑ チャンク **in a similar way**	似た方法で
☑ Your bag is **similar to** my sister's.	▶あなたのバッグは私の姉のものによく似ています.

☑ チャンク **equal opportunity**	機会均等(● 平等な機会)
☑ One mile is almost **equal to** 1.6 km.	▶1マイルは1.6キロメートルにほぼ等しい.
☑ All people are **equal**.	▶人はみな平等だ.

☑ チャンク **a complete copy**	完全なコピー
☑ Please make a **copy of** this page.	▶このページのコピーを取ってください.

❶ Scene1 自分の部屋 In My Room

このコーナーでは，1日の生活場面にスポットを当て，そこでよく用いられる表現を学習します．登場人物は高校生のYuiと，彼女の家にホームステイをしながら同じ高校に通うアメリカからの交換留学生Ed．さあ，新しい1日の始まりです！

S14 ☑ ①時計
clock
[klák]

S15 ☑ ②タブレットPC
tablet PC
[tǽblit pìːsíː]

S16 ☑ ③化粧台
dresser
[drésər]

S17 ☑ ④枕
pillow
[pílou]

S18 ☑ ⑤毛布
blanket
[blǽŋkit]

S19 ☑ ⑥スマートフォン
smartphone
[smáːrtfòun]

S20 ☑ ⑦充電器
charger
[tʃáːrdʒər]

S21 ☑ ⑧制服
school uniform
[skúːl jùːnəfɔːrm]

S22 ☑ ⑨カーテン
curtains
[káːrtnz]

S23 ☑ ⑩ポータブルスピーカー
portable speaker
[pɔ̀ːrtəbl spíːkər]

S24 ☑ ⑪本箱
bookcase
[búkkèis]

S25 ☑ ⑫クローゼット
closet
[klázit]

朝の行動 Actions in the Morning

S26 ☑ 目覚める
wake up

S27 ☐ アラームを止める
turn off the alarm

S28 ☑ 起床する
get up

S29 ☐ 顔を洗う
wash my face

S30 ☐ トイレに行く
go to the bathroom

S31 ☐ シャワーを浴びる
take a shower

S32 ☐ コンタクトレンズを
つける **put in my
contact lenses**

S33 ☐ 髪を乾かす
dry my hair

S34 ☐ ブラシで髪をとかす
brush my hair

S35 ☐ 髪をセットする
arrange my hair

S36 ☐ 歯を磨く
brush my teeth

S37 ☐ 着替える
get dressed

話す・伝える

93 ☑ call A2
[kɔ́ːl | コーる]
🔁 p.408 道場

動 1 (…を)呼ぶ
➡【call Ⓐ Ⓑ】ⒶをⒷと呼ぶ

2 …に電話をかける

A1 名 1 (人の)叫び声
2 電話(をかけること)

---

94 ☑ call for ...
…を(公式に)求める, 要求する

---

95 ☑ call off
〈予定されていたイベントなどを〉中止する
(◆cancelと同義)

---

96 ☑ call on ...
〈人を訪ねて〉ちょっと寄る

---

97 ☑ explain
[ikspléin | イクスプれイン]
A2

動 (理解させるために)…を説明する
関連 explanation 説明
➡【explain Ⓐ to Ⓑ】ⒶをⒷに説明する

---

98 ☑ describe
[diskráib | ディスクライブ] A1

動 …を(言葉で)描写する
関連 description 描写

言葉

99 ☑ mean
[míːn | ミーン]
過去・過分 meant

動 1 …を意味する
関連 meaning 意味
2 …を意図する

A1 ➡【mean to do】…するつもりである

---

100 ☑ I mean
(補足して)つまり

---

101 ☑ sign
[sáin | サイン]
🎺 発音
A1

名 1 記号(◆有名人などの「サイン」は autograph);
(道路などの)標識
2 (何かを伝えるための)身ぶり

B1 動 (文書などに)署名する, サインする
関連 signature 署名

---

102 ☑ sentence
[séntəns | センテンス]
A1

名 1 (文法上の)文

2 (法律上の)刑

B2 動 …に刑を宣告する(◆しばしば受身で)
➡【be sentenced to Ⓐ】Ⓐの刑を宣告される

☑ チャンク **call** a doctor	医者を呼ぶ
☑ Someone **called** my name.	▶だれかが私の名前を呼んだ.
☑ We **call** her Ally.	▶私たちは彼女をアリーと呼んでいる.
☑ I'll **call** you tonight.	▶今夜電話するね.
☑ I heard a **call** for help then.	▶私はそのとき助けを求める声を耳にした.
☑ There was a **call** for you.	▶あなたに電話がありましたよ.
☑ They **called for** the end of the war.	▶彼らは戦争の終結を要求した.
☑ The tour was **called off**.	▶そのツアーは中止になった.
☑ I **called on** my grandmother.	▶私は祖母の家に立ち寄った.

☑ チャンク **explain** the situation	状況の説明をする
☑ He **explained** the real reason **to** us.	▶彼は私たちに本当の理由を説明してくれた.

☑ チャンク **be described as** Ⓐ	Ⓐとして描写される
☑ Please **describe** the UFO.	▶その UFO を言葉で描写してください.

☑ チャンク what is **meant by** Ⓐ	Ⓐが意味していること
☑ What does this word **mean**?	▶この語はどういう意味ですか?
☑ It was an accident. She **meant** no harm.	▶それは事故でした. 彼女に悪意は (🔊 傷つける意図は)なかったのです.
☑ I didn't **mean to** say such a thing.	▶あんなことを言うつもりはなかったんだ.
☑ You've changed a lot. I **mean**, you've become very beautiful.	▶君はとても変わったね. つまり, とても きれいになった.

☑ チャンク a plus **sign**	プラス記号
☑ Look at that road **sign**.	▶あの道路標識を見て.
☑ Bob gave me a **sign** that he was ready to leave.	▶ボブは私に出発する準備ができたことを 身ぶりで伝えた.
☑ **Sign** your name here, please.	▶こちらに署名をしてください.

☑ チャンク **compose** a sentence	文をつくる
☑ Read the next **sentence**.	▶次の文を読みなさい.
☑ He was given a life **sentence**.	▶彼は終身刑を宣告された.
☑ The man **was sentenced to** three years in prison.	▶その男は懲役3年の刑を宣告された.

つなぎ言葉

103 ☑ however
[hauévər | ハウエヴァ]

副 **1** (前言に対して)しかしながら
（◆but よりかたい語；コンマで区切る）

2 (程度などが)どんなに…でも
（◆直後の形容詞・副詞を修飾；口語では
ふつう no matter how を用いる）
A2

104 ☑ though
[ðóu | ぞゥ]
A2

接 …だが, …だけれども

105 ☑ even though ...

たとえ…でも

106 ☑ although
[ɔ:lðóu | オールぞゥ]

接 …だが, …だけれども（◆though よりやや形式
ばった語）
A2

場所・位置

107 ☑ area
[éəriə | エ(ア)リア]

名 **1** (特色などのある)地域；(特定の目的のある)
区域

2 (活動・研究などの)領域, 分野
A2

108 ☑ region
[rí:dʒən | リーヂョン]
B1

名 (広く, 明確な境界線のない)地方
関連 **regional** 地方の

109 ☑ local
[lóukl | ろウクる]

形 **1** (ある特定の)地域の, 地元の
（◆日本語の「ローカル」とは異なり,
「いなかの」という意味合いはない）
関連 **locate** 場所を見つける, **location** 場所
2 〈列車が〉各駅停車の
対義 **express** 急行の
A2

110 ☑ through
[θrú: | すルー]

前 **1** 〈場所を〉通り抜けて

2 (期間が)…の始めから終わりまで
A1

☑ チャンク **She didn't think so,** however. | しかしながら, 彼女はそう思わなかった.
☑ We had a traffic accident. Luckily, **however**, no one was hurt. | ▶私たちは交通事故にあった. しかしながら, 幸いなことにだれもけがをしなかった.
☑ **However** [No matter how] busy he may be, he sends his girlfriend an e-mail once a day. | ▶どんなに忙しくても, 彼はガールフレンドに1日1回はメールする.

☑ チャンク though **it was dark,** | もう辺りは暗くなっていたけれども,
☑ I decided to buy the coat **though** it was very expensive. | ▶そのコートはとても高かったけれども私は買うことに決めた.
☑ **Even though** people say, "It's impossible," I'm not going to give up. | ▶たとえ人々が「それは無理だよ」と言おうとも私はあきらめない.

☑ チャンク although **expensive,** | 高価であるけれども,
☑ **Although** I missed my usual bus, I still arrived at school in time. | ▶私はいつものバスに乗りそこなったが, それでも学校には間に合った.

☑ チャンク a residential **area** | 住宅地域
☑ Can we have a table in the non-smoking **area**? | ▶禁煙席は (**⊜** 禁煙区域に席は) ありますか?
☑ I want to work in the **area** of Internet business. | ▶私はインターネットビジネスの分野で仕事がしたい.

☑ チャンク the tropical **regions** | 熱帯地方
☑ The people live in the desert **region**. | ▶その人々は砂漠地方に住んでいる.

☑ チャンク local **governments** | 地方自治体
☑ The **local** residents are excited at the news. | ▶地元住民はそのニュースに興奮している.
☑ Take the **local** train. | ▶各駅停車の列車に乗ってください.

☑ チャンク through **the door** | ドアを通り抜けて
☑ The train went **through** a long tunnel. | ▶列車は長いトンネルを通り抜けた.
☑ We had no rain all **through** the summer. | ▶夏の間ずっと雨が降らなかった.

考え・概念

111 ☑ **idea**
[aidíːə | ア**イ**ディーア]
≡◀◖ **アクセント** A1

名 (頭の中でひらめいた)考え, アイディア
関連 **ideal** 理想的な

112 ☑ **view**
[vjúː | **ヴュー**] A2

名 **1** (…についての)意見(on ...), 考え

2 視界, 眺め

113 ☑ **in view of ...**

…を考慮して

114 ☑ **opinion**
[əpínjən | オ**ピ**ニョン] A2

名 (…についての)意見(about ...)(◆view と同義)

必要・必然

115 ☑ **need**
[níːd | **ニー**ド]

A2 動 …を必要とする

⚡▶【need to *do*】…する必要がある
⚡▶【need *doing*】〈物が〉…される必要がある
(◆受身の意味になる)

B2 名 (…の)必要(性)(for ...)
関連 **needless** 不必要な

116 ☑ **necessary**
[nésəsèri | **ネ**セセリ]
≡◀◖ **アクセント** A2

形 (…にとって)必要な(for ...)
関連 **necessity** 必要(性)
対義 **unnecessary** 不必要な
⚡▶【it is necessary for ❹ to *do*】
❹は…する必要がある

117 ☑ **essential**
[isénʃl | イ**セ**ンシャる]

B1 形 **1** (…にとって)不可欠の, 絶対に必要な
(for ...)
2 (特徴などが)本質的な
関連 **essence** 本質, **essentially** 本質的には

118 ☑ **necessarily**
[nèsəsèrəli | ネセ**セ**リり]
≡◀◖ **アクセント** B2

副 **1** 必ず, 必然的に
対義 **unnecessarily** むだに
2 必ずしも(…でない)(◆否定語を伴い, 部分否定
を表す)

STAGE 1

☑ チャンク **come up with a new idea** 新しいアイディアを思いつく

☑ That's a good **idea**. ▶それはいい考えですね.

☑ チャンク **in my view** 私の考えでは

☑ She expressed her **view** on global warming. ▶彼女は地球温暖化について意見を述べた.

☑ The castle suddenly came into **view**. ▶突然その城が視界に入ってきた.

☑ **In view of** the weather, we should put off the event. ▶天気を考慮して, 我々はそのイベントを延期すべきだ.

☑ チャンク **give an opinion** 意見を述べる

☑ What's your **opinion about** part-time jobs? ▶アルバイトについてどう思いますか(⊕ あなたの意見はどうですか)?

☑ チャンク **need help** 助けを必要とする

☑ These plants **need** a lot of water. ▶これらの植物には十分な水が必要だ.

☑ I **need to** go to the dentist. ▶私は歯医者に行く必要がある.

☑ This house **needs** repairing. ▶この家は修理が必要だ(⊕ 修理される必要がある).

☑ There is no **need for** fear. ▶怖がる必要はないからね.

☑ チャンク **necessary information** 必要な情報

☑ The sun is **necessary for** all living things. ▶太陽はすべての生き物に必要だ.

☑ **It is necessary for** us **to** talk over this matter. ▶私たちはこの問題についてよく話し合う必要がある.

☑ チャンク **an essential element** 不可欠の要素

☑ Water is **essential for** life. ▶生命にとって水は欠かせない.

☑ The **essential** feature of life is its variety. ▶生物の本質的な特徴はその多様性だ.

☑ チャンク **necessarily involve Ⓐ** 必然的にⒶを含む

☑ War **necessarily** brings sadness. ▶戦争は必ず悲しみをもたらす.

☑ Money does **not necessarily** bring happiness. ▶お金が必ずしも幸福をもたらすとは限らない.

描く・書く・塗る

119 ☑ **draw**
[dró: | ドゥロー]
過去 drew
過分 drawn **A1**

動 **1** (えんぴつやペンで)〈線画・図形を〉描く;
〈線を〉引く
関連 **drawing** 線画
2 (ゆっくりと)…を引いて移動させる

120 ☑ **draw up**
〈文書などを〉作成する

121 ☑ **write**
[ráit | ライト] 発音
過去 wrote
過分 written **A1**

動 **1** 〈文字・文学作品などを〉書く
関連 **writer** 作家
2 (…に)手紙を書く(to ...)

122 ☑ **paint**
[péint | ペイント] **A1**

名 **1** ペンキ
2 絵の具(◆複数形で用いる)
関連 **painter** 画家, **painting** 絵

A1
動 **1** …にペンキを塗る
2 …を(絵の具で)描く

部分・要素

123 ☑ **part**
[pá:rt | パート] **A2**

名 **1** (…の)一部分(of ...)
関連 **partial** 部分的な, **partly** 部分的に
対義 **whole** 全部
2 (活動・芝居などにおける)役(割)
(◆role と同義)

B2
動 (人と)別れる
【part from Ⓐ】Ⓐと別れる

124 ☑ **in part**
ある程度

125 ☑ **take part in ...**
〈活動などに〉参加する

126 ☑ **factor**
[fǽktər | ふぁクタ]
B2

名 (…の)要因, 要素(in ...)

127 ☑ **element**
[éləmənt | エれメント]
B1

名 (基本的な)要素
関連 **elementary** 初歩の,
elementary school 小学校

128 ☑ **item**
[áitəm | アイテム] **A1**

名 (表などの)項目, 品目

☑ チャンク **draw** a picture　　　　　　　線画を描く

☑ He **drew** a sketch of the scene.　　　▶彼はその光景のスケッチを描いた.

☑ I **drew** a chair to the table.　　　　　▶私はいすを引いてテーブルに近づけた.

☑ Please **draw up** the list.　　　　　　▶そのリストを作成してください.

☑ チャンク **write** my name　　　　　　　　私の名前を書く

☑ Yoshikawa Eiji **wrote** a lot of historical novels.　　　▶吉川英治はたくさんの時代小説を書いた.

☑ Please **write to** me when you've settled in.　　　▶落ち着いたら(私に)便りをくださいね.

☑ チャンク a can of white **paint**　　　　　白ペンキの缶

☑ Wet **Paint**!　　　　　　　　　　　　▶ペンキ塗りたて!(掲示)

☑ I bought a set of oil **paints**.　　　　▶私は油絵の具一式を買った.

☑ I **painted** the door.　　　　　　　　▶私はドアにペンキを塗った.

☑ Cézanne **painted** pictures of the mountain many times.　　　▶セザンヌは何度もその山の絵を描いた.

☑ チャンク an important **part**　　　　　　大切な部分

☑ Japan is **part of** Asia.　　　　　　　▶日本はアジアの一部だ.

☑ A bass player plays a big **part** in a rock band.　　　▶ベース奏者はロックバンドにおいて大きな役割を果たしている.

☑ I **parted from** my mother at the station.　　　▶私は駅で母と別れた.

☑ Changes of feelings are **in part** caused by the weather.　　　▶感情の変化はある程度は天候によって引き起こされる.

☑ I **took part in** the volunteer work.　　　▶私はそのボランティア活動に参加した.

☑ チャンク the deciding **factor**　　　　　決定的な要因

☑ The key **factor in** Ichiro's success is his effort.　　　▶イチローの成功の主な要因は努力だ.

☑ チャンク a key **element**　　　　　　　大切な要素

☑ Luck is an important **element** in any sport.　　　▶どんなスポーツにおいても運は重要な要素だ.

☑ チャンク **items** on the menu　　　　　　メニュー品目

☑ I checked each **item** on the list.　　　▶私はそのリストの各項目を調べた.

自由・強制・制限

129 ☑ **let**
[lét | **レ**ット]
過去・過分 let
A1

動 1 (本人の望み通り)…させる
☞**【let Ⓐ do】**Ⓐに…させる
2 〈私(たち)に〉…させてください(◆命令文で)
☞**【let me [us] do】**私(たち)に…させてください

---

130 ☑ **let ... down**

(約束したことをやらないで)…をがっかりさせる

---

131 ☑ **let in**

…を中に入れる

---

132 ☑ **order**　**A1**
[ɔ́:rdər | **オー**ダ]

名 1 (一定の)順序;(社会の)秩序
対義 disorder 無秩序

2 (権力者などからの)命令

3 (商品などの)注文
A2 **動 1** 〈商品などを〉注文する
2 (権力を行使して)…を命じる
☞**【order Ⓐ to do】**Ⓐに…するよう命じる

---

133 ☑ **in order to** *do*

…するために

---

134 ☑ **out of order**

〈機械が〉故障して

交 通

135 ☑ **traffic**
[trǽfik | **トゥラぁふィック**]
A2

名 交通, (人・乗り物の)行き来(◆形容詞的に用いられることも多い)

---

136 ☑ **drive**　**A2**
[dráiv | **ドゥ**ライヴ]
過去 drove
過分 driven
A1

動 1 〈車などを〉運転する
関連 driver 運転手, **driving** 運転
2 …を(悪い状態に)追いやる
☞**【drive Ⓐ Ⓑ】**ⒶをⒷの状態に追いやる
名 ドライブ

---

137 ☑ **passage**
[pǽsidʒ | **パぁ**セッヂ]
A2

名 1 (細長い)通路

2 (文章などの)一節

☐ チャンク I'll let you know. — 君に知らせるよ.
☐ My father let me drive his car. ▶父は私に彼の車を運転させてくれた.
☐ Let me ask you another question. ▶もう1つ質問させてください.

☐ You promised not to be late.
Don't let me down. ▶遅刻しないと約束したでしょう. 私をがっかりさせないで.
☐ Please let me in. ▶中に入れてください.

☐ チャンク law and order — 法と秩序
☐ Our names were called in alphabetical order. ▶アルファベット順に私たちの名前が呼ばれた.
☐ We have orders to search this office. ▶我々にはこのオフィスを捜索せよとの命令が下されている.
☐ May I take your order? ▶ご注文はお決まりですか?

☐ We ordered a five-course dinner. ▶私たちは5品料理のディナーコースを注文した.

☐ The police ordered them to leave. ▶警察は彼らに立ち去るよう命じた.

☐ I work part-time in order to buy a present for my girlfriend. ▶私はガールフレンドにプレゼントを買うためにアルバイトをしている.

☐ The vending machine was out of order. ▶その自動販売機は故障していた.

☐ チャンク a traffic accident — 交通事故
☐ There was heavy traffic on the expressway. ▶高速道路は交通量が多かった.

☐ チャンク drive a bus — バスを運転する
☐ Can you drive a car? ▶あなたは車の運転ができますか?
☐ His thoughtless words drove me mad. ▶彼の心ない言葉に私は腹が立った (⑩ 私を怒った状態に追いやった).

☐ Let's go for a drive. ▶ドライブに行こうよ.

☐ チャンク an underground passage — 地下通路
☐ Don't block the passage. ▶通路をふさがないで.
☐ My grandmother read aloud a passage from the Bible. ▶祖母は聖書の中の一節を声に出して読んだ.

気温

138 ☑ **hot**
[hát | ハット]
A1

形 **1** 〈気温が〉暑い;〈食べ物などが〉熱い

2 〈食べ物が〉辛い

139 ☑ **warm**
[wɔ́:rm | ウォーム]
🎺 発音
A1
B1

形 〈気温などが〉暖かい;〈湯などが〉温かい
関連 **warmly** 暖かく, **warmth** 暖かさ

動 …を暖める, 温める(◆しばしば up を伴う)

140 ☑ **cool**
[kú:l | クーる]
A1

形 **1** 〈気温が〉涼しい;(心地よい程度に)冷たい

2 (性格が)冷静な

3 かっこいい, すごい(◆主に話し言葉で用いる)

141 ☑ **cold**
[kóuld | コウるド]
A1
A1

形 〈気温が〉寒い;〈食べ物などが〉冷たい

名 かぜ

天気・気候

142 ☑ **weather**
[wéðər | ウェざ]
A1

名 (一時的な)天気, 天候

143 ☑ **climate**
[kláimit | クらイメット]
B1

名 (ある地域の平均的な)気候

144 ☑ **temperature**
[témpərətʃər | テンペラチャ]
A2

名 (物・場所などの)温度, 気温

145 ☑ **sunny**
[sʌ́ni | サニ]
A1

形 (天気が)晴れた

🖊 —天気に関する語—
cloud 雲／ cloudy 曇った／ rain 雨／
rainy 雨の／ fog 霧／ foggy 霧のかかった／
snow 雪／ snowy 雪の／ wind 風／
windy 風の強い

146 ☑ **tropical**
[trápikl | トゥラピクる]
B1

形 (気候が)熱帯の

☑ **チャンク** hot coffee | ホットコーヒー
☐ It's very **hot** today. | ▶きょうはとても暑い.
☐ This curry is a little too **hot** for me. | ▶このカレーは私にはちょっと辛すぎる.

☑ **チャンク** warm water | 温水
☐ It's nice and **warm** today. | ▶きょうは暖かくて気持ちがいい.
☐ A cup of tea will **warm** you **up**. | ▶お茶を1杯飲めば暖まりますよ.

☑ **チャンク** a cool drink | 冷たい飲み物
☐ It is **cool** for September today. | ▶きょうは9月にしては涼しい.
☐ Stay **cool** all the time. | ▶常に冷静でいなさい.
☐ "I'm a jazz pianist." "That's **cool**!" | ▶「私, ジャズピアニストなの」「かっこいい！」

☑ **チャンク** cold water | 冷たい水
☐ Do you feel **cold**? | ▶寒くないかい？
☐ I caught a **cold** last week. | ▶私は先週かぜをひいた.

☑ **チャンク** the weather report | 天気予報
☐ What's the **weather** like today? | ▶きょうの天気はどう？

☑ **チャンク** a mild climate | 穏やかな気候
☐ The **climate** here is very mild. | ▶ここの気候は非常に温暖だ.

☑ **チャンク** room temperature | 室温
☐ The **temperature** dropped below zero this morning. | ▶けさは気温が氷点下になった.

☑ **チャンク** a sunny day | 晴れた日
☐ It will be **sunny** tomorrow. | ▶あすの天気は晴れでしょう.
☐ There are no **clouds** in the sky. | ▶空には雲ひとつない.
☐ I was caught in heavy **rain** on my way home. | ▶家に帰る途中で大雨にあった.
☐ The lake is covered in thick **fog**. | ▶湖は深い霧におおわれている.
☐ We had a lot of **snow** last year. | ▶去年は雪がたくさん降った.
☐ A strong **wind** is blowing outside. | ▶外では強い風が吹いている.

☑ **チャンク** tropical fish | 熱帯魚
☐ Our job is to preserve **tropical** rain forests. | ▶我々の仕事は熱帯雨林を保護することだ.

重要基本語句

147 ☑ **have** 関連p.50 道場 [hǽv｜ハぁヴ] 過去・過分 had	動 **1** …をもっている
	2 〈食べ物を〉食べる
	3 …を…させる，してもらう
	☞ **【have Ⓐ** *done*】 Ⓐを…させる，してもらう
	4 …を…される
	☞ **【have Ⓐ** *done*】 Ⓐを…される
	5 …に（頼んで）…してもらう
(A1)	☞ **【have Ⓐ** *do*】 Ⓐに…してもらう
148 ☑ **have got to** *do*	…しなければならない（◆have to *do*と同義）
149 ☑ **have to** *do*	…しなければならない（◆mustよりも穏やかな言い方）
150 ☑ **make** 関連p.51 道場 [méik｜メイク] 過去・過分 made	動 **1** …を作る，製造する
	関連 **maker** メーカー, **makeup** 化粧
	2 〈金などを〉得る，稼ぐ（◆gain, earn と同義）
	3 …に（強制的に）…させる（◆force と同義）
	☞ **【make Ⓐ** *do*】 Ⓐに…させる
	4 …を（…の状態に）する
	☞ **【make Ⓐ Ⓑ】** ⒶをⒷ（の状態）にする
(A1)	☞ **【make Ⓐ** *done*】 Ⓐを…されるようにする
151 ☑ **be made from ...**	…から作られる（◆原材料は加工されて質が変化する場合）
152 ☑ **be made of ...**	…でできている（◆材料の質は変化せず，形が変わる）
153 ☑ **make it**	**1** （活動・職業・人生などで）成功する
	2 （乗り物などに）間に合う（to ...）
154 ☑ **make up**	…に化粧をする
155 ☑ **make up for ...**	…を埋め合わせる

STAGE 1

☐ チャンク **have two cell phones** — 携帯電話を 2 台もっている

☐ She **has** a DVD of that movie. ▶彼女はその映画の DVD をもっている.

☐ Let's **have** lunch at that restaurant. ▶あそこのレストランでお昼ごはんを食べましょう.

☐ Can I **have** my baggage **carried** to my room? ▶荷物を部屋まで運んでいただけますか？

☐ I **had** my suitcase **stolen** at the airport. ▶私は空港でスーツケースを盗まれた.

☐ I **had** my brother repair my bicycle. ▶私は弟に自転車を修理してもらった.

☐ I've **got to** finish reading this book by tomorrow. ▶私はあすまでにこの本を読み終えなければならない.

☐ I'll **have to** get up early tomorrow morning. ▶私はあすの朝早起きしなければならない.

☐ チャンク **make a cake** — ケーキを作る

☐ This car is **made** in Germany. ▶この車はドイツ製だ.

☐ I'm going to **make** money by working part-time. ▶私はアルバイトをしてお金を稼ぐつもりだ.

☐ My teacher **made** me rewrite the paper. ▶先生は私にレポートを書き直させた.

☐ The news **made** me happy. ▶その知らせを聞いて私はうれしくなった (値 私をうれしくさせた).

☐ I spoke louder to **make** myself **heard**. ▶私は聞こえるように (値 自分の声が聞かれるように) もっと大きな声で話した.

☐ Cheese **is made from** milk. ▶チーズは牛乳から作られる.

☐ This table **is made of** wood. ▶このテーブルは木でできている.

☐ He **made it** as a fashion designer. ▶彼はファッションデザイナーとして成功した.

☐ We didn't **make it to** the last train. ▶私たちは最終電車に間に合わなかった.

☐ Don't **make up** your face on the train. ▶電車内で化粧をしてはだめだよ.

☐ We must **make up for** lost time. ▶私たちは遅れを取り戻さなければ (値 失われた時間を埋め合わせなければ) ならない.

重要基本語句

156 ☑ **go** 〈辞〉p. 189 [道場] [góu｜ゴウ] [過去] went [過分] gone [A1]	[動] **1** (離れた場所に)**行く** 🔶 go は話し手の方でも聞き手の方でもない「他の場所へ行く」という意味です.「聞き手の方へ行く」場合には come を用います. ☞【go *doing*】…をしに行く **2** (よくない状態に)**なる**
157 ☑ **go by**	〈時間が〉経過する
158 ☑ **go for ...**	〈散歩などに〉出かける
159 ☑ **go off**	**1** (明確な目的があって)立ち去る, 出かける **2** 〈爆弾などが〉爆発する
160 ☑ **go on**	**1** (…することを)続ける(*doing*) **2** 〈事が〉起こる
161 ☑ **go out**	(楽しいことをするために)外出する
162 ☑ **go through ...**	**1** 〈苦難などを〉経験する **2** 〈法案などが〉…を通過する, 承認される
163 ☑ **go without ...**	〈ふだん必要とするものを〉なしですます
164 ☑ **to go**	**1** 〈レストランなどの食べ物が〉持ち帰り用の **2** 〈時間などが〉残されている
165 ☑ **work** [A1] [wə́ːrk｜ワーク] 〈辞〉p. 409 [道場]	[名] **1** (報酬を得るための)仕事 [関連] worker 労働者, workplace 職場 [対義] play 遊び **2** (絵画・音楽・文学などの)作品 [A1] [動] **1** (報酬を得るために)働く [対義] play 遊ぶ **2** (目的を達成するために)努力する **3** 〈機械・装置などが〉動く, 作動する
166 ☑ **work out**	**1** 〈答えなどを〉見つけ出す **2** 〈問題などを〉解決する **3** 〈物事が〉(結局は)うまくいく

☑ **チャンク** go abroad	外国へ行く
☑ We **go** to Okinawa every summer.	▶私たちは毎年夏に沖縄に行く.
☑ "Breakfast is ready!" "I'm **coming**!"	▶「朝食ができたわよ！」 「今行く！」
☑ Let's **go** swimming!	▶泳ぎに行こうよ！
☑ Food easily **goes** bad in hot weather.	▶暑い時期は食べ物が腐りやすい （⑩ すぐ悪くなる）.
☑ The summer vacation **went by** very fast.	▶夏休みはあっという間に終わった （⑩ 経過した）.
☑ Let's **go for** a walk.	▶散歩に出かけようよ.
☑ They **went off** to have coffee.	▶彼らはコーヒーを飲みに行った.
☑ The bomb didn't **go off**.	▶その爆弾は爆発しなかった.
☑ We **went on** walking for two hours.	▶私たちは2時間歩き続けた.
☑ What's **going on** here?	▶ここで何が起こっているんだ？
☑ I **went out** to a concert last night.	▶私は昨夜コンサートに出かけた.
☑ He **went through** a divorce.	▶彼は離婚した（⑩ 離婚を経験した）.
☑ The bill didn't **go through** Congress.	▶その法案は議会を通過しなかった.
☑ I often **go without** breakfast.	▶私はよく朝食を抜く（⑩ 朝食なしですます）.
☑ For here or **to go**?	▶こちらで召し上がりますか，それともお持ち帰りになりますか？
☑ There are still two weeks **to go** before the exam.	▶試験までまだ2週間ある.
☑ **チャンク** hard work	重労働
☑ I finish **work** at five.	▶私の仕事は5時に終わる.
☑ Whose **work** is that picture?	▶あの絵はだれの作品ですか？
☑ I want to **work** part-time.	▶私はアルバイトがしたい （⑩ パートタイムで働きたい）.
☑ I **worked** hard to pass the exam.	▶私は試験に合格するために努力した.
☑ My PC doesn't **work**.	▶私のパソコンが動かない.
☑ Let's **work out** a solution.	▶解決方法を見つけましょう.
☑ We **worked out** the problem with her help.	▶私たちは彼女の助けを借りてその問題を解決した.
☑ Everything **worked out** well.	▶万事うまくいった.

49

have [hǽv | ハぁヴ]

→p. 46

コアイメージ 「何かをもっている」

2 1 3 [have + 名詞] ランキング

☑ S38 **第1位** **have time** ▶ 時間がある

☑ I have a lot of time to study English today. ▶ 私は今日，英語を勉強する時間がたくさんある.

☑ S39 **第2位** **have an effect** ▶ 効果がある

☑ Eating vegetables has a good effect on our health. ▶ 野菜を食べることには，健康にいい効果がある.

☑ S40 **第3位** **have a way** ▶ 方法がある

☑ We have no way of finding out the cause of the accident. ▶ 私たちにはその事故の原因を知る方法はない.

☑ S41 **第4位** **have a problem** ▶ 問題がある

☑ I have a problem with my computer. ▶ 私のコンピュータには問題がある.

☑ S42 **第5位** **have an idea** ▶ アイディアがある

☑ I have a good idea. ▶ 私にいいアイディアがある.

make [méik|メイク] →p. 46

コアイメージ 「手を加えて新たな物や状態をつくる」

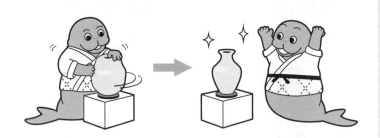

1 2 3 [make + 名詞]ランキング(行為を表す)

☑ S43 第1位 **make use of ...** ▶ …を使う；…を利用する
☐ Make good use of your time. ▶ 時間を有効に使いなさい.

☐ S44 第2位 **make sense** ▶ 意味を成す
☐ His story does not make sense to me. ▶ 彼の話は全く意味を成さない.

☐ S45 第3位 **make** *one's* **way** ▶ 進む；成功する
☐ I made my way through the crowd. ▶ 私は人ごみをかき分けて進んだ.

☐ S46 第4位 **make progress** ▶ 進歩する
☐ The student made great progress in English. ▶ その生徒の英語は大きく進歩した.

☐ S47 第5位 **make a decision** ▶ 決断を下す
☐ The mayor made a decision immediately. ▶ 市長は速やかに決定を下した.

2．身体

体 Body

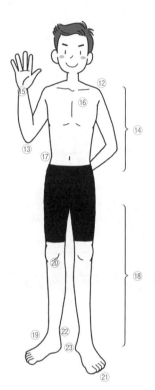

頭部 Head

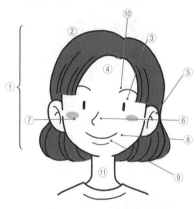

S48 ☑ ① 顔	**face**[féis]
S49 ☑ ② 髪	**hair**[héər]
S50 ☑ ③ 目	**eye**[ái]
S51 ☑ ④ 額	**forehead**[fɔ́:rid]
S52 ☑ ⑤ 耳	**ear**[íər]
S53 ☑ ⑥ 鼻	**nose**[nóuz]
S54 ☑ ⑦ ほお	**cheek**[tʃí:k]
S55 ☑ ⑧ 口	**mouth**[máuθ]
S56 ☑ ⑨ 唇	**lip**[líp]
S57 ☑ ⑩ 眉毛	**eyebrow**[áibràu]
S58 ☑ ⑪ 首	**neck**[nék]

S59 ☑ ⑫ 肩	**shoulder**[ʃóuldər]
S60 ☑ ⑬ ひじ	**elbow**[élbou]
S61 ☑ ⑭ 腕	**arm**[á:rm]
S62 ☑ ⑮ 手首	**wrist**[ríst]
S63 ☑ ⑯ 胸	**chest**[tʃést]
S64 ☑ ⑰ ウエスト，腰	**waist**[wéist]
S65 ☑ ⑱ 脚	**leg**[lég]
S66 ☑ ⑲ 足	**foot**[fút]
S67 ☑ ⑳ ひざ	**knee**[ní:]
S68 ☑ ㉑ つま先	**toe**[tóu]
S69 ☑ ㉒ 足首	**ankle**[æŋkl]
S70 ☑ ㉓ かかと	**heel**[hí:l]

STAGE 2

平均単語レベル
高校基礎

教育・訓練

167 ☐ **education**
[èdʒəkéiʃn | エヂュ**ケ**イション]
A2

图 (学校)教育
関連 educational 教育の, educate 教育する

168 ☐ **teach**
[tíːtʃ | **ティ**ーチ]
過去・過分 taught
A1

動 〈教科などを〉教える
👉 【teach **Ⓐ Ⓑ**】または【teach **Ⓑ** to **Ⓐ**】
Ⓐに**Ⓑ**を教える
👉 【teach **Ⓐ** (how) to do】
Ⓐに…のしかたを教える

169 ☐ **train**
[tréin | トゥ**レ**イン]
A2

動 (仕事などのために)…を訓練する;訓練を受ける
関連 training 訓練
👉 【train **Ⓐ** as **Ⓑ**】**Ⓑ**になるよう**Ⓐ**を訓練する
👉 【be training to be **Ⓐ**】**Ⓐ**になるための訓練
を受けている
A1

图 (2両以上連結した)列車, 電車

状況・場合

170 ☐ **situation**
[sìtʃuéiʃn | スィチュ**エ**イション]
A2

图 状況, 場合

171 ☐ **case**
[kéis | **ケ**イス]
A1

图 **1** 状況, 場合(◆situation と同義)

2 (犯罪などの)事件

172 ☐ **chance**
[tʃǽns | **チ**ぁンス]
A2

图 **1** (偶然の)機会, チャンス
👉 【chance to do】…する機会

2 (主に望むことの起きる)可能性(of ...)
(◆possibility と同義)

173 ☐ **by chance**

偶然に, たまたま

174 ☐ **take a chance**

思いきってやってみる

175 ☐ **opportunity**
[ɑ̀pərtjúːnəti | アパ**テュ**ーニ
ティ]
A2

图 (自分にとって幸運な)機会, チャンス
👉 【opportunity to do】…する機会

👉 【opportunity for **Ⓐ**】**Ⓐ**の機会

☑ チャンク **school education** 　　学校教育

☑ Every child has a right to receive an **education**.
▶すべての子どもには教育を受ける権利がある.

☑ チャンク **teach mathematics** 　　数学を教える

☑ Ms. Greene **teaches** us music.
[≒ Ms. Greene **teaches** music **to** us.]
▶グリーン先生は私たちに音楽を教えている.

☑ My brother **taught** me (**how**) **to** play the guitar.
▶兄は私にギターの弾き方を教えてくれた.

☑ チャンク **a highly trained dog** 　　高度に訓練された犬

☑ Bill **trained** his son **as** a carpenter.
▶ビルは息子を大工になるよう訓練した.

☑ Carol **is training to be** a nurse.
▶キャロルは看護師になるための訓練を受けている.

☑ You can go there by **train**.
▶そこには列車で行けますよ.

☑ チャンク **the current situation** 　　現在の状況

☑ Act carefully in a dangerous **situation**.
▶危険な状況においては慎重に行動しなさい.

☑ チャンク **in some cases** 　　場合によっては

☑ What would you do in this **case**?
▶この場合あなたならどうしますか？

☑ He got involved in the drug **case**.
▶彼はその麻薬事件に巻き込まれた.

☑ チャンク **Give me another chance.** 　　もう一度チャンスをください.

☑ I jumped at the **chance to** work as a swimming coach.
▶私はスイミングコーチとして働く機会に飛びついた.

☑ We have little **chance of** getting the tickets.
▶私たちがそのチケットを入手する可能性はほとんどない.

☑ I met Beth on the bus **by chance**.
▶私は偶然バスの中でベスに会った.

☑ I **took a chance** and dived into the sea.
▶私は思いきって海に飛び込んだ.

☑ チャンク **a golden opportunity** 　　またとないチャンス

☑ I have little **opportunity to** wear a kimono.
▶私には着物を着る機会がほとんどない.

☑ It was a perfect **opportunity for** studying abroad.
▶それは留学する絶好の機会だった.

STAGE 2

信じる・信用

176 ☑ **believe**
[bilíːv | ビリーヴ]

A1

動 …を信じる, 信じている
関連 belief 信じること, believable 信じられる
対義 doubt 疑う
☞【believe that ...】…だと信じる

177 ☑ **believe in ...**

❶ …の存在を信じる

❷ …することは正しいと信じている

178 ☑ **trust**
[trʌ́st | トゥラスト]

A2

動〈人・事実などを〉信じる, 信頼する
関連 trustworthy 信頼の置ける
対義 distrust 疑う
☞【trust Ⓐ to do】Ⓐが…すると信じる

B2

名 (…に対する)信頼(in ...)
対義 distrust 不信

重要・重大

179 ☑ **important**
[impɔ́ːrtnt | インポータント]

A1

形 (大きな影響力があり)重要な, 大切な
関連 importance 重要性
対義 unimportant 重要でない
☞【it is important for Ⓐ to do】
Ⓐが…するのは重要だ

180 ☑ **serious**
[síəriəs | スィ(ア)リアス]

B1

形 ❶〈問題などが〉重大な, 深刻な

❷ 本気の, まじめな
関連 seriously まじめに

181 ☑ **major**
[méidʒər | メイヂャ]

A2

形 (規模などが大きいため)主要な, 重大な
関連 majority 大多数

動 (学問を)専攻する
☞【major in Ⓐ】Ⓐを専攻する

182 ☑ **minor**
[máinər | マイナ]

B1

形 (規模などが小さく)重要でない, 重大でない
関連 minority 少数(派)

名 (法律上の)未成年者(◆18歳未満を指すことが
多い)

☐ チャンク **I believe so.** 　　　　　　　　　　私はそう信じます.

☐ Can you **believe** such a story? ▶そのような話を信じられますか？

☐ Ancient people **believed that** the sun moved around the earth. ▶古代の人は太陽が地球の周りを回っていると信じていた.

☐ I **believed in** Santa Claus when I was a child. ▶子どものころ，私はサンタクロースの存在を信じていた.

☐ I **believe in** chasing a dream. ▶私は夢を追い求めることは正しいと信じている.

☐ チャンク **Trust me, please.** 　　　　　　　　私を信じてください.

☐ I **trust** her to get the job done. ▶私は彼女がその仕事をやりとげてくれると信じている.

☐ I have **trust** in my friends. ▶私は友を信頼している.

☐ チャンク **an important matter** 　　　　　　重要な事柄

☐ Nothing is more **important** than time. ▶時間より大切なものはない.

☐ It is **important for** you to get more experience. ▶あなたはもっと経験を積むことが大切です.

☐ チャンク **serious damage** 　　　　　　　　深刻なダメージ

☐ Internet crime is a **serious** social problem. ▶ネット犯罪は重大な社会問題だ.

☐ "You must be joking." "No, I'm **serious**." ▶「冗談ですよね」「いいえ，私は本気です」

☐ チャンク **a major airport** 　　　　　　　主要な空港

☐ Environmental destruction is a **major** problem. ▶環境破壊は重大な問題だ.

☐ I'm **majoring in** Japanese history. ▶私は日本史を専攻している.

☐ チャンク **a minor problem** 　　　　　　　ささいな問題

☐ We made **minor** changes to the schedule. ▶私たちはスケジュールに少しだけ修正（🔘 重要でない修正）を加えた.

☐ It is against the law to sell cigarettes to **minors**. ▶未成年者にたばこを売るのは法律違反だ.

STAGE 2

よい・悪い

183 ☑ **good**
[gúd | グッド]
比較 better
最上 best　A1

形 よい
関連 goodness 善良さ
対義 bad 悪い

184 ☑ **be good at ...**

…が上手だ, うまい
対義 be poor [bad] at ... …が下手だ

185 ☑ **ideal**
[aidíːəl | アイディーアる]　A1

形 (…にとって)理想的な, 最適な(for ...)
関連 idea 考え, ideally 理想的には

186 ☑ **excellent**
[éksələnt | エクセれント]　A1

形 (非常に)すぐれた
関連 excellently すばらしく

187 ☑ **terrible**
[térəbl | テリブる]　A1

形 (程度が)ひどい
関連 terribly ひどく, terror 恐怖

188 ☑ **harm**
[háːrm | ハーム]　B2

名 (外部の要因からもたらされる)害
関連 harmful 有害な, harmless 無害な

A2　動 …を害する, 傷つける

特別

189 ☑ **especially**
[ispéʃəli | イスペシャり]　A2

副 特に

190 ☑ **special**
[spéʃl | スペシャる]

形 **1** (主にいい意味で)特別な
関連 specially 特別に
対義 normal 標準の
2 (学問・仕事などについて)専門の
関連 specialist 専門家, specialize 専門にする
A1　**対義** general 一般の

191 ☑ **particular**
[pərtíkjələr | パティキュら]

形 **1** 特定の, 特にこの
2 特別な
関連 particularly 特に

B2

192 ☑ **in particular**

特に

☑ **チャンク** good **news** | よい知らせ
☑ The service at the restaurant was very **good**. | ▶そのレストランのサービスはとてもよかった.

☑ My father **is good at** cooking. | ▶私の父は料理が上手だ.

☑ **チャンク** an ideal **opportunity** | 理想的な**機会**
☑ The amusement park is an **ideal** spot for dating. | ▶その遊園地はデートをするのに最適な場所だ.

☑ **チャンク** an excellent **idea** | とてもいい**考え**
☑ Haruka is **excellent** in English. | ▶遥は英語がとてもよくできる (◉ 英語にとてもすぐれている).

☑ **チャンク** a terrible **mistake** | ひどい**失敗**
☑ Bob has a **terrible** cold. | ▶ボブはひどいかぜをひいている.

☑ **チャンク** cause **harm** | 害をもたらす
☑ Working too hard will do **harm** to you. | ▶働きすぎは体に毒ですよ (◉ あなたに害をなすだろう).

☑ The scandal **harmed** his fame. | ▶そのスキャンダルは彼の名声を傷つけた.

☑ **チャンク** especially **for you** | 特にあなたのために
☑ Kyoto is beautiful, **especially** in fall. | ▶京都は特に秋が美しい.

☑ **チャンク** a special **day** | 特別な**日**
☑ The beach was a **special** place for us. | ▶その海岸は私たちにとって特別な場所だった.
☑ Economics is my **special** field. | ▶経済学は私の専門分野だ.

☑ **チャンク** in this particular **case** | 特にこの**場合**
☑ Are there any questions about this **particular** issue? | ▶(特に)この件について質問はありますか?
☑ There is no **particular** reason for it. | ▶それには特別な理由はない.

☑ I don't want to buy anything in **particular**. | ▶買いたいものは特にありません.

STAGE 2

目的・目標

193 ☑ **try**
[trái | トゥライ]
A2

動 **1** …を試みる
関連 **trial** 試み
☞ 【**try to** *do*】…しようと試みる, 努める
（◆試みが成功したかどうかは文脈による）
2 (短期間)…を試す
関連 **trial** 試用
☞ 【**try** *do*ing】試しに…してみる

---

194 ☑ **try on**

〈衣類などを〉試着する

---

195 ☑ **effort**
[éfərt | エふォト]　**A2**

名 (困難なことを成し遂げようとする)努力

---

196 ☑ **goal**
[góul | ゴウる]
A1

名 **1** (努力などの)目標
2 (サッカーなどの)ゴール, 得点(◆バスケット
ボールの得点は point, 野球の得点は run)
関連 **goalkeeper** ゴールキーパー

---

197 ☑ **purpose**
[pə́:rpəs | パ〜パス]
A2

名 (行動などの)目的

付ける・付く

198 ☑ **follow**
[fálou | ふァろウ]
A2

動 **1** 〈前を行く人の〉後について行く
2 (時間的に)…の次に起こる
関連 **following** 次の

---

199 ☑ **connect**
[kənékt | コネクト]
B1

動 **1** …を(別の物に)つなぐ
関連 **connection** 関係
☞ 【**connect Ⓐ to Ⓑ**】ⒶをⒷにつなぐ
2 (ネットワークなどに)接続する
☞ 【**connect to Ⓐ**】Ⓐに接続する

---

200 ☑ **link**
[líŋk | リンク]
B1

B1

動 …を(別の物と)関連づける(◆通例受身で)
☞ 【**be linked with Ⓐ**】Ⓐと関連がある

名 (…間の)結びつき, 関連(between ...)

---

201 ☑ **combine**
[kəmbáin | コンバイン]
B1

動 …を(別の物と)結合させる
関連 **combination** 結合
☞ 【**combine Ⓐ with Ⓑ**】ⒶをⒷと結合させる

STAGE 2

☑ チャンク **try my best** — 自分のベストを尽くす
- ☑ **Try** it again. ▶もう一度やってごらん.
- ☑ I **tried to** become a stage actor. ▶私は舞台俳優になるために努力した.
- ☑ I would like to **try** the free class. ▶私はその無料授業を試してみたいと思います.
- ☑ Today I **tried cooking** pizza for the first time. ▶きょう初めてピザを作ってみた(＠ 試しに作った).
- ☑ I'd like to **try on** these jeans. ▶このジーンズを試着したいのですが.

☑ チャンク **make an effort** — 努力する
- ☑ Constant **effort** is very important. ▶たゆまない努力はとても大切だ.

☑ チャンク **the ultimate goal** — 最終的な目標
- ☑ I tried hard to achieve the **goal**. ▶私はその目標を達成するために努力した.
- ☑ The shot became his first **goal** of the season. ▶そのシュートは彼のシーズン最初のゴールとなった.

☑ チャンク **the main purpose** — 主な目的
- ☑ She went to Canada for the **purpose** of studying psychology. ▶彼女は心理学を学ぶために(＠ 心理学を学ぶ目的で)カナダへ渡った.

☑ チャンク **follow closely behind** — すぐ後からついて行く
- ☑ Please **follow** me. ▶私の後について来てください.
- ☑ A fire **followed** the quake. ▶地震の後に火事が起こった.

☑ チャンク **connect the two towns** — 2つの町をつなぐ
- ☑ **Connect** the speakers **to** the computer. ▶スピーカーをコンピュータに接続してね.
- ☑ First, **connect to** the Internet. ▶まずインターネットに接続してください.

☑ チャンク **be directly linked** — 直接関連がある
- ☑ Lung cancer **is** closely **linked with** smoking. ▶肺癌(がん)は喫煙と密接な関連がある.
- ☑ My coach told me about the **link between** belief and victory. ▶コーチは信念と勝利の結びつきについて私に話した.

☑ チャンク **combine hydrogen with oxygen** — 水素を酸素と結合させる
- ☑ The band **combined** rock **with** classical music. ▶そのバンドはロックをクラシック音楽と結合させた.

61

つくる・生み出す

202 ☑ create
[kriéit | クリエイト] A2

動〈新たなものを〉生み出す，創造する
関連 **creation** 創造，**creative** 創造力のある，**creature** 生き物

203 ☑ produce
[prədjúːs | プロデュース] A2

動 **1**（自然の作用などにより）…を生み出す
2〈商品などを〉生産する
関連 **producer** 生産者
対義 **consume** 消費する

204 ☑ product
[prádəkt | プラダクト] A2

名（大量生産された）製品，産物
関連 **production** 生産，**productive** 生産力のある

時間

205 ☑ age
[éidʒ | エイヂ] A1

名（人・動物などの）年齢，年

206 ☑ period
[píəriəd | ピ(ア)リオッド] A1

名（一定の）期間；（歴史上の）時代

207 ☑ round B1
[ráund | ラウンド]

名 **1**（一連の活動の）ひと区切り
2（ボクシングなどの）1 ラウンド
形（形が）丸い B1

208 ☑ process
[práses | プラセス] B1

名（ある結果に至るまでの）過程，経過

209 ☑ wait
[wéit | ウェイト] A1

動 待つ
【wait for ④】④を待つ
【wait for ④ to do】④が…するのを待つ

210 ☑ within
[wiðín | ウィずイン] A2

前 **1**（時間が）…以内に
2（場所が）…の内側に（◆inside と同義）

☑ チャンク create **new jobs**	新しい雇用を生み出す
☐ The novelist **created** a new hero in her latest book.	▶その小説家は最新作で新しいヒーローをつくり出した.
☑ チャンク **produce** a change	変化を生み出す
☐ This mountain **produces** diamonds.	▶この山はダイヤモンドを産出する.
☐ This factory **produces** electric cars.	▶この工場は電気自動車を生産する.
☑ チャンク **farm** products	農産物
☐ This TV is a new **product**.	▶このテレビは新製品だ.

STAGE 2

☑ チャンク **at the age of three**	3 歳のときに
☐ We are the same **age**.	▶私たちは同い年だ.
☑ チャンク **the Roman period**	ローマ時代
☐ I stayed there for a short **period**.	▶私はそこに短期間滞在した.

☑ チャンク **the daily round**	日課
☐ The next **round** of peace talks will be held in Tokyo.	▶次回の和平会談は東京で開かれる予定だ.
☐ They fought 12 **rounds**.	▶彼らは 12 ラウンドを戦った.
☐ Don't you think that **round** table is nice?	▶あの丸いテーブル, すてきじゃない?
☑ チャンク **the peace process**	和平プロセス
☐ We are recording the **process** of our child's growth.	▶私たちは子どもの成長の過程を記録している.
☑ チャンク **Wait a minute.**	ちょっと待って.
☐ Haruka **waited for** her mother at the station.	▶遥は駅で母親を待った.
☐ I can't **wait for** summer to come.	▶夏が来るのが待ちきれない.
☑ チャンク **within 24 hours**	24 時間以内に
☐ He will be back **within** five minutes.	▶彼は 5 分以内に戻ります.
☐ Five people are still left **within** the building.	▶5 人がまだ建物の中に取り残されている.

お金・金額

211 ☑ **buy**
[bái | バイ]
過去・過分 bought

A1

動 (お金を払って)…を買う

⮕ 【buy Ⓐ Ⓑ】または【buy Ⓑ for Ⓐ】
Ⓐ に Ⓑ を買い与える

---

212 ☑ **sell**
[sél | セる]
過去・過分 sold

A1

動 …を(ある金額で)売る(for ...)

---

213 ☑ **sell out**

❶〈商品を〉売り切る(◆通例受身で)
❷〈商品が〉売り切れる

---

214 ☑ **price**
[práis | プライス]

A1

名❶ (商品などの)値段, 価格

❷ (成功などのために支払うべき)代償

仕事・ビジネス

215 ☑ **business**
[bíznəs | ビズネス]
発音

A1

名 業務, 仕事
関連 **businessman** 実業家, **businessperson**
実業家(◆businessman より性差のない語)

---

216 ☑ **on business**

仕事で

---

217 ☑ **company**
[kʌ́mpəni | カンパニ]

A2

名 (組織としての)会社

---

218 ☑ **office**
[ɔ́:fis | オーふィス]

A1

名 (建物としての)会社, 事務所;役所
関連 **officer** 役人, 警官

---

219 ☑ **store**
[stɔ́:r | ストー(ア)]

A1

名 店(◆英国では主に shop を用いる)

B2

動 (後に備えて)…を蓄える

---

220 ☑ **goods**
[gúdz | グッヅ]

B1

名 商品, 品物

STAGE 2

☑ チャンク **buy** a bike 　　　　　　自転車を買う
☑ He **bought** the car for one million yen. ▶彼はその車を 100 万円で買った.
☑ My father **bought** me a Swiss watch. ▶父は私にスイス製の腕時計を買ってくれた.
　[≒ My father **bought** a Swiss watch
　for me.]

☑ チャンク **sell Ⓐ at a profit** 　　　　Ⓐを売って利益を得る
☑ I'll **sell** this CD for 500 yen. ▶この CD を 500 円で売ります.

☑ All seats **are sold out**. ▶全席売り切れです (⊚ 売り切れた).
☑ The tickets for the game have already ▶その試合のチケットはすでに売り切れまし
　sold out. 　た.

☑ チャンク **cut the price** 　　　　　　値下げする
☑ What is the **price** of this camera? ▶このカメラの値段はいくらですか？
☑ They paid a high **price** for success. ▶彼らは成功のために高い代償を払った.

☑ チャンク a business **trip** 　　　　　出張 (⊚ 仕事上の旅行)
☑ What's your **business**? ▶あなたのご職業は何ですか？

☑ My mother went to Sapporo on ▶母は先週, 仕事で札幌に行った.
　business last week.

☑ チャンク **set up a company** 　　　　会社を設立する
☑ She manages a travel **company**. ▶彼女は旅行会社を経営している.

☑ チャンク a post **office** 　　　　　　郵便局
☑ He usually comes to the **office** at ten. ▶彼はふだん 10 時に出社する
　 　(⊚ 会社に来る).

☑ チャンク a convenience **store** 　　　コンビニエンスストア
☑ My parents run a shoe **store**. ▶私の両親はくつ屋を経営している.
☑ We **stored** water for the dry ▶私たちは乾季に備えて水を蓄えておいた.
　season.

☑ チャンク **sporting goods** 　　　　　スポーツ用品
☑ Electrical **goods** are on the fifth floor. ▶電化製品は5階にございます.

話す・伝える

221 ☑ **message** [mésidʒ | メセッヂ] A1	名 伝言, メッセージ 関連 **messenger** メッセンジャー
222 ☑ **speech** [spíːtʃ | スピーチ] A1	名 演説, スピーチ
223 ☑ **speak** [spíːk | スピーク] 過去 spoke 過分 spoken A1	動 (言葉を)話す, しゃべる 関連 **speaker** 話し手
224 ☑ **generally speaking**	一般的に言って
225 ☑ **so to speak**	いわば
226 ☑ **communicate** [kəmjúːnikèit | コミューニケイト] A2	動 (意思・情報などを)交換する, 伝える 関連 **communication** コミュニケーション 🖝【communicate with Ⓐ】Ⓐと(意思・情報 などを)交換する；連絡を取り合う

基礎・基準・原則

227 ☑ **rule** [rúːl | ルーる]	A1	名 (スポーツ・組織などの)規則, ルール
	B2	動 〈国・地域などを〉支配する, 統治する 関連 **ruler** 支配者
228 ☑ **make it a rule to** *do*		(意識的に)いつも…することにしている
229 ☑ **rule out**		〈可能性などを〉否定する
230 ☑ **base** [béis | ベイス]	A2	名 (地面などに接する)土台；(発想などの)基礎 関連 **basic** 基本的な, **basis** 基礎
	B1	動 〈発想などの〉基礎[根拠]をおく(◆しばしば 受身で) 🖝【be based on Ⓐ】Ⓐに基づいている
231 ☑ **standard** [stǽndərd | スタあンダド] 🔊 アクセント	B1	名 (品質などの)基準, 水準
	B2	形 標準の, 標準的な

STAGE 2

☑ チャンク **leave a message**	メッセージを残す
☑ Could you take a **message**?	▶伝言をお願いしてもよろしいですか？
☑ チャンク **a welcoming speech**	歓迎のスピーチ
☑ I'm going to make a **speech** about global warming.	▶私は地球温暖化についてスピーチをするつもりだ.
☑ チャンク **speak English fluently**	流暢(りゅうちょう)に英語を話す
☑ Please **speak** more loudly.	▶もっと大きな声で話してください.
☑ **Generally speaking**, children learn languages faster than adults.	▶一般的に言って，子どものほうが大人より早く言語を習得する.
☑ She is the breadwinner, **so to speak**, in her family.	▶彼女がいわば家族の大黒柱だ.
☑ チャンク **communicate in sign language**	手話で意思を伝える
☑ My big sister in Tokyo **communicates with** me by e-mail.	▶東京にいる姉と私はEメールで連絡を取り合っている.

☑ チャンク **break the rules**	規則を破る
☑ Please follow the **rules**.	▶規則に従ってください.
☑ Spain **ruled** most of the countries in South America.	▶スペインは南米のほとんどの国を支配していた.
☑ She **makes it a rule** to take a shower every morning.	▶彼女は毎朝シャワーを浴びることにしている.
☑ He **ruled out** the possibility.	▶彼はその可能性を否定した.
☑ チャンク **the base of a building**	建物の土台
☑ What is the **base** of the theory?	▶その理論の基礎は何ですか？
☑ This novel **is based on** a true story.	▶この小説は実話に基づいている.

☑ チャンク **the standard of living**	生活水準
☑ These products are of a high **standard**.	▶これらの製品は高品質だ.
☑ Bob speaks **standard** English.	▶ボブは標準的な英語を話す.

選択・決定

232 ☑ **choose**
[tʃúːz | **チューズ**]
過去 chose
過分 chosen
A1

動 (たくさんのものの中から)…を選ぶ
関連 choice 選択
☞【choose Ⓐ from Ⓑ】Ⓑの中からⒶを選ぶ
☞【choose to *do*】…することを選ぶ

233 ☑ **decide**
[disáid | **ディサイド**]
A2

動 (よく考えて)…を決心する, 決める
関連 decision 決定, decisive 決定的な
☞【decide to *do*】…することを決心する
☞【decide between Ⓐ】Ⓐの中から1つだけ
選ぶ

234 ☑ **determine**
[ditə́ːrmin | **ディタ～ミン**]
B1

動 **1** (公式に)…を決定する；…に(決定的な)影響を
与える
関連 determination 決意,
determined 決意した
2〈原因・事実などを〉特定する, 確認する

熱・エネルギー・力

235 ☑ **force**
[fɔ́ːrs | **ふォース**]
A2

名 **1** (物理的な)力
関連 forceful 力強い, forcible 力ずくの

2 (国などの)軍事力, 軍隊(◆しばしば複数形で用
いられる)
B2

動 …に(無理に)…させる
☞【force Ⓐ to *do*】Ⓐに無理に…させる

236 ☑ **energy**
[énərdʒi | **エナ**ヂ**ィ**]
B2

名 (物理的な)エネルギー
関連 energetic エネルギッシュな

237 ☑ **fire**
[fáiər | **ふアイア**]
A1

名 火；火事
B2

動 **1** (銃などを)発砲する, 撃つ
2〈会社員・公務員などを〉解雇する

238 ☑ **fuel**
[fjúːəl | **ふユーエる**]
B1

名 (ガス・石油などの)燃料

☑ チャンク choose **the best place**	最もよい場所を選ぶ
☑ Please **choose** a drink **from** the list.	▶リストの中から飲み物をひとつお選びください.
☑ We **chose to** go to the Italian restaurant.	▶私たちはそのイタリア料理のレストランに行くことにした.
☑ チャンク Decide **for yourself.**	自分で決めなさい.
☑ I **decided to** go and study in Canada.	▶私はカナダに留学することに決めた.
☑ I had to **decide between** the two T-shirts.	▶私はその2枚のTシャツのうち, どちらかを選ばなければならなかった.
☑ チャンク determine **the date**	日取りを決める
☑ Supply and demand **determine** the price.	▶需要と供給が価格を決める(⑩ 供給と需要は価格に影響を与える).
☑ The police **determined** the cause of the fire.	▶警察は出火原因を特定した.

☑ チャンク the **force of gravity**	重力
☑ Earthquakes are caused by natural **forces**.	▶地震は自然のもつ力によって引き起こされる.
☑ UN peacekeeping **forces** will be sent to the area.	▶国連平和維持軍がその地域に派遣される予定だ.
☑ They tried to **force** me **to** sign the document.	▶彼らは私に無理にその文書にサインさせようとした.
☑ チャンク solar **energy**	太陽エネルギー
☑ Recycling saves **energy**.	▶リサイクルはエネルギーの節約になる.
☑ チャンク put out a **fire**	火を消す
☑ There was a **fire** near the station.	▶駅の近くで火事があった.
☑ The police officer **fired** at the man.	▶警官はその男に発砲した.
☑ The truck driver got **fired** because of drunk driving.	▶そのトラックの運転手は飲酒運転で解雇された.
☑ チャンク liquid **fuel**	液体燃料
☑ Methane hydrate can be a new **fuel** for us.	▶メタンハイドレートは我々にとって新しい燃料になりうる.

STAGE 2

発着

239 ☑ **reach**
[ríːtʃ | リーチ]

動 **1** 〈旅などの目的地に〉到着する(◆to, at などの前置詞は不要)
2 〈ある段階などに〉達する
3 (…を取ろうと)手を伸ばす
A2 〖reach for Ⓐ〗Ⓐを取ろうと手を伸ばす

240 ☑ **return**
[ritə́ːrn | リタ~ン]
A2

動 **1** (元の場所へ)戻る, 帰る
2 …を(元の場所に)返す

A2 名 (元の場所に)戻ること

変化

241 ☑ **develop**
[divéləp | ディヴェラプ]

動 **1** …を発展させる；発展する
関連 developing 発展途上の,
development 発展
〖develop Ⓐ into Ⓑ〗ⒶをⒷに発展させる
A2 **2** 〈製品などを〉開発する

242 ☑ **improve**
[imprúːv | インプルーヴ]
A2

動 〈品質・状態などを〉改善する；
〈品質・状態などが〉よくなる
関連 improvement 改善, 改良

243 ☑ **promote**
[prəmóut | プロモウト]
B1

動 **1** 〈友好関係・健康などを〉促進する
2 〈人を〉昇進させる(◆通例受身で用いる)
関連 promotion 昇進
〖be promoted to Ⓐ〗Ⓐに昇進する

244 ☑ **replace**
[ripléis | リプれイス]
A2

動 **1** 〈古いものなどに〉取って代わる
関連 replacement 代用品
2 〈古いものを〉取り換える, 交換する
〖replace Ⓐ with Ⓑ〗ⒶをⒷと取り換える

245 ☑ **progress**
名 [prágrəs | プラグレス]
動 [prəgrés | プログレス]
🔊 アクセント

B1 名 (技術などの)進歩, 上達
関連 progressive 進歩的な

B2 動 〈技術などが〉進歩する, 上達する

STAGE 2

☑ チャンク **reach Tokyo** | 東京に到着する
☑ We finally **reached** the island. | ▶我々はとうとうその島に到着した.
☑ The project **reached** the final stage. | ▶そのプロジェクトは最終段階に達した.
☑ I **reached for** the salt. | ▶私は塩を取ろうと手を伸ばした.

☑ チャンク **return home** | 家に帰る
☑ My parents **returned** from their trip yesterday. | ▶私の両親はきのう旅行から戻った.
☑ I have to **return** the rented DVD by tomorrow. | ▶レンタルした DVD をあすまでに返却しなくては.
☑ I'm looking forward to your **return**. | ▶あなたの帰りを楽しみにしています.

☑ チャンク **develop rapidly** | 急速に発展する
☑ My grandfather **developed** a little store **into** a big corporation. | ▶祖父は小さな店を大企業に発展させた.
☑ We must **develop** an AIDS vaccine. | ▶我々はエイズワクチンを開発せねばならない.

☑ チャンク **improve quality** | 品質を改善する
☑ His health has **improved** greatly. | ▶彼の健康状態は驚くほど回復した.

☑ チャンク **promote health** | 健康を促進する
☑ The government tries to **promote** free trade. | ▶政府は自由貿易を促進しようとしている.
☑ She **was promoted** to manager. | ▶彼女は支配人に昇進した.

☑ チャンク **replace the old system** | 古いシステムに取って代わる
☑ CDs **replaced** records. | ▶ CD はレコードに取って代わった.
☑ We **replaced** our old phone **with** a new one. | ▶私たちは古い電話機を新型のものと取り換えた.

☑ チャンク **technological progress** | テクノロジーの進歩
☑ You are making great **progress in** tennis. | ▶あなたのテニスの腕はずいぶん上達していますよ.
☑ Haruka is **progressing** dramatically in English. | ▶遥の英語は劇的に上達している.

道理・論理・証明

246 ☐ **reason**
[ríːzn | リーズン]
A1

名 (…の)理由(for ...)
関連 **reasonable** 理にかなった，てごろな

☞ 【reason why ...】…の理由

---

247 ☐ **theory**
[θíːəri | すィーオリ]
B1

名 (生命や世界などについての)理論
関連 **theoretical** 理論上の
対義 **practice** 実践

---

248 ☐ **evidence**
[évidəns | エヴィデンス]
A2

名 (…の)証拠(of ...)
関連 **evident** 明白な，**evidently** 明らかに

---

249 ☐ **prove**
[prúːv | プルーヴ]
過去 **proved**
過分 **proved, proven** **B1**

動 **1** (情報などを提供して)…を証明する
関連 **proof** 証拠
2 (…であると)分かる
☞ 【prove (to be) Ⓐ】Ⓐであると分かる

---

250 ☐ **therefore**
[ðéərfɔːr | ぜアふォー(ア)]
A2

副 それゆえに，したがって

見る

251 ☐ **watch**
[wátʃ | ワッチ]
A1

動 〈人や物の動き・変化などを〉(注意して)見る

☞ 【watch Ⓐ do】Ⓐが…するのを(注意して)
見る
☞ 【watch Ⓐ doing】Ⓐが…しているのを
(注意して)見る

A1 名 (携帯用の)時計(◆携帯しないものは clock)

---

252 ☐ **stare**
[stéər | ステア]
B1

動 (驚き・恐怖などの気持ちから)じっと見る
☞ 【stare at Ⓐ】Ⓐをじっと見る

---

253 ☐ **appear**
[əpíər | アピア]
A2

動 **1** (…のように)見える
関連 **appearance** 外見
☞ 【appear (to be) Ⓐ】Ⓐのように見える
2 (突然)現れる
対義 **disappear** 消える

STAGE 2

☑ チャンク **a good** reason	当然の理由
☐ What is the **reason for** her absence?	▶彼女の欠席の理由は何ですか？
☐ Tell me the **reason why** you were so late.	▶どうしてこんなに遅刻したのか理由を言いなさい.

☑ チャンク **the** theory **of evolution**	進化論
☐ This book is written about the **theory** of relativity.	▶この本は相対性理論について書かれている.

☑ チャンク **clear** evidence	明白な証拠
☐ Do you have any **evidence** of his innocence?	▶彼が無罪だという証拠がありますか？

☑ チャンク **prove** his innocence	彼の無罪を証明する
☐ I can **prove** her alibi.	▶私は彼女のアリバイを証明できる.
☐ The rumor **proved** (to be) true.	▶そのうわさは真実であると分かった.

☑ チャンク Therefore, **I went.**	それゆえ，私は行った.
☐ The result was expected and **therefore** no surprise to us.	▶その結果は予想されたとおりだった. それゆえ，私たちには驚きではなかった.

☑ チャンク **watch** TV	テレビを見る
☐ We enjoyed **watching** the stars in the night sky.	▶私たちは夜空の星を見て楽しんだ.
☐ My mother **watched** me climb the tree.	▶母が私が木に登るのを見守っていた.
☐ I **watched** Bob **playing** the guitar.	▶私はボブがギターを弾いているのを見ていた.

☐ Your **watch** is nice. | ▶君のその腕時計，すてきだね.

☑ チャンク **stare** into my eyes	私の目を見つめる
☐ He **stared** at me in surprise.	▶彼は驚いて私の顔をじっと見た.

☑ チャンク **what** appears **to be Ⓐ**	Ⓐのように見えるもの
☐ Ms. Brown **appeared** (to be) satisfied with the result.	▶ブラウンさんはその結果に満足しているように見えた.
☐ A UFO **appeared** above that mountain.	▶あの山の上に UFO が現れたんだ.

73

🕐 Scene 2　朝の食卓 At the Breakfast Table

S71 ☑ ①ヨーグルト
yogurt[jóugərt]

S72 ☑ ②目玉焼き
fried egg[fráid ég]

S73 ☑ ③スクランブルエッグ
scrambled egg[skrǽmbld ég]

S74 ☑ ④サラダ
salad[sǽləd]

S75 ☑ ⑤トースト
toast[tóust]

S76 ☑ ⑥バター
butter[bʌ́tər]

S77 ☑ ⑦ジャム
jam[dʒǽm]

S78 ☑ ⑧コーヒー
coffee[kɔ́:fi]

S79 ☑ ⑨みそ汁
miso soup[mí:sou sù:p]

S80 ☑ ⑩ごはん
rice[ráis]

S81 ☑ ⑪焼き魚
grilled fish[gríld fíʃ]

S82 ☑ ⑫塩
salt[sɔ́:lt]

S83 ☐ ⑬こしょう
pepper[pépər]

S84 ☐ ⑭角砂糖
sugar[ʃúgər]

S85 ☐ ⑮しょうゆ
soy sauce[sɔ́i sɔ̀:s]

S86 ☑ ⑯シリアル
cereal[síəriəl]

朝食時の行動 Actions during Breakfast

S87 ☑ パンをトーストにする
toast some bread

S88 ☑ 卵を焼く
fry some eggs

S89 ☑ みそ汁を温める
warm up miso soup

S90 ☑ コーヒーをいれる
make coffee

S91 ☑ 果物をミキサーにかける mix fruit in the blender

S92 ☑ トーストにジャムとバターを塗る spread jam and butter on the toast

S93 ☑ グラスに牛乳を注ぐ
pour some milk into my glass

S94 ☑ サラダにドレッシングをかける put some dressing on my salad

S95 ☑ 目玉焼きに塩を振る
sprinkle salt on my fried egg

S96 ☑ オレンジジュースを飲む drink some orange juice

S97 ☑ （ボウル 1 杯分の）シリアルを食べる
have a bowl of cereal

S98 ☑ ごはんをおかわりする
have a second helping of rice

可能性・確実性

254 ☑ **possible**
[pásəbl | パスィブる]
A2

形 〈物事が〉可能で(ある)
関連 **possibility** 可能性
対義 **impossible** 不可能で(ある)
☞ 【it is possible (for Ⓐ) to *do*】
(Ⓐが)…するのは可能である

255 ☑ **as ... as possible**

できるだけ…
🖱 as ... as possible は as ... as *one* can で
言い換えられます.

256 ☑ **likely**
[láikli | らイクり]
A2

形 ありそうな, 起こりそうな
対義 **unlikely** ありそうもない
☞ 【be likely to *do*】たぶん…するだろう
☞ 【it is likely that ...】たぶん…となるだろう

257 ☑ **probably**
[prábəbli | プラバブり] A2

副 たぶん, おそらく
関連 **probable** ありそうな, **probability** 見込み

258 ☑ **perhaps**
[pərhǽps | パハあップス]
A2

副 もしかすると(…かもしれない)

259 ☑ **maybe**
[méibi: | メイビー]
A1

副 もしかすると(…かもしれない)(◆perhaps
よりもくだけた語)

移動・動き

260 ☑ **fly**
[flái | ふらイ]
過去 flew
過分 flown
A1

動 1 飛ぶ
2 (移動手段として)飛行機で行く
🖱 fly には「ハエ」,「(釣り用の)毛針」という
意味もあります.

261 ☑ **pass**
[pǽs | パあス]
A2

動 1 〈人・車などが〉通る;通り過ぎる(◆しばしば by
を伴う)

2 〈時間が〉経過する
3 (手でつかんで)…を渡す
☞ 【pass Ⓐ Ⓑ】または【pass Ⓑ to Ⓐ】
ⒶにⒷを渡す

262 ☑ **pass out**

(暑さ・病気・飲酒などにより)意識を失う

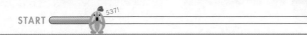
STAGE 2

☑ チャンク **a possible plan**	実行可能な**計画**
☑ Rapid reading is **possible** for everyone.	▶速読はだれにでも可能だ.
☑ **It is possible for** Sarah **to** finish this job in a week.	▶サラならこの仕事を1週間で終えることができる.
☑ I ran **as fast as possible**.	▶私はできるだけ速く走った.
☑ Try to read **as many books as possible** [you **can**].	▶できるだけたくさんの本を読むようにするんだよ.

☑ チャンク **a likely story**	ありそうな**話**
☑ It's **likely to** snow.	▶雪が降りそうだ.
☑ **It's likely that** my parents will agree with me.	▶両親はたぶん私に賛成してくれるだろう.

☑ チャンク **Probably not.**	おそらく**それはないでしょう.**
☑ He will **probably** call me tonight.	▶おそらく彼は今晩電話をくれるだろう.

☑ チャンク **perhaps you know 🅐**	もしかすると🅐を**ご存知**かもしれませんが
☑ I'll be back late tonight, **perhaps** about 11 o'clock.	▶今晩は帰りが遅くなるよ. 11時ごろになるかもしれないな.

☑ チャンク **Maybe so.**	もしかすると**そうなのかもしれない.**
☑ **Maybe** she'll be there, and **maybe** she won't.	▶彼女はそこにいるかもしれないし, いないかもしれない.

☑ チャンク **fly in the sky**	空を**飛ぶ**
☑ An airplane was **flying** over us.	▶私たちの上を飛行機が飛んでいた.
☑ I **flew** from Tokyo to Okinawa.	▶私は飛行機で東京から沖縄に行った.

☑ チャンク **pass a checkpoint**	チェックポイントを**通過する**
☑ A lot of taxis **passed** (**by**) while I was waiting for a bus.	▶バスを待っている間に何台ものタクシーが通り過ぎた.
☑ Two years have **passed** since then.	▶あれから2年が経過した.
☑ "Please **pass** me the salt. [≒ Please **pass** the salt **to** me.]" "Here you go."	▶「(私に)塩を取ってください」「はい, どうぞ」
☑ I almost **passed out** from the heat.	▶私は暑さで意識を失いそうになった.

与える

263 ☐ **provide**
[prəváid | プロ**ヴァ**イド]
A2

動 〈必要なものを〉供給する, …を与える
☞ 【provide ⓑ for ⓐ】または【provide ⓐ with ⓑ】ⓐにⓑを供給する

264 ☐ **offer**
[ɔ́:fər | **オー**ふァ]

A2 名 (…の)申し出, 提案(of …)

A2 動 〈機会・援助・サービスなどを〉提供する
☞ 【offer ⓐ ⓑ】ⓐにⓑを提供する

265 ☐ **supply**
[səplái | サプ**ら**イ]

B1 名 (…の)供給(量)(of …)
対義 demand 需要

B2 動 〈必要なものを〉供給する(◆provide と同義)
☞ 【supply ⓐ with ⓑ】または【supply ⓑ to ⓐ】ⓐにⓑを供給する

覚える・思い出す・忘れる

266 ☐ **remember**
[rimémbər | リ**メ**ンバ]
A1

動 ❶ …を覚えている; …を思い出す
☞ 【remember doing】…したのを覚えている
❷ 忘れずに…する
☞ 【remember to do】忘れずに…する
🖊 remember doing は「過去にしたことを覚えている」という意味です. 一方, remember to do は「これから先のことを忘れずにする」という意味です.

267 ☐ **forget**
[fərgét | ふォ**ゲ**ット]
過去 forgot
過分 forgotten, forgot
A1

動 …を忘れる
☞ 【forget doing】〈過去に〉…したのを忘れている
☞ 【forget to do】〈これから〉…するのを忘れる

268 ☐ **remind**
[rimáind | リ**マ**インド]
A2

動 …に(過去などを)思い出させる
☞ 【remind ⓐ of ⓑ】ⓐにⓑを思い出させる

269 ☐ **note**
[nóut | **ノ**ウト]

A1 名 メモ, 覚え書き

A1 動 (忘れないように)…を書き留める, メモする
(◆しばしば down を伴う)

☑ チャンク **provide information** | 情報を提供する
☑ They **provide** water for the victims. [≒ They **provide** the victims **with** water.] | ▶彼らは被災者に水を供給している.

☑ チャンク **accept an offer** | 申し出を受け入れる
☑ They turned down the **offer** of help. | ▶彼らは援助の申し出を断った.
☑ Mr. Carnegie **offered** me a good job. | ▶カーネギー氏は私にいい仕事を提供した.

☑ チャンク **be in short supply** | 供給量が足りない
☑ The **supply** of electricity has stopped. | ▶電力の供給が止まっている.
☑ The NGO **supplied** the homeless with food. [≒ The NGO **supplied** food to the homeless.] | ▶その NGO(非政府組織)はホームレスの人たちに食糧を供給した.

☑ チャンク **Now I remember.** | ああ, 思い出しました.
☑ I can't **remember** the words of the song. | ▶その歌の歌詞が思い出せない.
☑ I **remember** coming here once. | ▶私はかつてここへ来たのを覚えている.
☑ **Remember to** mail this letter. | ▶忘れずにこの手紙を出してね.

☑ チャンク **Forget it.** | 気にしないで (◉ 忘れていいよ).
☑ I **forget** the man's name. | ▶私はその男の名を忘れてしまった.
☑ I **forgot** meeting the woman. | ▶私はその女性と会ったのを忘れていた.
☑ Don't **forget to** send me an e-mail about the meeting place. | ▶待ち合わせ場所について私にメールするのを忘れないでね.

☑ チャンク **That reminds me.** | それを聞いて思い出した.
☑ This song **reminds** me of my school days. | ▶この曲を聞くと学生時代を思い出す.

☑ チャンク **leave a note** | メモを残す
☑ I made a **note** of her address. | ▶私は彼女の住所をメモした.
☑ I **noted down** his words. | ▶私は彼の言葉を書き留めた.

STAGE 2

LESSON 13

出来事

270 □ experience A2
[ikspíəriəns | イクスピ
（ア）リエンス] B1

名 経験

動 …を経験する
関連 experienced 経験を積んだ

271 □ event A1
[ivént | イヴェント]

名 （重要な）出来事, イベント

272 □ affair A2
[əféər | アふェア]

名 （しばしば公的・政治的な）出来事, 問題
（◆この意味では複数形を使う）

飲食

273 □ eat
[íːt | イート]
過去 ate 過分 eaten A1

動 〈食べ物を〉食べる

274 □ eat out

（レストランなどで）外食する

275 □ drink A1
[dríŋk | ドゥリンク]
過去 drank A1
過分 drunk

動 〈飲み物を〉飲む

名 飲み物

276 □ bite B1
[báit | バイト]
過去 bit
過分 bitten

動 **1** 〈人が〉…をかじる；〈犬などが〉…をかむ

2 〈蚊などが〉…を刺す

名 （…を）かじること(of ...) A2

277 □ cook A1
[kúk | クック]

動 （熱を加えて）…を料理する

名 （プロの）料理人, コック A1

278 □ feed
[fíːd | ふィード]
過去・過分 fed B1

動 〈子ども・ペットなどに〉食べ物を与える

279 □ be fed up with ...

（長期間続いている事柄について）…にいやけが
さしている, 飽き飽きしている

☑ チャンク **personal** experience 　　　個人的な経験

☑ People learn from **experience**. ▶人は経験から学ぶ.

☑ I've never **experienced** such cold before. ▶こんな寒さは今まで経験したことがない.

☑ チャンク **an annual** event 　　　年中行事

☑ To start living alone is a major **event** for everyone. ▶ひとり暮らしを始めることはだれにとっても大きな出来事だ.

☑ チャンク **domestic** affairs 　　　国内問題

☑ We should check world **affairs** every day. ▶我々は毎日世界情勢(⑯ 世界の出来事)をチェックすべきだ.

☑ チャンク **something to** eat 　　　何か食べるもの

☑ I didn't **eat** breakfast today. ▶きょうは朝食を食べなかった.

☑ "How about **eating out**?" "Sounds good!" ▶「外食しない?」 「いいね!」

☑ チャンク **drink** tea 　　　紅茶を飲む

☑ We **drank** orange juice. ▶私たちはオレンジジュースを飲んだ.

☑ Would you like a soft **drink**? ▶ソフトドリンクはいかがですか?

☑ チャンク **bite** an apple 　　　リンゴをかじる

☑ The dog tried to **bite** me on the hand. ▶その犬は私の手にかみつこうとした.

☑ I was badly **bitten** by mosquitoes that night. ▶その夜はひどく蚊に刺された.

☑ I had a **bite of** the chocolate. ▶私はそのチョコレートをひとかじりした.

☑ チャンク **cook** lunch 　　　昼食を作る

☑ She **cooked** scrambled eggs. ▶彼女はスクランブルエッグを作った.

☑ Monica is a famous **cook**. ▶モニカは有名な料理人だ.

☑ チャンク **feed** a baby 　　　赤ちゃんに食事を与える

☑ I have to go home and **feed** my cat. ▶うちへ帰って猫にえさをやらなくちゃ.

☑ I'm **fed up with** his attitude. ▶彼の態度にはうんざりだ.

数・量

280 ☐ **increase** `A2`
動 [inkríːs | インクリース]
名 [ínkriːs | インクリース]
🔊 アクセント `B1`

動〈数・量などが〉増える；〈数・量などを〉増やす
関連 increasingly ますます

名 (数・量の)増加, 増大

281 ☐ **decrease** `B1`
動 [dikríːs | ディクリース]
名 [díːkriːs | ディークリース]
🔊 アクセント `B1`

動〈数・量などが〉減る；〈数・量などを〉減らす

名 (数・量などの)減少, 縮小

282 ☐ **add**
[ǽd | アッド] `A1`

動〈情報・調味料・数量などを〉(…に)加える, 足す
関連 addition 足し算, additional 追加の
👉 【add Ⓐ to Ⓑ】 ⒶをⒷに加える

283 ☐ **reduce**
[ridjúːs | リデュース] `B1`

動〈数量などを〉減らす
関連 reduction 減少 (量)

284 ☐ **amount** `B1`
[əmáunt | アマウント]

名 (金・時間・物質などの)量(◆quantity と同義)

動〈数量などが〉総計(…に)なる(to ...)

受諾・拒絶

285 ☐ **allow**
[əláu | アらウ]
🔊 発音 `A2`

動〈生徒・子どもなどに〉許可を与える
関連 allowance 手当
👉 【allow Ⓐ to do】 Ⓐが…するのを許可する
👉 【be allowed to do】 …するのを許可されて
いる

286 ☐ **allow for ...**

…を考慮に入れる

287 ☐ **accept**
[əksépt | アクセプト] `A2`

動〈贈り物などを〉(喜んで)受け取る；
〈申し出などを〉受け入れる
関連 acceptable 受け入れられる

288 ☐ **refuse**
[rifjúːz | リふューズ] `B1`

動〈要求などを〉拒否する；〈申し出などを〉断る
関連 refusal 拒絶
👉 【refuse to do】 …することを拒絶する

☐ チャンク **increase dramatically**	劇的に増える
☐ We can **increase** our knowledge greatly by reading.	▶私たちは読書によって知識を大きく増やすことができる.
☐ Is a tax **increase** necessary?	▶増税は必要なのですか?

☐ チャンク **decrease crime**	犯罪を減らす
☐ The number of children is **decreasing**.	▶子どもの数が減ってきている.
☐ There has been a sharp **decrease** in the crime rate in this area.	▶この地区では犯罪発生率が急激に減少してきている.

☐ チャンク **add new information**	新情報を追加する
☐ Could you **add** some more milk **to** my tea?	▶私の紅茶にもう少しミルクを足していただけますか?

☐ チャンク **reduce costs**	費用を減らす
☐ I want to **reduce** my weight by five kilograms.	▶私は体重を5キロ減らしたい.

☐ チャンク **a large amount of money**	多額の金
☐ Add a small **amount** of sugar.	▶砂糖を少量加えてね.
☐ The cost **amounted to** a million dollars.	▶費用は総額100万ドルにのぼった.

☐ チャンク **No Pets Allowed.** ペットお断り (◎ ペットは許可されない). (掲示)
--- | ---
☐ Ms. Hudson **allowed** me **to** go to the nurse's office. | ▶ハドソン先生は私が保健室に行くのを許可してくれた.
☐ I'm not **allowed to** enter the room. | ▶私はその部屋に入るのを許可されていない.
☐ You should **allow for** the delay of the schedule. | ▶あなたはスケジュールの遅れを考慮に入れるべきです.

☐ チャンク **accept a present**	プレゼントを受け取る
☐ Monica **accepted** her boyfriend's proposal.	▶モニカは恋人のプロポーズを喜んで承諾した.

☐ チャンク **refuse an invitation**	招待を断る
☐ He **refused to** talk about the matter.	▶彼はその件について話すことを拒絶した.

割合・比率

289 ☑ **almost**
[ɔ́:lmoust | **オ**ーるモウスト]
A1

副 ほとんど

---

290 ☑ **nearly**
[níərli | **ニ**アりイ]
A2

副 ほとんど（◆almost と同義）
関連 **near** 近くに, **nearby** 近くの

---

291 ☑ **rate**
[réit | **レ**イト]
A2

名 （一定の期間における）率, 割合
関連 **ratio** 比率

B2

動 …（の価値など）を評価する（◆value と同義）
☞【**rate Ⓐ as Ⓑ**】ⒶをⒷと評価する

---

292 ☑ **per**
[pə́:r | **パ**～]
B1

前 …につき（◆主に商業英語で用いられ, 日常的には a, an が用いられる）

予期・予想

293 ☑ **expect**
[ikspékt | イクス**ペ**クト]

動 ❶ 〈出来事・事態を〉予期する, 予想する
関連 **expectancy** 見込み, **expectation** 予想,
unexpected 思いがけない
☞【**expect to** do】…すると思う
☞【**expect Ⓐ to** do】Ⓐが…すると思う
❷ （当然のこととして）（人に）…を期待する
A2
☞【**expect Ⓐ of Ⓑ**】ⒷにⒶを期待する

---

294 ☑ **predict**
[pridíkt | プリ**ディ**クト]
A2

動 〈未来の出来事などを〉予言する, 予測する
関連 **predictable** 予想できる, **prediction** 予言

---

295 ☑ **avoid**
[əvɔ́id | ア**ヴォ**イド]
A2

動 〈悪い事態などを〉避ける

☞【**avoid** doing】…することを避ける

---

296 ☑ **prevent**
[privént | プリ**ヴェ**ント]
A2

動 …（の発生）を妨げる, 防止する
関連 **prevention** 予防, **preventive** 予防の

☞【**prevent Ⓐ from** doing】Ⓐが…するのを
妨げる

チャンク almost **everything**　　　ほとんどすべて
☐ I've **almost** finished today's work.　　▶きょうの仕事はほとんど終わった.

チャンク be nearly **perfect**　　　ほぼ完璧(かんぺき)である
☐ The hall is **nearly** full.　　▶ホールはほぼ満員だ.

チャンク a birth **rate**　　　出生率
☐ The unemployment **rate** has been going down.　　▶失業率が下がってきている.
☐ I **rate** Delta **as** one of the greatest singers.　　▶デルタは最もすばらしい歌手の1人だと思う(◍ 最もすばらしい歌手の1人だと評価する).

チャンク per **year**　　　1年間につき
☐ The speed limit is 50 miles **per** hour.　　▶制限速度は時速50マイル(◍ 1時間につき50マイル)だ.

STAGE 2

チャンク expect **a hot summer**　　　暑い夏を予期する
☐ I **expect to** see you again soon.　　▶また近いうちにあなたにお会いしたいと思います.

☐ I **expect** him **to** come tomorrow.　　▶彼はあす来ると思う.
☐ Don't **expect** too much **of** your child.　　▶自分の子どもにあまり多くを期待してはいけませんよ.

チャンク predict **climate change**　　　気候の変化を予測する
☐ She **predicted** the future of the game industry.　　▶彼女はゲーム業界の未来を予言した.

チャンク avoid **the danger**　　　危険を避ける
☐ I took a side road to **avoid** a traffic jam.　　▶私は渋滞を避けるためにわき道を通った.
☐ I **avoid getting** on a train during rush hour.　　▶私はラッシュアワー時に電車に乗ることを避けている.

チャンク prevent **crime**　　　犯罪を防止する
☐ We discussed how to **prevent** accidents at nuclear power plants.　　▶我々はいかにして原発事故を防止するか話し合った.
☐ A heavy snow **prevented** us **from going** to school.　　▶大雪のため私たちは学校へ行けなかった(◍ 大雪は私たちが学校へ行くことを妨げた).

起こる

297 ☑ **happen**
[hǽpn | ハぁプン]

動 **1** 〈偶然に〉起こる
関連 **happening** 出来事

2 偶然…する
A1 　【happen to *do*】偶然…する

298 ☑ **occur**
[əkə́ːr | オカ～]

動 **1** 〈予期しないことが〉起こる (◆happen より改まった語)
関連 **occurrence** 出来事
2 〈考えなどが〉(心に)思い浮かぶ
B1 　【it occurs to **A** that ...】**A**の心に…ということが思い浮かぶ

299 ☑ **arise** **B1**
[əráiz | アライズ]
過去 **arose** 過分 **arisen**

動 〈問題などが〉起こる

正確

300 ☑ **right**
[ráit | ライト]

A1 形 **1** 〈答えなどが〉正しい, 正確な
対義 **wrong** 誤った
2 〈行動などが〉(道徳的に)正しい
対義 **wrong** 悪い

A1 副 ちょうど, まさに (◆just と同義)

A2 名 権利
　　 🖌 right には「右」,「右の」,「右に」という意味もあります.

301 ☑ **right away**

すぐに, ただちに (◆at once と同義)

302 ☑ **correct**
[kərékt | コレクト]

A1 形 〈答えなどが〉正しい, 正確な (◆right と同義)
関連 **correction** 訂正, **correctly** 正しく
対義 **incorrect** 間違った

B2 動 …を訂正する

303 ☑ **accurate**
[ǽkjərit | あキュレット]

形 〈情報・数値などが〉正確な
関連 **accuracy** 正確さ, **accurately** 正確に
B1 対義 **inaccurate** 不正確な

304 ☑ **exactly**
[igzǽktli | イグザぁクトリ]

副 (情報・数値などが)正確に; (強調して)全く, まさしく
A2 関連 **exact** 正確な

STAGE 2

☑ チャンク happen again	再び起こる
☑ The earthquake happened late at night.	▶その地震は夜遅くに起きた.
☑ I happened to meet Natasha in New York.	▶私はニューヨークで偶然ナターシャと出会った.

☑ チャンク occur at 7:00 a.m.	午前7時に起こる
☑ The traffic accident occurred last night.	▶その交通事故は昨晩起こった.
☑ It occurred to me that I would buy a present for Haruka.	▶ぼくは遥にプレゼントを買うことを思いついた.

☑ チャンク when the need arises	必要が生じたとき
☑ A fight arose from a simple misunderstanding.	▶ちょっとした誤解からけんかが起きた.

☑ チャンク the right choice	正しい選択
☑ Give me the right answer.	▶正しい答えを教えてよ.
☑ What you did is right.	▶あなたのしたことは正しい.

| ☑ The accident occurred right here. | ▶その事故はまさにここで起きた. |
| ☑ I have the right to vote. | ▶私には選挙権がある. |

| ☑ Could I see him right away? | ▶すぐに彼と会えますか? |

☑ チャンク the correct position	正しい位置
☑ Your answer is correct.	▶君の答えは正しい.

| ☑ Please correct me if I'm wrong. | ▶私が間違っていたら訂正してください. |

☑ チャンク accurate data	正確なデータ
☑ Is that information accurate?	▶その情報は正確なのですか?

☑ チャンク look exactly the same	全く同じに見える
☑ The plane took off at exactly 9:00 a.m.	▶飛行機はきっかり午前9時に離陸した.

衣服・ファッション

305 ☑ fashion
[fǽʃn | ふぁション]
A2

名（流行している）ファッション（スタイル），流行
関連 fashionable ファッショナブルな

306 ☑ trend
[trénd | トゥレンド]
B1

名（変化・発展などにおける）傾向；（流行の）トレンド
関連 trendy 流行の先端をいく，トレンディーな

307 ☑ clothes
[klóuz | クロウズ]
A1

名 衣服
関連 cloth 布，clothe 服を着せる，
　　　clothing 衣料品

308 ☑ suit
[súːt | スート]

A2　名 1 （同じ生地のそろいである）スーツ
関連 suitcase スーツケース
2 訴訟，告訴（◆lawsuit と同義）

A2　動〈人に〉適する

309 ☑ tie
[tái | タイ]

A2　名 1 ネクタイ（◆米国では necktie ともいう）

2 （人間の間の強い）結びつき（◆通例複数形で
用いる）

B1　動 1 （ひもなどで）…を結びつける
🔹【tie Ⓐ to Ⓑ】ⒶをⒷに結びつける
2 〈ひもなどを〉結ぶ

多様

310 ☑ vary
[véəri | ヴェ（ア）リ]

動 1 〈同種類のものが〉さまざまである，異なる
関連 variable 変わりやすい
🔹【vary in Ⓐ】Ⓐにおいてさまざまである
2 （状況に応じて）変化する，変わる

B1　🔹【vary from Ⓐ to Ⓐ】Ⓐごとに変化する，
　　　異なる

311 ☑ various
[véəriəs | ヴェ（ア）リアス]
B1

形 いろいろな，さまざまな
関連 variation 差異，variety 多様性

312 ☑ diverse
[divə́ːrs | ディヴァ〜ス]　B1

形 多様な，多岐に渡る
関連 diversity 多様性

☑ チャンク **the latest** fashions	**最新の流行**
☐ Coats in dark colors are in **fashion** these days.	▶ダークカラーのコートが最近流行している.

☑ チャンク **the recent** trend	**最近のトレンド**
☐ There is a **trend** toward buying organic food.	▶有機食品を買い求めることが流行している (⚫ 傾向がある).

☑ チャンク **change** clothes	**着替える**
☐ The actor looks great even in casual **clothes**.	▶その俳優はふだん着でもかっこいい.

☑ チャンク **a dark** suit	**ダークスーツ**
☐ My brother always wears a **suit** to work.	▶兄はいつもスーツを着て仕事に出かける.
☐ They will bring a **suit** against the company.	▶彼らはその会社に対して訴訟を起こすだろう.
☐ The climate here in Okinawa **suits** me well.	▶ここ沖縄の気候は私によく合う.

☑ チャンク **wear a** tie	**ネクタイを着用する**
☐ You can take off your **tie**.	▶ネクタイをはずしてもいいですよ.
☐ This book is about family **ties**.	▶この本は家族のきずなについて書かれている.
☐ **Tie** this horse **to** the tree.	▶この馬を木につないで.
☐ Please show me how to **tie** a necktie.	▶ネクタイの締め方(⚫ 締める方法)を教えてください.

☑ チャンク **vary** greatly	**非常に異なる**
☐ Handmade products always **vary in** shape.	▶手作りの製品は常に形が異なる.
☐ Sales of air conditioners **vary** with the season.	▶エアコンの売り上げは季節によって変わる.
☐ Date spots **vary from** generation to generation.	▶デートスポットは世代によって異なる.

☑ チャンク **for various** reasons	**さまざまな理由で**
☐ Students from **various** countries are studying at my school.	▶私の学校ではいろいろな国から来た学生が学んでいる.

☑ チャンク **diverse** cultures	**多様な文化**
☐ The artist's interests are **diverse**.	▶その芸術家の関心は多岐に渡っている.

STAGE 2

重要基本語句

313 ☑ **if** [if｜**イ**ふ] **A1**	**接 1** もし…ならば（◆主節の動詞にwillがついても，ifで始まる節の動詞は現在形） **2** （ありえないことだが）もし…ならば（…なのだが）（◆ifで始まる節の動詞は過去形になり，現在の事実に反することなどを仮定する意味になる） **3** （過去をさして）もし…であったならば（…であったのに）（◆ifで始まる節の動詞は過去完了（had＋過去分詞）になり，過去の事実に反することを仮定する意味になる） **4** …かどうか（◆whetherと同義だが，ifのほうが口語的）
314 ☑ **as if ...**	（まるで）…であるかのように
315 ☑ **even if ...**	（たとえ）…だとしても
316 ☑ **What if ... ?**	（もし）…だったらどうしよう
317 ☑ **take** ⏎p.97 道場 [téik｜**テ**イク] 過去 took 過分 taken **A1**	**動 1** （別の場所に）…を持っていく［連れていく］ **2** （手を伸ばして）…を取る **3** 〈動作を〉行う **4** 〈時間などが〉必要である ☞**【it takes Ⓐ Ⓑ to** *do***】または【it takes Ⓑ for Ⓐ to** *do***】**Ⓐが…するのにⒷを必要とする **5** 〈忠告などを〉受け入れる
318 ☑ **take after ...**	〈年上の血縁者に〉似ている
319 ☑ **take ... apart**	〈機械などを〉分解する
320 ☑ **take Ⓐ for Ⓑ**	ⒶをⒷだと（誤って）思う
321 ☑ **take in**	〈水・空気などを〉吸収する
322 ☑ **take off**	**1** 〈飛行機などが〉離陸する **2** 〈服・靴などを〉脱ぐ
323 ☑ **take out**	**1** （食事などに）…を連れていく **2** （ポケットなどから）…を取り出す
324 ☑ **take over**	〈商売などを〉引き継ぐ

☑ チャンク **if possible** もし可能であれば

☑ **If it rains** tomorrow, the game **will be put off.**
▶もしあす雨が降ったら試合は延期されるでしょう. (◆×If it will rain ... とはいわない)

☑ **If I were** you, I would do the same thing.
▶もし私があなただったら同じことをするでしょう. (◆if で始まる節の be 動詞の過去形は were を用いるのがふつう)

☑ **If you had** really **said** that, she would have gotten angry.
▶もし君が本当にそんなことを言っていたら, 彼女は怒っただろう. (◆実際には言わなかった)

☑ Do you know **if** he will come to the party?
▶彼がパーティーに来るかどうか知っていますか?

☑ He talks about France **as if** he lived there for years.
▶彼はまるで何年も住んでいたかのようにフランスについて話す.

☑ **Even if** you say no, I'm not going to give up.
▶たとえあなたが「ノー」と言っても, 私はあきらめません.

☑ **What if** my cell phone is gone?
▶もし携帯電話がなくなったらどうしよう?

☑ チャンク **take an umbrella** 傘を持っていく

☑ I **took** them to the beach. ▶私は彼らを海岸に連れていった.
☑ She **took** my hand. ▶彼女は私の手を取った.
☑ I didn't **take** a shower last night. ▶私は昨晩シャワーを浴びなかった.
☑ **It took** me three days **to** read the novel. [≒ **It took** three days **for** me **to** read the novel.]
▶私がその小説を読むのに3日かかった (⑩ 3日を必要とした).

☑ She **took** my advice. ▶彼女は私の忠告を受け入れた.

☑ Liz **takes after** her father. ▶リズは父親に似ている.

☑ I **took** the watch **apart**. ▶私はその腕時計を分解した.

☑ I often **take** Susan **for** her sister. ▶私はスーザンを彼女の姉とよく間違える.

☑ I want to **take in** some fresh air. ▶新鮮な空気を吸いたい.

☑ The plane **took off** on time. ▶その飛行機は定刻に離陸した.
☑ Please **take off** your coat here. ▶こちらでコートをお脱ぎください.

☑ He **took** me **out** for dinner. ▶彼は私を夕食に連れていってくれた.
☑ She **took out** her license. ▶彼女は免許証を取り出した.

☑ He **took over** the family business after finishing high school. ▶彼は高校卒業後, 家業を継いだ.

STAGE 2

重要基本語句

325 ☑ **get** 〔p. 96 道場〕 ［gét｜ゲット］ 過去 got 過分 got, gotten **A1**	**動 1** …を得る, 手に入れる ☞【get Ⓐ Ⓑ】または【get Ⓑ for Ⓐ】Ⓐのために Ⓑ を手に入れる **2** (場所に)着く(to ...)(◆arrive と同義) **3** (ある状態に)なる ☞【get Ⓐ】Ⓐ になる **4** …を(ある状態に)する ☞【get Ⓐ Ⓑ】Ⓐ を Ⓑ にする **5** (説得するなどして)…に…させる ☞【get Ⓐ to do】Ⓐ に…させる **6** (頼んで)…を…してもらう ☞【get Ⓐ done】Ⓐ を…してもらう
326 ☑ **get along**	**1** (生活・仕事などで)順調に進む **2** (人と)仲よくやっていく(with ...)
327 ☑ **get back**	**1** (場所から)戻る(from ...) **2** 〈失った物を〉取り戻す
328 ☑ **get into ...**	**1** …の中に入る **2** 〈よくないことに〉巻き込まれる
329 ☑ **get out of ...**	…から(外へ)出る
330 ☑ **get over ...**	〈病気・つらい経験などを〉乗り越える
331 ☑ **get through ...**	〈つらい状況などを〉乗り越える
332 ☑ **get together**	〈人が〉集まる
333 ☑ **see** 〔p. 143 道場〕 ［síː｜スィー］ 過去 saw 過分 seen **A1**	**動 1** …が見える, …を見る(◆「自然に目に入る」という意味合いがある) ☞【see Ⓐ do】Ⓐ が…するのを見る ☞【see Ⓐ doing】Ⓐ が…しているのを見る **2** 〈人に〉会う **3** (見たり聞いたりして)…が分かる
334 ☑ **see off**	〈人を〉見送る
335 ☑ **see through**	〈隠れた本質を〉見抜く

☑ チャンク **get a job** ・・・ 職を得る

☑ I **got** him the concert ticket. ▶私は彼のためにそのコンサートのチケットを入手した.
[≒ I **got** the concert ticket **for** him.]

☑ I **got to** Rome at six. ▶私は6時にローマに着いた.

☑ The days **get** shorter and shorter in the fall. ▶秋になるとだんだん日が短くなる.

☑ Don't **get** your clothes dirty. ▶服を汚さないでね (⊕ 汚くするな).

☑ I **got** my father **to** stop smoking. ▶私は父に喫煙をやめさせた.

☑ I **got** my hair **cut** short. ▶私は髪を短くしてもらった.

☑ How are you **getting along** at school? ▶学校生活は順調ですか？

☑ She **gets along** well **with** her new classmates. ▶彼女は新しいクラスメートと仲よくやっている.

☑ When did you **get back from** Paris? ▶パリからいつ戻ったの？

☑ I **got back** my lost wallet. ▶私はなくした財布を取り戻した.

☑ Please **get into** this taxi. ▶このタクシーに乗ってください.

☑ We **got into** a traffic jam. ▶私たちは渋滞に巻き込まれた.

☑ Please **get out of** the car. ▶車から降りてください.

☑ She **got over** her cancer. ▶彼女は癌(がん)を克服した.

☑ How could you **get through** such a hard time? ▶そのようなつらい日々をどうやって乗り越えたの？

☑ Let's **get together** next Saturday. ▶今度の土曜日に集まろうよ.

☑ チャンク **as you can see,** ・・・ ご覧のとおり,

☑ I **saw** a light in the dark. ▶暗やみに光が見えた.

☑ I **saw** her run onto the train. ▶私は彼女が駆け込み乗車をするのを見た.

☑ I **saw** him **sleeping** on the train. ▶私は彼が電車内で眠っているのを見た.

☑ I haven't **seen** you for a long time. ▶久しぶりだね (⊕ 長い間あなたに会っていない).

☑ I **see** what you mean. ▶あなたの言いたいことは分かります.

☑ I **saw** her **off** at the airport. ▶私は空港で彼女を見送った.

☑ I **saw through** his surface kindness. ▶私は彼の親切心がうわべだけのものだと (⊕ 彼のうわべだけの親切心を) 見抜いた.

重要基本語句

336 ☑ **think**
[θíŋk | **すィンク**]
過去・過分 thought

動 …と思う, 考える
関連 thought 考え
☞【think that ...】…だと思う
🔷「…ではないと思う」と言うとき, 英語では I don't think ... のように think を否定するのがふつうです. I think that she won't come. のように that 節の中を否定することはあまりありません.
☞【think of Ⓐ as Ⓑ】ⒶをⒷと考える
A1 ☞【think Ⓐ (to be) Ⓑ】ⒶをⒷだと思う

337 ☑ **think of ...**

1 〈考えなどを〉思いつく
2 〈名前などを〉思い出す

338 ☑ **think over**

(結論を下す前に)…についてじっくり考える

339 ☑ **tell** 参p.281 道場
[tél | **テ**る]
過去・過分 told

動 **1** 〈人に / 情報などを〉話す, 伝える
☞【tell Ⓐ that ...】Ⓐに…だと話す
2 〈人に〉命じる
☞【tell Ⓐ to do】Ⓐに…するように言う
3 〈人に / 住所・道順などを〉教える
☞【tell Ⓐ Ⓑ】または【tell Ⓑ to Ⓐ】ⒶにⒷを教える
4 〈違いを〉見分ける
A1 ☞【tell Ⓐ from Ⓑ】ⒶとⒷの違いを見分ける

340 ☑ **hear**
[híər | **ヒ**ア]
過去・過分 heard

動 (自然に)…が聞こえる, …を聞く
関連 hearing 聴力
☞【hear Ⓐ do】Ⓐが…するのが聞こえる
☞【hear Ⓐ doing】
Ⓐが…しているのが聞こえる
☞【hear Ⓐ done】
A1 Ⓐが…されるのが聞こえる

341 ☑ **hear from ...**

(手紙などで)…から連絡がある

342 ☑ **hear of ...**

…のうわさを聞く

☑ **チャンク** **I think so.**　そう思います.

☑ I **think that** he is right. ▶彼は正しいと思う.

☑ I **don't think that** she'll come. ▶彼女は来ないと思う.

☑ I **think of** her **as** a first-class tennis player. ▶彼女は一流のテニス選手だと思う.

☑ I **think** him (**to be**) a great singer. ▶彼は偉大な歌手だと思う.

☑ I can't **think of** any good ideas. ▶よい考えが何も思い浮かばない.

☑ I can't **think of** the actor's name. ▶その俳優の名前が思い出せない.

☑ I **thought over** the matter. ▶私はその件についてじっくり考えた.

☑ **チャンク** **tell the truth**　真実を話す

☑ Sarah **told** me about her troubles. ▶サラは私に彼女の悩みについて話した.

☑ She **told** me **that** she likes you. ▶彼女が君のことを好きだって言ってたよ.

☑ Do as you are **told**. ▶言われたとおりにしなさい.

☑ Please **tell** him **to** come here. ▶ここに来るように彼に言ってください.

☑ Could you **tell** me your e-mail address? [≒ Could you **tell** your e-mail address **to** me?] ▶(私に)メールアドレスを教えてくださいますか?

☑ Can you **tell** the difference between a clarinet and an oboe? ▶クラリネットとオーボエの違いを見分けられますか?

☑ Can you **tell** a viola **from** a violin? ▶ビオラとバイオリンの区別がつきますか?

☑ **チャンク** **Can you hear me?**　私の声が聞こえますか?

☑ I **heard** laughter from the room. ▶その部屋から笑い声が聞こえた.

☑ I **heard** him speak German. ▶私は彼がドイツ語を話すのを聞いた.

☑ I **heard** her **playing** the violin. ▶彼女がバイオリンを弾いているのが聞こえた.

☑ I **heard** my name **called**. ▶私は自分の名前が呼ばれるのを聞いた.

☑ I haven't **heard from** her recently. ▶最近彼女から便りがない.

☑ I have not **heard of** him for the last few years. ▶ここ数年, 彼のうわさを聞いていない.

STAGE 2

95

コーパス道場 2

get [gét|ゲット] →p. 92

コアイメージ 「ある物や状態を手に入れる」

2 1 3 [get + 形容詞]ランキング

☐ S99 第1位 **get used to ...** ▶ …に慣れる

☐ We soon **got used to** our new life here. ▶ 私たちはすぐにここでの新しい生活に慣れた.

☐ S100 第2位 **get better** ▶ よくなる, 回復する

☐ My grandfather was sick, but he is **getting better** now. ▶ 私の祖父は体調が悪かったが, 今はよくなってきている.

☐ S101 第3位 **get involved in ...** ▶ …に巻き込まれる

☐ My friend **got involved in** a car accident. ▶ 私の友人は車の事故に巻き込まれた.

☐ S102 第4位 **get ready** ▶ 準備する

☐ **Get ready** for bed. ▶ 寝る準備をしなさい.

☐ S103 第5位 **get worse** ▶ 悪くなる, 悪化する

☐ The patient's condition suddenly **got worse**. ▶ その患者の容態は突然悪化した.

START ⊂══════ GOAL

take [téik | テイク] →p. 90

コアイメージ 「何かを取る,取って自分といっしょにもっていく」

STAGE 2

2 1 3 [take + 副詞]ランキング

☑ S104 **第1位** **take over** ▶〈仕事などを〉引き継ぐ
☑ I **took over** my father's bakery. ▶私は父のパン屋を継いだ.

☑ S105 **第2位** **take off** ▶〈飛行機が〉離陸する;〈服などを〉脱ぐ
☑ The plane **took off**, and I fell asleep. ▶飛行機が離陸すると,私は眠った.

☑ S106 **第3位** **take out** ▶…を取り出す;〈人を〉連れ出す
☑ She **took out** her coat from the closet. ▶彼女はクローゼットからコートを取り出した.

☑ S107 **第4位** **take away** ▶…を持ち去る,奪う
☑ The girl **took away** my bag by mistake. ▶少女は間違って,私のバッグを持ち去った.

☑ S108 **第5位** **take in** ▶…を吸収する
☑ How do plants **take in** water? ▶植物はどのようにして水を吸収するのですか.

3. ファッション1

S109 ☑ ① 帽子　**hat**[hǽt]
S110 ☑ ② シャツ　**shirt**[ʃə́ːrt]
S111 ☑ ③ カーディガン　**cardigan**[káːrdigən]
S112 ☑ ④ パンツ　**pants**[pǽnts]
S113 ☑ ⑤ ベルト　**belt**[bélt]
S114 ☑ ⑥ ブレスレット　**bracelet**[bréislit]
S115 ☑ ⑦ ブーツ　**boots**[búːts]

S116 ☑ ⑧ キャップ　**cap**[kǽp]
S117 ☑ ⑨ メガネ　**glasses**[glǽsiz]
S118 ☑ ⑩ ポロシャツ　**polo shirt**[póulou ʃə̀ːrt]
S119 ☑ ⑪ 腕時計　**watch**[wátʃ]
S120 ☑ ⑫ ジーンズ　**jeans**[dʒíːnz]
S121 ☑ ⑬ 靴下　**socks**[sáks]
S122 ☑ ⑭ スニーカー　**sneakers**[sníːkərz]
S123 ☑ ⑮ リュックサック　**rucksack**[rʌ́ksæk]

STAGE 3

平均単語レベル
高校標準

真実・現実

343 ☑ **fact**
[fǽkt | ふぁクト] `A2`

名 事実, 現実

344 ☑ **in fact**

(ところが)実は, 実際は

345 ☑ **actually**
[ǽktʃuəli | あクチュアり] `A2`

副 ❶ 実際に, 現実に
関連 actual 現実の

❷ 実を言うと

346 ☑ **practical**
[prǽktikl | プラぁクティクる] `B1`

形 ❶〈考え・活動などが〉実際的な, 現実的な
関連 practically 事実上
対義 theoretical 理論(上)の
❷〈知識・道具などが〉実用的な, 役に立つ

347 ☑ **assume**
[əsúːm | アスーム] `B1`

動 …を(証拠はないが真実であると)仮定する,
想定する
関連 assumption 仮定

話す・伝える

348 ☑ **report**
[ripɔ́ːrt | リポート]

`A2` 名 (…についての)報告(書)(on ...)
(◆学校の授業などで提出する「レポート」は paper)

`B1` 動〈メディアが〉…を報道する
関連 reporter 報道記者
☞【report that ...】…だと報道する

349 ☑ **express**
[iksprés | イクスプレス]

`B1` 動〈考え・感情などを〉表現する
関連 expression 表現; 表情

形〈列車が〉急行の
関連 expressway 高速道路

350 ☑ **claim**
[kléim | クれイム]

`A2` 動 ❶〈正当性・真実性などを〉主張する
☞【claim that ...】…だと主張する
❷ (当然の権利として)…を要求する

`B1` 名 (正当性・真実性などの)主張(that ...)

☑ **チャンク** a historical fact	歴史上の事実
☑ The novel is based on fact.	▶その小説は事実に基づいている.
☑ I said I was fine, but in fact I had a bad headache.	▶私は元気だと言ったが，実はひどい頭痛がしていた.

☑ **チャンク** what I actually thought	私が実際に思ったこと
☑ Please tell me what actually happened.	▶実際に起こったことを私に話してください.
☑ Haruka speaks English well, but actually she's never been abroad.	▶遥は英語をじょうずに話すが，実を言うと彼女は一度も海外に行ったことがない.

☑ **チャンク** a practical solution	現実的な解決方法
☑ Your idea sounds interesting, but it's not practical.	▶君の考えは興味深いが，現実的ではない.
☑ I want to learn practical English.	▶私は実用的な英語を学びたい.

☑ **チャンク** assume the worst	最悪の事態を想定する
☑ I assume that the Mona Lisa's model is Leonardo da Vinci himself.	▶モナリザのモデルはレオナルド・ダ・ビンチ自身だと思う.

☑ **チャンク** present a report	報告書を提出する
☑ I have to make a report on the result of the experiment.	▶私は実験結果について報告しなければならない.
☑ The TV news reported that the child was found safe.	▶テレビニュースはその子どもが無事発見されたと報道した.

☑ **チャンク** express my views	私の考えを表明する
☑ Words can't express how thankful I am to you.	▶私がどれほどあなたに感謝しているか言葉では言い表せません.
☑ You should take an express train.	▶急行列車に乗ったほうがいいですよ.

☑ **チャンク** claim victory	勝利を主張する
☑ He claims that he saw a ghost.	▶彼は幽霊を見たと主張している.
☑ They claimed 50 million yen in compensation.	▶彼らは賠償金として5千万円を要求した.
☑ I simply can't believe his claim that he saw a UFO.	▶UFO を見たと彼は言っているが，私にはとても信じられない.

STAGE 3

頻度・周期

351 ☑ **always**
[ɔ́:lweiz | **オー**るウェイズ]
A1

副 いつも, 常に

💬 ほかに頻度を表す副詞には usually（たいてい, ふつうは）, often（しばしば）, sometimes（時々）, rarely[seldom]（めったに…しない）, never（一度も…ない）などがあります.

352 ☑ **not always ...**

1 （いつも）…するとは限らない（◆部分否定を表す）

2 （必ずしも）…であるとは限らない（◆部分否定を表す）

353 ☑ **daily**
[déili | **デ**イり]
A2

形 （行為・生産などが）毎日の（◆「毎週の」は weekly, 「毎月の」は monthly）

関連 **day** 日

354 ☑ **cycle**
[sáikl | **サ**イクる]
B1

名 （出来事などの）周期, 循環

関連 **bicycle** 自転車, **cycling** サイクリング

355 ☑ **repeat**
[ripí:t | リ**ピー**ト]
A1

動 〈同じ行為などを〉繰り返す

関連 **repeatedly** 繰り返して, **repetition** 繰り返し

楽しさ

356 ☑ **enjoy**
[indʒɔ́i | イン**ヂョ**イ]
A1

動 1 …を楽しむ

関連 **enjoyable** 楽しい, **enjoyment** 楽しむこと

💬 【**enjoy** *do*ing】…することを楽しむ

2 〈よいもの・資質などに〉恵まれている

357 ☑ **enjoy** *oneself*

楽しい時を過ごす

358 ☑ **smile**
[smáil | ス**マ**イる]

A1 名 ほほえみ, 微笑

B1 動 ほほえむ, 微笑する

💬 【**smile at Ⓐ**】**Ⓐ**にほほえみかける

359 ☑ **laugh**
[lǽf | **ら**ぁふ]
🔊 発音
A1

動 （声を出して）笑う

関連 **laughter** 笑い

☐ **チャンク** **as always** | いつものように
☐ I **always** get up at six. | ▶私はいつも6時に起きる.

☐ I don't **always** agree with my coach. | ▶私はいつもコーチと意見が一致するとは限らない.
☐ The rich are **not always** happy. | ▶金持ちが必ずしも幸せであるとは限らない.

☐ **チャンク** **daily** **life** | 日常**生活**
☐ What **daily** newspaper do you take? | ▶日刊新聞は何を取っていますか？

☐ **チャンク** **a** **life** **cycle** | ライフサイクル
☐ Fallen leaves remind me of the **cycle** of the seasons. | ▶落ち葉を見ると季節のひと巡りについて考えてしまう.

☐ **チャンク** **repeat** **the explanation** | **説明**を繰り返す
☐ We mustn't **repeat** the same mistake. | ▶我々は同じ過ちを繰り返してはならない.

☐ **チャンク** **enjoy** **the party** | パーティーを楽しむ
☐ I **enjoyed** the double date very much. | ▶ダブルデートはとても楽しかった.
☐ I **enjoy playing** tennis on Sundays. | ▶私は日曜日にテニスをすることを楽しんでいる.
☐ My grandparents **enjoy** good health. | ▶私の祖父母は健康に恵まれている.
☐ I **enjoyed myself** at the party last night. | ▶昨夜はパーティーで楽しい時を過ごした.

☐ **チャンク** **a charming** **smile** | チャーミングなほほえみ
☐ She said goodbye with a **smile**. | ▶彼女はほほえんでさよならを言った.
☐ He **smiled** happily. | ▶彼はうれしそうにほほえんだ.
☐ The mother **smiled at** her baby. | ▶母親は赤ちゃんにほほえみかけた.

☐ **チャンク** **laugh at** Ⓐ | Ⓐを笑う
☐ We **laughed** aloud. | ▶私たちは大声で笑った.

STAGE 3

103

含む

360 ☑ **include**
[inklú:d | インクるード]
A2

動 (全体の一部として)…を含む
関連 **inclusive** すべて込みの
対義 **exclude** …を除外する

361 ☑ **contain**
[kəntéin | コンテイン]
B1

動 (中に)…が入っている, (内容・成分として)
…を含む
関連 **container** 容器, (貨物用)コンテナ

全部・全体

362 ☑ **system**
[sístəm | スィステム]
A2

名 (全体的な)制度, システム

363 ☑ **structure**
[strʌ́ktʃər | ストゥラクチャ]
A2

名 (…の全体的な)構造, 構成(of ...)
関連 **structural** 構造上の

364 ☑ **network**
[nétwə̀:rk | ネットワ〜ク]
B1

名 **1** (鉄道・道路などの)網状組織

2 (コンピュータ・放送局などの)ネットワーク,
通信網

365 ☑ **whole**
[hóul | ホウる]
A2

形 全体の, 全部の(◆entire と同義)
関連 **wholly** 完全に

366 ☑ **on the whole**

全体としては

367 ☑ **general**
[dʒénərəl | ヂェネラる]
B1

形 **1** (内容が)全般的な, 大体の
対義 **specific** 特定の
2 一般的な, 総合的な
関連 **generalize** 一般論を言う,
generally たいていは
対義 **special** 特別な

368 ☑ **in general**

一般的に

369 ☑ **total**
[tóutl | トウトゥる]
B1

形 **1** 〈数値・金額などが〉合計の, 総計の
2 完全な(◆complete と同義)
関連 **totally** 完全に

B1

名 (数値・金額の)合計, 総計

☐ **チャンク** include **tax** | 税金を含む
☐ The passengers **included** 15 Japanese. | ▶乗客には日本人が 15 名含まれていた.

☐ **チャンク** contain **useful information** 役に立つ情報を含む
☐ Soda pop **contains** a lot of sugar. | ▶炭酸飲料には糖分がたくさん含まれている.

☐ **チャンク** a **five-day week** system | 週 5 日制
☐ We have to change the **system** of education. | ▶我々は教育制度を変えねばならない.

☐ **チャンク** the **social** structure | 社会構造
☐ The **structure of** the human body is unbelievably complicated. | ▶人体の構造は信じられないほど複雑だ.

☐ **チャンク** the **rail** network | 鉄道網
☐ The city has a complex subway **network**. | ▶その都市には複雑な地下鉄網が敷かれている.
☐ The Internet is a worldwide **network**. | ▶インターネットは世界規模のネットワークだ.

☐ **チャンク** the **whole** truth | すべての**真実**
☐ Snow covered the **whole** village. | ▶雪が村全体を覆った.

☐ **On the whole**, the school festival was a success. | ▶全体としては, 学園祭は成功だった.

☐ **チャンク** the **general** opinion | 全般的な**意見**
☐ I have a **general** idea of where to stay in Rome. | ▶ローマではどこに泊まればいいか, 大体の見当はついている.
☐ The book is very popular among the **general** public. | ▶その本は一般大衆の間でとても人気がある.

☐ **In general**, women live longer than men. | ▶一般的に, 女性は男性より長生きする.

☐ **チャンク** the **total** number | 合計した**数**
☐ The **total** cost of the trip was 30,000 yen. | ▶その旅行にかかった費用は総額で3万円だった.
☐ The project was a **total** failure. | ▶その計画は完全な失敗だった.

☐ I earned 700 dollars in **total**. | ▶私は合計 700 ドルを稼いだ.

STAGE 3

違い

370 ☑ **different**
[dífərənt | **ディ**ふァレント]
A1

形 違った, 異なる；さまざまな
関連 differ 異なる, difference 違い,
differently 異なって
対義 same 同一の
👉**【be different from Ⓐ】**Ⓐと違っている

371 ☑ **unique**
[juːníːk | ユー**ニー**ク]
B1

形 ❶ (唯一無二で)すばらしい(◆日本語の「ユニーク」
にある「おかしな」「変わった」という意味はない)
❷ (世界で)唯一の

372 ☑ **unlike**
[ʌnláik | アン**ら**イク]
B2

前 (完全に)…と違って

373 ☑ **compare**
[kəmpéər | コン**ペ**ァ]
A2

動 (相違点などにおいて)…を比較する, 比べる
関連 comparison 比較

👉**【compare Ⓐ with Ⓑ】**ⒶをⒷと比較する

374 ☑ **gap**
[gǽp | **ギぁ**ップ]
B1

名 ❶ (状況などの)違い, ギャップ

❷ (物体間の)空間

環境・自然

375 ☑ **nature**
[néitʃər | **ネ**イチャ]
A2

名 ❶ 自然
関連 natural 自然の, naturally 当然

❷ 本質, 性質

376 ☑ **by nature**

生まれつき

377 ☑ **environment**
[inváirənmənt | イン**ヴァ**イ
ロンメント]
B2

名 ❶ (人間が生活を営む)環境

❷ 自然環境
関連 environmental 環境の

378 ☑ **recycle**
[riːsáikl | リー**サ**イクる]
A2

動 〈廃物などを〉再生利用する, リサイクルする
関連 recycling リサイクル

☐ **チャンク** different **ways of thinking** さまざまな**考え方**

☐ She looked quite **different** in a kimono. ▶着物を着た彼女は全くの別人のようだった（◉ 全く違って見えた）.

☐ The twins **are** completely **different from** each other in personality. ▶その双子は性格が全然違う.

☐ **チャンク** a unique **opportunity** すばらしい**機会**

☐ She has a **unique** talent for music. ▶彼女はすばらしい音楽の才能をもっている.

☐ This diamond ring is **unique**. ▶このダイヤの指輪は世界で唯一のものだ.

☐ **チャンク** be not unlike **Ⓐ** **Ⓐと似ている**(◉ **Ⓐと違っていない**)

☐ **Unlike** her father, Saori is good at English. ▶さおりは父親と違い, 英語が得意だ.

☐ **チャンク** compare **the results** **結果を比べる**

☐ Why don't you **compare** the prices of those portable audio players? ▶それらの携帯オーディオプレーヤーの値段を比較してみたらどう？

☐ Let's **compare** the East **with** the West. ▶東洋を西洋と比較してみましょう.

☐ **チャンク** a generation gap ジェネレーションギャップ

☐ The **gap** between rich and poor is becoming wide. ▶貧富の格差が広がっている.

☐ I hid in a **gap** between the walls. ▶私は壁のすき間に隠れた.

☐ **チャンク** go back to nature 自然に帰る

☐ Destruction of **nature** is a serious problem. ▶自然破壊は深刻な問題だ.

☐ What do you think about human **nature**? ▶人間の本質についてどう思いますか？

☐ She is smart by **nature**. ▶彼女は生まれつき頭がいい.

☐ **チャンク** a home environment 家庭環境

☐ People are influenced by their **environment**. ▶人は環境に影響される.

☐ We must protect the **environment**. ▶我々は自然環境を守らなければならない.

☐ **チャンク** recycle plastic bottles ペットボトルをリサイクルする

☐ These bottles can be easily **recycled**. ▶これらのびんは簡単に再生利用できる.

STAGE 3

真実・現実

379 ☐ **real**
[ríːəl | リー(ア)る]
A1

形 **1** 〈存在が〉現実の, 実在している
関連 **realistic** 現実的な, **reality** 現実,
realize 認識する, **really** 本当に
対義 **imaginary** 想像(上)の
2 〈理由などが〉本当の

380 ☐ **true**
[trúː | トゥルー]
A1

形 **1** 〈話などが〉本当の, 真実の
関連 **truly** 本当に, **truth** 真実
2 〈特質などが〉本物の, 本当の

381 ☐ **come true**

〈夢・予言などが〉実現する

382 ☐ **hold true**

当てはまる

383 ☐ **false**
[fɔ́ːls | ふォーるス]
A1

形 **1** 〈考え・情報などが〉誤った, 間違った

2 〈発言などが〉偽りの, うその

384 ☐ **exist**
[igzíst | イグズィスト]
A2

動 実在する, 存在する
関連 **existence** 存在

思う・考える

385 ☐ **consider**
[kənsídər | コンスィダ]
A2

動 **1** 〈問題などについて〉よく考える
関連 **consideration** 熟考
2 …を…であると見なす
⤷ 【consider **A** (to be) **B**】**A**を**B**であると
見なす

386 ☐ **guess**
[gés | ゲス]
A1

動 **1** …を(確信なく)推測する

2 …であると思う
⤷ 【guess that ...】…であると思う

387 ☐ **estimate** **B1**
動 [éstəmèit | エスティメイト]
名 [éstəmit | エスティメット]
🔊 発音 **B2**

動 〈金額などを〉見積もる
⤷ 【estimate **A** at **B**】**A**を**B**と見積もる

名 (金額などの)見積もり

☑ チャンク **the real world** 現実**世界**

☑ The man was not a ghost; he was a **real** person. ▶その男は幽霊ではなく，現実の人間であった．

☑ What's the **real** reason? ▶本当の理由は何ですか？

☑ チャンク **Is that true?** **それ本当？**

☑ This is a **true** story. ▶これは本当の話です．

☑ She finally found **true** love. ▶彼女はとうとう本物の愛にめぐり会った．

☑ I hope your dream will **come true**. ▶あなたの夢がかないますように．

☑ The same thing **holds true** in this case. ▶この場合にも同じことが当てはまる．

☑ チャンク **false information** 間違った**情報**

☑ I had a **false** idea of Japan. ▶私は日本について間違った考えをいだいていた．

☑ He made a **false** statement. ▶彼はうその証言をした．

☑ チャンク **exist at present** **現在，存在している**

☑ Does life **exist** on Mars? ▶火星に生命は存在するのでしょうか？

☑ チャンク **consider the possibility of Ⓐ** **Ⓐの可能性について考える**

☑ We have to **consider** this plan. ▶私たちはこの計画についてよく考えなければならない．

☑ We **considered** her (**to be**) a great leader. ▶私たちは彼女を偉大な指導者だと考えていた．

☑ チャンク **guess right** 推測**が当たる**

☑ We **guessed** the result of the election. ▶私たちは選挙結果を推測した．

☑ I **guess that** he's right.
[≒ He's right, I **guess**.] ▶彼の言い分は正しいと思う．

☑ チャンク **an estimated cost** 見積もり**額**

☑ He **estimated** the travel expenses at 500 dollars. ▶彼は旅費を 500 ドルと見積もった．

☑ Please give me a rough **estimate**. ▶大まかな見積もり額を提示してください．

勝利・敗北

388 ☑ **victory**
[víktəri | **ヴィクトリ**] **B1**

名 勝利

389 ☑ **win**
[wín | **ウィン**]
過去・過分 won **A1**

動 **1** 〈試合などに〉勝つ
関連 winner 勝者
2 〈賞品・勝利などを〉勝ち取る
関連 winner 受賞者

390 ☑ **lose**
[lúːz | **るーズ**]
発音
過去・過分 lost **A2**

動 **1** 〈試合などに〉負ける
関連 loser 敗者
【lose Ⓐ to Ⓑ】Ⓐ でⒷ に負ける
2 〈所持品などを〉失う, なくす
関連 loss 喪失
3 〈方角・人などを〉見失う

姿・形

391 ☑ **form** **A1**
[fɔ́ːrm | **ふォーム**]

名 **1** (物体の)形；(…の)形態(of ...)
関連 formation 形成
2 (書き込み)用紙

B1 動 **1** (自然作用などにより)…を形作る

2 〈集団などを〉結成する

392 ☑ **shape** **A2**
[ʃéip | **シェイプ**]

名 **1** (外から見た)形

2 (身体・機械などの)状態, 調子
(◆condition と同義)

B1 動 …を形作る
【shape Ⓐ into Ⓑ】Ⓐ をⒷ に形作る

393 ☑ **model**
[mɑ́dl | **マドゥる**]

名 **1** (…の)模型(of ...)；(車などの)型

A2 **2** (ファッション)モデル

394 ☑ **fat** **A1**
[fǽt | **ふぁット**]

形 〈人・動物などが〉太った(◆失礼な言い方；
人に対しては overweight を用いるほうがよい)
対義 thin やせた

B2 名 (皮下)脂肪

☑ チャンク **win a narrow** victory	辛勝する
☑ We had a great **victory**.	▶私たちは大勝利を収めた.

☑ チャンク **You win.**	あなたの勝ちだ.
☑ Japan **won** the game over France five to three.	▶日本が5対3でフランスに勝った.
☑ She will **win** a gold medal.	▶彼女は金メダルを勝ち取るだろう.

☑ チャンク **lose by one point**	1 ポイント差で負ける
☑ Germany **lost** the semifinal **to** Italy.	▶ドイツは準決勝でイタリアに敗れた.
☑ I **lost** my cell phone during the trip.	▶旅行中に携帯電話をなくしてしまった.
☑ I **lost** my mother in the crowd.	▶私は人込みの中で母の姿を見失った.

☑ チャンク **a simple** form	シンプルな形
☑ Ice is a **form** of water.	▶氷は水の1つの形態だ.
☑ Please fill out this **form**.	▶この用紙に記入してください.
☑ This jungle was **formed** more than 2,000 years ago.	▶このジャングルは2,000年以上前にできた.
☑ We are going to **form** a rock band.	▶私たちはロックバンドを結成するつもりだ.

☑ チャンク **size and** shape	サイズと形
☑ The UFO had a round **shape**.	▶そのUFOは丸い形をしていた.
☑ My bike is old, but in good **shape**.	▶私の自転車は古いが, 状態はいい.
☑ I **shaped** the chocolate **into** a heart.	▶私はチョコレートをハートの形にした.

☑ チャンク **a model of Tokyo Tower**	東京タワーの模型
☑ Toyota introduced the latest **model** at the car show.	▶トヨタはその車展示会で最新型を紹介した.
☑ She is a famous fashion **model**.	▶彼女は有名なファッションモデルだ.

☑ チャンク **a fat cat**	太った猫
☑ I've got **fat** recently.	▶最近太ってしまいました.
☑ I have to lose **fat**.	▶脂肪を落とさなくては.

STAGE 3

競争・敵対・対立

395 ☑ fight
[fáit | ふァイト]
過去・過分 fought

A1 名 (…との)けんか；戦い(with ...)

B1 動 (…と)戦う；けんかをする(with ...)(◆日本語の人を励ますときに用いる表現「ファイト！」の意味はない)

396 ☑ challenge
[tʃǽlindʒ | チぁれンヂ]

A2 名 **1** (困難だが)やりがいのあること

2 (スポーツなどにおける)挑戦

B2 動 …にいどむ，挑戦する
　→【challenge Ⓐ to Ⓑ】ⒶにⒷをいどむ

397 ☑ against
[əgénst | アゲンスト]

前 **1** 〈敵などに〉対する

2 〈考えなどに〉反対して
A2 対義 for 賛成して

場所・位置

398 ☑ stay
[stéi | ステイ]

A1 動 **1** (場所などに)とどまる，滞在する

2 (…の状態の)ままでいる

B1 名 (一定期間の)滞在

399 ☑ stay up

(ふだんなら眠っている時間に)起きている

400 ☑ visit
[vízit | ヴィズィット]

A1 動 〈場所を〉訪れる；〈人を〉訪ねる
関連 visitor 訪問客

A1 名 (一定期間の)訪問

401 ☑ urban
[ə́:rbn | ア〜バン]

形 都市の，都会の
関連 urbanization 都市化
B2 対義 rural いなかの

402 ☑ capital
[kǽpitl | キぁピトゥる]

名 **1** (国の)首都；(活動の)中心地
2 (事業を興すのに必要な)資本(金)
関連 capitalism 資本主義

A2

☑ チャンク **win a fight** けんかに勝つ

☑ I had a **fight with** the man. ▶私はその男とけんかをした.

☑ He **fought with** a robber. ▶彼は強盗と戦った.

☑ チャンク **face a challenge** 困難に**直面する**

☑ Teaching offers a lot of **challenges**. ▶教えるということはとてもやりがいのある（⚙ 多くのやりがいを提供する）仕事だ.

☑ I accept your **challenge**. ▶あなたの挑戦を受けます.

☑ Dan **challenged** me **to** a game of tennis. ▶ダンは私にテニスの試合をいどんだ.

☑ チャンク **a battle against cancer** 癌(がん)に対する闘い

☑ To fight **against** terrorism is my job. ▶テロと戦うことが私の仕事だ.

☑ Are you for or **against** this plan? ▶あなたはこの計画に賛成ですか, それとも反対ですか？

☑ チャンク **stay home** 家にいる

☑ Could you **stay** here? I'll be back soon. ▶ここにいてもらえますか？すぐ戻りますから.

☑ They **stayed** awake all last night. ▶昨夜, 彼らはずっと起きていた.

☑ Have a nice **stay** in our hotel. ▶当ホテルでのご滞在をお楽しみください.

☑ I **stayed up** late last night and watched the DVD. ▶昨夜, 私は遅くまで起きてその DVD を見た.

☑ チャンク **visit Rome** ローマを訪れる

☑ I **visited** my grandparents yesterday. ▶私はきのう祖父母を訪ねた.

☑ Did you pay a **visit** to the British Museum? ▶大英博物館には行きましたか（⚙ 訪問しましたか）？

☑ チャンク **an urban area** 都市部

☑ I dreamed of leading an **urban** life. ▶私は都会で生活することを夢見ていた.

☑ チャンク **the fashion capital** ファッションの中心地

☑ What is the **capital** of Brazil? ▶ブラジルの首都はどこですか？

☑ The country welcomes foreign **capital**. ▶その国は外国資本を歓迎している.

STAGE 3

113

効果・影響

403 ☐ **effect** [ifékt | イ**ふ**ェクト] A2	名 (…に与える)影響; (…への)効果(on …) 関連 **effective** 効果のある
404 ☐ **come into effect**	〈法律などが〉発効する, 施行される
405 ☐ **take effect**	〈薬などが〉効く
406 ☐ **influence** A2 [ínfluəns | **イ**ンふるエンス] B2	名 (…に対する)影響(力), 作用(on …) 関連 **influential** 影響力のある 動 …に影響を及ぼす
407 ☐ **impact** [ímpækt | **イ**ンパぁクト] A2	名 **1** (…への)(強烈な)影響(on …) **2** (物体が衝突したときなどの)衝撃

場所・位置

408 ☐ **side** [sáid | **サ**イド] A1	名 **1** (空間上の)側, 面 **2** (問題などの)側面
409 ☐ **side by side**	(横に)並んで
410 ☐ **above** [əbáv | ア**バ**ヴ] A1	前 **1** (場所・位置が)…より上に, …より高い所に **2** (程度などが)…より高く
411 ☐ **below** [bilóu | ビ**ろ**ウ] A1	前 **1** (場所・位置が)…より下に, …より低い所に **2** (程度などが)…より低く

☐ **チャンク** **an economic** effect 経済効果

☐ Smoking has a bad **effect on** your health. ▶喫煙は健康に悪影響を及ぼす.

☐ The new law will **come into effect** next spring. ▶その新法は来春施行される.

☐ The headache medicine soon **took effect**. ▶その頭痛薬はすぐに効いた.

☐ **チャンク** **have a strong** influence 強い影響力がある

☐ Such TV programs have a bad **influence on** children. ▶そのようなテレビ番組は子どもに悪い影響を与える.

☐ Weather **influences** the growth of plants. ▶天候は植物の生育に影響を及ぼす.

☐ **チャンク** **the environmental** impact 環境に与える影響

☐ The event had a strong **impact on** young people. ▶そのイベントは若者たちに強い影響を与えた.

☐ The **impact** of the crash was great. ▶その衝突事故の衝撃はすさまじかった.

☐ **チャンク** **on this** side **of the lake** 湖のこちら側に

☐ There were many shops on both **sides** of the street. ▶その通りの両側にはたくさんの店が並んでいた.

☐ You should look on the bright **side** of things. ▶物事の明るい面を見たほうがいいですよ.

☐ The boy was walking **side by side** with his mother. ▶その男の子は母親と並んで歩いていた.

☐ **チャンク** above **the horizon** 地平線上に

☐ This plane is now flying **above** the Red Sea. ▶当機は現在,紅海上空を飛行しております.

☐ Don't drive **above** the speed limit. ▶制限速度を超えて運転してはいけません.

☐ **チャンク** below **ground** 地中に

☐ This area is one meter **below** sea level. ▶この地域は海面より1メートル低い.

☐ The temperature is five degrees **below** zero. ▶気温はマイナス5度だ.

STAGE 3

空気・気体

412 ☐ **atmosphere**
[ǽtməsfìər | **あ**トモスふィア]
🔊 アクセント
B1

名 **1** (場所の)雰囲気

2 (地球を取り巻く)大気

---

413 ☐ **air**
[éər | **エ**ア]
A2

名 **1** 空気

2 空
関連 airline 航空会社, airplane 飛行機,
airport 空港

---

414 ☐ **smoke**
[smóuk | ス**モ**ウク]
A1 名 煙
関連 smoke-free 禁煙の

A2 動 たばこを吸う
関連 smoking 喫煙

身体

415 ☐ **physical**
[fízikl | **ふィ**ズィクる]
A2

形 **1** 身体の, 肉体の
関連 physically 身体的に, physician 内科医
対義 mental, spiritual 心の
2 物質の(◆material と同義)
関連 physics 物理

---

416 ☐ **sleep**
[slíːp | ス**リ**ープ]
過去・過分 slept
A1 動 眠る
関連 asleep 眠って(いる), sleepy 眠い
B1 名 睡眠, 眠り

---

417 ☐ **wake**
[wéik | **ウェ**イク]
過去 woke, waked
過分 woken, waked,
woke
B1

動 目が覚める(◆しばしば up を伴う)
関連 awake 目が覚めて(いる)
💬 wake up は単に眠りから覚めることを意味する
のに対し, get up は目を覚ました後, 体を動か
してベッドから出ることを意味します.

---

418 ☐ **exercise**
[éksərsàiz | **エ**クササイズ]
A2 名 **1** (健康維持などのための)運動

2 練習問題
A1 動 (健康維持などのために)運動する

☐ チャンク **a relaxed** atmosphere　　　くつろいだ雰囲気

☐ I like the atmosphere of this restaurant. ▶私はこのレストランの雰囲気が好きだ.

☐ The atmosphere protects the earth from various things. ▶大気は地球をさまざまなものから守っている.

☐ チャンク **clean** air　　　きれいな空気

☐ I opened the window and let in some fresh air. ▶私は窓を開けて新鮮な空気を入れた.

☐ The birds were flying high in the air. ▶鳥たちは空高く飛んでいた.

☐ チャンク **a cloud of** smoke　　　もうもうと立ち込める煙

☐ I felt sick because of the cigarette smoke. ▶たばこの煙のせいで気分が悪くなった.

☐ You can't smoke here. ▶ここでたばこを吸ってはいけません.

☐ チャンク physical **strength**　　　体力

☐ Physical health is the most important thing for me. ▶身体の健康は私にとって最も大切なものだ.

☐ The physical world is full of mysteries. ▶物質世界はなぞに満ちている.

☐ チャンク Sleep **tight.**　　　ぐっすりお休みなさいね.

☐ Did you sleep well last night? ▶ゆうべはよく眠れましたか？

☐ I had a good sleep that night. ▶その夜はよく眠れた.

☐ チャンク Wake **up!**　　　起きなさい！

☐ I usually wake (up) before the alarm rings. ▶私はいつも目覚まし時計が鳴る前に目が覚める.

☐ I woke up early, but didn't get out of bed for a while. ▶私は早くに目が覚めたが, しばらくベッドから出なかった.

☐ チャンク **light** exercise　　　軽い運動

☐ I haven't had enough exercise recently. ▶私は最近運動不足だ.

☐ Do exercise three. ▶練習問題の3をやってごらん.

☐ You should exercise a little more. ▶あなたはもう少し運動すべきです.

STAGE 3

117

苦しみ・不安・恐怖

419 ☑ **fear**
[fíər | **ふィ**ア]
A2 名 (…に対する)恐怖, 恐れ(of ...)
関連 **fearful** 恐れて(いる)
B2 動 …を恐れる, 怖がる

420 ☑ **worry**
[wə́ːri | **ワ〜**リ]
A2 動 (…のことで)心配する(about ...)
A1 名 心配(事), 不安

421 ☑ **be worried about ...**　…について心配している

422 ☑ **suffer**
[sʌ́fər | **サ**ふァ]
動 **1** 〈苦痛・損害などを〉受ける, こうむる
2 (痛み・病気などで)苦しむ
B1 ☞【**suffer from ⓐ**】ⓐで苦しむ

423 ☑ **afraid**
[əfréid | ア**ふレ**イド]
形 恐れて(いる)
A1 ☞【**be afraid of ⓐ**】ⓐを恐れている
☞【**be afraid to** *do*】…することを恐れている

424 ☑ **I'm afraid ...**　(残念ながら)…だと思う

程度・度合い

425 ☑ **degree**
[digríː | **ディグリ**ー]
A2 名 (温度・角度などの)度

426 ☑ **grade**
[gréid | **グレ**イド]
名 **1** (品質などの)等級
関連 **gradual** 段階的な, **gradually** 徐々に
2 学年(◆米国では学年を小学・中学・高校を通して
A1 数えるため, 1 年級から 12 年級まである)

427 ☑ **rather**
[rǽðər | **ラ**ぁざ]
副 **1** かなり
A2 **2** (…よりも)むしろ(than ...)

428 ☑ **would rather** *do*　(むしろ)…したい

429 ☑ **highly**
[háili | **ハ**イり]
B1 副 とても, 大いに(◆very と同義)

430 ☑ **increasingly**
[inkríːsiŋli | イン**クリー**
スィンッり]
B1
副 ますます
関連 **increase** 増える

☑ チャンク **without** fear　　　　　　恐れることなく

☑ I have a **fear** of black insects.　　▶私は黒い昆虫が怖い.

☑ The boy **fears** ghosts.　　　　　▶その少年は幽霊を怖がる.

☑ チャンク **Don't** worry.　　　　　　心配しないで.

☑ There's nothing to **worry about**.　▶心配することは何もない.

☑ What is your biggest **worry**?　　　▶あなたにとって一番の心配事は何ですか?

☑ I'm **worried about** his health.　　▶私は彼の健康が心配だ.

☑ チャンク **suffer** a heart attack　　心臓発作を起こす

☑ We **suffered** great damage.　　　▶我々は大損害をこうむった.

☑ I **suffered from** backache.　　　▶私は腰痛で苦しんだ.

☑ チャンク **Don't be** afraid.　　　　怖がらないで.

☑ Animals **are afraid of** fire.　　　▶動物は火を恐れる.

☑ I'm **afraid to** fly.　　　　　　　▶私は飛行機に乗るのが怖い.

☑ I'm **afraid** it will rain tomorrow.　▶残念ながらあすは雨のようです.

☑ チャンク **90** degrees　　　　　　90度

☑ Water turns to ice at zero **degrees** Celsius.　▶水はセ氏0度で凍る.

☑ チャンク a high [**low**] grade　　　高い[低い]等級

☑ This coffee is of the highest **grade**.　▶このコーヒーは最高級だ.

☑ I'm in the eleventh **grade**.　　　▶私は11年生(高校2年生)です.

☑ チャンク **be rather** too difficult　あまりに難しすぎる

☑ It is **rather** cold today.　　　　　▶きょうはかなり寒い.

☑ I like baseball **rather than** soccer.　▶私はサッカーよりもむしろ野球のほうが好きだ.

☑ I'd **rather** have a quiet time on the beach.　▶海岸で静かな時を過ごしたい.

☑ チャンク be **highly** unlikely　　　まずありそうもない

☑ She is a **highly** successful cartoonist.　▶彼女は大成功している漫画家だ.

☑ チャンク become **increasingly** important　ますます重要になる

☑ The portable music player is becoming **increasingly** popular.　▶その携帯ミュージックプレーヤーはますます人気が出ている.

STAGE 3

119

⏴ Scene 3　駅 At the Train Station

S124 ☑ ① 定期券
commuter pass
[kəmjúːtər pǽs]

S125 ☑ ② 自動改札口
automatic ticket gate
[ɔ̀ːtəmǽtik tíkit gèit]

S126 ☑ ③ 公衆トイレ
public restroom
[pʌ́blik réstrùːm]

S127 ☑ ④ 広告ポスター
advertisement
[ædvərtáizmənt]

S128 ☑ ⑤ キオスク
kiosk
[kíːɑsk]

S129 ☑ ⑥ 階段
stairs
[stéərz]

S130 ☑ ⑦ エスカレーター
escalator
[éskəlèitər]

S131 ☑ ⑧ (駅の)ホーム
platform
[plǽtfɔːrm]

S132 ☑ ⑨ 車掌
conductor
[kəndʌ́ktər]

S133 ☑ ⑩ 乗客
passenger
[pǽsindʒər]

通学時の行動 Actions on the Way to School

S134 ☑ 電車で通学する
go to school by train

S135 ☑ バスで通学する
go to school by bus

S136 ☑ 自転車で通学する
go to school by bike

S137 ☑ 徒歩で通学する
walk to school

S138 ☑ 電車に乗る
get on the train

S139 ☑ お年寄りに席を譲る
give my seat to an elderly person

S140 ☑ 音量を下げる
turn the volume down

S141 ☑ 眠り込む
fall asleep

S142 ☑ 駅で降りそこなう
miss my stop

S143 ☑ 電車から降りる
get off the train

S144 ☑ 電車内に傘を忘れる
leave my umbrella in the train

S145 ☑ 急いで行く
go in a hurry

STAGE 3

121

歴史・時代

431 ☑ **history**
[hístəri | ヒスタリ]
A1

名 歴史(学)
関連 historian 歴史学者, historic 歴史的に
重要な, historical 歴史の

432 ☑ **era**
[írə | イラ]
B1

名 時代

433 ☑ **modern**
[mádərn | マダン]
A2

形 〈場所・時間・様式などが〉現代の, 近代の
(◆contemporary と同義)
関連 modernize 近代化する

434 ☑ **ancient**
[éinʃənt | エインシャント]
A2

形 古代の

分割・分配

435 ☑ **deal**
[díːl | ディーる]
過去・過分 dealt
B1

動 〈トランプカードなどを〉配る
→ 【deal Ⓐ Ⓑ】または【deal Ⓑ to Ⓐ】
ⒶにⒷを配る
A2
名 (ビジネス上の)契約, 取引

436 ☑ **deal with ...**

〈問題などに〉対処する

437 ☑ **a great deal of ...**

(非常に)たくさんの…(◆数えられない名詞に
用いる)

438 ☑ **divide**
[diváid | ディヴァイド]
A2

動 …を(複数の要素に)分ける, 分割する
関連 division 分割, 区分
→ 【divide Ⓐ into Ⓑ】ⒶをⒷに分ける
→ 【divide Ⓐ between [among] Ⓑ】
Ⓑの間でⒶを分ける

439 ☑ **pack**
[pǽk | パぁック]
A2

動 …を荷造りする;…を(容器に)詰める
関連 package 包み, packet 小さな包み
対義 unpack 解く
→ 【pack Ⓐ with Ⓑ】または【pack Ⓑ into Ⓐ】
ⒶにⒷを詰める
A2
名 (運ぶための)包み, 荷物

☑ チャンク **human** history ・・・ 人間の歴史
☑ I'm interested in the **history** of China. ▶私は中国の歴史に興味がある.

☑ チャンク a new **era** ・・・ 新時代
☑ We are now entering the **era** of space travel. ▶私たちは今, 宇宙旅行の時代に入りつつある.

☑ チャンク **modern** society ・・・ 現代社会
☑ Mobile phones play an important role in **modern** life. ▶携帯電話は現代の生活において重要な役割を果たしている.

☑ チャンク **the ancient** city ・・・ 古代都市
☑ My brother is studying the culture of **ancient** Rome. ▶私の兄は古代ローマの文化を研究している.

☑ チャンク **deal** an ace ・・・ エースの札を配る
☑ She **dealt** each of us five cards. [≒ She **dealt** five cards to each of us.] ▶彼女は私たちひとりひとりにカードを5枚配った.

☑ I made a **deal** with the company to develop software. ▶私はその会社とソフト開発の契約を結んだ.

☑ We must **deal with** this problem as soon as possible. ▶我々はこの問題にできるだけ早く対処しなければならない.

☑ This project needs a **great deal of** money. ▶このプロジェクトには多額の金が必要だ.

☑ チャンク **divide** the land ・・・ 土地を分割する
☑ Our teacher **divided** the class **into** five groups. ▶先生はクラスを5つのグループに分けた.

☑ Let's **divide** this work **between** [among] us. ▶この仕事は私たちの間で分担してやりましょう.

☑ チャンク **pack** my things ・・・ (自分の持ち物の)荷造りをする
☑ Please **pack** each box **with** 40 apples. [≒ Please **pack** 40 apples **into** each box.] ▶リンゴを1箱に40個ずつ詰めてください.

☑ I carried the heavy **pack** on my back. ▶私はその重い荷物を背負って運んだ.

STAGE 3

つなぎ言葉

440 ☐ **anyway**
[éniwèi | エニウェイ] **A2**

副 とにかく, いずれにしても

441 ☐ **whether**
[hwéðər | (ホ)ウェざ]

接 **1** …すべきか
☞ 【whether to do or not】…すべきかどうか

2 …かどうか(◆if と同義だが whether のほうが形式
ばっている)
☞ 【whether ... or not】…かどうか
3 …であろうとなかろうと
☞ 【whether ... or not】…であろうとなかろうと
☞ 【whether Ⓐ or Ⓑ】
ⒶであろうとⒷであろうと **B1**

高さ

442 ☐ **rise** **B1**
[ráiz | ライズ]
過去 rose
過分 risen **B1**

動 (高い位置に)上がる
対義 fall 下がる

名 上昇

443 ☐ **give rise to ...**

〈好ましくない事態などを〉引き起こす

444 ☐ **raise**
[réiz | レイズ]

動 **1** …を(高い位置に)上げる(◆rise との違いに
注意)

2 〈資金などを〉集める

3 〈子どもを〉育てる(◆bring up と同義) **A2**

445 ☐ **drop** **A1**
[dráp | ドゥラップ]

動 **1** …を(低い位置に)落とす

2 (低い所に)落ちる(◆fall と同義)

名 (…の)しずく, 水滴(of ...) **A2**

446 ☐ **drop by**

〈場所に〉ちょっと立ち寄る

447 ☐ **drop out**

(学校を)中退する(of ...)

448 ☐ **height**
[háit | ハイト]
発音 **B1**

名 高さ;身長
関連 high 高い

☐ チャンク **I'm relieved, anyway.** とにかく**安心した**よ.

☐ **Anyway,** please come in. ▶とにかくお入りください.

☐ チャンク **whether to go or not** 行くべきか行かざるべきか

☐ I don't know **whether to** follow her advice **or not.** ▶私は彼女の忠告に従うべきなのかどうか分からない.

☐ The point is **whether** we can trust him **or not.** ▶問題は我々が彼を信頼できるかどうかだ.

☐ Tomorrow's game will be played **whether** it rains **or not.** ▶雨が降ろうが降るまいが,あすの試合は行われるだろう.

☐ **Whether** we win **or** lose, we will do our best. ▶勝っても負けても,私たちはベストを尽くします.

☐ チャンク **rising prices** 上昇している**物価**

☐ The sun **rises** in the east. ▶太陽は東から昇る.

☐ The **rise** of the sun at the beach was really beautiful. ▶海岸で見た日の出はほんとうにきれいだった.

☐ The news **gave rise to** a panic. ▶そのニュースはパニックを引き起こした.

☐ チャンク **raise the cup** カップを**持ち上げる**

☐ If you have any questions, please **raise** your hand. ▶何か質問があれば手を上げてください.

☐ They are **raising** money for their new business. ▶彼らは新しい事業のための資金を集めている.

☐ I was **raised** in Boston. ▶私はボストンで育った(直 ボストンで育てられた).

☐ チャンク **drop my wallet** 私の財布を**落とす**

☐ You **dropped** your handkerchief. ▶ハンカチを落としましたよ.

☐ The vase **dropped** from her hands. ▶花びんが彼女の手から落ちた.

☐ **Drops of** rain started to fall. ▶雨のしずくが落ちはじめた.

☐ **Drop by** for a visit anytime. ▶いつでも寄っていってください.

☐ She **dropped out of** college to work. ▶彼女は働くために大学を中退した.

☐ チャンク **gain height** 高度**を上げる**

☐ What's the **height** of the pyramid? ▶そのピラミッドの高さはどのくらいですか?

STAGE 3

印刷・出版・メディア

449 ☑ **media**
[mí:diə | ミーディア]
発音　B2
名 (マス)メディア(◆新聞・雑誌・テレビ・インターネットなど)

450 ☑ **program**
[próugræm | プロウグラぁム]
A1
名 **1** (テレビ・ラジオの)番組

2 (政府などによる大規模な)計画

451 ☑ **author**
[ɔ́:θər | オーさ]　A2
名 (小説などの)著者, 作者, 作家

452 ☑ **article**
[á:rtikl | アーティクる]
A1
名 (新聞などの)記事

453 ☑ **print**
[prínt | プリント]
A2
動 〈文字・画像などを〉印刷する
関連 printing 印刷

植物

454 ☑ **plant**
[plǽnt | プらぁント]
A2
名 **1** 植物(◆樹木よりも小さいものを指すことが多い)
2 (大規模な)工場

B1
動 〈植物を〉植える
☞ 【plant Ⓐ in Ⓑ】または【plant Ⓑ with Ⓐ】
Ⓑに␣Ⓐを植える

455 ☑ **wood**
[wúd | ウッド]
A2
名 **1** 木材, 材木
関連 wooden 木製の
2 森, 林(◆複数形で)

456 ☑ **grass**
[grǽs | グラぁス]　A1
名 草

457 ☑ **root**
[rú:t | ルート]
名 **1** (植物の)根

2 (伝統などの)起源, ルーツ(◆複数形で)
A2

☑ チャンク the news media	ニュースメディア
☐ The media played an important role in the election.	▶その選挙ではメディアが重要な役割を果たした.

☑ チャンク a late program	深夜番組
☐ I recorded the TV program.	▶私はそのテレビ番組を録画した.
☐ The space program is going on.	▶その宇宙開発計画は進行中である.

☑ チャンク your favorite author	あなたの大好きな作家
☐ She's a best-selling author.	▶彼女はベストセラー作家だ.

☑ チャンク a newspaper article	新聞記事
☐ A lot of newspapers carried articles on the earthquake.	▶多くの新聞がその地震に関する記事を掲載した.

☑ チャンク print a copy	コピーを1部印刷する
☐ This laser printer prints pictures very fast.	▶このレーザープリンターは高速で写真画像を印刷する.

☑ チャンク plants and animals	動植物(🔁 植物と動物)
☐ I'm growing tropical plants.	▶私は熱帯植物を育てている.
☐ The town is famous for the newest car plant.	▶その町は最新鋭の自動車工場で有名だ.
☐ We are going to plant an apple tree in the garden. [≒We are going to plant the garden with an apple tree.]	▶私たちは庭にリンゴの木を植えるつもりだ.

☑ チャンク polished wood	磨かれた木材
☐ Paper is made from wood.	▶紙は木材から作られる.
☐ Be careful not to get lost in the woods.	▶森の中で迷わないように気をつけてね.

☑ チャンク sit on the grass	草の上に座る
☐ Please cut the grass.	▶草を刈ってください.

☑ チャンク take root	根づく
☐ The root of the tree grows deep into the ground.	▶その木は地中深くまで根を張っている.
☐ Gospel has its roots in African-American religious music.	▶ゴスペルはアフリカ系アメリカ人の宗教音楽にルーツがある.

STAGE 3

やめる・終わる

458 ☐ **end**
[énd | エンド]

A1 **名** 終わり, 最後
関連 endless 終わりのない
対義 beginning 始まり

A2 **動** 終わる
関連 ending 終わり, 結末
対義 begin 始まる

459 ☐ **finish**
[fíniʃ | ふィニッシ]

動 〈行為・仕事などを〉終える;〈期間などが〉終わる
対義 begin 始める

A1 ☞【finish doing】…し終える(◆ ×finish to do とはいわない)

460 ☐ **quit**
[kwít | クウィット]

A2 **動** 〈仕事などを〉やめる
☞【quit doing】…することをやめる

461 ☐ **retire**
[ritáiər | リタイア]

A2 **動** (年齢が理由で)引退する, (定年)退職する
関連 retirement 引退

場所・位置

462 ☐ **behind**
[biháind | ビハインド]

A1 **前** ❶ (場所を表して)…の後ろに
対義 before, in front of ... 前に
❷ (時間を表して)…より遅れて
対義 before 前に

463 ☐ **beyond**
[bijánd | ビヤンド]

A2 **前** ❶ …を越えた所に, …の向こうに
❷ …(の限界など)を超えて

464 ☐ **throughout**
[θruːáut | すルーアウト]

B1 **前** ❶ 〈場所の〉至る所に
❷ 〈ある期間の〉始めから終わりまで(ずっと)

465 ☐ **opposite**
[ápəzit | アポズィット]

A2 **形** ❶ 〈位置が〉(…の)反対側の, 向こう側の(to ...)
❷ 〈性質・意味などが〉正反対の
関連 opponent (試合などの) 相手,
oppose 反対する, opposition 反対

☑ **チャンク** **at the** end **of the day**　　　1 日の終わりに

☑ Don't give up until the **end**.　　▶最後まであきらめちゃだめだよ.

☑ The game **ended** at 5:00 p.m.　　▶その試合は午後 5 時に終わった.

☑ **チャンク** finish **in March**　　　3 月に終わる

☑ I **finished** my homework before dinner.　　▶私は夕食前に宿題を終えた.

☑ Have you **finished reading** the newspaper?　　▶新聞は読み終わりましたか?

☑ **チャンク** quit **my job**　　　(自分の)仕事をやめる

☑ You should **quit smoking**.　　▶たばこを吸うのはやめたほうがいいよ.

☑ **チャンク** retire **early**　　　早期退職する

☑ My father **retired** from his company at the age of 64.　　▶私の父は 64 歳で会社を退職した.

☑ **チャンク** behind **the station**　　　駅の裏側に

☑ I hid **behind** the curtain.　　▶私はカーテンの後ろに隠れた.

☑ The train is 10 minutes **behind** schedule.　　▶列車は定刻より 10 分遅れている.

☑ **チャンク** beyond **the sea**　　　海の向こうに

☑ The town is **beyond** that mountain.　　▶その町はあの山の向こうだ.

☑ This book is **beyond** my understanding.　　▶この本は私には(難しすぎて)分からない(⑩ 私の理解を超えている).

☑ **チャンク** throughout **Japan**　　　日本中で

☑ The news spread **throughout** the world.　　▶そのニュースは世界中に広まった.

☑ **Throughout** the week I was sick in bed.　　▶私は 1 週間ずっと具合が悪くて寝込んでいた.

☑ **チャンク** the opposite **direction**　　　反対方向

☑ The park is **opposite** to our school.　　▶その公園は私たちの学校の向かいにある.

☑ What is the **opposite** word to "ending"?　　▶"ending" の反対の意味をもつ語は何ですか?

STAGE 3

助ける

466 ☑ **save**
[séiv | セイヴ]

動 **1** （危険などから）…を救う，助ける
→**【save Ⓐ from Ⓑ】**ⒷからⒶを救う
2 〈お金を〉ためる
→**【save Ⓐ for Ⓑ】**Ⓑのために Ⓐ（お金）をためる
3 〈お金・時間・資源などを〉節約する
関連 **saving** 節約
対義 **waste** むだに使う
A1 →**【save Ⓐ Ⓑ】**Ⓐに Ⓑを節約させる

467 ☑ **support** **B1**
[səpɔ́ːrt | サポート]

動 **1** 〈人・考えなどを〉支持する，支援する
関連 **supporter** 支持者，後援者
2 …を（落ちたりしないように）支える

A2 名 （人・考えなどに対する）支持，支援

468 ☑ **contribute**
[kəntríbjuːt | コントゥリビュート]
🔊 アクセント

動 **1** 〈お金などを〉寄付する；〈情報などを〉提供する
関連 **contribution** 寄付
→**【contribute Ⓐ to Ⓑ】**ⒶをⒷに寄付する
2 （成功などに）貢献する
B1 →**【contribute to Ⓐ】**Ⓐに貢献する

お金・金額

469 ☑ **spend**
[spénd | スペンド]
過去・過分 spent
A1

動 **1** 〈お金・金額を〉（…に）使う，費やす（on ...）
2 〈時間を〉過ごす
→**【spend Ⓐ doing】**Ⓐを…して過ごす

470 ☑ **earn**
[ə́ːrn | ア～ン]

動 **1** （仕事の対価として）〈お金を〉稼ぐ

A2 **2** 〈地位・名声などを〉得る

471 ☑ **expensive**
[ikspénsiv | イクスペンスィ
ヴ] **A1**

形 〈商品・サービスなどが〉高価な，高い
関連 **expense** 費用

472 ☑ **cheap**
[tʃíːp | チープ]

形 **1** 〈商品・サービスなどが〉安価な，安い

2 （品質が）安っぽい
A2

☑ **チャンク** save **a child** 　　　　　　子どもを**助ける**

☑ He saved me from the fire. ▶彼は私を火事から救出してくれた.

☑ I'm saving money for a PC. ▶私はパソコンを買うためにお金をためている.

☑ You can save time if you take a bus to the station. ▶駅までバスで行けば時間を節約できますよ.

☑ Taking the express will save you 20 minutes. ▶急行に乗れば20分早く着くよ（⬤20分を節約させるよ）.

☑ **チャンク** support **the homeless** 　　　ホームレスの人々を**支援する**

☑ I support her opinion. ▶私は彼女の意見を支持します.

☑ These big towers support the electric wires. ▶これらの大きなタワーが電線を支えている.

☑ Thank you very much for your support. ▶ご支援くださいましてまことにありがとうございます.

☑ **チャンク** contribute **information** 　　情報を**提供する**

☑ Mr. Rockefeller contributed a lot of money to the university. ▶ロックフェラー氏はその大学に多額のお金を寄付した.

☑ He contributed a lot to the victory. ▶彼は勝利に大きく貢献した.

☑ **チャンク** spend **a fortune** 　　　　　多額の**お金を使う**

☑ He spent 10,000 yen on the T-shirt. ▶彼はそのTシャツに1万円使った.

☑ We spent our vacation traveling in Asian countries. ▶私たちはアジアの国々を旅行して休暇を過ごした.

☑ **チャンク** earn **a living** 　　　　　　生活費を**稼ぐ**

☑ He earns more than 10,000 dollars a month. ▶彼は月に1万ドル以上稼いでいる.

☑ She earned world fame. ▶彼女は世界的名声を得た.

☑ **チャンク** an expensive **watch** 　　　高価な**腕時計**

☑ The hotel is expensive. ▶そのホテルは宿泊料が高い.

☑ **チャンク** a cheap **ticket** 　　　　　安い**チケット**

☑ Tomatoes are cheap in summer. ▶トマトは夏の間安い.

☑ He lives in a cheap apartment. ▶彼は安っぽいアパートに住んでいる.

STAGE 3

分類・特徴

473 ☑ **kind**[1]
[káind | カインド] A1
名(…の)種類(of …)

474 ☑ **a kind of ...**
一種の…, …の一種

475 ☑ **kind of**
少し, いくぶん

476 ☑ **sort**
[sɔ́:rt | ソート]
B1 名(…の)種類(of …)(◆kind と同義)
B2 動(内容・サイズなどに従って)…を分類する

477 ☑ **a sort of ...**
一種の…, …の一種

478 ☑ **sort of**
少し, いくぶん

479 ☑ **pattern**
[pǽtərn | パあタン]
🔊 アクセント B1
名(行動などの)パターン

480 ☑ **version**
[vɔ́:rʒn | ヴァ〜ジョン]
B2
名(元のものとは異なる)版, バージョン

481 ☑ **list**
[líst | リスト]
A1 名(一覧)表, リスト
B2 動…を(一覧)表にする

482 ☑ **typical**
[típikl | ティピクる]
B1
形(特徴などが)典型的な
関連 type 型, typically 典型的に
☞[be typical of ⓐ]典型的な ⓐ である

強さ・弱さ

483 ☑ **powerful**
[páuərfl | パウアふる]
A2
形❶〈人・国などが〉有力な, 影響力のある
❷〈機械などが〉強力な
関連 powerfully 力強く

484 ☑ **weak**
[wí:k | ウィーク]
A2
形〈身体・意志などが〉弱い
関連 weaken 弱くする, weakness 弱いこと, 弱点
対義 strong 強い

485 ☑ **strength**
[stréŋkθ | ストゥレンクす]
A2
名(物理的・精神的な)力
関連 strengthen 強くする

☑ チャンク **many kinds of flowers** たくさんの種類の花

☑ What **kind of** music do you like? ▶どんな種類の音楽が好き？

☑ A whale is a **kind of** mammal. ▶クジラはほ乳類の一種だ.

☑ I feel **kind of** cold. ▶少し寒いのですが.

☑ チャンク **this sort of news magazine** この種のニュース雑誌

☑ I like this **sort of** candy. ▶私はこの種のお菓子が好きだ.

☑ How can I **sort** these books? ▶これらの本をどう分類すればいいのですか？

☑ Hip-hop is a **sort of** dance music. ▶ヒップホップはダンスミュージックの一種だ.

☑ I'm **sort of** hungry. ▶少しおなかがすいちゃった.

☑ チャンク **behavior patterns** 行動パターン

☑ The action movie series follow a set **pattern**. ▶そのアクション映画シリーズはワンパターンになっている.

☑ チャンク **the latest version** 最新バージョン

☑ A new **version** of the dictionary will be published next year. ▶その辞書の新しい版が来年出版される予定だ.

☑ チャンク **a complete list** 完全なリスト

☑ Let's make a shopping **list**. ▶買うものの一覧表を作りましょう.

☑ Please **list** the titles of these books alphabetically. ▶これらの本のタイトルをアルファベット順に表にしてください.

☑ チャンク **a typical French restaurant** 典型的なフランス料理レストラン

☑ *Roman Holiday* is **typical of** romance movies. ▶『ローマの休日』は典型的な恋愛映画だ.

STAGE 3

☑ チャンク **a powerful nation** 強国

☑ His father is **powerful** in the economic world. ▶彼の父は経済界における有力者だ.

☑ My car has a **powerful** engine. ▶私の車には強力なエンジンがついている.

☑ チャンク **have a weak will** 意志が弱い

☑ He is too **weak** to travel alone in India. ▶彼は体が弱いので，ひとりでインドを旅行するのは無理だ.

☑ チャンク **push with all my strength** (私の)力いっぱい押す

☑ We didn't even have the **strength** to stand up. ▶我々には立ち上がる力すら残っていなかった.

興味・退屈

486 ☑ **interest**
[íntərəst | **イ**ンタレスト]
🔊 アクセント
A2

名 ① (…に対する)興味, 関心(in …)

② (預金・借金の)利子

---

487 ☑ **interested**
[íntərəstid | **イ**ンタレスティッド]
🔊 アクセント
A1

形 興味をもって(いる), 関心がある

☞ 【be interested in Ⓐ】Ⓐに興味がある

☞ 【be interested to do】…することに関心がある

🔖 interested に対し, interesting は「人に興味を起こさせる何か」を修飾し,「おもしろい, 興味深い」という意味になります.

---

488 ☑ **bored**
[bɔ́ːrd | **ボ**ード]
A2

形〈人が〉退屈した

☞ 【be bored with Ⓐ】Ⓐに退屈している

能力・技術

489 ☑ **technology**
[teknάlədʒi | テク**ナ**ろヂィ]
A1

名 科学技術, テクノロジー

関連 **technological** 科学技術の

---

490 ☑ **skill**
[skíl | ス**キ**る]
A1

名 (訓練などで身につけた)技能, 技術

関連 **skilled** 熟練した, **skillful** 腕のよい

---

491 ☑ **able**
[éibl | **エ**イブる]
B1

形 (…することが)できる, (…する)能力がある

対義 **unable** できない

☞ 【be able to do】…することができる

---

492 ☑ **ability**
[əbíləti | ア**ビ**りティ]
A2

名 (…する)能力(to do)

関連 **disability** 身体障害

対義 **inability** 無能

---

493 ☑ **enable**
[enéibl | エン**エ**イブる]
B1

動〈物事が〉〈人に〉…できるようにする, …を可能にする

☞ 【enable Ⓐ to do】Ⓐに…できるようにする

---

494 ☑ **capable**
[kéipəbl | **ケ**イパブる]
B1

形 ① (…するのに必要な)能力がある

関連 **capability** 能力

対義 **incapable** 能力がない

☞ 【be capable of doing】…する能力がある

② 〈人が〉有能な

☑ チャンク **show** interest | 興味を示す
☑ I have an **interest** in musicals. | ▶私はミュージカルに興味がある.
☑ I borrowed the money at six percent **interest**. | ▶私は6パーセントの利子でそのお金を借りた.

☑ チャンク **Are you** interested**?** | 興味ある？
☑ I am **interested** in space. | ▶私は宇宙に興味をもっている.
☑ I am **interested** to hear Haruka's opinion. | ▶遥の意見を聞いてみたい（⦿ 聞くことに関心がある）.
☑ That's an **interesting** idea. | ▶それは興味深い考えですね.

☑ チャンク **be** bored **to death** | とても退屈している
☑ He **was bored with** his simple work. | ▶彼は単調な仕事に退屈していた.

☑ チャンク **information** technology | 情報技術
☑ Computer **technology** has been making progress year after year. | ▶コンピュータテクノロジーは年々進歩している.

☑ チャンク **develop a** skill | 技術を向上させる
☑ It is important to have a professional **skill**. | ▶専門技術をもつことは重要だ.

☑ チャンク **be** able **to solve the problem** | その問題を解くことができる
☑ She **is able to** speak German well. | ▶彼女はドイツ語をじょうずに話すことができる.

☑ チャンク **outstanding** ability | 傑出した能力
☑ This computer has the **ability to** distinguish among human faces. | ▶このコンピュータには人間の顔を識別する能力がある.

☑ チャンク **enable** access | アクセスを可能にする
☑ The machine **enables** us **to** finish the work in a short time. | ▶その機械のおかげで，私たちは作業を短時間ですますことができる.

☑ チャンク **be** capable **of reading music** | 楽譜を読むことができる
☑ I'm perfectly **capable of doing** it, thank you. | ▶(手助けの申し出に対して)自分でできますから，でもありがとう.
☑ Miranda is a very **capable** lawyer. | ▶ミランダはとても有能な弁護士だ.

STAGE 3

135

重要基本語句

495 ☐ **come** ⏻p. 188 道場 [kʌ́m｜カム] 過去 came 過分 come A1	動 ❶ (話し手の所に)来る 【come to do】…しに来る ❷ (相手のいる所へ)行く
496 ☐ **come about**	(偶然に)起こる
497 ☐ **come across ...**	(偶然)…に出会う
498 ☐ **come into ...**	〈ある状態に〉なる
499 ☐ **come out**	❶〈本などが〉発売される ❷〈事実などが〉明らかになる
500 ☐ **come to** *do*	…するようになる
501 ☐ **come under ...**	❶〈攻撃などを〉受ける ❷ …(の部類)に属する
502 ☐ **come up with ...**	〈考えなどを〉思いつく
503 ☐ **How come ...?**	なぜ, どうして(◆How come の後は疑問文の 語順にならないことに注意)
504 ☐ **when it comes to ...**	…に関して言えば, …のことになると
505 ☐ **find** ⏻p. 330 道場 [fáind｜ふァインド] 過去·過分 found A1	動 ❶〈探している物などを〉見つける 対義 lose なくす 【find Ⓐ Ⓑ】または【find Ⓑ for Ⓐ】 ⒶにⒷを見つける 【find Ⓐ Ⓑ】ⒶがⒷであるのを見つける 【find Ⓐ doing】Ⓐが…しているのを見つける ❷ (経験などによって)…だと分かる, 気づく 関連 findings 調査結果 【find that ...】…だと分かる, 気づく 【find Ⓐ (to be) Ⓑ】ⒶがⒷであると分かる
506 ☐ **find** *oneself*	(気づいてみると)(ある場所に)いる
507 ☐ **find out**	(研究·調査などの結果)(…だと)分かる(that ...)

☑ チャンク **come closer**	**もっと近くに来る**
☑ **Come** here, please.	▶こちらに来てください.
☑ Please **come to** see me next Sunday.	▶今度の日曜日に遊びに来てね.
☑ I'll **come to** your place at three.	▶3時に君の家に行くよ.
☑ How did the accident **come about**?	▶どのようにしてその事故は起こったのですか?
☑ I **came across** an old friend on a train.	▶電車の中でばったり旧友に会った.
☑ Plain T-shirts **came into** fashion last year.	▶昨年は地味なTシャツが流行した (📘 流行になった).
☑ The novel will **come out** soon.	▶その小説は間もなく発売される予定だ.
☑ The truth finally **came out**.	▶ついに真実が明らかになった.
☑ I **came to** think of Tokyo as my second hometown.	▶私は東京を第2の故郷と考えるようになった.
☑ The town **came under** attack.	▶その町は攻撃を受けた.
☑ Whales **come under** mammals.	▶クジラはほ乳類に属する.
☑ I **came up with** a good idea.	▶私はいい考えを思いついた.
☑ **How come** you didn't call her?	▶どうして彼女に電話しなかったの?
☑ **When it comes to** playing the guitar, Bob is the best in our school.	▶ギターを弾くことに関して言えば, ボブは私たちの学校で一番うまい.
☑ チャンク **find evidence**	**証拠を見つける**
☑ Did you **find** your wallet?	▶財布は見つかりましたか?
☑ He **found** me a job. [≒ He **found** a job **for** me.]	▶彼は私に仕事を見つけてくれた.
☑ I **found** him asleep during class.	▶私は授業中彼が眠っているのを見つけた.
☑ I **found** Sarah reading on the train.	▶私はサラが電車内で本を読んでいるのを見つけた.
☑ You will soon **find that** he really loves cats.	▶彼が大の猫好きだということがすぐに分かりますよ.
☑ I **found** her (**to be**) a good writer.	▶私は, 彼女は文章がうまい (📘 彼女がよい文章の書き手である) と分かった.
☑ I **found** myself in the hospital.	▶気がつくと私は病院にいた.
☑ I **found out that** it was not a UFO.	▶私はそれがUFOではないと分かった.

STAGE 3

重要基本語句

508 ☑ **give** 🔊p.235 道場 [gív｜ギヴ] 過去 gave 過分 given　A1	動 …を与える；…を手渡す ☞【give A B】または【give B to A】 　AにBを与える	

509 ☑ give in — （誘惑・欲望などに）負ける（to ...）

510 ☑ give off ... — 〈におい・熱などを〉発する

511 ☑ give up
1 〈規則的に続けていることを〉やめる
2 〈一生懸命やっていることを〉あきらめる

512 ☑ give way
1 〈建物などが〉崩れる
2 （自分の意思に反して）（…に）譲歩する（to ...）

---

513 ☑ **ask** 🔊p.234 道場
[ǽsk｜あスク]

動 1 …を尋ねる

☞【ask A B】AにBを尋ねる

2 （助けなどを）求める
☞【ask for A】Aを求める
☞【ask A B】または【ask B of A】
　AにBを求める
☞【ask A to do】Aに…するよう頼む，求める　A1

---

514 ☑ **pay** A1
[péi｜ペイ]
過去・過分 paid

動 1 〈代金などを〉支払う
関連 payment 支払い
☞【pay A for B】Bに対してAを支払う
2 〈行為が〉…に利益をもたらす
☞【it pays A to do】…することはAのために
　なる
3 〈注意などを〉払う

A1　名 給料

515 ☑ pay back — 〈借金などを〉返済する

516 ☑ pay off — 〈借金などを〉完済する

☑ チャンク **give** a chance
チャンスを与える

☑ He **gave** Mary the flowers.
[≒ He **gave** the flowers **to** Mary.]
▶彼はメアリーにその花をあげた.

☑ She didn't **give in to** temptation.
▶彼女は誘惑に負けなかった.

☑ This milk is **giving off** a strange smell!
▶このミルク，変なにおいがする！

☑ My father **gave up** drinking.
▶父はお酒をやめた.

☑ Don't **give up** your dream.
▶夢をあきらめるな.

☑ The old building **gave way** in the earthquake.
▶その古い建物は地震で倒壊した.

☑ He **gave way to** our demands.
▶彼は我々の要求に譲歩した.

☑ チャンク **ask** a question
質問をする

☑ She **asked** me about my dreams for the future.
▶彼女は私に将来の夢について尋ねた.

☑ The elderly man **asked** me the way to the bus stop.
▶そのお年寄りの男性は私にバス停への行き方を尋ねた.

☑ Although she was very poor, she never **asked for** support.
▶彼女はとても貧しかったが，決して援助を求めなかった.

☑ May I **ask** you a favor?
[≒ May I **ask** a favor **of** you?]
▶ちょっとお願いしても（🔊 あなたに頼みごとを求めても）いいですか？

☑ When I was a child, I used to **ask** my parents **to** buy me toys.
▶子どものころ，私はよく両親におもちゃを買ってくれるようせがんだ.

☑ チャンク **pay** taxes
税金を払う

☑ She **paid** the bill.
▶彼女は勘定を払った.

☑ I **paid** 400 yen **for** the book.
▶私はその本に 400 円払った.

☑ It **pays** you **to** do your work well.
▶仕事をきちんとすることは自分のためになる.

☑ They **paid** no attention to the news.
▶彼らはそのニュースに全く注意を払わなかった.

☑ I got a **pay** raise.
▶私の給料が上がった.

☑ I **paid back** the money the next day.
▶翌日，私はそのお金を返済した.

☑ She **paid off** her loan.
▶彼女はローンを完済した.

STAGE 3

重要基本語句

517 ☑ **look**
[lúk | **る**ック]
🔈p. 142 道場

(A1) 動 ❶ (見ようとして意識的に)見る

👉【look at ❹】❹を見る
❷ (顔つき・様子などから)…に見える
(◆appear, seem と同義)
👉【look like ❹】❹のように見える
👉【look as if ...】まるで…のように見える

(A1) 名 ❶ (…を)見ること(at ...)
❷ 外見(◆通例複数形で用いる;
appearance と同義)

518 ☑ **look after ...** 〈子どもなどの〉世話をする(◆take care of ... と同義)

519 ☑ **look back** ❶ (…を)振り返って見る(at ...)
❷ (過去の出来事を)回想する(on ...)

520 ☑ **look down on ...** 〈人を〉見下す

521 ☑ **look for ...** 〈なくした物などを〉探す

522 ☑ **look into ...** 〈事件などを〉調査する

523 ☑ **look out** (危険などに)気をつける(◆通例命令文で用いる)

524 ☑ **look up to ...** 〈人を〉尊敬する

525 ☑ **far**
[fá:r | **ふ**ァー]
比較 farther, further
最上 farthest, furthest

(A2) 副 ❶ (…から)遠くへ(from ...)
対義 near 近くへ

❷ (程度を表して)はるかに, ずっと
(◆形容詞の比較級・最上級などの前で用いる)

(B2) 形 遠い, 離れている(◆distant と同義)
対義 near 近い

526 ☑ **as far as ...** ❶ (場所を表して)…まで
❷ (意見などを言うときに用いて)…の限りでは

527 ☑ **far away** はるか遠くに

528 ☑ **so far** 今までは, これまでのところ

☑ チャンク look **around**	ぐるりと見回す
☑ I **looked** hard but saw nothing.	▶私は目を凝らしたが何も見えなかった.
☑ **Look** at that cloud.	▶あの雲を見てごらん.
☑ You **look** happy.	▶うれしそうだね (● あなたはうれしそうに見える).
☑ My dad **looks like** a pro wrestler.	▶私の父はプロレスラーのように見える.
☑ It **looks as if** it's going to snow.	▶雪が降りそうだ (● まるで雪が降るかのように見える).
☑ Can I have a **look at** the map?	▶その地図をちょっと見せてくれる?
☑ Don't judge a person by his or her **looks**.	▶外見で人を判断してはいけない.
☑ I **looked after** the baby while she was shopping.	▶彼女が買い物をしている間, 私が赤ちゃんの世話をした.
☑ She **looked back at** me.	▶彼女は振り返って私を見た.
☑ I often **look back on** those summer days.	▶私はよくあの夏の日々を回想する.
☑ Don't **look down on** people whatever the reason.	▶理由はどうあれ人を見下してはいけない.
☑ What are you **looking for**?	▶何を探しているの?
☑ The police are **looking into** the case.	▶警察はその事件を調査している.
☑ **Look out**! A car's coming.	▶気をつけて!車が来ているよ.
☑ Who do you **look up to**?	▶あなたはだれを尊敬していますか?
☑ チャンク go **far**	遠くへ行く
☑ We drove **far from** the town.	▶私たちは町から遠く離れた所までドライブをした.
☑ She skis **far better** than me.	▶彼女は私よりずっとスキーがうまい.
☑ Even if you are in a **far** country, we are under the same sky.	▶たとえ君が遠い国にいたとしても, ぼくたちは同じ空の下にいるんだ.
☑ We walked **as far as** the station.	▶私たちは駅まで歩いた.
☑ **As far as** I know, he is very kind.	▶私の知る限りでは, 彼はとても親切だ.
☑ My grandparents live **far away**.	▶私の祖父母は遠く離れた所に住んでいる.
☑ **So far** I haven't received a letter from her.	▶今のところ, 私は彼女から手紙を受け取っていない.

STAGE 3

141

コーパス道場 3

look [lúk | るック]

→p. 140

コアイメージ 「意識して視線を向け，具体的な物を見る」

[look + 形容詞]ランキング

☑ S146 **第1位** **look** good ▶ よく見える

☑ The script looked good on paper. ▶ その台本は，読んだ限りでは良さそうに見えた．

☑ S147 **第2位** **look** nice ▶ すてきに見える

☑ These shoes look nice with jeans. ▶ この靴はジーンズに合う．

☑ S148 **第3位** **look** different ▶ 違って見える

☑ This city will look different in 20 years. ▶ この街は20年後，違って見えるだろう．

☑ S149 **第4位** **look** great ▶ とてもよく見える

☑ You look great. ▶ (あなたは) すてきですね．

☑ S150 **第5位** **look** tired ▶ 疲れているように見える

☑ Our teacher looked a bit tired today. ▶ 先生は今日，少し疲れているように見えた．

see [síː | スィー] →p. 92

コアイメージ 「自然と目に入ってくる，視界にとらえる」

STAGE 3

2 1 3 [see + if [wh-, how] 節] ランキング

☑ S151 **第1位** see what ...	▶ 何が…か分かる
☑ The little boy didn't see what was happening then.	▶ 少年はそのとき，何が起こっているか分からなかった.
☑ S152 **第2位** see how ...	▶ どう…か分かる
☑ The woman saw how the machine worked at once.	▶ 女性はすぐにその機械がどう動くのか分かった.
☑ S153 **第3位** see if ...	▶ …かどうか分かる
☑ Go and see if the bath is ready.	▶ 風呂が沸いているか見てきなさい.
☑ S154 **第4位** see why ...	▶ なぜ…か分かる
☑ He didn't see why his girlfriend left him.	▶ 彼は，なぜガールフレンドが彼の元を去ったのか分からなかった.
☑ S155 **第5位** see whether ...	▶ …かどうか分かる
☑ The chef checked to see whether there was enough meat.	▶ 料理人は，肉が十分にあるかどうか確かめた.

4. ファッション2

S156 ☑ ① 髪飾り　**hair ornament**[héər ɔ́ːrnəmənt]
S157 ☑ ② ネックレス　**necklace**[nékləs]
S158 ☑ ③ ショール　**shawl**[ʃɔ́ːl]
S159 ☑ ④ ドレス　**dress**[drés]
S160 ☑ ⑤ ハンドバッグ　**purse**[páːrs]
S161 ☑ ⑥ パンプス　**pumps**[pámps]

S162 ☑ ⑦ タキシード　**tuxedo**[tʌksíːdou]
S163 ☑ ⑧ 蝶ネクタイ　**bow tie**[bóu tái]
S164 ☑ ⑨ 花束　**bouquet**[boukéi]
S165 ☑ ⑩ ポケットチーフ　**pocket handkerchief**
[pákit hǽŋkərtʃif]
S166 ☑ ⑪ 革靴　**leather shoes**[léðər ʃùːz]

STAGE 4

平均単語レベル
高校標準

数・量

529 ☐ **fill**
[fíl | **ふぃ**る]
A1

動〈容器・場所などを〉いっぱいにする, 満たす
関連 **full** いっぱいの
→【fill Ⓐ with Ⓑ】ⒶをⒷでいっぱいにする
→【be filled with Ⓐ】Ⓐで満たされている

530 ☐ **fill in**

〈書類などに〉必要事項を記入する(◆fill outともいう)

531 ☐ **lack**
[lǽk | **ら**ぁック]
A2

名(必要なものの)不足, 欠乏(of ...)

B2

動〈必要なものを〉欠く, …に不足する

532 ☐ **several**
[sévrəl | **セ**ヴラる]
A2

形いくつかの, いく人かの(◆3以上でmanyより少ない漠然とした数を表す)

533 ☐ **couple**
[kʌ́pl | **カ**プる]
A2

名❶ (同種類のものの)2つ, いくつか(of ...)

❷ 夫婦, カップル

534 ☐ **pair**
[péər | **ペ**ア]
A1

名(2つのパーツから成る)一対, 一組(of ...)

535 ☐ **alone**
[əlóun | ア**ろ**ウン]
A1

副1人で
関連 **lonely** 孤独な

A2

形(友人・知人が少なく)たった1人で, 単独で

保つ

536 ☐ **maintain**
[meintéin | メイン**テ**イン]

動❶ …を(同じ状態に)保つ;…を維持する
関連 **maintenance** (よい状態の)維持

❷〈機械などを〉整備する

B1

537 ☐ **preserve**
[prizə́:rv | プリ**ザ**〜ヴ]

動❶ (破壊などから)…を保護する
関連 **preservation** 保護

❷〈状態などを〉維持する

B1

☑ **チャンク** **fill a gap**	ギャップを埋める
☑ The waiter **filled** my glass **with** mineral water.	▶ウェイターは私のグラスにミネラルウォーターをなみなみと注いだ.
☑ Her eyes **were filled with** tears.	▶彼女の目は涙でいっぱいだった.
☑ Please **fill in** the application form.	▶申込用紙に記入してください.

☑ **チャンク** **a lack of information**	情報の不足
☑ Our project faced a **lack of** money.	▶我々のプロジェクトは資金不足に直面した.
☑ She **lacked** confidence at that time.	▶当時, 彼女は自分に自信がなかった (● 自信を欠いていた).

☑ **チャンク** **for several years**	数年の間
☑ I bought **several** DVDs yesterday.	▶私はきのう DVD を数枚買った.

☑ **チャンク** **a couple of examples**	いくつかの例
☑ I have only a **couple of** days before the exam.	▶試験まであと数日しかない.
☑ They make a good **couple**.	▶彼らはお似合いの夫婦だ.

☑ **チャンク** **a pair of shoes**	靴 1 足
☑ I'm going to buy two **pairs of** jeans.	▶私はジーンズを 2 本買うつもりだ.

☑ **チャンク** **travel alone**	一人旅をする
☑ I had dinner all **alone**.	▶私はひとりぼっちで夕食を食べた.
☑ I felt all **alone** in the world.	▶私は世界でたった 1 人取り残されているような気がした.

☑ **チャンク** **maintain balance**	バランスを維持する
☑ The two countries have **maintained** friendly relations.	▶その 2 か国は友好的な関係を保っている.
☑ I **maintain** these computers.	▶私がこれらのコンピュータを整備している.

☑ **チャンク** **preserve the environment**	環境を保護する
☑ Our job is to **preserve** tropical rain forests.	▶私たちの仕事は熱帯雨林を保護することだ.
☑ I swim twice a week to **preserve** my health.	▶私は健康を維持するために週に 2 回泳ぐ.

STAGE 4

147

経済・金融

538 ☑ **economy**
[ikánəmi | イカノミ]
B1

名**1** 経済
関連 economic 経済の, economical 経済的な, economically 経済的に, economist 経済学者
2 (時間・お金などの)節約, 倹約

539 ☑ **market**
[má:rkit | マーケット]
A2

名**1** 市場(しじょう)
関連 marketing マーケティング, 市場調査
2 (農産物・水産物などの)市場(いちば)

540 ☑ **trade**
[tréid | トゥレイド]
A2

名貿易, 取引
関連 trader 貿易業者
B2 動貿易する, 取引する
【trade with Ⓐ】Ⓐと貿易する

541 ☑ **cost**
[kɔ́:st | コースト]
過去・過分 cost
A2

A2 名費用, 値段
A2 動〈金額・費用が〉かかる
【cost Ⓐ Ⓑ】ⒶにⒷがかかる

時 間

542 ☑ **date**
[déit | デイト]
A1

名**1** 日付;(物事の起こる)日時
2 デート(の約束)

543 ☑ **spring**
[spríŋ | スプリンッグ]
A1

名**1** 春(◆「夏」は summer,「秋」は fall または autumn,「冬」は winter)
2 (地中から湧き出る)泉

544 ☑ **moment**
[móumənt | モウメント]
A1

名**1** (少しの)間, 瞬間
2 (特定の)時

545 ☑ **term**
[tá:rm | ターム]
B1

名**1** (任期などの)期間;(3学期制の)学期
関連 semester (2学期制の)学期
2 (ある分野の専門的な)用語

546 ☑ **in terms of ...**

…の点では

☑ チャンク **a free economy**	自由経済
☑ The **economy** of the country is growing fast.	▶その国の経済は急速に発展している.
☑ For the sake of **economy**, I walked to the station.	▶お金を節約するため, 私は駅まで歩いた.
☑ チャンク **the stock market**	株式市場
☑ Japan is a good **market** for name brands.	▶日本はブランド品のよい市場だ.
☑ Tsukiji was famous as a fish **market**.	▶築地は魚市場として有名だった.
☑ チャンク **foreign trade**	外国貿易
☑ America is increasing **trade** with Asian countries.	▶アメリカはアジア諸国との貿易を拡大している.
☑ Japan **trades with** China.	▶日本は中国と貿易をしている.
☑ チャンク **the high cost**	高い費用
☑ I cut my **cost** of living.	▶私は生活費を切り詰めた.
☑ It **cost** us 20,000 dollars to advertise in the newspaper.	▶我々がその新聞に広告を出すのに2万ドルかかった.

☑ チャンク **set a date**	日取り**を決める**
☑ What is your **date** of birth?	▶あなたの生年月日はいつですか?
☑ I asked her for a **date**.	▶ぼくは彼女をデートに誘った.
☑ チャンク **early spring**	早春
☑ **Spring** has come at last!	▶ついに春が来た!
☑ Let's go to a hot **spring** to relax.	▶温泉に行ってのんびりしましょう.
☑ チャンク **a moment ago**	(時間が)少し**前に**
☑ Wait a **moment**, please.	▶少しの間お待ちください.
☑ She came in at that **moment**.	▶そのとき彼女が入ってきた.
☑ チャンク **the spring term**	春学期
☑ The US president's **term** of office is four years.	▶アメリカ大統領の任期は4年だ.
☑ Dr. Randall spoke without technical **terms**.	▶ランドール博士は専門用語を使わずに話した.
☑ My dorm is good **in terms of** size, but too far from my school.	▶私の寮は広さの点ではいいのだが, 学校から遠すぎる.

STAGE 4

学習・理解

547 ☑ **practice** `A1`
[præktis | プラぁクティス]

名 (定期的な)練習

`A1` **動 1** (定期的に)練習する
→【practice doing】…する練習をする

2 〈理念などを〉実践する

548 ☑ **scientific**
[sàiəntífik | サイエンティ
ふィック] 🔊 アクセント
`A2`

形 科学の
関連 science 科学, scientist 科学者

549 ☑ **experiment**
[ikspérəmənt | イクスペリメン
ト]
`B1`

名 (科学・医学などの)実験

明るさ

550 ☑ **light**¹ `A1`
[láit | らイト]
🔊 発音
過去・過分 lighted,
lit

名 光, 明かり
関連 lightning 稲妻
対義 shadow 影

`A1` **形 1** (陽光などにより)明るい
2 〈色が〉淡い, 薄い

`B1` **動** 〈ろうそくなどに〉火をつける
関連 lighter ライター
🔖 light には「(重さが)軽い」,「(量が)少ない」
という意味もあります.

551 ☑ **bright**
[bráit | ブライト]
🔊 発音
`A1`

形 1 (強い光で)輝いている, 明るい
関連 brightly 明るく

2 〈色などが〉鮮やかな

552 ☑ **dark**
[dá:rk | ダーク]
`A1`

形 1 (光が少なく)暗い
関連 darkness 暗やみ
2 〈色が〉濃い

553 ☑ **shine**
[ʃáin | シャイン]
過去・過分 shone
`A2`

動 (強い光を発して)輝く, 光る
関連 shiny 輝いている

☑ チャンク **a practice game** 練習**試合**

☑ We have football **practice** on Sunday. ▶私たちは日曜日にサッカーの練習をしている.

☑ I **practice** the piano two hours a day. ▶私は１日２時間ピアノの練習をする.

☑ My brother **practices** riding a unicycle every day. ▶弟は毎日一輪車に乗る練習をしている.

☑ She **practices** vegetarianism. ▶彼女は菜食主義を実践している.

☑ チャンク **a scientific approach** 科学的**手法**

☑ We made great **scientific** progress in the 20th century. ▶20世紀に我々は大きな科学の進歩を遂げた.

☑ チャンク **a medical experiment** 医療**実験**

☑ The **experiment** ended successfully. ▶その実験は成功に終わった.

☑ チャンク **strong light** 強い光

☑ She was reading a book by the **light** of a lamp. ▶彼女はランプの明かりで本を読んでいた.

☑ It's getting **light** outside. ▶外がだんだん明るくなってきた.

☑ The sky was **light** blue. ▶空は淡い青色だった.

☑ Please **light** the candle. ▶ろうそくに火をつけてください.

☑ チャンク **bright stars** 輝く星たち

☑ The lake was beautiful in the **bright** sunshine. ▶まぶしい日の光が降りそそぐ中, 湖は美しかった.

☑ The leaves are **bright** green. ▶葉は鮮やかな緑色だ.

☑ チャンク **go dark** 暗く**なる**

☑ It began to get **dark** outside. ▶外は暗くなりはじめた.

☑ The sea was **dark** blue. ▶海は濃い青色だった.

☑ チャンク **shine brightly** 明るく輝く

☑ The sun was **shining** in the sky with no clouds. ▶雲ひとつない空に太陽が輝いていた.

STAGE 4

計画・予定

554 ☑ **plan**
[plǽn | プらあン]

A1 名 (…の)計画, プラン (for ...)

B1 動 …を(注意深く)計画する

➡ 【plan to do】…する予定である

555 ☑ **project**
[prάdʒekt | プラヂェクト]

B2

名 (長期にわたる)計画, 事業, プロジェクト

556 ☑ **schedule**
[skédʒuːl | スケヂューる]

A2 名 予定(表), スケジュール

B2 動 〈イベントなどを〉予定する(◆通例受身で)

➡ 【be scheduled for ④】④に予定されている

感情・気持ち

557 ☑ **emotion**
[imóuʃn | イモウション]

B1

名 (強い)感情

関連 emotional 感情的な,
emotionally 感情的に

558 ☑ **mood**
[múːd | ムード]

A2

名 (一時的な)気分, 機嫌

🖊 mood は人の一時的な心理状態を表します.
雰囲気を表す日本語の「ムード」に当たる英
語は atmosphere です.

559 ☑ **treat**
[tríːt | トゥリート]

B2

動 ❶ …に(ある感情をもって)接する

関連 treatment 待遇

➡ 【treat ④ like ⑧】④を⑧のように扱う

❷ 〈病人・病気を〉治療する(◆cure と同義)

関連 treatment 治療

❸ 〈人に〉おごる

560 ☑ **encourage**
[inkə́ːridʒ | インカ～レッヂ]

A2

動 (希望などを与えて)…を勇気づける, 励ます

関連 courage 勇気, encouragement 激励,
encouraging 励みになるような

対義 discourage 落胆させる

➡ 【encourage ④ to do】④に…するよう強く
勧める

☑ **チャンク** **have a** plan 　　　　　　計画がある

☑ We are making a **plan for** her birthday party.
▶私たちは彼女の誕生日パーティーの計画を立てているところだ.

☑ They are **planning** a trip to Hawaii.
▶彼らはハワイ旅行を計画している.

☑ My sister is **planning to** go abroad to study next year.
▶姉は来年留学する予定だ.

☑ **チャンク** **a research** project 　　　　研究プロジェクト

☑ We object to the **project** to build the dam.
▶我々はそのダムを建設する計画に反対する.

☑ **チャンク** **a train** schedule 　　　　列車の時刻表

☑ I have a tight **schedule** next week.
▶来週は予定がぎっしり詰まっている.

☑ The school trip **is scheduled for** next May.
▶修学旅行は今度の5月に予定されている.

☑ **チャンク** **mixed** emotions 　　　　複雑な感情

☑ I tried to control my **emotions**.
▶私は感情を抑えようとした.

☑ **チャンク** **be in a bad** mood 　　　　機嫌が悪い

☑ She's in a good **mood** today.
▶彼女はきょうは機嫌がいい.

☑ I know a restaurant with a romantic **atmosphere**.
▶ロマンチックなムードのレストランがあるんだけど.

☑ **チャンク** **treat** her with respect 　　尊敬の念をもって彼女に接する

☑ She always **treats** me well.
▶彼女はいつも私によくしてくれる.

☑ Don't **treat** me **like** a child.
▶私を子ども扱いしないで.

☑ This medicine will **treat** the flu.
▶この薬を飲めばインフルエンザは治る.

☑ I'll **treat** you this time.
▶今回は私がおごるね.

☑ **チャンク** **be greatly** encouraged 　　非常に勇気づけられる

☑ The e-mail from my mother **encouraged** me.
▶私は母からのEメールに勇気づけられた.

☑ My father **encouraged** me **to** study abroad.
▶父は私に留学するよう強く勧めた.

STAGE 4

世界

561 ☐ **international**
[ìntərnǽʃənl | インタナぁ
ショヌる] **A2**

形 国際的な
関連 **internationally** 国際的に

562 ☐ **global**
[glóubl | グろウブる] **B1**

形 全世界の, 地球規模の
関連 **globalization** グローバル化, **globe** 地球

563 ☐ **worldwide**
[wə́ːrldwáid | ワ〜るド
ワイド] **B2**

形 世界的な
関連 **world** 世界

性質・状態

564 ☐ **complete** **A2**
[kəmplíːt | コンプりート]

形 (何も欠けておらず, または程度が非常に高く)
完全な
関連 **completely** 完全に, **completion** 完成
対義 **incomplete** 不完全な

B1 動 (長い時間をかけて)…を仕上げる

565 ☐ **perfect**
[pə́ːrfikt | パ〜ふェクト] **A2**

形 (ミスや欠点などがなく)完全な, 完璧(な)な
関連 **perfectly** 完全に, **perfection** 完全
対義 **imperfect** 不完全な

566 ☐ **rough**
[rʌ́f | ラふ]
発音

形 ❶ (表面が)ざらざらした ; 〈道などが〉でこぼこの

❷ 〈人・行動などが〉荒っぽい, 乱暴な
❸ 〈考えなどが〉大まかな, 大体の
B1 関連 **roughly** およそ

567 ☐ **dense**
[déns | デンス]

形 ❶ 〈物・人が〉密集した
関連 **density** 密集
対義 **thin, sparse** まばらな
❷ 〈霧・雲が〉濃い
B2 関連 **thick** 濃い, 厚い 対義 **thin** 薄い

568 ☐ **light**²
[láit | らイト]
発音

形 ❶ (重さが)軽い
関連 **lightly** 軽く
対義 **heavy** 重い
❷ (量が)少ない
❸ (程度・力などが)軽い
A1

☑ **チャンク** an international conference　国際会議
☑ English is an international language.　▶英語は国際語だ.

☑ **チャンク** on a global scale　世界的**規模で**
☑ We discussed global warming.　▶私たちは地球温暖化について議論した.

☑ **チャンク** a worldwide network　世界的な**ネットワーク**
☑ The mystery is a worldwide bestseller.　▶そのミステリー小説は世界的なベストセラーだ.

☑ **チャンク** a complete change　完全な**変化**
☑ This pack of cards is complete.　▶このトランプはカードが全部そろっている.

☑ I completed the paper at long last.　▶私はとうとうその論文を仕上げた.

☑ **チャンク** Nobody's perfect.　完璧な**人間などいない**.
☑ Her English is near perfect.　▶彼女の英語はほぼ完璧だ.

☑ **チャンク** a rough road　でこぼこ**道**
☑ The old man's hands were rough from work.　▶その老人の手は仕事のせいでざらざらだった.
☑ Don't be rough with children.　▶子どもに手荒なことはするな.
☑ Let's make a rough plan first.　▶まず最初に大まかな計画を立てましょう.

☑ **チャンク** a dense country　人口密度が高い**国**
☑ This matter is denser than that one.　▶この物質はあの物質よりも密度が高い.

☑ That cloud is very dense.　▶あの雲はとても濃い.

☑ **チャンク** a light aircraft　軽**航空機**
☑ I want a light notebook computer.　▶私は軽いノートパソコンが欲しい.

☑ Let's have a light meal.　▶軽い食事をとりましょう.
☑ A light wind was blowing then.　▶そのとき, そよ風が吹いていた.

STAGE 4

確信・自信

569 ☐ **certain**
[sə́ːrtn | **サ**〜トゥン]
A2

形 **1** 確信して (いる)
⟹ 【be certain of Ⓐ】Ⓐを確信している
2 確かな, 確実な
対義 uncertain 不確かな
⟹ 【it is certain that ...】…ということは確かだ

570 ☐ **certainly**
[sə́ːrtnli | **サ**〜トゥンり]
A2

副 **1** きっと, 確かに

2 いいですよ (◆依頼に対する丁寧な受け答え)

571 ☐ **confidence**
[kɑ́nfidəns | **カ**ンふィデンス]
B1

名 **1** (自分の能力に対する)自信
関連 confident 確信して (いる)

2 (…に対する)信用, 信頼(in ...)

接近・接触

572 ☐ **approach**
[əpróutʃ | アプ**ロ**ウチ]
B2

動 (時間的・空間的に)…に近づく

B1

名 **1** (問題などへの)取り組み方法(to ...)

2 (時間的・空間的に)近づくこと

573 ☐ **touch**
[tʌ́tʃ | **タ**ッチ]
B1

動 **1** (手・指などで)…に触れる

2 …を感動させる (◆move と同義)

A1

名 触れること

574 ☐ **get in touch (with ...)**

(…と)連絡を取る

575 ☐ **keep in touch (with ...)**

(…と)連絡を保つ

576 ☐ **contact**
[kɑ́ntækt | **カ**ンタぁクト]
A2

名 **1** (…との)接触, 連絡(with ...)

2 (物理的な)接触

☑ チャンク **for** certain　　　　　　　　確かに

☑ I am **certain** of your success.　　　▶私は君の成功を確信している.

☑ I have **certain** evidence.　　　　　▶私には確かな証拠がある.

☑ It is **certain** that he will agree.　　▶彼が賛成することは確かだ.

☑ チャンク **Certainly not.**　　　　　　　もちろんだめです.

☑ She will **certainly** say, "Yes."　　　▶彼女はきっと「イエス」と言ってくれるだろう.

☑ "Will you help me with this bag?"　　▶「このかばんを運ぶのを手伝ってくれます
　"**Certainly.**"　　　　　　　　　　　　か?」「いいですよ」

☑ チャンク **lose** confidence　　　　　　自信を失う

☑ Bob answered the question with　　▶ボブは自信をもってその質問に答えた.
　confidence.

☑ I have **confidence in** her.　　　　　▶私は彼女を信用している.

☑ チャンク **hear footsteps** approaching　　足音が近づいてくるのを聞く

☑ A beautiful woman **approached** me.　▶美しい女性が私に近づいてきた.

☑ We should take a different　　　　　▶この問題に対して我々は別の取り組み方法を
　approach to this problem.　　　　　採用すべきだ.

☑ Children were getting excited with　　▶子どもたちはその日が近づくにつれてわくわ
　the **approach** of the day.　　　　　　くする気持ちが高ぶっていった.

☑ チャンク **touch** my cheek　　　　　　私のほおに触る

☑ Don't **touch** the iron; it's hot.　　　▶アイロンに触っちゃだめよ. 熱いから.

☑ Her story **touched** my heart.　　　▶彼女の話に私は感動した (◉ 彼女の話は私を
　　　　　　　　　　　　　　　　　　　感動させた).

☑ I felt a **touch** on my shoulder.　　▶私はだれかが肩に触れたのを感じた.

☑ I got in **touch with** Haruka by e-mail.　▶私はEメールで遥と連絡を取った.

☑ Let's keep in **touch** from now on.　▶これからは連絡を取り合いましょうね.

☑ チャンク **keep in** contact **with me**　私と連絡を取り合う

☑ I'm going to make **contact with** the　▶あす, その情報屋に接触してみるつもりだ.
　informer tomorrow.

☑ My hand was in **contact** with hers　▶ほんの一瞬だけ, ぼくの手が彼女の手に
　just for a second.　　　　　　　　　触れた.

STAGE 4

157

仕事・ビジネス

577 ☑ **service**
[sə́ːrvis | **サ**〜ヴィス]
B1

名 **1** (交通・通信などの)公益事業; (交通の)便

2 (経済活動として利益を伴う)サービス

---

578 ☑ **serve**
[sə́ːrv | **サ**〜ヴ]
A2

動 **1** 〈飲食物を〉出す

2 〈客に〉応対する

---

579 ☑ **customer**
[kʌ́stəmər | **カ**スタマ] **A2**

名 (店の)顧客, 取引先

---

580 ☑ **commission**
[kəmíʃn | コミション]
B2

名 (委任された)仕事, 任務
関連 commit 委ねる

行動・ふるまい

581 ☑ **behavior**
[bihéivjər | ビ**ヘ**イヴィヤ]
A2

名 ふるまい;行動

---

582 ☑ **behave**
[bihéiv | ビ**ヘ**イヴ]
B1

動 ふるまう

---

583 ☑ **act**
[ǽkt | **あ**クト]
A2

名 (個々の)行動, 行い

B1

動 **1** 行動する
関連 action 行動
2 〈役を〉演じる
関連 actor 俳優

---

584 ☑ **conduct**
[kəndʌ́kt | コン**ダ**クト]
B2

動 **1** 〈調査・研究などを〉行う
2 〈オーケストラなどを〉指揮する
関連 conductor 指揮者

---

585 ☑ **tend**
[ténd | **テ**ンド]
B1

動 傾向がある
関連 tendency 傾向
➦【tend to *do*】…する傾向がある

---

586 ☑ **pretend**
[priténd | プリ**テ**ンド]
A2

動 …のふりをする
➦【pretend to *do*】…するふりをする

☑ **チャンク** **telecommunications service**　通信事業

☑ Bus **service** is available from the station.
▶駅からバス便が運行している.

☑ The company offers various kinds of **services**.
▶その会社はさまざまな種類のサービスを提供している.

☑ **チャンク** **serve coffee**　コーヒーを出す

☑ She **served** fruits as a dessert.
▶彼女はデザートにフルーツを出してくれた.

☑ Are you being **served**?
▶（店員が客に）ご用は承っておりますでしょうか（🔁 あなたは応対されていますか）？

☑ **チャンク** **an old customer**　古くからのお得意様

☑ She is a regular **customer** of my store.
▶彼女は私の店の常連客だ.

☑ **チャンク** **national commission**　国家的任務

☑ Her **commission** was to produce some clothes.
▶彼女の仕事は服を数枚作ることだった.

☑ **チャンク** **human behavior**　人間の行動

☑ I keep good **behavior** in mind.
▶私はよいふるまいを心掛けている.

☑ **チャンク** **behave well**　行儀よくふるまう

☑ I don't know how to **behave** at a formal dinner.
▶正式なディナーではどうふるまえばいいのか分からない.

☑ **チャンク** **an act of kindness**　親切な行い

☑ That's an illegal **act**.
▶それは違法行為だ.

☑ Don't **act** like a child.
▶子どものようなまねをするな（🔁 子どものように行動するな）.

☑ Natalie **acted** a lively princess.
▶ナタリーは活発な王女の役を演じた.

☑ **チャンク** **conduct an experiment**　実験を行う

☑ We should **conduct** the survey.
▶我々はその調査を行うべきだ.

☑ Shinichi **conducts** the orchestra.
▶真一はそのオーケストラを指揮している.

☑ **チャンク** **tend to oversleep**　寝坊しがちである

☑ She **tends** to talk very fast.
▶彼女にはかなり早口でしゃべる傾向がある.

☑ **チャンク** **pretend illness**　病気のふりをする

☑ The girl **pretended** to cry.
▶その女の子は泣いているふりをした.

STAGE 4

賛成・反対

587 ☐ agree
[əgríː | アグリー]

動 賛成する, 同意する
関連 agreement 同意, 協定
対義 disagree 意見が合わない, 反対する
☞【agree with **A**】**A**に賛成する
☞【agree to *do*】…することに賛成する
A1

588 ☐ object B2
動 [əbdʒékt | オブ**ヂェ**クト]
名 [ábdʒikt | **ア**ブヂェクト]
アクセント B1

動 反対する
関連 objection 反対
☞【object to **A**】**A**に反対する
名 1 (見たり触れたりできる)物, 物体
2 (…の)目的, 目標(of ...)

589 ☐ oppose
[əpóuz | オ**ポ**ウズ]
A2

動 〈計画などに〉反対する
関連 opponent (試合などの)相手,
opposite 反対側の, opposition 反対

性格

590 ☐ character
[kǽrəktər | **キャ**ラクタ]
アクセント

名 1 (人の)性格;(事物の)特色

2 (表意)文字(◆漢字など;アルファベットなどの
表音文字は letter)
3 (映画・小説などの)登場人物
A1

591 ☐ kind²
[káind | **カ**インド]

形 (…に)親切な, 優しい(to ...)
関連 kindly 親切に, kindness 親切
対義 unkind 不親切な
☞【it is kind of **A** to *do*】**A**が親切にも…
してくれる(◆お礼を言う場合などに用いる)
A2

592 ☐ active
[ǽktiv | **ア**クティヴ]

形 1 〈人・行動などが〉活動的な, 活発な
関連 actively 活発に, activity 活動
対義 inactive 活動していない
2 (姿勢が)積極的な
対義 passive 消極的な
☞【be active in **A**】**A**に積極的だ
B1

START ==================================== GOAL

☑ **チャンク I couldn't agree more.**　全くの同感です.
☑ I agree with you.　▶私はあなたに賛成です.

☑ He agreed to join our club.　▶彼は私たちのクラブに加わることに同意した.

☑ **チャンク strongly object**　強く反対する
☑ We object to the construction of the expressway.　▶我々はその高速道路の建設に反対している.

☑ The room was full of strange objects.　▶その部屋は奇妙な物でいっぱいだった.
☑ The object of this trip is to see the pyramids.　▶この旅の目的はピラミッドを見ることだ.

☑ **チャンク oppose the new plan**　新しい計画に反対する
☑ They oppose building the airport.　▶彼らはその空港の建設に反対している.

☑ **チャンク a strong character**　しっかりした性格
☑ The character of the village hasn't changed for centuries.　▶その村は何百年もの間あまり変わっていない (⑮ 特色が変わっていない).
☑ Some Chinese characters are really beautiful.　▶漢字の中にはとても美しいものがある.
☑ A spy is the leading character of the movie.　▶スパイがその映画の主役 (⑮ 主要な登場人物) だ.

☑ **チャンク a kind look**　優しいまなざし
☑ Haruka is kind to everyone.　▶遥はだれに対しても親切だ.

☑ It is kind of you to come.　▶来てくれてありがとう (⑮ あなたは親切にも来てくれた).

☑ **チャンク an active discussion**　活発な議論
☑ Rachel is an active girl.　▶レイチェルは活動的な女の子だ.

☑ Bob took an active part in the school festival.　▶学園祭にボブは積極的に参加した.
☑ He is active in doing volunteer work.　▶彼はボランティア活動に積極的だ.

STAGE 4

関係

593 ☑ **relation**
[riléiʃn | リれイション]

B1

名 (…間の)関係, 関連(between …)

🍋 同義語の relationship は relation と異なり, 親密な人間関係にも用いることができます.

594 ☑ **depend**
[dipénd | ディペンド]

A2

動 **1** …しだいである

🗨 【depend on **A**】**A** しだいである

2 (信用して)頼る, 依存する(◆rely と同義)

関連 **dependence** 依存

🗨 【depend on **A**】**A** に頼る

595 ☑ **marry**
[mǽri | マあり]

A2

動 …と結婚する(◆× marry with … とはいわない)

関連 **marriage** 結婚

対義 **divorce** 離婚する

596 ☑ **be married**

結婚している

597 ☑ **get married**

(…と)結婚する(to …)

隠す・隠れる・探す・見つける

598 ☑ **hide**
[háid | ハイド]
過去 hid
過分 hidden, hid

A1

動 **1** …を隠す

🗨 【hide **A** from **B**】**A** を **B** から隠す

2 (ある場所に)隠れる

599 ☑ **search**
[sə́ːrtʃ | サ〜チ]

B1

A2

動 〈場所などを〉(注意深く)捜す, 探す

🗨 【search for **A**】**A** を捜す, 探す

名 (…の)捜索, 調査(for …)

600 ☑ **in search of …**

…を捜して, 探し求めて

601 ☑ **seek**
[síːk | スィーク]
過去・過分 sought

A2

動 **1** 〈仕事・情報などを〉探す; 〈助けなどを〉求める

2 …しようと努める(◆try to do と同義)

🗨 【seek to do】…しようと努める

602 ☑ **discover**
[diskʌ́vər | ディスカヴァ]

A2

動 〈未知のもの・場所などを〉発見する

関連 **discovery** 発見

☑ チャンク **improve** relations	関係を改善する
☑ I study the **relation between** climate and culture.	▶私は気候と文化の関係を研究している.
☑ My friendly **relationship** with her nearly came to an end.	▶私の彼女との友好的な関係は危うく終わってしまうところだった.

☑ チャンク **It** depends.	場合によります.
☑ It all **depends on** the weather.	▶すべては天候しだいだ.
☑ You can always **depend on** me.	▶いつでも私に頼ってね.

☑ チャンク a married **man**	既婚男性
☑ Will you **marry** me?	▶ぼくと結婚してくれますか?
☑ My parents have **been married** for over 20 years.	▶私の両親は結婚して 20 年以上になる.
☑ He **got married to** my sister.	▶彼は私の姉と結婚した.

☑ チャンク **hide** the truth	真実を隠す
☑ I've got nothing to **hide from** you.	▶あなたに隠すことは何もありません.
☑ I was **hiding** under the bed then.	▶私はそのときベッドの下に隠れていた.

☑ チャンク **search** high and low	至る所を捜す
☑ She is **searching for** her lost dog.	▶彼女は自分のいなくなった犬を捜している.
☑ The rescue party began the **search for** the missing man.	▶レスキュー隊はその行方不明の男性の捜索を始めた.
☑ I am **in search of** the first edition of the book.	▶私はその本の初版を探している.

☑ チャンク **seek** help	助けを求める
☑ We came here to **seek** jobs.	▶私たちは職を探しにここにやって来た.
☑ They **sought to** cover the fact.	▶彼らは事実を隠そうとした.

☑ チャンク **discover** the New Continent	新大陸を発見する
☑ She **discovered** a new comet.	▶彼女は新しい彗星(すいせい)を発見した.

STAGE 4

163

政治

603 ☑ **government**
[gávərnmənt | ガヴァ(ン)メント] A2

图 政府; (地方の)自治体
関連 govern 治める, governor 知事

604 ☑ **political**
[pəlítikl | ポリティクる] A2

形 政治の, 政治に関する
関連 politics 政治, politician 政治家

605 ☑ **policy**
[páləsi | パりスィ] B1

图 (…に関する)政策, 方針(on ...)

606 ☑ **president**
[prézidənt | プレズィデント] B1

图 (共和国の)大統領; (会社の)社長(of ...)
関連 presidential 大統領の

607 ☑ **minister**
[mínəstər | ミニスタ] B2

图 (行政府の)大臣, 閣僚
関連 ministry 省

希望・願望

608 ☑ **wish**
[wíʃ | ウィッシ]

A2 動 **1** …したいと思う[願う] (◆want, would like より
かたい語)
👉 **【wish to do】** …したいと思う
2 …であればいいのに[よかったのに]と思う
(◆現在, または過去の事実に反する願望などを表す;
that 節中の(助)動詞は過去形, または過去完了形)
👉 **【wish (that) ...】** …であればいいのにと思う

A1 图 (…したいという)願い, 願望
👉 **【wish to do】** …したいという願い

609 ☑ **apply**
[əplái | アプらイ]

動 **1** (求人などに)申し込む
関連 application 申し込み, applicant 応募者
👉 **【apply for Ⓐ】** Ⓐに申し込む
2 〈技術・理論などを〉適用する, 応用する
A2 👉 **【apply Ⓐ to Ⓑ】** ⒶをⒷに適用する

610 ☑ **desire**
[dizáiər | ディザイア]

B1 图 (…に対する)(強い)願望, 欲望(for ...)

B2 動 …を(強く)望む
関連 desirable 望ましい

☑ **チャンク** **persuade the** government　政府を説得する
☑ The Japanese **government** promotes the program. ▶日本政府はその計画を推進している.

☑ **チャンク** **political rights**　参政権
☑ They formed a new **political** party. ▶彼らは新しい政党を結成した.

☑ **チャンク** **a foreign policy**　外交政策
☑ What do you think of the government's **policy on** education? ▶教育に関する政府の方針についてどう思いますか？

☑ **チャンク** **President Kennedy**　ケネディ大統領
☑ He is the **president of** my company. ▶彼は私の会社の社長だ.

☑ **チャンク** **the Minister of the Environment** 環境大臣
☑ He will become the Prime **Minister**. ▶彼は総理大臣になるだろう.

☑ **チャンク** **if you wish**　お望みとあらば
☑ I **wish to** visit the country once again. ▶私はその国をもう一度訪れたいと思っている.

☑ I **wish (that)** I **could** fly like a bird. ▶鳥のように飛べたらいいのにな.
☑ I **wish (that)** I **hadn't said** such a thing. ▶あんなこと言わなきゃよかった.

☑ He has no **wish to** become rich. ▶彼には金持ちになりたいという願望がない.

☑ **チャンク** **apply for a visa**　ビザを申請する
☑ I **applied for** the job. ▶私はその仕事の求人に申し込んだ.

☑ He **applied** nanotechnology **to** his research. ▶彼は自分の研究にナノテクノロジーを応用した.

☑ **チャンク** **a burning desire**　燃えるような願望
☑ He has a strong **desire for** money. ▶彼は金銭欲が強い.

☑ We all **desire** peace. ▶私たちはみな平和を望んでいる.

STAGE 4

165

⌃ Scene 4　教室 In the Classroom

S167 ☑ ①黒板
blackboard
[blǽkbɔ̀ːrd]

S168 ☑ ②黒板消し
eraser
[iréisər]

S169 ☑ ③チョーク
chalk
[tʃɔ́ːk]

S170 ☑ ④教壇
platform
[plǽtfɔːrm]

S171 ☑ ⑤セロテープ
Scotch tape
[skátʃ téip]

S172 ☑ ⑥机
desk
[désk]

S173 ☑ ⑦教科書
textbook
[tékstbùk]

S174 ☑ ⑧いす
chair
[tʃéər]

S175 ☑ ⑨ノート
notebook
[nóutbùk]

S176 ☑ ⑩時間割表
class schedule
[klǽs skédʒuːl]

教室での行動 Actions in the Classroom

S177 ☑ 先生にあいさつする
greet the teacher

S178 ☑ 宿題を提出する
turn in my homework

S179 ☑ ノートをとる
take notes

S180 ☑ 手を挙げる
raise my hand

S181 ☑ 自分の答えを黒板に
書く **write my answer
on the blackboard**

S182 ☑ クラスの前でスピーチ
をする **make a speech
in front of the class**

S183 ☑ 消しゴムを貸す
lend my eraser

S184 ☑ うつらうつらしている
be half asleep

S185 ☑ 突然当てられる
be suddenly called on

―文房具 stationery―
筆箱 pencil case / 鉛筆 pencil / カッター
cutter / 消しゴム eraser / シャープペンシ
ル mechanical pencil / 定規 ruler / 三角
定規 triangle / はさみ scissors / ボール
ペン ballpoint pen / ホッチキス stapler /
マーカー marker

STAGE 4

明確

611 ☑ **clear**
[klíər | ク**リ**ア]
A2

形 **1** 〈形・音声などが〉はっきりした；
〈事実・考えなどが〉明らかな
関連 clear-cut 明確な, clearly はっきりと
対義 unclear はっきりしない
⚡ 【it is clear that ...】…だということは明らかだ
2 〈液体などが〉澄んだ

B1

動 〈場所を〉片づける
⚡ 【clear Ⓐ from Ⓑ】または【clear Ⓑ of Ⓐ】
ⒶをⒷから取り除く

612 ☑ **define**
[difáin | ディ**ふァ**イン]

動 …を(明確に)定義する
関連 definite 明確な, definitely 確かに,
definition 定義
⚡ 【be defined as Ⓐ】Ⓐと定義される

B1

話す・伝える

613 ☑ **comment**
[kάment | **カ**メント]
🔊 アクセント
B1

名 (…についての)コメント, 解説(on ...)
関連 commentary 実況(放送),
commentator 解説者
⚡ 【make a comment on Ⓐ】
Ⓐについてコメントする

B2

動 コメントする, 解説する
⚡ 【comment on Ⓐ】Ⓐについてコメントする

614 ☑ **refer**
[rifɔ́ːr | リ**ふァ**～]

動 **1** (会話・文章中で)言及する
関連 reference 言及
⚡ 【refer to Ⓐ】Ⓐに言及する
2 (本などを)参照する
⚡ 【refer to Ⓐ】Ⓐを参照する

A2

615 ☑ **mention**
[ménʃn | **メ**ンション]
B1

動 …に(簡単に)言及する

616 ☑ **Don't mention it.**

(礼などに対して)どういたしまして

617 ☑ **not to mention ...**

…は言うまでもなく

☐ チャンク **a clear picture** | 鮮明な**写真**
☐ Do I make myself **clear**? | ▶（怒って）私の言うことが分かった（🔘 私は自分の考えを明らかにした）？

☐ **It is clear that** he told a lie. | ▶彼がうそをついたのは明らかだ.
☐ The water of the lake was very **clear**. | ▶その湖の水はとても澄んでいた.

☐ Let's **clear** the table. | ▶食事の後片づけをしましょう.
☐ We **cleared** snow **from** the road. | ▶私たちは路上から雪を取り除いた.
 [≒ We **cleared** the road **of** snow.]

☐ チャンク **be clearly defined** | **明確に定義される**
☐ It's difficult to **define** love. | ▶愛を定義することは難しい.

☐ Happiness **is defined as** the state of being completely satisfied with your life. | ▶幸せとは自分自身の人生に心から満足している状態と定義される.

☐ チャンク **No comment.** | ノーコメントです.
☐ She **made a** favorable **comment on** the movie. | ▶彼女はその映画について好意的なコメントをした.

☐ He refused to **comment on** the case. | ▶彼はその事件についてコメントするのを拒否した.

☐ チャンク **refer to the need for Ⓐ** | **Ⓐの必要性に言及する**
☐ In her speech, Haruka **referred to** several Japanese customs. | ▶遥はスピーチの中で, いくつかの日本の慣習に言及した.
☐ Please **refer to** the catalog for details. | ▶詳細はカタログをご参照ください.

☐ チャンク **as I mentioned earlier** | **先ほど申し上げましたように**
☐ Bob often **mentions** you to us. | ▶ボブはあなたのことを私たちによく話します.

☐ "Thank you very much." "**Don't mention it.**" | ▶「ほんとうにありがとうございました」「どういたしまして」

☐ She speaks German and Dutch, **not to mention** English. | ▶彼女は英語は言うまでもなく, ドイツ語とオランダ語も話す.

STAGE 4

速度

618 ☐ **fast**
[fǽst | **ふぁ**スト]

A1 形 (動作・速度などが)速い, 素早い

A1 副 **1** (動作・速度などが)速く, 素早く
2 (睡眠が)ぐっすりと

619 ☐ **slow**
[slóu | ス**ロ**ウ]

A1 形 (動作・速度などが)遅い, ゆっくりした
関連 **slowly** ゆっくりと
【**be slow to** *do*】…するのが遅い

B1 動 〈乗り物などが〉速度を落とす(◆しばしばdown を伴う)

620 ☐ **speed**
[spíːd | ス**ピ**ード]
過去・過分 sped,
speeded

A2 名 (物体の)速さ, スピード
関連 **speeding** スピード違反,
speedy スピー ディーな

B1 動 (乗り物の)速度を増す(◆通例upを伴う)

音・声

621 ☐ **sound**
[sáund | **サ**ウンド]

A2 名 音

A2 動 …に聞こえる；…に思われる
【**sound as if ...**】…であるかのように聞こえる
🖱 sound には「健全な」という意味もあります.

622 ☐ **voice**
[vɔ́is | **ヴォ**イス]
A2

名 (人間の発する)声

623 ☐ **noise**
[nɔ́iz | **ノ**イズ]
A1

名 (不快な)音, 騒音
関連 **noisy** 騒がしい

624 ☐ **sing**
[síŋ | **ス**ィ*ング*]
過去 sang
過分 sung
A1

動 〈歌を〉歌う
関連 **song** 歌

625 ☐ **quiet**
[kwáiət | ク**ワ**イエット] **A1**

形 〈場所・時間・人などが〉静かな
関連 **quietly** 静かに

626 ☐ **loud**
[láud | **ら**ウド]
B1

形 〈音・声が〉大きい, 騒々しい
関連 **aloud** 声を出して, **loudly** 大声で

☑ チャンク **fast food** — ファーストフード
☑ She is a **fast** runner. ▶彼女は走るのが速い.
☑ How **fast** can this boat sail? ▶この船はどれくらいの速度が出るの？
☑ He is **fast** asleep. ▶彼はぐっすりと眠っている.

☑ チャンク **the slow growth** — 遅い成長
☑ The traffic was **slow** because of snow. ▶雪のため車の流れは遅かった.
☑ The movie **was slow to** become popular. ▶その映画の人気は少しずつ高まっていった（⊕ 人気が出るのが遅かった）.
☑ The train **slowed down** and stopped at the station. ▶その列車は速度を落とし，駅に停車した.

☑ チャンク **reduce speed** — スピードを落とす
☑ You should drive at low **speed** around here. ▶この辺りではゆっくり（⊕ 遅い速度で）運転したほうがいいよ.
☑ She **speeded up** after entering the expressway. ▶高速道路に入ると彼女はスピードを上げた.

☑ チャンク **the sound of footsteps** — 足音
☑ Don't make a **sound**, please. ▶音を立てないでください.
☑ That **sounds** interesting. ▶それはおもしろそうだね.
☑ I hope I don't **sound as if** I object to your idea. ▶あなたの案に反対しているわけではないのです（⊕ 反対しているように聞こえなければいいのだが）.

☑ チャンク **a soft voice** — 柔らかい声
☑ They were talking in low **voices**. ▶彼らは声をひそめて話していた.

☑ チャンク **make a noise** — 音を立てる
☑ What's that **noise**? ▶あの騒音は何？

☑ チャンク **sing a baby to sleep** — （子守歌を）歌って赤ちゃんを寝かしつける
☑ **Sing** that song, please. ▶あの歌を歌ってください.

☑ チャンク **a quiet night** — 静かな夜
☑ The room was **quiet**. ▶その部屋は静かだった.

☑ チャンク **in a loud voice** — 大声で
☑ I don't like **loud** music very much. ▶私は騒々しい音楽はあまり好きではない.

STAGE 4

輸送・配達

627 ☐ **send**
[sénd | センド]
過去・過分 sent

動 **1** 〈郵便物などを〉送る
関連 **sender** 送り主
対義 **receive** 受け取る
→ 【send Ⓐ Ⓑ】または【send Ⓑ to Ⓐ】
　Ⓐにこを送る

2 〈人を〉(ある場所に)行かせる
A2
→ 【send Ⓐ to Ⓑ】ⒶをⒷに行かせる

628 ☐ **send for ...**
〈人を〉呼ぶ

629 ☐ **import**
動 [impɔ́ːrt | インポート]
名 [ímpɔːrt | インポート]
B2
アクセント

動 …を(国外から)輸入する
対義 **export** 輸出する
→ 【import Ⓐ from Ⓑ】ⒶをⒷから輸入する

名 (国外からの)輸入(品)
対義 **export** 輸出(品)

品質・状態

630 ☐ **condition**
[kəndíʃn | コンディション]
A2

名 状態;状況(◆shape と同義)

631 ☐ **state**
[stéit | ステイト]

名 **1** (…の)状態, 状況(of ...)(◆悪い状態を意味する
こ とが多い)
2 国家
3 (米国などの)州
🖋 state には「明確に述べる」という意味もあり
ます.
A2

632 ☐ **quality**
[kwáləti | クワリティ]

名 (…の)質, 品質(of ...)
対義 **quantity** 量
A2
→ 【be of ... quality】質が…である

633 ☐ **wet**
[wét | ウェット]
A2

形 ぬれた, 湿った
→ 【be wet with Ⓐ】Ⓐでぬれている

634 ☐ **dry**
[drái | ドゥライ]
比較 drier, dryer
最上 driest, dryest
A1
A2

形 乾いた, 乾燥した

動 〈ぬれている物を〉乾かす
関連 **dryer** ドライヤー

☑ チャンク send **an e-mail**　　　Ｅメールを送る

☑ I'd like to **send** this letter by special delivery.
▶この手紙を速達で送りたいのですが.

☑ Please **send** me your latest catalog.
[≒ Please **send** your latest catalog to me.]
▶(私に)最新カタログを送ってください.

☑ They **sent** their children **to** a summer camp.
▶彼らは子どもたちをサマーキャンプに行かせた.

☑ Shall I **send for** a doctor?
▶医者を呼びましょうか？

☑ チャンク import **food**　　　食料を輸入する

☑ We **import** oil **from** the country.
▶我々は石油をその国から輸入している.

☑ The **import** of beef from the country is suspended.
▶その国からの牛肉の輸入は現在停止されている.

☑ チャンク **the economic** condition　　　経済状況

☑ My computer has been in poor **condition** lately.
▶最近コンピュータの調子がおかしい（🔊 よくない状態である）.

☑ チャンク **a** state **of emergency**　　　緊急事態

☑ She is in a poor **state** of health.
▶彼女の健康状態はあまりよくない.

☑ Japan is a member **state** of the UN.
▶日本は国連加盟国だ.

☑ There are 50 **states** in the US.
▶アメリカ合衆国には 50 の州がある.

☑ チャンク **goods of high** quality　　　高品質の商品

☑ We have to improve the **quality of** service.
▶我々はサービスの質を上げなくてはならない.

☑ Their goods **are of** high **quality**.
▶彼らの扱っている商品は高品質だ.

☑ チャンク **wet towels**　　　ぬれたタオル

☑ Take your **wet** clothes off.
▶ぬれた服を脱ぎなさい.

☑ Her face **was wet with** tears.
▶彼女の顔は涙でぬれていた.

☑ チャンク **the dry season**　　　乾季

☑ The clothes will soon get **dry**.
▶服はすぐに乾くよ.

☑ **Dry** your hair.
▶髪を乾かしなさい.

STAGE 4

173

方向·方角

635 ☑ **direction**
[dirékʃn | ディ**レ**クション]
A2

名 ❶ (空間上の)方向, 方角
関連 direct まっすぐな, directly 直接
❷ (やり方などの)指示, 指導;
説明書(◆複数形で用いる)
関連 director 重役;(映画の)監督

636 ☑ **along**
[əlɔ́ːŋ | ア**ロ**ーング] **A2**

前〈道などに〉沿って

637 ☑ **toward**
[tɔ́ːrd | **ト**ード] **A2**

前 (運動の方向などについて)…の方へ, …に向かって
(◆towards とも書く)

638 ☑ **forward**
[fɔ́ːrwərd | **ふォ**ーワド]
A2

副 (自分のいる場所の)前方へ
対義 backward 後方へ

639 ☑ **look forward to ...**

…を楽しみに待つ(◆「…するのを楽しみに待つ」というとき, toの後は動名詞(doing))

攻撃·防御

640 ☑ **attack**
[ətǽk | ア**タ**ぁック]
A2

名 (敵の)攻撃;(病気の)発作

A2 動〈敵を〉攻撃する, 襲う

641 ☑ **protect**
[prətékt | プロ**テ**クト]
B1

動 (危険·病気などから)…を守る, 保護する
関連 protection 保護
☞【protect Ⓐ from Ⓑ】ⒶをⒷから守る

642 ☑ **defend**
[difénd | ディ**ふェ**ンド]
B1

動 ❶ (危険·敵などから)…を守る, 防御する
関連 defense 防御
☞【defend Ⓐ against Ⓑ】ⒶをⒷから守る
❷〈被告を〉弁護する
対義 accuse 告訴する

643 ☑ **guard**
[gáːrd | **ガ**ード]
A2

名 警備員, ガード(マン)(◆「ガードマン」は和製英語)

B2 動 (そばにいて)…を守る, 警護する
☞【guard Ⓐ against Ⓑ】ⒶをⒷから守る

☑ チャンク **in all** directions — あらゆる方向に
☑ The bank is in the opposite **direction**. ▶その銀行は反対方向にあります.
☑ Please follow the **directions** below. ▶以下の指示に従ってください.

☑ チャンク **go along** the street — 道に沿って行く
☑ We were walking **along** the beach. ▶私たちは海岸に沿って歩いていた.

☑ チャンク **toward** the door — ドアの方へ
☑ She walked **toward** the station. ▶彼女は駅の方に向かって歩いた.

☑ チャンク **move** forward — 前方へ進む
☑ A man stepped **forward**. ▶1人の男性が前に歩みでた.

☑ I'm **looking forward to** hearing from you. ▶あなたからのお便りを楽しみにしています.

☑ チャンク **a heart** attack — 心臓発作
☑ The bomb **attack** destroyed the city. ▶爆弾による攻撃で町は破壊された.
☑ We **attacked** the enemy from behind. ▶我々は敵を背後から攻撃した.

☑ チャンク **protect** historic sites — 史跡を保護する
☑ We must **protect** the environment **from** pollution. ▶私たちは環境を汚染から守らねばならない.

☑ チャンク **defend against an attack** — 攻撃から守る
☑ They **defended** their country **against** their enemies. ▶彼らは国を敵から守った.
☑ The lawyer **defended** him. ▶その弁護士は彼を弁護した.

☑ チャンク **a security** guard — 警備員
☑ A **guard** is always at the entrance of this building. ▶このビルの入口には警備員が常駐している.
☑ The men in black suits **guard** the president **against** various dangers. ▶その黒服の男たちは大統領をさまざまな危険から守っている.

STAGE 4

役割・地位・立場

644 ☑ **role**
[róul | **ロ**ウる]
A1

名 **1** (行動などにおける)役割, 役目
2 (劇などの)役(◆part と同義)
関連 role-playing 役割演技, ロールプレイ

645 ☑ **status**
[stéitəs | **ステイタ**ス]
B1

名 (公的な)地位, 身分

646 ☑ **expert**
[ékspəːrt | **エクスパ**〜ト]
A2

名 (特別な技能・知識のある)専門家, エキスパート
(in ...)

647 ☑ **guest**
[gést | **ゲ**スト]
A1

名 (招かれた)客, ゲスト
対義 host 主人

普通・通常

648 ☑ **common**
[kámən | **カ**モン]
A2

形 (人々・社会などにとって)共通の, ふつうの
関連 commonly 広く
対義 uncommon 珍しい
【it is common for Ⓐ to do】
Ⓐにとって…するのはふつうだ

649 ☑ **normal**
[nɔ́ːrml | **ノー**ムる]
A2

形 (状態などが)ふつうの, 正常な
関連 normally 通常は
対義 abnormal 異常な
【it is normal for Ⓐ to do】
Ⓐにとって…するのはふつうだ

650 ☑ **ordinary**
[ɔ́ːrdənèri | **オー**ディネリ]
B1

形 (特に変わった点がなく)(ごく)ふつうの, ありふれた
対義 extraordinary 並はずれた

651 ☑ **usual**
[júːʒuəl | **ユー**ジュアる]
A2

形 (時間・状況などが)いつもの
関連 usually たいてい
対義 unusual ふつうでない
【it is usual for Ⓐ to do】Ⓐが…するのは
いつものことだ

652 ☑ **regular**
[régjələr | **レギュ**ら]
A2

形 (活動などが)規則正しい, 定期的な
関連 regularly 規則的に, regulate 規制する
対義 irregular 不規則な

☑ チャンク a central role	中心的役割
☐ He played an important role in the project.	▶彼はそのプロジェクトにおいて重要な役割を果たした.
☐ She played the role of Dorothy.	▶彼女はドロシーの役を演じた.

☑ チャンク a status symbol	地位の象徴
☐ Priests have high social status in the country.	▶その国では僧侶(そうりょ)は高い社会的地位にある.

☑ チャンク a medical expert	医療専門家
☐ He is an expert in repairing computers.	▶彼はコンピュータ修理の専門家だ.

☑ チャンク a special guest	特別ゲスト
☐ Many guests were invited to the party.	▶たくさんの客がそのパーティーに招かれた.

☑ チャンク a common purpose	共通の目的
☐ It's common for teenagers in the US to get a driver's license.	▶米国のティーンエージャーにとっては車の免許を取るのはふつうのことだ.

☑ チャンク a normal life	ふつうの生活
☐ It's normal for us to get nervous on the first date.	▶初めてのデートで緊張するのは(私たちにとって)ふつうのことだ.

☑ チャンク ordinary people	ふつうの人々
☐ It was just an ordinary Monday morning.	▶ごくありふれた月曜日の朝だった.

☑ チャンク as usual	いつものように
☐ I missed the usual train.	▶いつもの電車に乗り遅れてしまった.
☐ It is usual for him to go without lunch when he's busy.	▶彼が忙しいときに昼食を抜くのはよくあることだ.

☑ チャンク regular customers	常連客
☐ You should exercise on a regular basis.	▶定期的な運動を心がけたほうがいいよ.

STAGE 4

価値

653 ☐ **value**
[vǽlju: | **ヴ**ぁりュー]

A2 名 (金銭的な)価値, 値段
関連 valuable 価値のある

B2 動 …を高く評価する

654 ☐ **of value**
(金銭的に)価値のある

655 ☐ **worth**
[wə́ːrθ | **ワ**～す]

形 (金銭的に)…の価値がある(◆金額などを伴う)
関連 worthwhile やりがいがある,
worthy 価値のある
B1 【be worth doing】(役に立つなどの理由により)…する価値がある

656 ☐ **treasure**
[tréʒər | **ト**ゥレジャ]
🎺 発音

A2 名 (金・銀・宝石などの)宝物, 財宝

安全・危険

657 ☐ **safe**
[séif | **セ**ふ]

A2 形 (危険から守られていて)安全な
関連 safety 安全

名 金庫

658 ☐ **dangerous**
[déindʒərəs | **デ**インヂャラス]

形 (…にとって)危険な(to ...)
関連 danger 危険

A2 【it is dangerous for Ⓐ to do】
Ⓐが…するのは危険だ

659 ☐ **risk**
[rísk | **リ**スク]

B1 名 (…の)危険(性), リスク(of ...)
関連 risky 危険な

B2 動 〈命などを〉かける
【risk Ⓐ to do】…することにⒶをかける

660 ☐ **at the risk of ...**
…の危険を冒して

661 ☐ **warn**
[wɔ́ːrn | **ウ**ォーン]
🎺 発音

動 …に(危険などを)警告する
関連 warning 警告
【warn Ⓐ of Ⓑ】ⒶにⒷを警告する
【warn Ⓐ against doing】
B1 Ⓐに…しないよう警告する

☑ チャンク **a market** value | 市場価格
☑ Land prices are falling in **value**. | ▶地価が下がってきている（直 価値において下がってきている）.
☑ I **value** your ability. | ▶私はあなたの能力を高く評価しています.
☑ This pot is of great **value**. | ▶このつぼは非常に価値のあるものだ.

☑ チャンク **be worth a fortune** | 非常に価値がある
☑ This stamp **is worth** 10,000 yen. | ▶この切手には1万円の価値がある.
☑ This book **is worth reading**. | ▶この本は読む価値がある.

☑ チャンク **hidden** treasure | 隠された財宝
☑ They are searching for the missing **treasure**. | ▶彼らはその失われた財宝を探している.

☑ チャンク **keep a safe distance** | 安全な距離を保つ
☑ Keep your passport in a **safe** place. | ▶パスポートは安全な所にしまっておきなさい.
☑ Nobody can break this **safe**. | ▶この金庫を破れる者はいない.

☑ チャンク **be highly dangerous** | 非常に危険である
☑ Plastic bags are **dangerous to** small children. | ▶ビニール袋は小さな子どもにとっては危険なものだ.
☑ **It is dangerous for** children **to play** in the river. | ▶子どもがその川で遊ぶのは危険だ.

☑ チャンク **reduce the risk** | 危険性を下げる
☑ Smoking increases the **risk of** cancer. | ▶喫煙は癌(がん)になる危険性を高める.
☑ He **risked** his life **to** save his child. | ▶彼は自分の子どもを救うことに命をかけた.
☑ We have to do it even **at the risk of** our lives. | ▶我々は命の危険を冒してでもそれをやらねばならない.

☑ チャンク **be warned about Ⓐ** | Ⓐについて警告される
☑ I **warned** her **of** the risks. | ▶私は彼女にその危険性について警告した.
☑ The doctor **warned** me **against eating** too much. | ▶医者は私に食べ過ぎないよう警告した.

STAGE 4

179

図形

662 ☑ **line**
[láin | **ら**イン]
A1

名 **1** 線；(人などの)列

2 (バス・列車・飛行機などの)路線

663 ☑ **underline**
[ʌ́ndərlàin | **ア**ンダらイン]
B1

動 (強調するため)…に下線を引く；
〈重要性などを〉強調する

数・量

664 ☑ **single**
[síŋgl | **ス**ィングる]
A2

形 **1** たった 1 つ[1 人]の

2 〈人が〉独身の
対義 **married** 結婚している

665 ☑ **double**
[dʌ́bl | **ダ**ブる]
発音
A2
B2

形 **1** 二重の, ダブル…

2 2 通りの解釈が可能な

動 (数量が)2 倍になる

666 ☑ **quarter**
[kwɔ́ːrtər | ク**ウォ**ータ]
A1

名 **1** 4 分の 1
関連 **quarterly** 年に 4 回の
2 15 分(1 時間の 4 分の 1)

667 ☑ **million**
[míljən | **ミ**りョン]
A2

名 100 万(◆具体的な数量を表す語と共に用いる
場合, 複数形の -s は付けない；「10 億」は billion)
関連 **millionaire** 大金持ち
🔹 「何百万の…」のように, 具体的な数量を示さ
ない場合は millions of ... を用います.

668 ☑ **figure**
[fígjər | **ふ**ィギャ]
A2
A2

名 **1** (公式データなどの)数値

2 (重要な)人物

動 (考えた末に)…だと思う
🔹【figure that ...】…だと思う

669 ☑ **figure out**

…が分かる, …を理解する

1318!

☑ チャンク **a straight line** 　　　　直線
- ☑ Please stand in line. 　　　▶列に並んでください.
- ☑ Take the Chuo Line from Shinjuku. 　▶新宿から中央線に乗ってください.

☑ チャンク **underline difficult phrases** 難しい熟語に下線を引く
- ☑ The incident underlines the importance of using cell phones cleverly. 　▶その出来事は携帯電話を賢く使うことの重要性を強調している.

☑ チャンク **a single currency** 　　　単一通貨
- ☑ I did not say a single word. 　▶私は一言もしゃべらなかった.
- ☑ What's wrong with being single? 　▶独身でいて何が悪い?

☑ チャンク **double doors** 　　　二重のドア
- ☑ A double burger, please. 　▶ダブルバーガーを1つお願いします.
- ☑ This sentence has a double meaning. ▶この文には2通りの意味がある.
- ☑ The company has doubled in size in a year. 　▶その会社は1年で規模が2倍になった.

☑ チャンク **a quarter of a mile** 　4分の1マイル
- ☑ Three quarters of the hall is full now. ▶ホールの4分の3はもう埋まっている.
- ☑ It's quarter after nine. 　▶今, 9時15分(◉9時を過ぎて15分)です.

☑ チャンク **half a million** 　　50万(◉100万の半分)
- ☑ The city's population is about three million. 　▶その都市の人口は約300万だ.
- ☑ Millions of people are suffering from the war. 　▶何百万もの人々がその戦争で苦しんでいる.

☑ チャンク **a sales figure** 　　売り上げの数値
- ☑ The unemployment figures have been decreasing. 　▶失業者数が減っている.
- ☑ She is a key figure in the music scene of L.A. 　▶彼女はロサンゼルスのミュージックシーンで重要な人物だ.
- ☑ I figured that I should take a taxi. 　▶私はタクシーに乗ったほうがいいと思った.

- ☑ I can't figure out how to get there. 　▶そこに行く方法が分からない.

STAGE 4

重要基本語句

670 ☑ **help**
[hélp | へるプ]
ⓐp. 382 [道場]

Ⓐ1 動〈困っている人などを〉手伝う, 助ける
  関連 **helpful** 役立つ, **helpless** なすすべがない
  ☞【help (**to**) do】…するのを手伝う

  ☞【help Ⓐ (**to**) do】Ⓐが…するのを手伝う
  ☞【help Ⓐ **with** Ⓑ】ⒶのⒷを手伝う

Ⓐ2 名 (困っている人などへの) 助け

671 ☑ **cannot help** doing   …せずにはいられない

672 ☑ **help** oneself   (飲食物を) 自分で自由に取って食べる (to ...)

673 ☑ **play**
[pléi | プれイ]

Ⓐ1 動❶〈子どもが〉遊ぶ;〈遊びを〉する

❷〈スポーツなどを〉する
関連 **player** 選手
❸〈楽器などを〉演奏する
❹〈役割を〉果たす

Ⓐ1 名❶ (子どもの) 遊び

❷ (試合中の) プレー
❸ 演劇

674 ☑ **bring**   ⓐp. 434 [道場]
[bríŋ | ブリング]
過去・過分 brought
Ⓐ1

動〈物を〉(ある場所へ) 持ってくる;〈人を〉連れてくる

☞【bring Ⓐ Ⓑ】ⒶにⒷを持ってくる

675 ☑ **bring about**   …を引き起こす

676 ☑ **bring up**   〈子どもなどを〉育てる (◆しばしば受身で)

☐ チャンク **help poor people**	貧しい人々を**助ける**
☐ Thank you for **helping** me.	▶手伝ってくれてありがとう.
☐ He **helped** (**to**) set up the computer.	▶彼はコンピュータをセットアップするのを手伝った.
☐ **Help** me (**to**) move this sofa.	▶このソファーを動かすのを手伝って.
☐ She often **helps** me **with** my homework.	▶彼女はよく宿題を手伝ってくれる.
☐ Let me know if you need any **help**.	▶もし助けが必要なら知らせてね.
☐ I couldn't **help crying**.	▶私は泣かずにはいられなかった.
☐ **Help yourself to** the salad.	▶サラダをご自由にお取りください.

☐ チャンク **play hide-and-seek**	**かくれんぼをする**
☐ Some children were **playing** in the park.	▶何人かの子どもが公園で遊んでいた.
☐ We **played** soccer after school.	▶私たちは放課後, サッカーをした.
☐ He **plays** the violin very well.	▶彼はバイオリンを弾くのがとても上手だ.
☐ Japan is **playing** an important role on the international scene.	▶日本は国際舞台で重要な役割を果たしている.
☐ All work and no **play** makes Jack a dull boy.	▶勉強ばかりして遊ばないと(⦿ 勉強ばかりで遊びがないと)ジャックは頭が鈍くなる;「よく学びよく遊べ」(◆ことわざ)
☐ He made a fine **play** during the game.	▶試合中, 彼はファインプレーを決めた.
☐ The **play** is about true love.	▶その劇の主題は真実の愛だ.

☐ チャンク **bring children**	**子どもたちを連れてくる**
☐ Please **bring** your camera.	▶カメラを持ってきてくださいね.
☐ He **brought** me the newspaper.	▶彼は私に新聞を持ってきてくれた.
☐ The earthquake **brought about** a disaster.	▶その地震は大災害を引き起こした.
☐ I was **brought up** in a town by the ocean.	▶私は海辺の町で育った(⦿ 育てられた).

STAGE 4

重要基本語句

677 ☐ **seem** [síːm｜スィーム]	**動❶** (外見などから)…のように思われる，見える （◆look, appear と同義） **関連** seemingly 一見したところ ☞**【seem (to be) Ⓐ】** Ⓐであるように思われる，見える ☞**【seem to do】** …するように思われる **❷** (人には)…のように思われる（◆主語は it） ☞**【it seems to Ⓐ that ...】** Ⓐには…のように思われる ☞**【it seems Ⓐ to do】** …するのは Ⓐ であるように思われる ☞**【it seems as if ...】** まるで…のように思われる ☞**【it seems like ...】** …のように思われる **A2**
678 ☐ **seem like ...**	…のようだ
679 ☐ **turn** [tə́ːrn｜ターン] 📖 p.383 道場 **A1**	**動❶** (軸を中心にして)…を回す； (点や軸などを中心に)回転する **❷** 〈道などを〉曲がる **❸** (体の向きを)変える **❹** (ある状態に)なる（◆become と同義） **A1** **名** (…する)(順)番(to do)
680 ☐ **turn down**	**❶** 〈音量などを〉小さくする **❷** 〈申し出などを〉断る
681 ☐ **turn in**	**❶** 〈借りた物を〉返却する **❷** 〈書類などを〉提出する
682 ☐ **turn out**	**❶** (最終的に…と)なる **❷** (…だと)分かる，判明する(to be ...)
683 ☐ **in turn**	順番に
684 ☐ **take turns**	(…を)交替でする(at ...)

☐ チャンク seem **obvious** | 明らかであるように思われる

☐ The cell phone **seems** (to be) a kind of card.
▶その携帯電話はカードの一種であるように見える.

☐ You **seem to** agree with us.
▶あなたは私たちと同じ意見のようですね.

☐ **It seemed to** me **that** he was a little tired.
▶私には彼が少し疲れているように思えた.

☐ **It seems** impossible **to** make Sophie change her mind.
▶ソフィーに考えを変えさせるのは無理であるように思われる.

☐ **It seems as if** I had known him for years.
▶彼とはもう何年も前から知り合いのような気がする.

☐ **It seems like** the flu is starting to spread.
▶インフルエンザがはやりはじめているように思われる.

☐ The school trip **seems like** yesterday.
▶修学旅行はついきのうのことのようだ.

☐ チャンク turn **the doorknob** | ドアノブを回す

☐ The earth **turns** around the sun.
▶地球は太陽の周りを回っている.

☐ **Turn** the next corner to the right.
▶次の角を右に曲がってください.

☐ She **turned** around and walked away without a word.
▶彼女は後ろを向き, 何も言わずに立ち去った.

☐ The leaves of the trees are **turning** red.
▶木々の葉が赤く色づきはじめている (📖 赤くなっている).

☐ It's your **turn to** make a speech.
▶次は君がスピーチする番だよ.

☐ **Turn down** the stereo.
▶ステレオのボリュームを下げなさい.

☐ She **turned down** the offer.
▶彼女はその申し出を断った.

☐ We have to **turn in** the skis to the rental shop by five.
▶私たちは5時までにスキー板をレンタル店へ返却しなければならない.

☐ Have you **turned in** homework yet?
▶宿題はもう提出した?

☐ Things **turned out** well in the end.
▶物事は最終的にうまく運んだ.

☐ The man **turned out to be** our new coach.
▶その男性は私たちの新監督だと分かった.

☐ They gave their comments **in turn**.
▶彼らは順番にコメントした.

☐ We **took turns at** driving the car.
▶私たちは交替で車を運転した.

STAGE 4

185

重要基本語句

685 ☐ **show**
[ʃóu | ショウ]
過去 showed
過分 shown, shown
〈p. 280 道場〉

A1 動 **1** 〈物などを〉見せる, 示す

☞【show Ⓐ Ⓑ】または【show Ⓑ to Ⓐ】
ⒶにⒷを見せる
2 〈その地を初めて訪れた人などを〉案内する
☞【show Ⓐ around Ⓑ】
ⒶをⒷのあちこちへ案内する
3 〈人に〉〈方法・道などを〉教える
☞【show Ⓐ Ⓑ】ⒶにⒷを教える
☞【show Ⓐ how to do】
Ⓐに…のしかたを教える

A2 名 **1** 〈歌・ダンスなどの〉ショー
関連 showcase 陳列棚
2 (テレビ・ラジオの)番組

686 ☐ **show off**　〈持ち物・業績などを〉見せびらかす

687 ☐ **show up**　(約束どおりに)現れる, 姿を見せる

688 ☐ **set**
[sét | セット]
過去・過分 set

A1 動 **1** …を(適切な場所に)置く;〈基準などを〉設ける

2 〈物語などを〉(特定の時代に)設定する
(◆通例受身で)
関連 setting (出来事の)舞台
☞【be set in Ⓐ】(舞台が)Ⓐに設定されている
3 〈日時などを〉決める

4 〈太陽・月などが〉沈む
対義 rise 昇る

A2 名 (…の)一式(of ...)

689 ☐ **set aside**　(特別な目的のために)…を取っておく

690 ☐ **set off**　**1** (…に向けて)出発する(for ...)

2 〈出来事などを〉(偶然に)引き起こす

☑ **チャンク** show **my ticket**	**チケットを見せる**
☑ Please **show** your ticket at the entrance.	▶入口でチケットをお見せください.
☑ **Show** me your driver's license. [≒ **Show** your driver's license **to** me.]	▶(私に)運転免許証を見せてください.
☑ I **showed** her **around** the city.	▶私は彼女を町のあちこちへ案内した.
☑ The woman **showed** me the way to the station.	▶その女性は私に駅への行き方を教えてくれた.
☑ **Show** me **how to** swim the butterfly.	▶バタフライ(の泳ぎ方)を教えて.
☑ The magic **show** starts at seven.	▶マジックショーは7時開始だ.
☑ I like the quiz **show**.	▶私はそのクイズ番組が好きだ.
☑ He **showed off** his new bike.	▶彼は新しい自転車を見せびらかした.
☑ John said he would come to the party, but he didn't **show up**.	▶ジョンはパーティーに来ると言っていたのに姿を見せなかった.
☑ **チャンク** set **the standard**	**基準を設ける**
☑ She **set** the vase on the table.	▶彼女はその花びんをテーブルの上に置いた.
☑ This story **is set in** Japan in the near future.	▶この物語の舞台は近未来の日本だ (⊜ 近い将来の日本に設定されている).
☑ We must **set** the date for the next meeting.	▶次回の会議の日取りを決めなければならない.
☑ The sun rises in the east and **sets** in the west.	▶太陽は東から昇り西に沈む.
☑ My son has a complete **set of** the *Harry Potter* series.	▶息子は『ハリー・ポッター』シリーズ一式を持っている.
☑ I **set aside** some money for her birthday present.	▶私は彼女の誕生日プレゼントを買うためにお金を取っておいた.
☑ I'm going to **set off for** New York tomorrow.	▶私はあす, ニューヨークに発つ予定だ.
☑ The news **set off** a panic.	▶そのニュースはパニックを引き起こした.

STAGE 4

基本単語 コーパス道場 4

come [kʌ́m｜カム] →p. 136

コアイメージ 「自分のいる場所や話の中心になっている場所に移動する」

²1₃ [come + 副詞] ランキング (熟語は除く)

☐ S186 **第1位** **come back**	▶ 戻る	
☐ Come back by six.	▶ 6時までに戻ってきなさい.	
☐ S187 **第2位** **come in**	▶ 入る	
☐ Please come in.	▶ どうぞお入りください.	
☐ S188 **第3位** **come on**	▶ さあ，急いで	
☐ Come on! The train is coming.	▶ さあ早く！ 電車が来ているよ.	
☐ S189 **第4位** **come up**	▶ 近づく	
☐ A dog came up to me.	▶ 犬が私に近づいてきた.	
☐ S190 **第5位** **come out**	▶ 出る	
☐ The book will come out next month.	▶ その本は来月出版される予定だ.	

go [góu|ゴウ] →p. 48

コアイメージ 「自分のいる場所から離れていく」

❷❶❸ [go + 副詞]ランキング

☐ S191 第1位 **go on** ▶ 先に進む，続く
☐ The meeting **went on** for three hours. ▶ その会議は3時間続いた.

☐ S192 第2位 **go back** ▶ 帰る，戻る
☐ He **went back** home after 7 p.m. ▶ 彼は午後7時過ぎに家に帰った.

☐ S193 第3位 **go out** ▶ 外へ出る，外出する
☐ He **went out** in the rain. ▶ 雨の中，彼は外へ出た.

☐ S194 第4位 **go down** ▶ 降りる，下る
☐ My big sister **went down** from the second floor. ▶ 姉は2階から降りた.

☐ S195 第5位 **go up** ▶ 上がる，上る
☐ A balloon is **going up** slowly. ▶ 風船がゆっくりと上がっていく.

STAGE 4

5. 天気・天候

S196 ☐ 晴れた
sunny[sʌ́ni]

S197 ☐ 雨の
rainy[réini]

S198 ☐ 雪の
snowy[snóui]

S199 ☐ 曇った
cloudy[kláudi]

S200 ☐ 風の強い
windy[wíndi]

S201 ☐ 霧のかかった
foggy[fάgi]

S202 ☐ あらしの
stormy[stɔ́ːrmi]

S203 ☐ 雷鳴
thunder[θʌ́ndər]

S204 ☐ 竜巻
tornado[tɔːrnéidou]

S205 ☐ 猛暑
heat wave[híːt wèiv]

S206 ☐ 肌寒い
chilly[tʃíli]

S207 ☐ 湿気の多い
humid[hjúːmid]

STAGE 5

平均単語レベル
高校発展

主題・問題点

691 ☑ **subject**
[sʌ́bdʒikt | **サ**ブヂェクト]

名① 主題, テーマ, (会話などの)話題

② (授業の)科目

形 (主に悪いものの影響を)受けやすい
A1　➡【be subject to Ⓐ】Ⓐの影響を受けやすい

692 ☑ **issue**
[íʃuː | **イ**シュー]

A2　**名**① (議論の対象となる)問題(点)

② (雑誌などの)出版物, …号

B2　**動** 〈声明などを〉出す

693 ☑ **topic**
[tápik | **タ**ピック]

名 (会話などの)話題; (討論などの)論題

A1

感覚

694 ☑ **sense**
[séns | **セ**ンス]

名 (…の)感覚(of ...)
関連 sensible 思慮分別のある
🔖 日本語では「彼女は服装のセンスがいい」のように言いますが, この場合英語では taste を使います.

A2

695 ☑ **make sense**

〈文などが〉意味をなす, (…にとって)理解できる(to ...)

696 ☑ **sensitive**
[sénsitiv | **セ**ンスィティヴ]

形① (他者の感情や環境などに)敏感な(to ...)
対義 insensitive 鈍感な

B2　② 〈問題が〉取り扱いの難しい

697 ☑ **tired**
[táiərd | **タ**イアド]

形① (休息が必要なほど)疲れた

A1　② (…に)飽きて(of ...)

698 ☑ **hungry**
[hʌ́ŋgri | **ハ**ングリ]

形 (食事をとっておらず)空腹である, 飢えている
関連 hunger 空腹

A1

699 ☑ **pain**
[péin | **ペ**イン]
B1

名 (肉体的・精神的な)苦痛, 痛み
関連 painful 痛い

☑ **チャンク** a subject **of debate** — 討論のテーマ
☑ Let's change the subject. — ▶話題を変えましょう.
☑ Which subject do you like the best? — ▶あなたの一番好きな科目は何?

☑ The line is subject to delay during rush hour. — ▶ラッシュアワーにその路線はよく遅れる（⑩ 遅延の影響を受けやすい).

☑ **チャンク** a political issue — 政治的な問題
☑ Let's talk about an environmental issue. — ▶環境問題について話しましょう.
☑ The article was in the July 11 issue of *Newsweek*. — ▶その記事は『ニューズウィーク』誌7月11日号に掲載された.

☑ The two countries issued a joint statement. — ▶両国は共同声明を出した.

☑ **チャンク** general topics — 一般的な話題
☑ Working part-time is often the topic of our conversation. — ▶私たちはよくアルバイトについて話す（⑩ アルバイトがよく話題になる).

☑ **チャンク** the five senses — 五感
☑ Dogs have a keen sense of smell. — ▶犬は鋭い嗅覚をもっている.
☑ Haruka has a good taste in clothes. — ▶遥は服装のセンスがいい.

☑ The phrase didn't make sense to me. — ▶私はそのフレーズが理解できなかった.

☑ **チャンク** a sensitive person — 敏感な人
☑ Bob is sensitive to changes in other people's feelings. — ▶ボブは他人の感情の変化に敏感だ.
☑ Religion is a sensitive issue. — ▶宗教は取り扱いの難しい問題だ.

☑ **チャンク** feel tired — 疲れを感じる
☑ We got very tired from skiing. — ▶私たちはスキーをしてとても疲れた.
☑ I'm tired of watching TV. — ▶私はテレビを見るのに飽きた.

☑ **チャンク** feel hungry — 空腹感を覚える
☑ I'm hungry because I didn't have breakfast. — ▶朝食をとらなかったのでおなかがすいちゃったよ.

☑ **チャンク** a sharp pain — 鋭い痛み
☑ I have a pain in my left hand. — ▶左手に痛みを感じる.

STAGE 5

衣服・ファッション

700 ☐ **wear**
[wéər | **ウェ**ア]
過去 wore
過分 worn

(A1) 動 **1** 〈衣服・靴・アクセサリーなどを〉身につけている(◆「身につける」という動作は put on)

2 〈衣服などが〉すり切れる

名 (主に販売目的の)衣服

701 ☐ **wear out**

1 …を(長時間の使用で)すり減らす

2 〈人を〉疲れ果てさせる

702 ☐ **fit**
[fít | **ふィット**]

(B1) 動 (大きさ・形が)…にぴったり合う

(A2) 形 (定期的な運動などのため)健康な
関連 **fitness** 健康であること
対義 **unfit** 健康でない

703 ☐ **dress**
[drés | ドゥ**レ**ス]

(A1) 名 ドレス;衣服

(A2) 動 …に服を着せる

704 ☐ **dress up**

(特別な場合などに)着飾る

つくる・生み出す

705 ☐ **establish**
[istǽbliʃ | イス**タ**ぁブリッシ]

動 **1** 〈組織・会社などを〉設立する(◆found と同義)
関連 **establishment** 設立

2 〈関係などを〉確立する

(A2)

706 ☐ **invent**
[invént | イン**ヴェ**ント]
(A2)

動 〈機械などを〉発明する
関連 **invention** 発明, **inventor** 発明者

707 ☐ **creative**
[kriéitiv | クリ**エ**イティヴ]

形 〈人が〉創造力のある;〈考えが〉独創的な
関連 **create** 創造する, **creation** 創造,
creature 生き物

(A2)

☑ チャンク **wear a black suit**	黒のスーツを着ている
☑ The musician always **wears** jeans and a T-shirt.	▶そのミュージシャンはいつもジーンズとTシャツを身につけている.
☑ My jeans are **wearing** at the knees.	▶私のジーンズはひざのところがすり切れてきている.
☑ Children's **wear** is on the fifth floor.	▶子ども服売り場は5階でございます.
☑ I **wore out** my leather shoes.	▶私は革靴を履きつぶした(⑩ 革靴をすり減らした).
☑ The five-hour hike **wore** me **out**.	▶5時間のハイキングで私はくたくたになった(⑩ 私を疲れ果てさせた).

☑ チャンク **fit tightly**	ぴったり合う
☑ This sweater **fits** me perfectly.	▶このセーターは私にちょうどぴったりだ.
☑ How do you keep **fit**?	▶どうやって健康を維持して(⑩ 健康な状態を保って)いるの?

☑ チャンク **a fancy dress**	仮装服
☑ Susan is wearing a beautiful evening **dress**.	▶スーザンは美しいイブニングドレスを着ている.
☑ She is **dressed** in pink.	▶彼女はピンクの服を着ている.
☑ I always **dress up** on a date.	▶私はデートの時はいつも着飾る.

☑ チャンク **establish an NPO**	非営利団体を設立する
☑ My company was **established** in 1909.	▶私の会社は1909年に設立された.
☑ China **established** friendly relations with my country.	▶中国は私の国と友好関係を確立した.

☑ チャンク **invent a new engine**	新型のエンジンを発明する
☑ Edison **invented** the electric light bulb.	▶エジソンは電球を発明した.

☑ チャンク **a creative idea**	独創的なアイディア
☑ She is a **creative** artist.	▶彼女は創造力に富む芸術家だ.

STAGE 5

人気・名声

708 ☑ **popular**
[pápjələr | パピュら]
A2

形 **1** (たくさんの人に)人気のある
(with [among] ...)
関連 popularity 人気
対義 unpopular 人気のない
2 〈文化・音楽などが〉大衆向きの, ポピュラーな
関連 population 人口

709 ☑ **famous**
[féiməs | ふェイマス]
A1

形 (よいイメージで)有名な
関連 fame 名声
対義 notorious 悪名高い, unknown 無名の
👉[be famous for Ⓐ] Ⓐで有名である

710 ☑ **reputation**
[règpjətéiʃn | レピュテイション]
B1

名 **1** (人々の間の)評判
👉[a reputation for being Ⓐ] Ⓐであると
いう評判
2 (…としての)名声(as ...)

認識・識別

711 ☑ **admit**
[ədmít | アドミット]
A2

動 **1** …を(いやいやながら)認める
2 (スタジアム・映画館などに)…を入れる
(◆しばしば受身で)
関連 admission 入れること
👉[be admitted to Ⓐ] Ⓐへの入場が許される

712 ☑ **identify**
[aidéntəfài | アイデンティふァイ]
B2

動 **1** …を(正しく)見分ける, 〈身元などを〉確認する
関連 identification (身元などの)確認,
identity 身元
👉[identify Ⓐ as Ⓑ] ⒶをⒷであると確認する
2 …(の本質など)を発見する

713 ☑ **regard**
[rigá:rd | リガード]
B1

動 **1** …を見なす
👉[regard Ⓐ as Ⓑ] ⒶをⒷであると見なす
2 (ある感情をもって)…を見る, 評価する
👉[regard Ⓐ with Ⓑ] Ⓑの感情をもって
Ⓐを見る
B2 名 (…に対する)尊敬, 敬意(for ...) (◆respectと同義)

714 ☑ **with regard to ...**
…に関して

☐ チャンク **a popular writer** | 人気作家
☐ The singer is very **popular with** [**among**] young people. | ▶その歌手は若者たちにとても人気がある.

☐ I don't like the latest **popular** music very much. | ▶最近のポピュラー音楽はあまり好きではない.

☐ チャンク **a famous pianist** | 有名なピアニスト
☐ Amsterdam **is famous for** its canals. | ▶アムステルダムは運河で有名だ.

☐ チャンク **have a good** reputation | 評判がいい
☐ Bob has **a reputation for** being kind and cool. | ▶ボブは優しくてかっこいいとの評判だ.
☐ She has built up a **reputation as** a technical violinist. | ▶彼女は技巧派バイオリン奏者としての名声を確立した.

☐ チャンク **admit defeat** | 敗北を認める
☐ He **admitted** his mistakes. | ▶彼は自分の誤りを認めた.
☐ We will **be admitted to** the stadium at 11. | ▶私たちは 11 時にスタジアムに入れる予定だ.

☐ チャンク **identify stars** | 星を見分ける
☐ I **identified** the man **as** a spy. | ▶私はその男がスパイであると確認した.

☐ They **identified** the cause of the disease. | ▶彼らはその病気の原因を突き止めた.

☐ チャンク **be widely regarded as Ⓐ** | Ⓐとして広く知られている
☐ I **regarded** his plan **as** stupid. | ▶私は彼の計画をばかげていると見なした.

☐ The police **regarded** the man **with** suspicion. | ▶警察はその男を疑いの目で見た.

☐ I have high **regard for** that doctor. | ▶私はその医師を非常に尊敬している.

☐ We reviewed the plan **with regard to** the cost. | ▶私たちは費用に関してその計画を見直した.

STAGE 5

心・精神

715 ☑ **heart**
[háːrt | ハート]
A1

名❶ (人の)心, 気持ち

❷ (内臓器官の)心臓

---

716 ☑ **at heart**

(外面とは異なり)心の底では

---

717 ☑ **by heart**

暗記して

---

718 ☑ **spirit**
[spírit | スピリット]
B1

名❶ (身体に対して)精神
関連 **spiritual** 精神的な
対義 **body** 身体
❷ (死者の)霊魂

---

719 ☑ **mental**
[méntl | メントゥる]
B1

形 (身体に対して)心の, 精神の(◆spiritual と同義)
関連 **mentally** 精神的に
対義 **physical** 身体の

---

720 ☑ **imagine**
[imǽdʒin | イマぁヂン]
A1

動 …を想像する, (心に)思い描く
関連 **image** (心に描く)像, **imaginary** 想像(上)の, **imagination** 想像(力)
🔑 【imagine Ⓐ as Ⓑ】ⒶをⒷだと想像する
🔑 【imagine *do*ing】…することを想像する

---

721 ☑ **stress**
[strés | ストゥレス]
B1
B2

名 (精神的な)緊張, ストレス
関連 **stressful** ストレスの多い

動 〈考えなどを〉強調する, 力説する

快適・満足

722 ☑ **comfortable**
[kʌ́mfərtəbl | カンふァタブる]
A2

形 〈部屋・家具・衣服などが〉心地よい, 快適な
関連 **comfort** 快適さ
対義 **uncomfortable** 不快な

---

723 ☑ **satisfy**
[sǽtisfài | サぁティスふァイ]
A2

動 〈人を〉満足させる
関連 **satisfaction** 満足, **satisfactory** 満足のいく
対義 **dissatisfy** 〈人を〉不満にさせる
🔑 【satisfy Ⓐ with Ⓑ】ⒶをⒷで満足させる

---

724 ☑ **complain**
[kəmpléin | コンプれイン]
A2

動 不平[不満]を言う
関連 **complaint** 不平
🔑 【complain to Ⓐ about Ⓑ】ⒷについてⒶに不満を言う

☐ チャンク **have a warm** heart	温かい心をもっている
☐ I won her **heart** at last.	▶ついにぼくは彼女のハートを射止めた.
☐ My **heart** was beating fast while I was talking with him.	▶彼と話している間, 私の心臓はどきどきしていた.
☐ She was lonely **at heart**.	▶心の底で彼女は孤独を感じていた.
☐ Learn these lines **by heart**.	▶これらのせりふを暗記しなさい.

☐ チャンク **a creative** spirit	創造的精神
☐ She has great strength of **spirit**.	▶彼女は非常に強い精神力の持ち主だ.
☐ Do you believe in the **spirits** of the dead?	▶死者の霊魂の存在を信じますか？

☐ チャンク mental **strength**	精神力
☐ **Mental** health is important.	▶心の健康は重要だ.

☐ チャンク **imagine** life without TV	テレビのない生活を想像する
☐ I **imagined** her **as** a quiet woman.	▶私は彼女を物静かな女性だと思っていた.
☐ Just **imagine singing** in front of a large audience.	▶大勢の聴衆の前で歌うことを想像してごらん.

☐ チャンク **relieve** stress	ストレスを軽減する
☐ He became sick from **stress**.	▶彼はストレスで病気になった.
☐ She **stressed** the importance of education.	▶彼女は教育の重要性を強調した.

☐ チャンク **a comfortable** trip	快適な旅
☐ My bed is really **comfortable**.	▶私のベッドはとても寝心地がよい.

☐ チャンク **satisfy each** person	一人ひとりを満足させる
☐ He **satisfied** Jack **with** the big toy.	▶彼はジャックにその大きなおもちゃをあげて満足させた.

☐ チャンク **complain bitterly**	激しく不平を言う
☐ I **complained to** the waiter **about** the food.	▶私はその料理についてウェイターに不満を言った.

STAGE 5

199

思う・考える

725 ☐ **suppose**
[səpóuz | サポウズ] **B1**

動 (たぶん)…だと思う

---

726 ☐ **be supposed to** *do*

1 (義務などのため)…することになっている

2 …するはずである

---

727 ☐ **doubt**
[dáut | ダウト]
🔊 発音

A2 名 (…に対する)疑い, 疑念(about ...)
対義 **belief** 信じること

B2 動 …を(真実かどうか)疑う, 疑問に思う
関連 **doubtful** 疑わしい, **undoubtedly** 疑いなく
対義 **believe** 信じる
⇨【**doubt if** [**whether**] ...】…かどうか疑う

仕事・ビジネス

728 ☐ **manage**
[mǽnidʒ | **マ**ぁネッヂ]
🔊 アクセント
A2

動 **1** 〈事業などを〉経営する
関連 **management** 経営, **manager** 経営者
2 〈困難なことを〉何とかやりとげる
⇨【**manage to** *do*】何とか…する

---

729 ☐ **employ**
[implói | インプ**ロ**ィ]

動 〈人を〉雇う
関連 **employee** 従業員, **employer** 雇用者,
　　　employment 雇用, **unemployment** 失業
対義 **dismiss** 解雇する
B2 ⇨【**employ Ⓐ as Ⓑ**】ⒶをⒷとして雇う

---

730 ☐ **factory**
[fǽktəri | **ふぁ**クトリ] **A1**

名 工場

---

731 ☐ **labor**
[léibər | **れ**イバ]
A2

名 (主に肉体的な)労働；労働者(全体)
対義 **management** 経営 (者)

---

732 ☐ **sale**
[séil | **セ**イる] **A1**

名 **1** (商品・サービスなどの)販売
関連 **sell** 売る
2 (商品の)安売り, バーゲンセール

---

733 ☐ **professional**
[prəféʃənl | プロ**ふェ**ショヌ
る] **A2**

形 (専門的な)職業の；(職業が)プロの
関連 **profession** 職業
対義 **amateur** 素人の

☑ チャンク **Yes, I suppose so.** はい，そうだと思います.

☑ I **suppose** she will be in her room. ▶たぶん彼女は自分の部屋にいると思うよ.

☑ Everyone **is supposed to** bring a present to her birthday party. ▶彼女の誕生日パーティーにはみんながプレゼントを持って行くことになっている.

☑ The food aid program **was supposed to** help the poor people. ▶その食糧支援計画は貧しい人々を救済するはずだった.

☑ チャンク **without doubt** 疑いなく

☑ I have some **doubts about** the project. ▶そのプロジェクトについてはいくつか疑問点がある.

☑ I **doubted** the story. ▶私はその話を疑った.

☑ I **doubt if** [whether] the plan will succeed. ▶その計画が成功するかどうか疑わしい.

☑ チャンク **manage a hotel** ホテルを経営する

☑ My aunt **manages** an Italian restaurant. ▶私のおばはイタリア料理のレストランを経営している.

☑ I **managed to** pass the job interview. ▶私は何とかその就職の面接に合格した.

☑ チャンク **be employed as a consultant** コンサルタントとして雇用されている

☑ The company is going to **employ** 50 people **as** engineers. ▶その会社では技術者として50人を採用する予定がある.

☑ チャンク **a car factory** 自動車工場

☑ My brother works in a **factory**. ▶私の兄は工場で働いている.

☑ チャンク **eight hours' labor** 8時間労働

☑ Management and **labor** reached an agreement. ▶経営者側と労働者側は合意に達した.

☑ チャンク **make a sale** 販売する

☑ The store will start a catalog **sale**. ▶その店はカタログ販売を開始する予定だ.

☑ I bought this shirt on **sale**. ▶私はこのシャツをバーゲンセールで買った.

☑ チャンク **professional training** 職業訓練

☑ My company has a **professional** soccer team. ▶私の会社にはプロサッカーチームがある.

STAGE 5

201

意識・注意・関心

734 ☑ **attention** [əténʃn｜アテンション] A2	名 (心を集中させる)注意	

735 ☑ **pay attention to ...**	〈発言などに〉注意を払う

736 ☑ **attitude** [ǽtitjùːd｜あティテュード] A2	名 (…に対する)考え方, 態度(toward ...)

737 ☑ **careful** [kéərfl｜ケアふる] A1	形 注意深い, 慎重な 関連 **care** 注意, **carefully** 注意深く 対義 **careless** 不注意な ☞【**be careful to** *do*】…するように気をつける

738 ☑ **aware** [əwéər｜アウェア] B1	形 (状況などに)気づいて(of ...) 関連 **awareness** 意識 対義 **unaware** 気づかない

739 ☑ **ignore** [ignɔ́ːr｜イグノー(ア)] B1	動 〈警告・助言・事実などを〉無視する 関連 **ignorant** 無知な, **ignorance** 無知

集団・集まり

740 ☑ **generation** [dʒènəréiʃn｜ヂェネレイション] A2	名 世代(の人々)

741 ☑ **range** [réindʒ｜レインヂ] A2	名 ■ (変動などの)範囲, 限度
	■ (同種のものの)集まり(of ...)
B2	動 〈範囲が〉及ぶ

742 ☑ **join** [dʒɔ́in｜ヂョイン]	動 ■ 〈組織・列などに〉加わる, 参加する
	■ 〈2つ以上の物を〉つなぐ, 接合する (◆connect, link と同義) 関連 **joint** 関節

☑ チャンク **distract attention**	注意をそらす
☑ His hairstyle got our **attention**.	▶彼の髪型は私たちの注意を引いた.
☑ He didn't **pay attention to** what I was saying.	▶彼は私の言っていることに注意を払わなかった.

☑ チャンク **a friendly attitude**	友好的な態度
☑ You should have a positive **attitude toward** life.	▶人生に対して前向きに考えたほうが(⑩ 前向きな考え方をしたほうが)いいよ.

☑ チャンク **be careful about Ⓐ**	Ⓐ に注意している
☑ Be **careful**! The floor is very slippery.	▶気をつけて！床がとても滑りやすくなっているから.
☑ Be **careful to** be in time for class.	▶授業に間に合うように注意しなさい.

☑ チャンク **be made aware of Ⓐ**	Ⓐ に気づかされる
☑ She was **aware of** the serious situation.	▶彼女は深刻な状況に気づいていた.

☑ チャンク **ignore my warning**	私の警告を無視する
☑ He **ignored** the red light.	▶彼は赤信号を無視した.

☑ チャンク **the younger generation**	より若い世代
☑ The festival has been going on for **generations**.	▶その祭りは何世代にもわたって続いてきた.

☑ チャンク **cover a wide range**	広い範囲を覆う
☑ This area has a wide **range** of temperature.	▶この地域は温度差が激しい(⑩ 温度の範囲が広い).
☑ This theme park has a wide **range** of attractions.	▶このテーマパークにはさまざまな種類のアトラクションが(⑩ アトラクションの幅広い集まりが)ある.
☑ The members **range** in age from 12 to 50.	▶メンバーの年齢は 12 歳から 50 歳に及んでいる.

☑ チャンク **May I join you?**	私も参加していい？
☑ He **joined** the local soccer club.	▶彼は地元のサッカークラブに入った.
☑ Please **join** the broken pieces together.	▶割れた破片を接合してください.

中心・中央

743 ☑ **center**
[séntər | **セ**ンタ]
A2

图 (…の)中心, 中央(of ...)
　関連 central 中心の

744 ☑ **focus**
[fóukəs | **ふォ**ウカス]
複数 focuses, foci

B2 图 (レンズなどの)焦点, ピント

A1 動 〈注意などを〉集中させる
　➡【focus Ⓐ on Ⓑ】ⒶをⒷに集中させる

745 ☑ **middle**
[mídl | **ミ**ドゥる]
A2

图 (空間の)中央;(期間の)半ば
　関連 midst 真ん中, midnight 真夜中

746 ☑ **average**
[ǽvəridʒ | **あ**ヴェレッヂ]
A2

A2 形 〈数・量が〉平均の

A2 图 (数・量の)平均(値)

見せる・示す

747 ☑ **perform**
[pərfɔ́ːrm | パ**ふォ**ーム]
A2

動 ❶ 〈劇を〉上演する;〈音楽を〉演奏する
　関連 performance 演技, 演奏
❷ 〈仕事・任務などを〉行う

748 ☑ **indicate**
[índikèit | **イ**ンディケイト]

動 ❶ 〈兆候などを〉示す
　関連 indication 兆候
　➡【indicate that ...】…であることを示す
❷ (言葉・態度などで)…をそれとなく示す
　➡【indicate that ...】…であることをそれとなく
A2　　示す

749 ☑ **reveal**
[rivíːl | リ**ヴィ**ーる]
A2

動 〈秘密などを〉明らかにする, 暴露する
　関連 revelation 暴露
　対義 conceal 隠す

750 ☑ **display**
[displéi | ディスプ**れ**イ]
🔊 アクセント

A2 图 (鑑賞・販売などが目的の)展示;(人を楽しませる
ための)ショー

B1 動 (鑑賞・商売などを目的に)…を展示する

☑ チャンク **the center of the Galaxy** | 銀河系の中心
☑ There was a big table in the **center of** the room. | ▶部屋の中央に大きなテーブルがあった.

☑ チャンク **be out of focus** | 焦点がずれている
☑ Check the **focus**, and press the shutter. | ▶焦点を合わせてからシャッターを切ってね.
☑ I **focused** my attention **on** the screen. | ▶私は注意をスクリーン上に集中させた.

☑ チャンク **in the middle of the river** | 川の中央に
☑ This house was built in the **middle of** the 20th century. | ▶この家は 20 世紀半ばに建てられた.

☑ チャンク **an average speed** | 平均速度
☑ I got an **average** score of 85. | ▶私の平均点は 85 点だった.
☑ The **average** of these numbers is seven. | ▶これらの数の平均は 7 だ.

☑ チャンク **perform live** | ライブ演奏をする
☑ They **performed** the play very well. | ▶彼らはその劇をとても上手に上演した.
☑ She **performed** her job perfectly. | ▶彼女は自分の仕事を完璧(かんぺき)にこなした.

☑ チャンク **indicate the presence of Ⓐ** | Ⓐ の存在を示す
☑ The election result **indicates that** a lot of people want change. | ▶選挙結果は多くの人が変化を求めていることを示している.
☑ My brother **indicated** to me **that** he was going to get married soon. | ▶兄は私にもうすぐ結婚するとほのめかした.

☑ チャンク **reveal a secret** | 秘密を暴露する
☑ A newspaper reporter **revealed** the scandal. | ▶1 人の新聞記者がそのスキャンダルを明らかにした.

☑ チャンク **a fireworks display** | 花火大会
☑ The work of Leonardo da Vinci is on **display** now. | ▶そのレオナルド・ダ・ビンチの作品は現在展示されている.
☑ One of my paintings was **displayed** in the museum. | ▶私の絵の 1 枚がその美術館で展示された.

STAGE 5

成功・失敗・損失

751 ☑ **succeed**
[səksíːd | サク**スィ**ード]

A2

動 **1** 成功する
関連 **success** 成功, **successful** 成功した
☞ 【succeed in Ⓐ】Ⓐに成功する
2 (仕事などを)継ぐ
関連 **succession** 連続, **successor** 後継者
☞ 【succeed to Ⓐ】Ⓐを継ぐ

752 ☑ **fail**
[féil | **ふ**エイる]

A2

動 **1** 失敗する
関連 **failure** 失敗
☞ 【fail in Ⓐ】Ⓐに失敗する
☞ 【fail to do】…することができない
2 〈試験に〉落ちる

753 ☑ **loss**
[lɔ́ːs | **ろ**ース]   **B1**

名 損失, 失うこと
関連 **lose** 失う   対義 **profit** 利益

754 ☑ **at a loss**

途方にくれて

分割・分配

755 ☑ **share**
[ʃéər | **シェ**ア]

A1

A2

動 (人と)…を共有する, 分かち合う
☞ 【share Ⓐ with Ⓑ】ⒶをⒷと共有する
☞ 【share Ⓐ between Ⓑ】ⒶをⒷの間で
分かち合う
名 **1** (…における)負担分(of …)
2 (企業の)株式(◆通例複数形で用いる；
stock と同義)

756 ☑ **distribute**
[distríbjuːt | ディストゥリ
ビュート]   **B1**

動 〈食糧・印刷物などを〉分配する, 配布する；
関連 **distribution** 分配
☞ 【distribute Ⓐ to Ⓑ】ⒶをⒷに分配する

覆う・包む

757 ☑ **cover**
[kʌ́vər | **カ**ヴァ]

A2

A1

動 (隠すため, または保護するために)…に覆いを
かける

名 (隠すための, または保護するための)覆い, カバー

758 ☑ **wrap**
[rǽp | **ラ**ぁップ] ◀)発音
過去・過分 wrapped,
wrapt   **B1**

動 **1** (紙や布で)…を包む, 包装する(in …)
(◆しばしば up を伴う)
2 〈腕などを〉(…に)巻きつける(around …)

☑ チャンク succeed **as an actor** | 俳優として成功する
☑ They succeeded in finding the ancient city. | ▶彼らはその古代都市を見つけることに成功した.
☑ I succeeded to the family business after finishing high school. | ▶私は高校を出ると家業を継いだ.

☑ チャンク fail **completely** | 完全に失敗する
☑ I failed in my attempt to ask her out on a date. | ▶ぼくは彼女をデートに誘おうとしたが（⚫ 誘おうとする試みに）失敗した.
☑ I failed to save the dog's life. | ▶私はその犬の命を救うことができなかった.
☑ I failed my driving test. | ▶私は運転免許の試験に落ちてしまった.

☑ チャンク loss **of memory** | 記憶喪失
☑ They suffered heavy losses. | ▶彼らは大きな損失を被った.
☑ I was at a loss at that time. | ▶私はそのとき途方にくれていた.

☑ チャンク share **information** | 情報を共有する
☑ I share the computer with my family. | ▶私はコンピュータを家族と共有して使っている.
☑ We shared the cake between us. | ▶私たちはそのケーキを分け合って食べた.
☑ I paid my share of the bill. | ▶私は自分の分の料金を払った.
☑ He owns some shares in Google. | ▶彼はグーグルの株を所有している.

☑ チャンク distribute **leaflets** | リーフレットを配布する
☑ The volunteer group distributes food to poor people. | ▶そのボランティアグループは食糧を貧しい人々に分配している.

☑ チャンク be covered **with snow** | 雪に覆われている
☑ She covered her sleeping baby with a blanket. | ▶彼女は眠っている赤ちゃんに毛布をかけた.
☑ Put the cover over our car. | ▶車にカバーをかけて下さい.

☑ チャンク wrap **up the Christmas present** | クリスマスプレゼントを包む
☑ Would you wrap this up in paper? | ▶これを包装紙に包んでいただけますか?
☑ I wrapped my shaking arms slowly around my girlfriend's waist. | ▶ぼくは震える腕をゆっくりとガールフレンドの腰に回した（⚫ 巻きつけた）.

STAGE 5

移動・動き

759 ☑ **step**
[stép | ステップ]

A2 名 歩み，1歩

A1 動 1歩踏み出す

---

760 ☑ **step by step**

（ゴールなどに向かって）一歩一歩

---

761 ☑ **throw**
[θróu | すロウ]
過去 threw
過分 thrown

A2 動 〈ボールなどを〉投げる

A1 名 （ボールなどを）投げること，スロー

---

762 ☑ **throw away**

〈不要なものなどを〉（投げ）捨てる

---

763 ☑ **ride**
[ráid | ライド]
過去 rode
過分 ridden

A1 動 （自転車・車・馬などに）乗る

A1 名 （自転車・車・馬などに）乗ること

勧める・提案する

764 ☑ **suggest**
[səgdʒést | サ（グ）ヂェスト]

A2

動 ❶ 〈計画などを〉提案する
関連 suggestion 提案
【suggest doing】…することを提案する
❷ …をほのめかす
【suggest that ...】…ということを
　　ほのめかす，それとなく示す

---

765 ☑ **propose**
[prəpóuz | プロポウズ]

B1

動 ❶ 〈計画などを〉提案する（◆suggest より積極的）
関連 proposal 提案
【propose doing】…することを提案する
❷ （恋人に）結婚を申し込む，プロポーズする
【propose to Ⓐ】Ⓐにプロポーズする

---

766 ☑ **recommend**
[rèkəménd | レコメンド]

B1

動 〈よいものなどを〉推薦する，勧める
関連 recommendation 推薦
【recommend doing】…することを勧める

---

767 ☑ **advise**
[ədváiz | アドヴァイズ]
発音

A2

動 …に忠告する，アドバイスする
関連 advice 忠告
【advise Ⓐ to do】Ⓐに…するよう忠告する
【advise Ⓐ against doing】Ⓐに…しないよう
　　忠告する

☑ チャンク **walk with a light** step	軽い足取りで歩く
☑ I took a **step** forward.	▶私は1歩前に進んだ.
☑ He **stepped** back.	▶彼は1歩後ろに下がった.
☑ Bob is making progress in Japanese **step by step**.	▶ボブの日本語は一歩一歩着実に上達してきている.

☑ チャンク **throw a fastball**	速球を投げる
☑ He **threw** a baseball to me.	▶彼は私に野球のボールを投げた.
☑ The long **throw** led to a goal.	▶そのロングスローがゴールにつながった.
☑ He **threw away** the empty can.	▶彼はその空き缶を投げ捨てた.

☑ チャンク **ride on a bike**	自転車に乗る
☑ We **rode** to the museum on a bus.	▶私たちはバスに乗ってその博物館へ行った.
☑ Do you need a **ride**?	▶乗せて行ってあげましょうか？

☑ チャンク **suggest a new plan**	新しい計画を提案する
☑ My boyfriend **suggested going** to Disneyland.	▶私のボーイフレンドはディズニーランドに行くことを提案した.
☑ She **suggested that** she knew something about the accident.	▶彼女はその事故について何か知っているということをほのめかした.

☑ チャンク **propose a surprising plan**	驚くべき計画を提案する
☑ I **proposed canceling** the tour.	▶私はツアーをキャンセルすることを提案した.
☑ I'm going to **propose to** my girlfriend tonight.	▶ぼくは今夜ガールフレンドに結婚を申し込むつもりだ.

☑ チャンク **recommend a good hotel**	いいホテルを推薦する
☑ What would you **recommend** today?	▶（レストランで）きょうのおすすめは何ですか？
☑ She **recommended downloading** the song.	▶彼女はその歌をダウンロードすることを勧めた.

☑ チャンク **advise him to stay away**	近づかないよう彼にアドバイスする
☑ She **advised** me **to** take a long rest.	▶彼女は私に長期の休養をとるよう忠告した.
☑ My parents **advised** me **against keeping** late hours.	▶両親は私に夜ふかしをしないよう忠告した.

STAGE 5

209

輸送・配達

768 ☐ **carry**
[kǽri | キぁリ]
A1

動 …を(手や乗り物で)運ぶ
関連 **carrier** 運ぶ人

769 ☐ **carry on with ...**　　…を続ける

770 ☐ **carry out**　　…を実行する, 実施する

771 ☐ **deliver**
[dilívər | ディりヴァ]
B1

動 〈手紙・品物などを〉配達する
関連 **delivery** 配達
☞【deliver Ⓐ to Ⓑ】ⒶをⒷに配達する

772 ☐ **mail**
[méil | メいる]
A1
B1

名 郵便(物)
関連 **e-mail** Eメール, **mailbox** 郵便ポスト, **stamp** 切手
動 〈手紙などを〉郵便で送る

能力・技術

773 ☐ **function**
[fʌ́ŋkʃn | ふァンクション]
B1
A2

名 (独自の)機能, 役目
関連 **malfunction** 機能不全

動 〈機械などが〉作動する, 働く

774 ☐ **technique**
[tekníːk | テクニーク]
🔊 アクセント
B1

名 (科学・芸術などの)技術, テクニック
関連 **technical** 技術(上)の, **technician** 技術者

775 ☐ **talent**
[tǽlənt | タぁレント]
A2

名 (生まれつきの)才能(◆日本語の「(テレビ)タレント」は a TV personality [celebrity])
関連 **talented** 才能のある
☞【a talent for Ⓐ】Ⓐの才能

776 ☐ **license**
[láisns | らイセンス]

名 免許証
関連 **license plate** (車の)ナンバープレート

777 ☐ **potential**
[pəténʃl | ポテンシャる]
B2
B1

形 (将来, …になる)可能性のある

名 (…の)可能性(for ...)

☑ チャンク **carry passengers**	**乗客を運ぶ**
☑ Could you **carry** this suitcase to room 707?	▶このスーツケースを 707 号室に運んでいただけますか?
☑ **Carry on with** the good work.	▶その調子で勉強を続けなさい.
☑ The government **carried out** the survey nationwide.	▶政府はその調査を全国的に実施した.
☑ チャンク **deliver milk**	**牛乳を配達する**
☑ I **deliver** newspapers in this area.	▶私はこの地域に新聞を配達している.
☑ I **delivered** meals **to** the patients.	▶私は患者たちに食事を配った.
☑ チャンク **direct mail**	**ダイレクトメール**
☑ I'm going to send you the book by **mail**.	▶その本を郵送しますね.
☑ Don't forget to **mail** this letter.	▶この手紙を出すのを忘れちゃだめだよ.

☑ チャンク **organ function**	**臓器機能**
☑ We discussed how to perform our **functions** in society.	▶私たちはどのようにして社会における自分たちの役目を果たすべきか話し合った.
☑ This computer doesn't **function** normally.	▶このコンピュータは正常に作動しない.
☑ チャンク **computer techniques**	**コンピュータを用いる技術**
☑ The painter came up with a new painting **technique**.	▶その画家は新しい絵画技術を編み出した.
☑ チャンク **develop my talent**	**私の才能を伸ばす**
☑ Megumi has **a talent for** playing the piano.	▶恵にはピアノを弾く才能がある.
☑ チャンク **apply for a license**	**免許証を申請する**
☑ I got my driver's **license** at last.	▶私はついに運転免許証を取得した.
☑ チャンク **potential customers**	**潜在顧客**
☑ She is a **potential** gold medalist.	▶彼女は金メダリストになる可能性を秘めている.
☑ This business has **potential for** further growth.	▶この事業はさらに成長する可能性がある.

STAGE 5

211

① Scene 5 昼休み During a Lunch Break

S208 ☑ ① ウスターソース
Worcester sauce
[wústər sɔ̀:s]

S209 ☐ ② 割りばし
disposable chopsticks
[dispóuzəbl tʃápstiks]

S210 ☐ ③ トレー
tray
[tréi]

S211 ☐ ④ 紙コップ
paper cup
[pèipər kʌ́p]

S212 ☐ ⑤ 紙ナプキン
paper napkin
[pèipər nǽpkin]

S213 ☐ ⑥ 入り口
entrance
[éntrəns]

S214 ☑ ⑦ レジ
checkout counter
[tʃékaut kàuntər]

S215 ☑ ⑧ 自動販売機
vending machine
[véndiŋ məʃìːn]

昼休みの行動 Actions during a Lunch Break

S216 ☐ 列を作る
form a line

S217 ☐ 料理を運ぶ
choose a dish

S218 ☑ (ランチの)勘定を払う
pay for lunch

S219 ☐ 空席を探す
look for a vacant seat

S220 ☑ 残さず食べる
eat everything up

S221 ☐ テーブルを片づける
clear the table

S222 ☐ 本を読む
read a book

S223 ☑ 昼寝をする
take a nap

S224 ☐ 音楽を聞く
listen to music

S225 ☐ ベンチでおしゃべりをする
chat on a bench

S226 ☐ 屋上でくつろぐ
relax on the roof

S227 ☐ ダンスの練習をする
practice dancing

与える・もらう

778 ☐ **present**¹　B2
動 [prizént | プリゼント]
名 [prézənt | プレズント]
🔊 アクセント　A1

動〈贈り物・賞などを〉贈る
➡【present Ⓑ to Ⓐ】または
【present Ⓐ with Ⓑ】ⒶにⒷを贈る
名贈り物，プレゼント
　🔹 present には「出席している」，「現在の」
　という意味もあります．

779 ☐ **grant**
[grǽnt | グラぁント]　B1

動〈権利・許可などを〉与える
➡【grant Ⓐ Ⓑ】ⒶにⒷを与える

780 ☐ **take it for granted that ...**

（確認しないで）…を当然のことと決め込む

781 ☐ **receive**
[risíːv | リスィーヴ]　A2

動〈送られたものなどを〉受け取る
関連 reception 受け入れること，歓迎会
対義 send 送る

喜び・感謝

782 ☐ **lucky**
[lʌ́ki | らキ]　A1

形幸運な
関連 luck 運　対義 unlucky 不運な
➡【it is lucky for Ⓐ to do】
　Ⓐが…するのは幸運だ

783 ☐ **glad**
[glǽd | グらぁッド]　A1

形 １〈人が〉うれしい；喜んで（いる）
➡【be glad about Ⓐ】Ⓐを喜んでいる
➡【be glad to do】…してうれしい
２〈人が〉喜んで…する
➡【be glad to do】喜んで…する

784 ☐ **pleased**
[plíːzd | プリーズド]　A2

形（…に）喜んで（いる）（with ...）
関連 pleasant 楽しい，please 喜ばせる，
pleasure 楽しみ
➡【be pleased to do】…してうれしい

785 ☐ **appreciate**
[əpríːʃièit | アプリーシエイト]　A2

動 １〈好意などを〉ありがたく思う
関連 appreciation 感謝
２〈努力などを〉高く評価する
関連 appreciation（正しい）評価

214

☑ チャンク present a prize	賞を贈る
☑ I presented a ring to her. [≒ I presented her with a ring.]	▶私は彼女に指輪を贈った.
☑ Thank you for your Christmas present.	▶クリスマスプレゼントをありがとう.

☑ チャンク grant permission	許可を与える
☑ The government granted him Japanese citizenship.	▶政府は彼に日本の市民権を与えた.
☑ I just took it for granted that you knew the truth.	▶私は君が真実を知っていると当然のように思っていた.

☑ チャンク receive a gift	贈り物を受け取る
☑ I received a letter from my sister in Egypt.	▶私はエジプトにいる姉からの手紙を受け取った.

☑ チャンク Count yourself lucky.	あなたは運がいい.
☑ Bob is a lucky person.	▶ボブは運のいい人だ.
☑ It was lucky for me to see the whales.	▶クジラを見ることができたのは幸運だった.

☑ チャンク I'm so glad for you!	よかったね!
☑ She was glad about your success.	▶彼女はあなたの成功を喜んでいましたよ.
☑ I'm very glad to hear from you.	▶君からお便りをもらってとてもうれしい.
☑ I'd be glad to help you.	▶ぜひお手伝いさせてください (＠ 私は喜んであなたを手伝う).

☑ チャンク I'm so pleased.	とてもうれしいです.
☑ She is pleased with the result.	▶彼女はその結果に喜んでいる.
☑ I'm pleased to meet you.	▶お会いできてうれしいです.

☑ チャンク appreciate this opportunity	この機会をありがたく思う
☑ I really appreciate your help.	▶あなたの助力に心から感謝します.
☑ His English skills are highly appreciated by the company.	▶彼の英語力は会社から高く評価されている.

STAGE 5

215

芸術

786 ☑ **art**
[á:rt | アート] `A1`

名 芸術, 美術
関連 **artist** 芸術家, **artistic** 芸術的な

787 ☑ **design**
[dizáin | ディザイン] `A1`

名 デザイン

`B1` 動 …をデザインする
関連 **designer** デザイナー

788 ☑ **dance**
[dǽns | ダぁンス] `A1`

名 踊り, ダンス

`A1` 動 踊る, ダンスをする

789 ☑ **theater**
[θí:ətər | すィーアタ] `A1`

名 劇場;映画館

飲食

790 ☑ **delicious**
[dilíʃəs | デリシャス] `A1`

形 〈食べ物が〉(非常に)おいしい

791 ☑ **sweet**
[swí:t | スウィート] `A1`

形 **1** 〈食べ物が〉甘い

2 (性格が)優しい

792 ☑ **bitter**
[bítər | ビタ] `B1`

形 **1** 〈食べ物が〉苦い

2 〈出来事などが〉つらい

793 ☑ **meal**
[mí:l | ミーる] `A1`

名 (定時の)食事

794 ☑ **meat**
[mí:t | ミート] `A1`

名 (食用の)肉
関連 **flesh** (食用ではない) 肉

795 ☑ **vegetable**
[védʒitəbl | ヴェヂタブる] `A1`

名 野菜
関連 **vegetarian** 菜食主義者

796 ☑ **fruit**
[frú:t | ふルート] `A1`

名 果物, 果実

797 ☑ **bear fruit**

〈努力などが〉成果をあげる

798 ☑ **alcohol**
[ǽlkəhɔ̀:l | あるコホーる] `B1`

名 アルコール(飲料), 酒

☐ チャンク **a work of** art — 芸術**作品**
☐ I want to study Japanese **art**. ▶私は日本の美術を勉強したい.

☐ チャンク **interior** design — インテリア**デザイン**
☐ I study graphic **design**. ▶私はグラフィックデザインを勉強している.
☐ She has **designed** a lot of beautiful wedding dresses. ▶彼女にはたくさんの美しいウェディングドレスをデザインした経験がある.

☐ チャンク **a folk** dance — フォーク**ダンス**
☐ We did some traditional **dances**. ▶私たちはいくつかの伝統的な踊りを踊った.
☐ Let's **dance** together! ▶いっしょに踊ろうよ!

☐ チャンク **a movie** theater — **映画**館
☐ My parents often go to the **theater**. ▶私の両親はよく劇場に足を運ぶ.

☐ チャンク **delicious** pasta — おいしい**パスタ**
☐ This cheese is **delicious**! ▶このチーズ, おいしい!

☐ チャンク **a sweet** cake — 甘い**ケーキ**
☐ This coffee is too **sweet** for me. ▶このコーヒーは私には甘すぎる.
☐ How **sweet** of you to help me! ▶手伝ってくれるなんて優しいのね!

☐ チャンク **bitter** chocolate — 苦味のある**チョコレート**
☐ The tea was really **bitter**. ▶そのお茶はほんとうに苦かった.
☐ He has a **bitter** memory. ▶彼にはつらい思い出がある.

☐ チャンク **prepare a** meal — **食事**を用意する
☐ He has only two **meals** a day. ▶彼は1日に2回しか食事をとらない.

☐ チャンク **raw** meat — **生肉**
☐ **Meat** or fish? ▶肉料理と魚料理のどちらになさいますか?

☐ チャンク **organic** vegetables — **有機野菜**
☐ We grow **vegetables**. ▶私たちは野菜を栽培している.

☐ チャンク **tropical** fruits — トロピカル**フルーツ**
☐ I like fresh **fruit**. ▶私は新鮮な果物が好きだ.
☐ Your constant effort will bear **fruit**. ▶君の地道な努力は成果をあげるだろう.

☐ チャンク **low-alcohol** beer — 低アルコール**ビール**
☐ My father never drinks **alcohol**. ▶父はアルコール飲料をいっさい飲まない.

STAGE 5

217

関係

799 ☐ **related**
[riléitid | リれイティッド]
`B2`
形 (…と)関係がある(to ...)
　関連 relation 関係, relationship (親密な) 関係

800 ☐ **relative**
[rélətiv | レらティヴ]
`B1` 形 相対的な
　対義 absolute 絶対的な

`B1` 名 親戚(しんせき)

801 ☐ **involve**
[inválv | インヴァるヴ]
`B1`
動 (必然的に)…を含む, 伴う

802 ☐ **be involved in ...**
〈活動などに〉関係している

803 ☐ **except**
[iksépt | イクセプト]
`A2`
前 …以外(に)は, …を除いて
　関連 exception 例外,
　　　exceptional 特にすぐれている

804 ☐ **except for ...**
…を除けば

距離・親密さ

805 ☐ **close**¹
[klóus | クろウス]
🔊 発音
`A1` 形 **1** (距離・時間が)(…に)近い(to ...)

2 (…と)(関係が)親密な, 密接な(to ...)
　関連 closely 密接に

副 (距離が)接近して, すぐ近くに

806 ☐ **familiar**
[fəmíljər | ふァミリャ]
形 **1** 〈物事が〉よく知られている
　➡【be familiar to Ⓐ】Ⓐによく知られている
2 〈人が〉(物事を)よく知っている
`A2`
　➡【be familiar with Ⓐ】Ⓐをよく知っている

807 ☐ **separate**
動 [sépərèit | セパレイト]
形 [sépərit | セパレット]
🔊 発音
`B2` 動 〈2つの人や物などを〉分けている, 分ける
　関連 separation 分離

`A2` 形 (…から)分かれている, 離れている(from ...)
　関連 separately 分かれて

☑ チャンク **a related issue**	関係のある**問題**
☑ Physics is closely **related to** mathematics.	▶物理学は数学と深い関係がある.

☑ チャンク **a relative value**	相対的な**価値**
☑ We considered the **relative** merits of the two plans.	▶我々はその2つの企画の利点を比較検討した (🔍 相対的な利点について熟考した).

☑ He is a distant **relative** of mine.	▶彼は私の遠い親戚だ.

☑ チャンク **involve risk**	**危険**を伴う
☑ Her job **involves** traveling abroad once a month.	▶彼女の仕事は月に1回の海外出張を伴う.

☑ He **is involved in** the new project.	▶彼はその新プロジェクトに関係している.

☑ チャンク **except Christmas**	**クリスマス**を除いて
☑ The store is open every day **except** Sundays.	▶その店は日曜以外は毎日あいている.

☑ **Except for** the weather, it was a wonderful holiday.	▶天気を除けば, すばらしい休日だった.

☑ チャンク **at close range**	近**距離で**
☑ The school is **close to** the church.	▶その学校は教会の近くにある.
☑ The word "affluent" is **close to** "rich" in meaning.	▶ "affluent" は意味としては "rich" に近い.

☑ We danced **close**.	▶ぼくたちは寄り添って踊った.

☑ チャンク **a familiar sight**	見慣れた**光景**
☑ Her name **is familiar to** Japanese people.	▶彼女の名前は日本人によく知られている.
☑ I'm not really **familiar with** this town yet.	▶私はこの町のことはまだあまり知らない.

☑ チャンク **separate the eggs**	**卵の黄身と白身を**分ける
☑ This river **separates** the two towns.	▶この川が2つの町の境になっている (🔍 2つの町を分けている).

☑ The smoking area is kept **separate from** the non-smoking area.	▶喫煙エリアは禁煙エリアから分けられている.

STAGE 5

219

つかむ・捕らえる

808 ☑ **catch**
[kǽtʃ | キぁッチ]
過去・過分 caught
A1

動 **1** 〈空中の物などを〉キャッチする, つかまえる

2 …を目撃する
⟶【catch Ⓐ doing】Ⓐが…しているのを
目撃する

809 ☑ **catch up with ...**

…に追いつく

810 ☑ **trap**
[trǽp | トゥラぁップ]
A2

名 (獲物などを捕らえる)わな

動 …を(危険な場所に)閉じ込める(◆通例受身で)
⟶【be trapped in Ⓐ】Ⓐに閉じ込められる

811 ☑ **capture**
[kǽptʃər | キぁプチャ]
B1

動 〈人・動物などを〉捕らえる

連続・継続・中断

812 ☑ **continue**
[kəntínju: | コンティニュー]
A2

動 〈行動などを〉続ける;
〈動作・状態が〉(切れ目なく)続く
関連 continual (好ましくないことが)断続的な,
continuous 絶え間ない
⟶【continue doing [to do]】…し続ける

813 ☑ **last**
[lǽst | らぁスト]
B1

動 (一定の期間)続く
関連 lasting 永続する

814 ☑ **constant**
[kánstənt | カンスタント]
B2

形 **1** 絶え間ない
関連 constantly 絶えず

2 (状態が)一定の

815 ☑ **disturb**
[distə́:rb | ディスタ〜ブ]
A2

動 〈休息・睡眠などを〉じゃまする, 妨げる
関連 disturbance 混乱,
disturbing 動揺させるような

816 ☑ **pause**
[pɔ́:z | ポーズ]
B1

動 (会話などにおいて)小休止する,
(少しの間)中断する

B1 名 (会話などにおける)小休止, (少しの間の)中断

☑ チャンク catch **a ball**	ボールをキャッチする
☑ My dog can **catch** a frisbee in his mouth.	▶私の犬は口でフリスビーをキャッチできる.
☑ I **caught** a boy **shoplifting**.	▶私は1人の少年が万引きしているところを目撃した.
☑ I'll **catch up with** you soon.	▶すぐに君に追いつくからね.

☑ チャンク set **a trap**	わなを仕掛ける
☑ The gang fell into the police **trap**.	▶そのギャング団は警察のわなにかかった.
☑ We **were trapped in** the elevator.	▶私たちはそのエレベーターの中に閉じ込められた.

☑ チャンク capture **a bird**	鳥を捕らえる
☑ The police **captured** the suspect.	▶警察はその容疑者を逮捕した.

☑ チャンク continue **the discussion**	話し合いを続ける
☑ Clear weather will **continue** for a while.	▶好天はしばらくの間続くでしょう.
☑ She **continued helping** [to help] poor people.	▶彼女は貧しい人々を援助し続けた.

☑ チャンク last **for a week**	1週間続く
☑ The festival **lasted** for three days.	▶その祭りは3日間続いた.

☑ チャンク a constant **stream**	絶え間ない流れ
☑ They need a **constant** supply of food and water.	▶彼らは食糧と水の絶え間ない供給を必要としている.
☑ Keep the temperature **constant**.	▶温度を一定に保ちなさい.

☑ チャンク disturb **my rest**	私の休息を妨げる
☑ Don't **disturb** the sleeping baby.	▶眠っている赤ちゃんを起こさないでね.

☑ チャンク pause **for breath**	一息つく
☑ She **paused** for a moment and said, "Yes."	▶彼女は一瞬だまり(⑩ 話すのをやめ), そして「イエス」と言った.
☑ After a **pause**, he started talking again.	▶小休止の後, 彼は再び話しはじめた.

STAGE 5

221

海・陸

817 ☑ **ocean**
[óuʃn | **オ**ウシャン] **B1**

名 大洋；海

818 ☑ **continent**
[kántənənt | **カ**ンティネント] **A2**

名 大陸(◆アジア・アフリカ・北米・南米・南極・
ヨーロッパ・オーストラリアのうちの１つ)

819 ☑ **land**
[lǽnd | **ら**ぁンド]

B1 名 (「海」に対する)陸(◆「空」に対する「地上」は ground
という)

A2 動 〈飛行機が〉着陸する
対義 **take off** 離陸する

820 ☑ **wave**
[wéiv | **ウェ**イヴ]

A2 名 波

B1 動 (自分に注目させるために)…を振る

閉じる・閉める

821 ☑ **close²**
[klóuz | ク**ろ**ウズ]
🔊 発音

動 **1** 〈ドア・窓などを〉閉じる, 閉める
関連 **closed** 閉じた
対義 **open** あける
2 〈店・工場などを〉閉める
関連 **closure** 閉鎖
A1 対義 **open** 開く

822 ☑ **shut**
[ʃʌ́t | **シャ**ット]
過去・過分 shut **A2**

動 〈ドア・窓などを〉閉じる, 閉める(◆close と同義)
関連 **shutter** シャッター
対義 **open** あける

823 ☑ **shut down**

〈店・工場などを〉閉める, 閉鎖する

824 ☑ **shut up**

〈人が〉黙る(◆通例命令文で)

825 ☑ **lock**
[lák | **ら**ック]

動 〈ドアなどに〉かぎを掛ける；
〈ドアなどの〉かぎが掛かる
関連 **locker** ロッカー
対義 **unlock** 錠をあける

B1

☑ チャンク the Pacific [Atlantic] Ocean　太平洋 [大西洋]

☑ We enjoyed swimming in the ocean.　▶私たちは海で泳ぐのを楽しんだ.

☑ チャンク the African continent　アフリカ大陸

☑ The five rings on the Olympic flag symbolize the five continents.　▶オリンピックの旗の5つの輪は5大陸を象徴している.

☑ チャンク travel by land　陸路で旅をする

☑ We finally came to land.　▶私たちはとうとう陸地にたどり着いた.

☑ The plane landed on schedule.　▶その飛行機は定刻通りに着陸した.

☑ チャンク a high wave　高波

☑ The children were playing in the waves.　▶その子どもたちは波とたわむれていた.

☑ He waved his hat at me in welcome.　▶彼は歓迎のしるしに私に向かって帽子を振った.

☑ チャンク close the window　窓を閉める

☑ Please close the door.　▶ドアを閉めてください.

☑ The shop was closed.　▶その店は閉まっていた.

☑ チャンク shut the door　ドアを閉める

☑ Could you shut the window?　▶窓を閉めてくださいませんか？

☑ The factory was shut down soon after the accident.　▶その事故のすぐ後, 工場は閉鎖された.

☑ Shut up!　▶黙りなさい！

☑ チャンク lock the door　ドアにかぎを掛ける

☑ All the guest room doors lock automatically in this hotel.　▶このホテルの全客室のドアは自動的にかぎが掛かる.

STAGE 5

教育

826 ☑ **professor** [prəfésər｜プロ**ふェ**サ] **B1**		名 (大学の)教授(◆略語は Prof.)
827 ☑ **examination** [igzæmənéiʃn｜イグ**ザ**ぁミ**ネ**イション] **B1**		名 試験, テスト(◆略語は exam) **関連** **examine** 調査する
828 ☑ **graduate** **A2** 動 [grǽdʒuèit｜グ**ラ**ぁヂュエイト] 名 [grǽdʒuit｜グ**ラ**ぁヂュエット] **発音** **B1**		動 (学校などを)卒業する **関連** **graduation** 卒業 ➔ 【graduate from **Ａ**】**Ａ**を卒業する 名 (学校などの)卒業生

肯定・否定

829 ☑ **hardly** [há:rdli｜**ハ**ードリ] **A2**		副 ほとんど…ない
830 ☑ **hardly ever**		めったに…ない(◆rarely, seldomと同義)
831 ☑ **rarely** [réərli｜**レ**アリ] **B1**		副 めったに…ない **関連** **rare** まれな
832 ☑ **seldom** [séldəm｜**セ**るダム] **B2**		副 めったに…ない(◆rarely のほうがよく使われる)
833 ☑ **deny** [dinái｜ディ**ナ**イ] **B1**		動 …を否定する, 否認する **関連** **denial** 否定 **対義** **affirm** 肯定する ➔ 【deny *do*ing】…することを否定する
834 ☑ **positive** [pázitiv｜**パ**ズィティヴ] **B1**		形 **1** (考え方などが)積極的な, 前向きな **2** (よいことが起こると)確信している ➔ 【be positive about **Ａ**】**Ａ**を確信している
835 ☑ **negative** [négətiv｜**ネ**ガティヴ] **A2**		形 **1** (意味・内容が)否定の, 打ち消しの **2** (考え方などが)消極的な
836 ☑ **indeed** [indí:d｜イン**ディ**ード] **A2**		副 **1** (肯定の内容を強調して)確かに, ほんとうに **2** 実は, 実際は

☑ **チャンク** a college professor	大学教授
☐ She is a **professor** of Law.	▶彼女は法学の教授だ.
☑ **チャンク** pass an examination	試験に受かる
☐ We have an **examination** in English next week.	▶私たちは来週英語のテストがある.
☑ **チャンク** graduate from high school	高校を卒業する
☐ My brother **graduated from** college last year.	▶兄は去年大学を卒業した.
☐ She is an Oxford **graduate**.	▶彼女はオックスフォード大学の卒業生だ.

☑ **チャンク** hardly know the book	その本についてはほとんど知らない
☐ I can **hardly** swim.	▶私はほとんど泳げない.
☐ Bob **hardly ever** gets up late.	▶ボブはめったに寝坊しない.
☑ **チャンク** be rarely used	めったに使われない
☐ Ms. Hudson **rarely** gets angry.	▶ハドソン先生はめったに怒らない.
☑ **チャンク** be seldom late	めったに遅刻しない
☐ He **seldom** watches TV.	▶彼はめったにテレビを見ない.
☑ **チャンク** deny a charge	容疑を否認する
☐ She **denied** the report.	▶彼女はその報道を否定した.
☐ The boy **denied stealing** the money.	▶その少年はそのお金を盗んでいないと言った (🔄 盗んだことを否定した).
☑ **チャンク** a positive answer	肯定的な答え
☐ His view of life is very **positive**.	▶彼の人生観はとても前向きだ.
☐ I am **positive about** my success as a singer.	▶私は歌手としての自分の成功を確信している.
☑ **チャンク** a negative sentence	否定文
☐ He cast a **negative** vote.	▶彼は反対票を投じた.
☐ Don't be so **negative**.	▶そんなに消極的にならないで.
☑ **チャンク** Thank you very much indeed.	ほんとうにありがとうございました.
☐ "Haruka is a good singer." "Yes, **indeed**."	▶「遥は歌がうまいね」 「うん, ほんとうにそうだね」
☐ I'm not angry at all. **Indeed** I'm pleased.	▶私はちっとも怒っていませんよ. 実は喜んでいるのです.

生物

837 ☑ **evolve**
[iválv | イ**ヴァ**るヴ] B2
動〈生物が〉進化する
関連 evolution 進化

838 ☑ **species**
[spíːʃiːz | ス**ピー**シーズ]
複数 species B2
名（生物分類上の）種

839 ☑ **dinosaur**
[dáinəsɔ̀ːr | **ダ**イノソー（ア）] A2
名恐竜

840 ☑ **female**
[fíːmeil | **ふィー**メイる] A2
形女の；（生体組織が）雌の

841 ☑ **male**
[méil | **メ**イる] B1
形男の；（生体組織が）雄の

842 ☑ **extinct**
[ikstíŋkt | イクス**ティ**ンクト] B1
形〈生物が〉絶滅した
関連 extinction 絶滅

病 気・医 療

843 ☑ **medical**
[médikl | **メ**ディクる] A2
形医学の，医療の

844 ☑ **medicine**
[médəsn | **メ**ディスン] A1
名薬；内服薬

845 ☑ **sick**
[sík | ス**ィック**] A1
形１〈人・動物などが〉病気の
関連 sickness 病気（の状態）
対義 healthy 健康な
２吐き気がする

846 ☑ **headache**
[hédèik | **ヘ**ッドエイク] A1
名頭痛
関連 backache 腰痛, stomachache 腹痛,
toothache 歯痛

847 ☑ **cancer**
[kǽnsər | **キ**ぁンサ] B1
名（病気の）癌（ん）

848 ☑ **nurse**
[nə́ːrs | **ナ**～ス]
A1
名看護師
関連 nursery 保育所, nursing 介護
B1
動〈病人などを〉看護[看病]する

START ⎯⎯⎯⎯⎯⎯⎯⎯⎯⎯⎯⎯⎯⎯⎯⎯ GOAL

☐ チャンク **evolve from fish** 　　魚類から進化する
☐ Living things continue to **evolve**. ▶生物は進化しつづける.

☐ チャンク **the human species** 　　人類
☐ This bird is an endangered **species**. ▶この鳥は絶滅のおそれのある種だ.

☐ チャンク **a giant dinosaur** 　　巨大な恐竜
☐ There were a lot of **dinosaurs** once on the earth. ▶かつて地球上にはたくさんの恐竜がいた.

☐ チャンク **a female lion** 　　雌のライオン
☐ I met a **female** student there. ▶私はそこで1人の女子学生と出会った.

☐ チャンク **a male flower** 　　雄花
☐ There are a lot of **male** nurses at the hospital. ▶その病院には男性の看護師がたくさんいる.

☐ チャンク **an extinct animal** 　　絶滅した**動物**
☐ Ammonites are an **extinct** species. ▶アンモナイトは絶滅種だ.

☐ チャンク **a medical doctor** 　　医学博士
☐ My sister entered **medical** school. ▶私の姉は医学部に入学した.

☐ チャンク **cold medicine** 　　かぜ薬
☐ Take this **medicine** three times a day after each meal. ▶この薬を1日3回食後に服用してください.

☐ チャンク **get sick** 　　病気になる
☐ She is **sick** in bed. ▶彼女は病気で寝込んでいる.
☐ I felt a little **sick** after the marathon race. ▶マラソンの後, 私は少し吐き気を催した.

☐ チャンク **a bad headache** 　　ひどい頭痛
☐ I sometimes have a mild **headache**. ▶私はときどき軽い頭痛がする.

☐ チャンク **stomach cancer** 　　胃癌
☐ He got lung **cancer**. ▶彼は肺癌になった.

☐ チャンク **a student nurse** 　　看護学生
☐ Carol is a head **nurse**. ▶キャロルは看護師長だ.
☐ I **nursed** my sick mother all night. ▶私は夜通し, 病気の母親の看病をした.

STAGE 5

227

病気・医療

849 ☑ **health**
[hélθ | へるす] A1

名（身体・精神の）健康
関連 **healthy** 健康な

850 ☑ **disease**
[dizí:z | ディズィーズ] B1

名（具体的な）病気（◆漠然と「病気（の状態）」を指す語は sickness, illness）

851 ☑ **hospital**
[háspitl | ハスピトゥる] A1

名病院
関連 **hospice** ホスピス

852 ☑ **patient**
[péiʃnt | ペイシェント] A2

名（病院の）患者

B1 形（人に対して）我慢強い，辛抱強い（with ...）
関連 **patience** 忍耐（力），**patiently** 我慢強く
対義 **impatient** 我慢できない

853 ☑ **drug**
[drʌ́g | ドゥラッグ] A2

名薬（◆medicine のほうがよく用いられる）；麻薬
関連 **drugstore** ドラッグストア

反応・応答・返答

854 ☑ **answer**
[ǽnsər | あンサ] A1

名（質問などへの）答え；（手紙などへの）返事
対義 **question** 質問

A1 動〈質問・手紙などに〉答える，返事をする
関連 **answering machine** 留守番電話

855 ☑ **respond**
[rispánd | リスパンド] B1

動 **1** （要望などに）応じる
☞【respond to Ⓐ】Ⓐに応じる
2 （質問・手紙などに）答える，返事をする
関連 **response** 応答
☞【respond to Ⓐ】Ⓐに答える

856 ☑ **reply**
[riplái | リプらイ] B1

動（質問・手紙などに）答える，返事をする
（◆respond と同義）
☞【reply to Ⓐ】Ⓐに返事をする

A2 名（質問・手紙などへの）返事，返答

857 ☑ **react**
[riǽkt | リあクト] B1

動（周囲の変化・知らせなどに）反応する
関連 **reaction** 反応，**reactor** 原子炉
☞【react to Ⓐ】Ⓐに反応する

☑ チャンク **be in good** health　　健康である

☑ Swimming is good for your **health**.　▶水泳は健康によい.

☑ チャンク **cure** disease　　病気を治療する

☑ We don't know what caused the **disease**.　▶何がその病気の原因なのか分からない.

☑ チャンク **an emergency** hospital　　救急病院

☑ He is in the **hospital** now.　▶彼は今入院して(⬛ 病院に入って)いる.

☑ チャンク **an elderly** patient　　年配の患者

☑ The doctor has saved a lot of cancer **patients**.　▶その医者は今までにたくさんの癌(ガ)患者を救ってきた.

☑ You have to be more **patient with** small children.　▶小さい子どもに対してはもっと辛抱強くならなければいけませんよ.

☑ チャンク **prescribe a** drug　　薬を処方する

☑ It is a crime to take **drugs**.　▶麻薬をやるのは犯罪だ.

☑ チャンク **a clear** answer　　明確な答え

☑ I'm looking forward to your **answer**.　▶(手紙の)お返事をお待ちしています.

☑ Please **answer** my question.　▶私の質問に答えてください.

☑ チャンク **respond to a** demand　　要望に応じる

☑ Haruka **responded to** my proposal with a smile.　▶遥は私の申し出ににっこり笑って応じた.

☑ I **responded to** her letter after a few days.　▶私は数日後に彼女の手紙に返事を出した.

☑ チャンク **reply to an** e-mail　　Eメールに返信する

☑ He didn't **reply to** my question.　▶彼は私の質問に答えなかった.

☑ I got a **reply** from my sister in Italy.　▶イタリアにいる姉から(手紙の)返事が来た.

☑ チャンク **react to** change　　変化に反応する

☑ He **reacted to** the news angrily.　▶彼はその知らせに怒った(⬛ 怒って反応した).

STAGE 5

229

重要基本語句

858 ☑ **keep** 〜習p.435 [道場] [kíːp｜キープ] [過去・過分] kept	**動 1** (ずっと)…の状態にある(◆remain と同義) **2** …を(…の状態に)保つ 👉【keep Ⓐ Ⓑ】ⒶをⒷの状態に保つ 👉【keep Ⓐ *do*ing】Ⓐに…させ続ける **3** …し続ける(◆continue と同義) 👉【keep (on) *do*ing】…し続ける **4** …を持ち続ける, 取っておく [対義] **lose** 失う **5** 〈約束・秘密などを〉守る [A1]	

859 ☑ **keep Ⓐ from *do*ing**	Ⓐに…させないようにする

860 ☑ **keep up**	…を続ける；…を維持する

861 ☑ **keep up with ...**	…に遅れずについて行く

862 ☑ **stand** [sténd｜スタぁンド] [過去・過分] stood	**動 1** 〈人・動物・建物などが〉立つ, 立っている (◆しばしば up を伴う) [対義] **sit** 座る 👉【stand still】動かずに立っている **2** 〈不快なことを〉我慢する 👉【stand *do*ing [to *do*]】…することを我慢する 👉【stand Ⓐ *do*ing】Ⓐが…するのを我慢する [A2]

863 ☑ **stand by (...)**	**1** …を支援する, …の味方をする **2** 傍観する, 何もせずに見ている

864 ☑ **stand for ...**	…を表す

865 ☑ **stand out**	(人目を引き)目立つ

☑ **チャンク Keep warm.** 　　　　　暖かくしていなさい.

☑ He **kept** quiet throughout the meeting. ▶ミーティングの間, 彼はずっとだまっていた (⬚ 静かな状態にあった).

☑ **Keep** your room clean. ▶自分の部屋を清潔にしておきなさい.

☑ I'm sorry to have **kept** you **waiting**. ▶お待たせしてごめんなさい.

☑ You should **keep on trying**. ▶あなたは挑戦を続けるべきだ.

☑ **Keep** the ring in a safe place. ▶その指輪は安全な所にしまっておくのよ.

☑ I hope you will **keep** your promise. ▶約束を守ってくださいね.

☑ The heavy rain **kept** us **from going** out. ▶大雨で我々は外出できなかった (⬚ 大雨は我々に外に行かないようにした).

☑ **Keep up** the good work. ▶その調子でがんばってね (⬚ いい仕事ぶりを維持しなさい).

☑ My brother walks so fast that I can't **keep up with** him. ▶兄は歩くのがとても速いので私は彼について行けない.

☑ **チャンク stand before the mirror** 　　鏡の前に立つ

☑ **Stand up**, everyone. ▶みんな, 立ち上がって.

☑ Please **stand still** while I'm taking your picture. ▶私が (あなたの) 写真を撮っている間, 動かないでくださいね.

☑ I can't **stand** this heat. ▶この暑さは我慢できない.

☑ I can't **stand waiting** [to wait] any longer. ▶これ以上待つなんて我慢できない.

☑ I won't **stand** you **talking** that way. ▶そんな口のきき方は許しませんよ (⬚ 私はあなたがそのように話すのを我慢しない).

☑ Bill always **stood by** me when I was young. ▶少年時代, ビルはいつも私の味方だった.

☑ I couldn't **stand by** and watch the fight. ▶私はそのけんかをだまって見ていることができなかった.

☑ "UN" **stands for** "United Nations." ▶ UN は United Nations (国際連合) を表す.

☑ She is so beautiful that she **stands out** in a crowd. ▶彼女はとても美しいので, 人込みの中でも目立つ.

重要基本語句

866 ☑ **put** [pút｜プット] 過去・過分 put **A1**	動 **1** …を(ある場所に)置く **2** …を(ある状態に)する
867 ☑ **put off**	〈予定などを〉延期する(◆postponeと同義)
868 ☑ **put on**	〈服などを〉身につける 対義 **take off** …を脱ぐ
869 ☑ **put out**	〈火などを〉消す
870 ☑ **put together**	〈ばらばらに分かれている物を〉組み立てる
871 ☑ **put up with ...**	(不平を言わずに)…を我慢する
872 ☑ **run** [rʌn｜ラン] 過去 ran 過分 run **A1**	動 **1** 〈人・動物などが〉走る **2** 〈液体が〉流れる **3** 〈店などを〉経営する
873 ☑ **run away**	(人目を忍んで)逃げる
874 ☑ **run into ...**	**1** 〈困難などに〉(不意に)出くわす **2** 〈人に〉偶然会う
875 ☑ **run out of ...**	〈燃料・お金などを〉使い果たす
876 ☑ **in the long run**	長期的に見れば
877 ☑ **care** [kéər｜ケア] **A1**	名 **1** (損害などを被らないための)注意 関連 **careful** 注意深い **2** (病人や老人などの)世話 **3** 心配, 悩み
	B1 動 **1** (重要な問題について)気にする(about ...) **2** …したいと思う(◆通例否定文・疑問文で用いる) ☞【**care to** do】…したいと思う
878 ☑ **take care to** do	…に注意する
879 ☑ **take care of ...**	〈手助けが必要な人などの〉世話をする
880 ☑ **care for ...**	…が好きである(◆通例否定文・疑問文で用いる)

☑ チャンク put the milk in the fridge　牛乳を冷蔵庫に入れる

- ☑ I **put** my bag on the desk. ▶私はかばんを机の上に置いた.
- ☑ My coach's advice **put** me under pressure. ▶コーチのアドバイスは私を緊張させた（⑩ 緊張状態にした）.
- ☑ I had to **put off** the trip till the next month. ▶私はその旅行を翌月まで延期しなければならなかった.
- ☑ My husband always helps me **put on** my coat. ▶夫は私がコートを着るのをいつも手伝ってくれる.
- ☑ Don't forget to **put out** the fire. ▶火を消すのを忘れないでね.
- ☑ It took me two hours to **put together** this plastic model. ▶このプラモデルを組み立てるのに2時間かかった.
- ☑ I can't **put up with** his complaints anymore. ▶彼の愚痴(ぐ)にはもうこれ以上我慢できない.

☑ チャンク run slowly　ゆっくり走る

- ☑ I **ran** to the station. ▶私は駅まで走った.
- ☑ The river **runs** into the sea. ▶その川は海へ流れ込んでいる.
- ☑ She **runs** a flower shop. ▶彼女は花屋を経営している.
- ☑ They **ran away** from the town. ▶彼らは町から逃げ出した.
- ☑ The new project **ran into** difficulties. ▶その新事業は困難に出くわした.
- ☑ I **ran into** him yesterday. ▶きのう私は彼に偶然会った.
- ☑ Our car **ran out of** gas. ▶私たちの車のガソリンが切れた.
- ☑ This experience will be good for you **in the long run**. ▶長期的に見ればこの経験はあなたのためになるでしょう.

☑ チャンク Handle with Care.　取り扱い注意. （掲示）

- ☑ She walked with great **care**. ▶彼女は注意深く歩いた.
- ☑ He is under a doctor's **care**. ▶彼は医者の世話になっている.
- ☑ I was free from **care** then. ▶そのころの私には心配事がなかった.
- ☑ Nowadays a lot of people **care about** the environment. ▶最近は多くの人が環境について考えている.
- ☑ **Would** you **care to** have something to drink? ▶何かお飲みになりますか？
- ☑ **Take care to** carry the glasses. ▶注意してグラスを運んでね.
- ☑ He **takes care of** his old parents. ▶彼は年老いた両親の世話をしている.
- ☑ I didn't much **care for** them. ▶私は彼らがあまり好きではなかった.

STAGE 5

233

基本単語 コーパス道場 5

ask [ǽsk | あスク] →p. 138

コアイメージ 「言葉を使って情報や助けを求める」

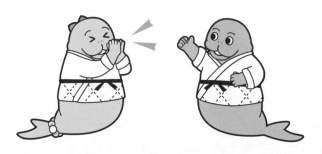

213 [ask for + 名詞] ランキング

☑ S228 第1位 ask for help ▶ 助けを求める

☐ Don't ask for help so soon. ▶ そんなにすぐ助けを求めるな.

☑ S229 第2位 ask for advice ▶ アドバイスを求める

☐ She asked for advice from her teacher. ▶ 彼女は教師にアドバイスを求めた.

☑ S230 第3位 ask for information ▶ 情報を求める

☐ The tourist asked for information at the tourist office. ▶ その観光客は, 観光案内所で情報を求めた.

☑ S231 第4位 ask for money ▶ お金を無心する

☐ Some people were asking for money on the street. ▶ 通りでお金を求めている人々がいた.

☑ S232 第5位 ask for details ▶ 詳細な情報を求める

☐ He asked for details on the phone. ▶ 彼は電話口で詳細な情報を求めた.

give [gív | ギブ] →p. 138

コアイメージ 「自分から相手へ与える」

[give + 名詞] ランキング

☑ S233 **第1位** give a chance ▶ チャンスを与える

☑ She gave a second chance to her boyfriend. ▶ 彼女はボーイフレンドにセカンドチャンスを与えた.

☑ S234 **第2位** give time ▶ 時間を与える

☑ I gave myself time to think carefully about it. ▶ 私は，それについてしっかり考えるために時間を取った.

☑ S235 **第3位** give an opportunity ▶ 機会を与える

☑ His parents gave an opportunity to him to study abroad. ▶ 彼の両親は，彼に留学する機会を与えた.

☑ S236 **第4位** give details ▶ 詳細を述べる

☑ We're giving details about the concert in a few hours. ▶ 数時間後，そのコンサートに関する詳細をお知らせいたします.

☑ S237 **第5位** give the impression of ... ▶ …という印象を与える

☑ He often gives the impression of being shy. ▶ 彼はよく内気という印象を与える.

6. 数

$$\frac{1}{3}$$

S238 ☑ 1/3
a third

$$\frac{3}{4}$$

S239 ☑ 3/4
three fourths

0.5

S240 ☑ 0.5
zero point five

3.14

S241 ☑ 3.14
three point one four

S242 ☑ 正方形
square[skwéər]

S243 ☑ 三角形
triangle[tráiæŋgl]

S244 ☑ 長方形
rectangle[réktæŋgl]

S245 ☑ 平行四辺形
parallelogram
[pæ̀rəléləgræ̀m]

S246 ☑ 台形
trapezoid[træpəzɔ̀id]

S247 ☑ 円
circle[sə́ːrkl]

S248 ☑ だ円
ellipse[ilíps]

S249 ☑ 円すい
cone[kóun]

S250 ☑ 球
sphere[sfíər]

S251 ☑ 円柱
cylinder[sílindər]

S252 ☑ 立方体
cube[kjúːb]

S253 ☑ 三角すい
triangular pyramid
[traiæ̀ŋgjələr pírəmid]

S254 ☑ 折れ線グラフ
line chart
[láin tʃɑ̀ːrt]

S255 ☑ 棒グラフ
bar chart
[báːr tʃɑ̀ːrt]

S256 ☑ 円グラフ
pie chart
[pái tʃɑ̀ːrt]

STAGE 6

平均単語レベル
高校発展

時期

881 ☑ **late**
[léit | れイト]
比較 later, latter
最上 latest, last

A1 形 **1** (…に)遅れた, 遅刻した(for ...)
　関連 **lately** 最近
　2 〈時刻が〉遅い
　対義 **early** 早い

A1 副 (時間・時刻が)遅く(まで)

882 ☑ **subsequent**
[sʌ́bsikwənt | サブスィクウェント]

形 (その)次の, (その)後の
　対義 **previous** 先の

883 ☑ **current**
[kə́:rənt | カ～レント]

B1 形 現在の, 現在起きている
　関連 **currently** 現在は

名 (水・空気などの)流れ

884 ☑ **recently**
[rí:sntli | リースントり]
A2

副 最近, 近ごろ(◆lately と同義)
　関連 **recent** 最近の

885 ☑ **adolescent**
[æ̀dəlésnt | あドれスント]

形 青年期の, 思春期の
　関連 **adolescence** 青年期

捨てる・むだにする

886 ☑ **waste**
[wéist | ウェイスト]

B1 名 (…の)むだ, 浪費(of ...);廃棄物

B1 動 〈金・労力などを〉むだに使う, 浪費する
　対義 **save** 節約する
　☞【**waste Ⓐ on Ⓑ**】Ⓐを Ⓑ にむだに使う

887 ☑ **garbage**
[gɑ́:rbidʒ | ガーベッヂ] A1

名 (台所の)生ごみ;(一般の)ごみ

宇宙

888 ☑ **universe**
[júːnivə̀:rs | ユーニヴァ～ス] B1

名 (全ての天体を含めた)宇宙
　関連 **universal** 全世界の

889 ☑ **solar**
[sóulər | ソウら] B2

形 太陽の
　関連 **lunar** 月の

890 ☑ **planet**
[plǽnit | ぷらぁネット]
A2

名 惑星(◆the sun(太陽)などの「恒星」は star)
　🔹 Mercury(水星), Venus(金星), the earth
　(地球), Mars(火星), Jupiter(木星), Saturn
　(土星), Uranus(天王星), Neptune(海王星)

☑ **チャンク** I'm sorry I'm **late**. 　　遅刻してごめんなさい.

☑ She was five minutes **late** for school. ▶彼女は学校に5分遅刻した.

☑ We had a **late** breakfast. ▶私たちは遅い朝食をとった.

☑ I stayed up **late** last night. ▶私は昨夜遅くまで起きていた.

☑ **チャンク** in **subsequent** years 　　その後数年の間に

☑ This discovery influenced his **subsequent** study. ▶この発見が彼のその後の研究に影響を与えた.

☑ **チャンク current** English 　　時事英語

☑ I don't like following **current** fashions. ▶流行のファッションを追うのは好きではない.

☑ A warm **current** of air formed. ▶暖気流が発生した.

☑ **チャンク** until **recently** 　　最近まで

☑ Bob bought a bike **recently**. ▶ボブは最近自転車を買った.

☑ **チャンク** an **adolescent** change 　　思春期の変化

☑ Such behavior is common in **adolescent** children. ▶そのような振る舞いは思春期の子どもの間ではよく見られる.

☑ **チャンク industrial** waste 　　産業廃棄物

☑ Gambling is a **waste** of money. ▶ギャンブルは金のむだだ.

☑ Don't **waste** your money on such a worthless thing. ▶そんなつまらないことにお金をむだに費やしちゃだめだよ.

☑ **チャンク** sort **garbage** 　　ごみを分別する

☑ Take out **garbage**. ▶ごみを出してね.

☑ **チャンク** everything in the **universe** 森羅万象(⦿ 宇宙の万物)

☑ I'm studying the origin of the **universe**. ▶私は宇宙の起源を研究している.

☑ **チャンク** the **solar** system 　　太陽系

☑ What do you think of **solar** energy? ▶太陽エネルギーについてどう思いますか?

☑ **チャンク** the **planet** Earth 　　惑星「地球」

☑ Are there other **planets** with life? ▶ほかに生命の存在する惑星はあるのだろうか?

情報・IT

891 ☑ **information**
[ìnfərméiʃn | インふォ**メ**イショ
ン]　　　　　**A1**

名情報
　🖉 information は複数形にはなりません.
　「1つの情報」は a piece of information,
　「2つの情報」は two pieces of information の
　ようにいいます.

892 ☑ **instruction**
[instrʌ́kʃn | インストゥ**ラ**ク
ション]　　　**B1**

名指示, 命令
　関連 instruct 指示する

893 ☑ **record**　　**B1**
　名 [rékərd | **レ**カド]
　動 [rikɔ́:rd | リ**コ**ード]　**A2**
　🔊 アクセント

名(最高)記録；(保存された)記録

動〈情報などを〉記録する

894 ☑ **off the record**

〈発言などが〉非公式の

895 ☑ **e-mail**
[í:mèil | **イ**ーメイる]　**A1**

名Eメール, 電子メール(◆electronic mail の略)

896 ☑ **cellular phone**
[séljələr fóun | **セ**リュら**ふォ**ウ
ン]

名携帯電話(◆米国では cell phone ともいう；
　英国では mobile phone がよく使われる)

897 ☑ **digital**
[dídʒitl | **ディ**ヂトゥる]　**B1**

形デジタル(式)の
　対義 analog アナログ(式)の

行事・儀式

898 ☑ **gift**
[gíft | **ギ**ふト]　　　**A1**

名❶ 贈り物(◆present よりも儀礼的な感じを伴う)

❷(…の)生まれつきの才能(for ...)

899 ☑ **ceremony**
[sérəmòuni | **セ**レモウニ]　**B1**

名(社会的・宗教的な)儀式, 式典

900 ☑ **wedding**
[wédiŋ | **ウェ**ディンッ]　**A2**

名結婚式(◆wedding ceremony ともいう)
　関連 funeral 葬式

901 ☑ **celebrate**
[séləbrèit | **セ**れブレイト]　**A1**

動〈特別な日・めでたいことを〉祝う
　関連 celebration 祝賀

☑ チャンク **personal** information 個人情報

☑ I got the **information** through the Internet. ▶私はその情報をインターネットで入手した.

☑ The man offered me **a piece of information**. ▶その男は私に 1 つの情報を提供した.

☑ チャンク **receive an** instruction 指示を受ける

☑ The computer carried out these **instructions**. ▶コンピューターはこれらの指示を実行した.

☑ チャンク **break a** record 最高記録を破る

☑ He keeps a **record** of his son's growth. ▶彼は息子の成長を記録している.

☑ She **recorded** the results of the experiment. ▶彼女は実験の結果を記録した.

☑ **Off the record**, he admitted the fact. ▶彼は非公式にその事実を認めた.

☑ チャンク **exchange** e-mails E メールをやり取りする

☑ I sent her a message by **e-mail**. ▶私は彼女に E メールでメッセージを送った.

☑ チャンク **a ring tone of a** cellular phone 携帯電話の**着信メロディ**

☑ Please turn off your **cellular phone** on the train. ▶電車内では携帯電話の電源をお切りください.

☑ チャンク **digital** broadcasting デジタル放送

☑ Do you have a **digital** camera? ▶デジタルカメラを持っていますか？

☑ チャンク **a birthday** gift 誕生日の贈り物

☑ This teddy bear is a Christmas **gift** from my parents. ▶このテディーベアは両親からのクリスマスプレゼントなの.

☑ He has a **gift for** painting. ▶彼には絵の才能がある.

☑ チャンク **attend a** ceremony 式に参列する

☑ The opening **ceremony** was fantastic. ▶その開会式はすばらしかった.

☑ チャンク **a wedding** reception 結婚披露宴

☑ I was invited to their **wedding**. ▶私は彼らの結婚式に招待された.

☑ チャンク **celebrate** the New Year 新年を祝う

☑ We **celebrated** her 80th birthday. ▶私たちは彼女の 80 歳の誕生日を祝った.

国家・人種・民族

902 ☑ **nation**
[néiʃn | ネイション]
A2

名 国, 国家(◆「国民の集まり」としての国で文化的な面が強調される)
関連 national 国の

903 ☑ **native**
[néitiv | ネイティヴ]
A2

形 **1** 〈国などが〉生まれ故郷の；〈言葉などが〉母国の
対義 foreign 外国の
2 (その土地に)固有の

名 (…)生まれの人(of ...)

904 ☑ **race**¹
[réis | レイス]
B1

名 人種；民族(◆身体的特徴が共通する)
関連 racial 人種の
🔖 race には「競走」,「競走する」という意味もあります.

住居・建築

905 ☑ **build**
[bíld | ビるド]
過去・過分 built
A1

動 〈建物などを〉建てる, 建設する
関連 building 建物

906 ☑ **build up**

…を(少しずつ)増やす

907 ☑ **construct**
[kənstrʌ́kt | コンストゥラクト]
B1

動 〈ビル・橋・道路などを〉建設する(◆build よりも大がかりで複雑な建造物の「建造過程」に重点が置かれる)
関連 construction 建設 **対義** destroy 破壊する

908 ☑ **apartment**
[əpáːrtmənt | アパートメント]
A2

名 アパート[マンション]の部屋(◆1世帯分の部屋を指す)

909 ☑ **roof**
[rúːf | ルーふ]
A2

名 (建物の)屋根；屋上

910 ☑ **floor**
[flɔ́ːr | ふろー(ア)]
A1

名 床；(建物のそれぞれの)階, フロア
対義 ceiling 天井

911 ☑ **address**
名 [ǽdres | あドゥレス]
動 [ədrés | アドゥレス]
📢 アクセント
A1

名 (自宅などの)住所；(E メールなどの)アドレス

B1

動 〈封筒などに〉あて名を書く(◆通例受身で)

☐ チャンク **an independent nation** 独立国
☐ The war divided the nation into two. ▶戦争がその国を2つに分断した.

☐ チャンク **my native country** 私の母国
☐ His native language is Chinese. ▶彼の母語は中国語だ.
☐ We wore our native costumes at the party. ▶パーティーで私たちは自分たちの民族衣装を着た.
☐ She is a native of Seattle. ▶彼女はシアトル生まれ(の人)だ.

☐ チャンク **a race problem** 人種問題
☐ Children of all races attend the school. ▶その学校はあらゆる人種の子どもたちが通っている.

☐ チャンク **build a church** 教会を建てる
☐ I will build a new house next year. ▶私は来年新しい家を建てる予定だ.

☐ How have you been building up your English vocabulary? ▶あなたはどうやって英語の語彙(ⅰ)を増やしていますか?

☐ チャンク **construct a road** 道路を建設する
☐ Some high-rise buildings are being constructed. ▶幾棟かの高層ビルが建設されている.

☐ チャンク **an apartment building** 賃貸アパート
☐ I'm looking for a two-bedroom apartment. ▶私は寝室が2つある(アパートの)部屋を探している.

☐ チャンク **live under one roof** 一つ屋根の下で暮らす
☐ There is a garden on the roof. ▶屋上には庭園があります.

☐ チャンク **sweep the floor** 床を掃く
☐ I live on the third floor of this building. ▶私はこの建物の3階に住んでいる.

☐ チャンク **your name and address** あなたの名前と住所
☐ Could you give me your e-mail address? ▶(あなたの)Eメールアドレスを教えてくださいませんか?
☐ The letter was addressed to me. ▶その手紙は私あてだった.

生死

912 ☑ **live²**
[láiv | らイヴ]
🎺 発音
B1

形 **1** 〈生物が〉生きている
関連 **lively** 元気のよい
2 〈放送・演奏などが〉生(ﾅﾏ)の, ライブの

913 ☑ **alive**
[əláiv | アらイヴ]
A2

形 〈生物が〉生きて(いる)

914 ☑ **die**
[dái | ダイ]
A2

動 〈生物が〉死ぬ
関連 **death** 死
➡ **【die of [from] Ⓐ】** Ⓐで死ぬ

915 ☑ **dead**
[déd | デッド]
A2

形 〈生物が〉死んだ
関連 **deadly** 致命的な

生物

916 ☑ **cell**
[sél | セる]
B1

名 (生物の)細胞

917 ☑ **gene**
[dʒíːn | ヂーン]
B1

名 (生物の)遺伝子
関連 **genetic** 遺伝子の, **genetically** 遺伝学的に

918 ☑ **sex**
[séks | セックス]
B1

名 (動植物の)性, 性別；(男女間の)セックス
関連 **sexual** 性の, **sexy** セクシーな

919 ☑ **insect**
[ínsekt | インセクト]
A2

名 昆虫(◆クモやムカデなどを含む場合もある；
ミミズなどの細長くて柔らかい生き物は worm)

920 ☑ **nest**
[nést | ネスト]

名 (鳥・小動物・昆虫などの)巣(◆「クモの巣」は web,
「ハチの巣」は comb などという)

921 ☑ **wild**
[wáild | ワイるド]
A2

形 **1** 〈生物が〉野生の
関連 **wilderness** 荒野, **wildlife** 野生生物,
wildly 乱暴に
対義 **tame** 飼いならされた
2 (行為などが)乱暴な(◆rough と同義)

922 ☑ **go wild**

(自分をコントロールできないほど)興奮する

☑ チャンク **a real live koala** 本物の生きたコアラ

☑ That was a **live** snake. ▶それは生きたヘビだった.

☑ The band will give a **live** concert next month. ▶そのバンドは来月にライブコンサートを行う予定だ.

☑ チャンク **come back alive** 生還する

☑ This fish is still **alive**. ▶この魚はまだ生きている.

☑ チャンク **die of AIDS** エイズで死ぬ

☑ She **died from** old age. ▶彼女は老衰で死んだ.

☑ チャンク **dead leaves** 枯れ葉

☑ He has been **dead** for 10 years. ▶彼が亡くなってから10年になる (◉10年間死んでいる).

☑ チャンク **cell division** 細胞分裂

☑ How many brain **cells** does a human have? ▶1人の人間の脳細胞はどのくらいあるの?

☑ チャンク **human genes** ヒト遺伝子

☑ **Genes** have information about bodies. ▶身体に関する情報は遺伝子にある.

☑ チャンク **sex education** 性教育

☑ When did you become interested in the opposite **sex**? ▶あなたはいつ異性を意識しましか (◉異性に興味をもちましたか)?

☑ チャンク **an insect bite** 虫刺され

☑ I collected **insects** in the mountains. ▶私は山で昆虫を採集した.

☑ チャンク **leave the nest** 巣立つ

☑ The birds built a **nest** in the tree. ▶その鳥は木の中に巣を作った.

☑ チャンク **wild birds** 野鳥

☑ I can't forget the beautiful **wild** flowers. ▶その美しい野生の花が忘れられない.

☑ He was **wild** in high school. ▶高校生のとき,彼は乱暴者だった.

☑ The audience went **wild** when the concert began. ▶コンサートが始まると会場は興奮のるつぼと化した(◉聴衆は興奮した).

単純・複雑

923 ☑ **simple**
[símpl | **スィ**ンプる]
A2

形 **1** (余計な要素がなく)単純な
　関連 **simply** 単に
　2 (不必要なものがなく)質素な

924 ☑ **complex** B1
形 [kəmpléks | コンプ**れ**ックス]
名 [kámpleks | **カ**ンプれックス]
🔊 アクセント

形 (多くの要素があり)複雑な

名 (総合)施設

925 ☑ **complicated**
[kámplikèitid | **カ**ンプリケイティッド] 🔊 アクセント
B1

形 (多くの要素があり)複雑な(◆complex と同義)

言葉

926 ☑ **vocabulary**
[voukǽbjələri | ヴォウ**キ**ぁビュれリ]
A2

名 語彙(ゐ) (ある専門分野に属する人や、個人によって使用される単語全体)

927 ☑ **grammar**
[grǽmər | グ**ラ**ぁマ]
A1

名 文法

928 ☑ **literature**
[lítərətʃər | **り**テラチャ]
B1

名 文学
　関連 **essay** エッセー、**literal** 文字どおりの、**literally** 文字どおりに、**literary** 文学の、**novel** 小説、**poem** 詩

929 ☑ **document**
[dákjəmənt | **ダ**キュメント]
B1

名 文書、書類

930 ☑ **translate**
[trænsléit | トゥラぁンス**れ**イト]
B1

動 〈外国語を〉翻訳する、訳す
　関連 **translation** 翻訳、**translator** 翻訳者
　⇨ 【translate Ⓐ from Ⓑ into Ⓒ】
　　Ⓐ を Ⓑ から Ⓒ に翻訳する

931 ☑ **bilingual**
[bailíŋgwəl | バイ**り**ングワる]
B1

形 2か国語を使う；2か国語が話せる、バイリンガルの
　関連 **trilingual** 3か国語を使う

18461

☑ チャンク **a simple reason** — 単純な**理由**
- ☑ This book is written in **simple** English. ▶この本は平易な英語で書かれている.
- ☑ He's been leading a **simple** life in the country. ▶彼はいなかで質素な生活を送っている.

☑ チャンク **a complex network** — 複雑な**ネットワーク**
- ☑ The jungle ecosystem is **complex**. ▶ジャングルの生態系は複雑だ.
- ☑ There is a sports **complex** near my house. ▶私の家の近くにはスポーツ施設がある.

☑ チャンク **a complicated system** — 複雑な**システム**
- ☑ The structure of the human body is **complicated**. ▶人体の構造は複雑だ.

☑ チャンク **build up my vocabulary** — 私の**語彙**を増やす
- ☑ Bob has a large **vocabulary**. ▶ボブは語彙が豊富だ.

☑ チャンク **English grammar** — **英文法**
- ☑ This book is about basic rules of **grammar**. ▶この本には文法の基本ルールについて書かれている.

☑ チャンク **classical literature** — 古典**文学**
- ☑ I'm majoring in American **literature**. ▶私はアメリカ文学を専攻している.

☑ チャンク **secret documents** — 秘密**文書**
- ☑ Please sign this **document**. ▶この書類に署名してください.

☑ チャンク **translate an English e-mail** — 英語のEメールを**翻訳する**
- ☑ She **translated** the book **from** Japanese **into** English. ▶彼女はその本を日本語から英語に翻訳した.

☑ チャンク **bilingual education** — 2か国語**教育**
- ☑ Haruka is **bilingual** in Japanese and English. ▶遥は日本語と英語の2か国語が話せる.

つかむ・捕らえる

932 ☐ **hold** [hóuld｜ホウるド] 過去・過分 held ⒶⒶ2	動 **1** (手で)…を持つ, つかむ 関連 **holder** 保有者 **2** 〈イベントを〉催す
933 ☐ **hold on**	(電話を切らずに)待つ
934 ☐ **hold up**	〈手などを〉上げる
935 ☐ **get hold of ...**	…をつかむ
936 ☐ **arrest** Ⓑ1 [ərést｜アレスト] Ⓑ1	動 〈犯罪の容疑者などを〉逮捕する ➡ **【be arrested for Ⓐ】** Ⓐの容疑で逮捕される 名 (犯罪の容疑者などの)逮捕
937 ☐ **grab** [grǽb｜グラぁブ] Ⓑ1	動 …を(不意に)つかむ

場所

938 ☐ **lie**¹ [lái｜らイ] 過去 lay 過分 lain ⒶⒶ2	動 〈人・動物が〉横たわる, 横になる 🖋 lie には「うそ」,「うそを言う」という意味も あります.
939 ☐ **lay** [léi｜れイ] 過去・過分 laid Ⓑ1	動 (やさしく, または注意深く)…を横たえる, 置く 関連 **layer** 層, **layout** レイアウト 🖋 lie(横たわる)の過去形も lay なので注意しま しょう.
940 ☐ **lay off**	(一時的に)〈雇用者を〉解雇する
941 ☐ **hang** [hǽŋ｜ハぁンッ] 過去・過分 hung, **2** で hanged Ⓑ1	動 **1** 〈コートなどを〉掛ける；〈絵などが〉(壁に)掛かる 関連 **hanger** ハンガー **2** 〈人を〉絞首刑にする(◆通例受身で)
942 ☐ **hang around**	(特に何もせずに)うろつく, ぶらつく
943 ☐ **hang in there**	(困難な状況にあっても)がんばる
944 ☐ **hang up**	電話を切る

STAGE 6

☑ チャンク **hold** a cell phone	携帯電話を手に持つ
☑ Haruka was **holding** a book under her arm.	▶遥は本をわきに抱えていた.
☑ The summer Olympics are **held** every four years.	▶夏季オリンピックは4年ごとに開催される.
☑ **Hold on** a minute, please.	▶(電話を切らずに)少々お待ちください.
☑ **Hold up** your hands high.	▶両手を高く上げてみて.
☑ **Get hold of** this rope!	▶このロープをつかめ！
☑ チャンク **get arrested**	逮捕される
☑ He **was arrested for** stealing.	▶彼は窃盗の容疑で逮捕された.
☑ You're under **arrest**.	▶あなたを逮捕する.
☑ チャンク **grab** my arm	私の腕をつかむ
☑ The police officer **grabbed** the gun from the man.	▶警官はその男から銃をさっと奪い取った.

☑ チャンク **lie** in bed	ベッドに横になる
☑ I **lay** down on the sofa.	▶私はソファーに横になった.

☑ チャンク **lay** my baby on the bed	私の赤ちゃんをベッドに寝かせる
☑ We **laid** ourselves on the grass.	▶私たちは芝生に身を横たえた.
☑ I **lay** on the bed.	▶私はベッドに横になった. （◆この lay は lie（横たわる）の過去形）
☑ He got **laid off**.	▶彼は一時的に解雇された.
☑ チャンク **hang** on the wall	壁に掛かっている
☑ I **hung** my coat on the hook.	▶私はコートを洋服掛けに掛けた.
☑ The man **was hanged** for murder.	▶その男は殺人罪で絞首刑になった.
☑ I often **hang around** in the downtown area with my friends.	▶私はよく友人たちと繁華街をぶらつく.
☑ Don't give up! **Hang in there!**	▶あきらめずにがんばって！
☑ It's late. I've got to **hang up** now.	▶もう遅いし，そろそろ切るね.

生死・生涯

945 ☐ **birth**
[bə́ːrθ | バ〜す]
A1

名 誕生
関連 **birthday** 誕生日, **birthplace** 出生地,
birth rate 出生率　対義 **death** 死亡

946 ☐ **give birth to ...**

〈子どもを〉産む

947 ☐ **childhood**
[tʃáildhùd | **チャ**イるドフッド]
A2

名 (人の)幼年時代
関連 **child** 子ども, **children** 子どもたち

948 ☐ **kill**
[kíl | **キ**る]
A1

動 〈生物を〉殺す
関連 **killer** 殺人者
➡ 【be killed in Ⓐ】 Ⓐ (事故など)で命を落とす

949 ☐ **survive**
[sərváiv | サ**ヴァ**イヴ]
A2

動 (危機・事故などを切り抜けて)生き残る
関連 **survival** 生存, **survivor** 生存者

驚愕

950 ☐ **surprise**
[sərpráiz | サプ**ラ**イズ]　**A1**

名 驚き

951 ☐ **surprised**
[sərpráizd | サプ**ラ**イズド]

形 驚いた, びっくりした
➡ 【be surprised at [by] Ⓐ】 Ⓐ に驚く
➡ 【be surprised to do】 …して驚く
🖊 surprising は「人を驚かせる何か」を修飾し,
「驚くべき」という意味になります.
A2

952 ☐ **astonish**
[əstániʃ | アス**タ**ニッシ]

動 〈人を〉(ひどく)びっくりさせる, 驚かす
関連 **astonishment** 驚き
➡ 【be astonished at [by] Ⓐ】 Ⓐ に驚く
➡ 【be astonished to do】 …して驚く
B2

953 ☐ **shock**
[ʃák | **シャ**ック]

A2 名 (精神的な)打撃, ショック

B2 動 …に(精神的な)衝撃[ショック]を与える
関連 **shocking** ショッキングな

☑ **チャンク** **the moment of** birth 誕生の瞬間

☑ What is your date of birth? ▶あなたの生年月日はいつですか？

☑ My sister **gave birth to** twins last month. ▶姉は先月双子を産んだ.

☑ **チャンク** **memories of** childhood 幼年時代の記憶

☑ I had a happy **childhood**. ▶私は幸せな幼年時代を過ごした.

☑ **チャンク** **kill an** insect 虫を殺す

☑ He **killed** the fox. ▶彼はそのキツネを殺した.

☑ She **was killed in** a car accident. ▶彼女は自動車事故で命を落とした.

☑ **チャンク** **manage to** survive かろうじて生き残る

☑ In the accident, only five people **survived**. ▶その事故では，5人しか生き残らなかった.

☑ **チャンク** **a surprise** guest 思いがけない客

☑ She looked at me in **surprise**. ▶彼女は驚いて私を見た.

☑ **チャンク** **with a surprised** look 驚いた表情で

☑ We **were surprised at [by]** the result. ▶私たちはその結果に驚いた.

☑ She **was surprised to** know the truth. ▶彼女は真相を知って驚いた.

☑ The man had a **surprising** amount of money. ▶その男性は驚くほどの額のお金を持っていた.

☑ **チャンク** astonished eyes びっくりした目

☑ I **was astonished at [by]** his great success. ▶私は彼の大成功に驚いた.

☑ He **was astonished to** see Amy there. ▶彼はそこでエイミーと会って驚いた.

☑ We heard some **astonishing** news. ▶私たちは驚くべきニュースをいくつか耳にした.

☑ **チャンク** **culture** shock カルチャーショック

☑ His sudden death was a great **shock** to us. ▶彼の突然の死は私たちにとって大きなショックだった.

☑ The letter from Bill **shocked** Ed. ▶ビルからの手紙はエドにショックを与えた.

調べる

954 ☐ **check**
[tʃék | **チェック**]

A2 動 **1** …をチェックする，点検する

2 〈増加・悪化などを〉防ぐ，食い止める

A1 名 **1** 小切手
2 （レストランなどの）勘定書

955 ☐ **check in**

（ホテルなどに）**チェックインする**（at ...）

956 ☐ **check out**

（ホテルなどを）**チェックアウトする**（of ...）

957 ☐ **survey**
名 [sə́ːrvei | **サ〜ヴェイ**]
動 [sərvéi | サ**ヴェ**イ]
🔊 アクセント

A1 名 （多くの人を対象とする，意見などの）**調査**

動 （多くの人に質問するなどして）…を**調査する**

問題・困難

958 ☐ **solve**
[sálv | **サ**るヴ]
A1

動 〈問題などを〉解く；〈犯罪などを〉**解決する**

959 ☐ **solution**
[səlúːʃn | ソ**る**ーション]
A2

名 （問題などの）**解決**（方法）（to ...）

960 ☐ **trouble**
[trʌ́bl | トゥ**ラ**ブる]

名 **1** 問題；（…に関する）**苦労**（with ...）

2 迷惑
A2 関連 **troublesome** やっかいな

961 ☐ **be in trouble**

1 困っている
2 （…と）もめている（with ...）

962 ☐ **barrier**
[bǽriər | **バ**ぁリア]
B2

名 （目的などを妨げる）**障壁**，障害
関連 **barrier-free** 障壁のない，バリアフリーの

STAGE 6

☑ チャンク **check a list**	**リストを点検する**
☑ I have to **check** my e-mail when I get home.	▶家に帰ったらメールをチェックしなくちゃ.
☑ We must **check** the increase in crime.	▶我々は犯罪の増加を食い止めねばならない.

☑ Can I pay by **check**?	▶小切手で払ってもいいですか？
☑ **Check**, please.	▶お勘定をお願いします.

☑ We **checked in** at a nice hotel.	▶私たちはすてきなホテルにチェックインした.

☑ I **checked out of** the hotel at eleven.	▶私はホテルを 11 時にチェックアウトした.

☑ チャンク **a recent survey**	**最近の調査**
☑ We conducted a **survey** about the politician's statement.	▶私たちはその政治家の発言について調査を行った.
☑ We **surveyed** 100 students about the latest fashion.	▶私たちは 100 人の学生を対象に最新のファッションについて調査した.

☑ チャンク **solve a crime**	**犯罪を解決する**
☑ She **solved** all the problems easily.	▶彼女はすべての問題を簡単に解いた.

☑ チャンク **a simple solution**	**単純な解決方法**
☑ We must find a peaceful **solution to** the war.	▶我々はその戦争の平和的解決方法を見いださねばならない.

☑ チャンク **without any trouble**	**問題なく**
☑ I had a lot of **trouble with** the homework.	▶その宿題にはかなり苦労した.
☑ I don't want to cause you **trouble**.	▶君には迷惑をかけたくない.

☑ Call me anytime if you **are in trouble**.	▶困ったことがあったらいつでも電話してね.
☑ The family **is** often **in trouble with** their neighbors.	▶その家族はしょっちゅう近所ともめている.

☑ チャンク **break down a barrier**	**障害を取り除く**
☑ They faced a language **barrier**.	▶彼らは言葉の壁に直面した.

起点・源

963 ☐ **origin**
[ɔ́(ː)ridʒin | **オ**(ー)リヂン]
B1

名 (…の)起源, 始まり(of ...)

964 ☐ **original**
[ərídʒənl | オ**リ**ヂヌる]
A2

形 **1** 最初の, 本来の
　関連 originally 元は

　2 〈考えなどが〉独創的な

965 ☐ **source**
[sɔ́ːrs | **ソ**ース]
A2

名 (…の)源；情報源(of ...)

966 ☐ **resource**
[ríːsɔːrs | **リ**ーソース]
B1

名 資源(◆通例複数形で用いる)

数・量

967 ☐ **blank**
[blǽŋk | ブ**らぁ**ンク]
A1

形 (情報がなく)空の, 空白の

名 (紙面上の)空欄, 空白

968 ☐ **empty**
[émpti | **エ**ンプティ]
A2

形 〈容器などが〉空の
　対義 full いっぱいの
　🔎 劇場や列車などの座席が「空いている」と
　　言うには vacant を用います.

969 ☐ **score**
[skɔ́ːr | ス**コ**ー(ア)]
B1

名 **1** (競技などの)得点, スコア

　2 (曲の)楽譜

B1

動 (競技などで)…を得点する

970 ☐ **count**
[káunt | **カ**ウント]
A2

動 **1** 〈数などを〉数える, 計算する
　関連 countable 数えられる,
　　countdown 秒読み, **countless** 無数の
　2 …を(…と)見なす, 思う
　👉 【count **A** as **B**】**A**を**B**と見なす
　3 重要である

B1

名 数えること

971 ☐ **count on ...**

…を当てにする, 頼りにする

☑ チャンク the **origin** of life　生命の起源
　☑ This dance has its **origin** in Okinawa. ▶この踊りは沖縄が発祥の地
　　　　　　　　　　　　　　　　　　　　　　（⊜ 沖縄に始まりをもつ）.

☑ チャンク the **original** plan　当初の計画
　☑ Do you know the **original** meaning ▶この語の本来の意味を知ってる？
　　of this word?
　☑ She has some **original** ideas. ▶彼女は独創的な考えをもっている.

☑ チャンク a **source** of energy　エネルギー源
　☑ What's the **source** of the story? ▶その話の情報源は何ですか？

☑ チャンク develop **resources**　資源を開発する
　☑ Australia is rich in natural **resources**. ▶オーストラリアは天然資源に恵まれている.

☑ チャンク a **blank** DVD-R　空の DVD-R
　☑ The page was **blank**. ▶そのページは空白だった.
　☑ Fill in the **blank**. ▶空欄を埋めなさい.

☑ チャンク an **empty** glass　空っぽのグラス
　☑ The bottle was **empty**. ▶そのボトルは空だった.
　☑ Is this seat **vacant**? ▶この席は空いていますか？

☑ チャンク the **final** score　得点結果
　☑ Our school won the game with ▶試合は私たちの学校が4対0（のスコア）で
　　a **score** of 4-0. 勝った.
　☑ She wrote an opera **score**. ▶彼女はオペラの楽曲を作曲した.
　☑ He **scored** two goals in the last few ▶彼は最後の数分で2つのゴールを決めた.
　　minutes.

☑ チャンク **count** the number　数を数える
　☑ Close your eyes and **count** to ten. ▶目を閉じて 10 数えてごらん.
　☑ I **count** Ms. Greene **as** a wonderful ▶グリーン先生はすばらしい教師だと思う.
　　teacher.
　☑ First impressions **count**. ▶第一印象は重要だ.
　☑ We made a **count** of shoppers. ▶私たちは買い物客の数を数えた.
　☑ You can always **count on** me. ▶いつでも私を頼ってね.

準備

972 ☐ **prepare**
[pripéər | プリペア]
A2

動 〈食事などを〉準備する, 用意する
関連 **preparation** 準備
☞【prepare Ⓐ for Ⓑ】Ⓑのために Ⓐ を準備する
☞【prepare to *do*】…する準備をする

973 ☐ **ready**
[rédi | レディ]
A1

形 準備ができて(いる)
関連 **readily** 快く;たやすく
☞【be ready for Ⓐ】Ⓐ の準備ができている
☞【be ready to *do*】…する準備ができている

974 ☐ **get ready to** *do*

…する準備をする

975 ☐ **organize**
[ɔ́:rgənàiz | オーガナイズ]
A2

動 **1** 〈行動・催しなどを〉準備する, 手配する

2 〈団体などを〉組織する
関連 **organization** 組織
3 〈乱雑なものなどを〉整理する

場所・位置

976 ☐ **position**
[pəzíʃn | ポズィション]
A2

名 **1** (相対的な)位置, 場所

2 (体の)姿勢

977 ☐ **site**
[sáit | サイト]
A1

名 **1** (建設)用地

2 (事件などの)現場
3 (インターネット上の)サイト

978 ☐ **spot**
[spát | スパット]
A1

名 **1** (特定の)地域, 場所
関連 **spotlight** スポットライト
2 (衣服の)しみ

979 ☐ **seat**
[sí:t | スィート]
A1

名 (人の座る)座席, シート
関連 **seat belt** シートベルト

980 ☐ **take a seat**

(座席に)座る

STAGE 6

☑ チャンク **prepare lunch** | 昼食の準備をする
☑ I **prepared** a cake for the party. | ▶私はパーティーのためにケーキを用意した.

☑ Let's **prepare to** go out. | ▶出かける準備をしようよ.

☑ チャンク **Are you ready?** | 準備はいい？
☑ Everything **is ready for** my date tomorrow. | ▶あすのデートの用意は全部できた.
☑ We **are ready to** leave. | ▶私たちは出発する準備ができています.
☑ **Get ready to** go soon. | ▶すぐに出かける準備をしなさい.

☑ チャンク **organize an enjoyable event** 楽しいイベントを**手配する**
☑ We **organized** a concert for our school festival. | ▶私たちは文化祭でのコンサートを準備した.
☑ They **organized** a political party. | ▶彼らは政党を組織した.

☑ I **organized** my thoughts. | ▶私は自分の考えを整理した.

☑ チャンク **the best position** | 最高の位置
☑ From my **position**, I could hardly hear her voice. | ▶私の位置からでは，彼女の声はほとんど聞こえなかった.
☑ Please sit in a comfortable **position**. | ▶楽な姿勢でお座りください.

☑ チャンク **a building site** | 建設用地
☑ This is the **site** for the new hospital. | ▶ここが新しい病院の建設予定地だ.
☑ I visited the **site** of the accident. | ▶私は事故現場を訪れた.
☑ I often use the video-sharing **site**. | ▶私はよくその動画共有サイトを利用する.

☑ チャンク **the exact spot** | 正にその場所
☑ The park is a nice **spot** for a walk. | ▶その公園は散歩するのにいい場所だ.
☑ These **spots** are hard to remove. | ▶これらのしみは取り除くのが難しい.

☑ チャンク **a window seat** | 窓側の座席
☑ I'd like to reserve two **seats** in a smoke-free car of the train. | ▶その列車の禁煙席を2つ予約したいのですが.

☑ Please **take a seat**. | ▶どうぞお席におかけください.

257

🕐 Scene 6 放課後のクラブ活動 Club Activities after School

S257 ☑ ① ボーカル
vocalist[vóukəlist]

S258 ☑ ② ギタリスト
guitarist[ɡitɑ́:rist]

S259 ☑ ③ ベーシスト
bassist[béisist]

S260 ☑ ④ ドラマー
drummer[drʌ́mər]

S261 ☑ ⑤ キーボードプレーヤー
keyboard player
[kí:bɔ̀:rd plèiər]

S262 ☑ ⑥ マイク
microphone
[máikrəfòun]

S263 ☑ ⑦ マイクスタンド
microphone stand
[máikrəfòun stæ̀nd]

S264 ☑ ⑧ 楽譜
sheet music[ʃí:t mjù:zik]

S265 ☑ ⑨ 譜面台
music stand[mjú:zik stæ̀nd]

S266 ☑ ⑩ アンプ
amplifier[ǽmpləfáiər]

S267 ☑ ⑪ メトロノーム
metronome[métrənòum]

S268 ☑ ⑫ カツラ
wig[wíg]

S269 ☑ ⑬ 衣装
costume[kɑ́stju:m]

S270 ☑ ⑭ 舞台
stage[stéidʒ]

S271 ☑ ⑮ 幕
drapes[dréips]

放課後の行動 Actions after School

S272 ☑ リードボーカルを
務める
be the lead vocalist

S273 ☑ エレキギターを弾く
play the electric guitar

S274 ☑ キーボードを弾く
play the keyboard

S275 ☑ ドラムをたたく
play the drums

S276 ☑ ベースを弾く
play the bass guitar

S277 ☑ ギターで弾き語りを
する **sing to my own
accompaniment on
the guitar**

—さまざまなクラブ名—

応 援 団 Cheerleading Squad /
合唱部 Chorus / 華道部 Flower
Arrangement Club / 弓 道 部
Japanese Archery Team /
茶 道 部 Tea Ceremony Club /
写 真 部 Photography Club /
将 棋 部 Japanese Chess Club /
書 道 部 Calligraphy Club /
新体操部 Rhythmic Gymnastics
Team / 吹 奏 楽 部 Band /
卓 球 部 Table Tennis Team /
陶 芸 部 Pottery Club / 美術部
Art Club / 文芸部 Literature Club /
放 送 部 Broadcasting Club /
陸上部 Track and Field Team

話す

981 ☐ **conversation**
[kὰnvərséiʃn | カンヴァ
セイション]　A1

名会話

---

982 ☐ **chat**
[tʃæt | チャット]

A2 動 (さほど重要でない事柄について)雑談する
　関連 chatter おしゃべり(する)
　【chat about Ⓐ】Ⓐについて雑談する

B1 名 (さほど重要でない)おしゃべり

---

983 ☐ **argue**
[áːrgju | アーギュー]
　A2

動 (感情的になって)議論する, 言い争う
　関連 argument 議論
　【argue with Ⓐ about Ⓑ】
　Ⓑについて Ⓐと議論する

---

984 ☐ **discuss**
[diskΛs | ディスカス]
　A1

動 …について話し合う(◆前置詞〔about, on など〕は
付かない)
　関連 discussion 話し合い

形状・部位

985 ☐ **surface**
[sə́ːrfis | サ～ふェス]
　🔊 発音　B1

名 (物体の)表面

---

986 ☐ **bottom**
[bάtəm | バタム]
　A1

名 **1** (容器などの)底, 底面;(紙面などの)最下部
　対義 top 最上部
　2 (海・湖などの)底

---

987 ☐ **narrow**
[nǽrou | ナぁロウ]
　B1

形 (幅の)狭い, 細い
　対義 broad, wide 広い

---

988 ☐ **sharp**
[ʃάːrp | シャープ]
　B1

形 **1** 〈刃などが〉鋭い
　対義 dull 切れ味の鈍い
　2 〈動きなどが〉急激な
　関連 sharply 急激に

---

989 ☐ **edge**
[édʒ | エッヂ]
　B1

名 **1** (物の)端, 縁

　2 (刃物の)刃

☑ チャンク **a casual** conversation | 打ち解けた会話
☑ I had a pleasant **conversation** with Haruka. | ▶私は遥と楽しい会話をした.

☑ チャンク **chat on the phone** | 電話でおしゃべりをする
☑ We often **chat about** TV personalities. | ▶私たちはよくテレビタレントについて雑談する.
☑ I had a little **chat** with Bob just a minute ago. | ▶ついさっきボブと少ししゃべりましたよ.

☑ チャンク **argue strongly** | 激しく議論する
☑ I often **argue with** my brother **about** what to watch on TV. | ▶テレビで何を見るかについて私は弟とよく言い争う.

☑ チャンク **discuss** the possibility of **Ⓐ** | Ⓐの可能性について話し合う
☑ You should **discuss** the problem with your teacher. | ▶その問題については先生と話し合ったほうがいいよ.

☑ チャンク **the surface of the earth** | 地球の表面
☑ Fallen leaves were on the **surface** of the water. | ▶落ち葉が水面に浮かんでいた.

☑ チャンク **the bottom of the page** | ページの一番下
☑ The **bottom** of the bath is dirty. | ▶浴槽の底が汚れている.
☑ These creatures live at the sea **bottom**. | ▶これらの生物は海底に生息している.

☑ チャンク **a narrow room** | 狭い部屋
☑ The road is too **narrow** for large trucks. | ▶その道は狭くて大型トラックは通れない(⑩ 大型トラックには狭すぎる).

☑ チャンク **sharp teeth** | 鋭い歯
☑ This kitchen knife is **sharp**. | ▶この包丁は刃が鋭い.
☑ What's the cause of this **sharp** drop in stock prices? | ▶今回の株価急落の原因は何ですか?

☑ チャンク **the edge of a pool** | プールの縁
☑ I hit my elbow against the **edge** of the table. | ▶私はテーブルの端にひじをぶつけた.
☑ This razor has a sharp **edge**. | ▶このかみそりは刃が鋭い.

性質・状態

990 ☑ **remain**
[riméin | リメイン]

動 1 (同じ状態の)ままでいる
関連 the remains 残り, 残りのもの

2 (変わらずに)残る
👉【it remains to be *done*】まだ…されていない

A2

991 ☑ **soft**
[sɔ́ːft | ソーふト]

形 1 柔らかい
関連 soften 柔らかくする,
software ソフトウエア
対義 hard 硬い
2 〈音・声などが〉静かな, 穏やかな
関連 softly 穏やかに

A2

992 ☑ **pure**
[pjúər | ピュア]

形 1 (要素が)純粋な, 混じり気のない
関連 purely まったく
対義 impure 純粋でない
2 〈水・空気などが〉清潔な, きれいな

B1

経済・金融

993 ☑ **account**
[əkáunt | アカウント]

名 1 (銀行の)預金口座

2 (口頭・文書による)説明(書), 報告(書)

A2

994 ☑ **take ... into account**

…を考慮する, 勘定に入れる

995 ☑ **account for ...**

1 …の理由を説明する

2 …の割合を占める

996 ☑ **bill**
[bíl | ビる]

名 1 (料金の)請求書

2 紙幣, 札(◆主に米国で用いる;
英国では note というのがふつう)

A2

☑ チャンク remain **silent**	黙ったままでいる
☑ They **remained** friends throughout their lives.	▶彼らは生涯ずっと友人だった.
☑ The ancient city hardly **remains**.	▶その古代の都市はほとんど残っていない.
☑ **It remains to be seen** if she could pass the audition.	▶彼女がオーディションに合格したかどうかはまだ分からない.

☑ チャンク soft **hair**	柔らかい髪
☑ I like sleeping on a **soft** bed.	▶私はふわふわしたベッドで眠るのが好きだ.
☑ The beautiful woman talked to me in a **soft** voice.	▶その美しい女性は静かな声で私に話しかけてきた.

☑ チャンク pure **love**	純愛
☑ This ring is made of **pure** gold.	▶この指輪は純金でできている.
☑ The water in the river was quite **pure**.	▶その川の水はとてもきれいだった.

☑ チャンク an account **number**	口座番号
☑ I opened an **account** at the bank.	▶私はその銀行に口座を開いた.
☑ Please give me an **account** of the event.	▶その出来事について説明してください.
☑ You should **take** his age **into account**.	▶彼の年齢を考慮すべきだ.
☑ How do you **account for** this situation?	▶あなたはこの事態をどう説明するのですか？
☑ Computers **account for** 30 percent of our sales.	▶コンピュータが我々の売り上げの 30 パーセント(の割合)を占めている.

☑ チャンク a telephone **bill**	電話料金の請求書
☑ I pay the Internet **bill** at a convenience store.	▶私はインターネットの(請求書の)料金をコンビニで支払う.
☑ I had only a twenty-dollar **bill**.	▶私には 20 ドル札 1 枚しか持ち合わせがなかった.

方法・手段

997 ☑ **method**
[méθəd | メそッド]
A2

名 (…の)(体系的な)方法(of ...)

998 ☑ **means**
[mí:nz | ミーンズ]
B2

名 (…の)手段, 方法(of ...)

999 ☑ **style**
[stáil | スタイる]

名 **1** (行動・生活などの)やり方, 様式

2 (流行の)型, スタイル(◆日本語の「体つき」を意味する「スタイル」という意味はない)
A2
関連 **stylish** おしゃれな, **stylist** スタイリスト

1000 ☑ **lifestyle**
[láifstàil | らイふスタイる]
A2

名 (個人・集団の)生活(様式), ライフスタイル

時 間

1001 ☑ **fresh**
[fréʃ | ふレッシ]

形 **1** 〈飲食物などが〉新鮮な

2 (以前のものとは違うため)新鮮な, 新しい
A2
関連 **freshman** 1年生

1002 ☑ **previous**
[prí:viəs | プリーヴィアス]
🔊 発音
B1

形 (順序・時間が)先の, 前の
関連 **previously** 以前に

1003 ☑ **classical**
[klǽsikl | クらぁスィクる]
B1

形 (様式などが)クラシックな, 伝統的な

1004 ☑ **brief**
[brí:f | ブリーふ]
B1

形 〈訪問・会話・文章などが〉短時間の, 簡潔な
関連 **briefly** 簡潔に

1005 ☑ **delay**
[diléi | ディれイ]
A2
B1

名 (スケジュールなどの)遅れ

動 〈時刻などを〉遅らせる

1006 ☑ **forever**
[fərévər | ふォエヴァ]
A2

副 いつまでも, 永遠に

☑ チャンク **a traditional** method 　　伝統的な**方法**

☑ The school introduced a new **method** ▶その学校は新しい英語教育の方法を導入した.
of teaching English.

☑ チャンク a **means** of transportation 　交通**手段**

☑ E-mail is a useful **means** of ▶Eメールは便利なコミュニケーションの
communication. 　手段だ.

☑ チャンク the Japanese **style** of living 　日本の生活様式

☑ You shouldn't force your **style** on ▶自分のやり方を他人に押しつけてはいけない.
others.

☑ She was dressed in the latest **style**. ▶彼女は最新の(ファッション)スタイルに身を
包んでいた.

☑ チャンク a healthy **lifestyle** 　　　健康的な**ライフスタイル**

☑ I enjoy a comfortable outdoor ▶私は快適なアウトドア生活を楽しんでいる.
lifestyle.

☑ チャンク **fresh** coffee 　　　　　　いれたての**コーヒー**

☑ Would you like **fresh** fruit? ▶新鮮な果物はいかがですか?

☑ She gave us some **fresh** ideas. ▶彼女は私たちに新鮮なアイディアを提供して
くれた.

☑ チャンク the **previous** meeting 　　前回の**会議**

☑ Go back to the **previous** screen. ▶(コンピュータなどの表示で) 1つ前の画面に
戻ってください.

☑ チャンク **classical** ballet 　　　　クラシック**バレエ**

☑ **Classical** music is very popular now. ▶今, クラシック音楽が大人気だ.
(◆× classic music とはいわない)

☑ チャンク a **brief** visit 　　　　　　短時間の**訪問**

☑ His speech was **brief** and clear. ▶彼の演説は簡潔で分かりやすかった.

☑ チャンク without **delay** 　　　　　遅れること**なく**

☑ The bus had a **delay** of 15 minutes. ▶そのバスは15分遅れた.

☑ Heavy rain **delayed** the train. ▶豪雨で列車が遅れた(⬛ 豪雨が列車を遅らせ
た).

☑ チャンク last **forever** 　　　　　　永遠に**続く**

☑ I will remember today's date **forever**. ▶きょうのデートはずっと忘れないよ.

集団・集まり

1007 ☑ **crowd** `A2`
[kráud | クラウド]

名 (目的が共通する)群衆
関連 crowded 混雑した

動 (特定の場所に)群がる

1008 ☑ **audience**
[ɔ́:diəns | オーディエンス]
`A2`

名 (コンサートや集会などの)聴衆, 観客(◆ひとりひとりではなく全体を指す)
関連 audio 音声の

1009 ☑ **belong**
[bilɔ́:ŋ | ビローン]

動 1 (集団などに)所属している
⤷【belong to A】Aに所属している
2 〈物などが〉(…の)もの[所有]である
関連 belongings 所持品
`A2`
⤷【belong to A】Aのものである

1010 ☑ **represent**
[rèprizént | レプリゼント]
`A2`

動 〈集団などを〉代表する
関連 representative 代表者

旅

1011 ☑ **travel** `A2`
[trǽvl | トゥラぁヴる]

名 (観光などが目的の)旅行, 旅

`A1` 動 1 (観光などを目的に)旅行する
関連 traveler 旅行者
2 〈乗り物などが〉進む

1012 ☑ **trip**
[tríp | トゥリップ]
`A1`

名 (目的・期間が決まった)旅行, 旅

1013 ☑ **tour**
[túər | トゥア]
`A2`

名 (観光・視察などが目的の)(周遊)旅行, ツアー
関連 tourism 観光事業, tourist 観光客

1014 ☑ **journey**
[dʒə́:rni | ヂャ〜ニ]
`A2`

名 (比較的長距離の)旅

1015 ☑ **voyage**
[vɔ́iidʒ | ヴォイエッヂ]
`B1`

名 (長期に渡る)航海, 船旅

☑ チャンク an angry crowd	怒った群衆
☑ There was a large crowd of shoppers on the street.	▶路上は多くの買い物客でにぎわっていた (⑩ 多くの買い物客の群集がいた).
☑ A lot of people crowded around the stadium.	▶たくさんの人々がスタジアムの周りに群がった.
☑ チャンク a large audience	たくさんの観客
☑ The audience was silent while she was singing the song.	▶彼女がその歌を歌っている間, 聴衆は静かだった.
☑ チャンク belong to the chorus	合唱団に所属している
☑ Whales belong to mammals.	▶クジラはほ乳類に属する.
☑ This bike belongs to me.	▶この自転車は私のものだ.

☑ チャンク represent Japan	日本を代表する
☑ Haruka represented our class in the speech contest.	▶遥は私たちのクラスを代表してスピーチコンテストに出た.

☑ チャンク air travel	空の旅
☑ How were your travels?	▶ご旅行はいかがでしたか？
☑ I like to travel abroad.	▶私は海外旅行が好きだ.
☑ The space shuttle was traveling at 7.7 kilometers per second then.	▶そのときスペースシャトルは秒速 7.7 キロメートルで飛行していた.
☑ チャンク Have a nice trip!	楽しいご旅行を！
☑ We'll go on a trip to Australia next month.	▶私たちは来月オーストラリアへ旅行に行く予定だ.
☑ チャンク a package tour	パック旅行
☑ I made a cycling tour around Hokkaido.	▶私は自転車で北海道を周遊した.
☑ チャンク a long train journey	列車による長旅
☑ I'm going to go on a journey across Europe.	▶私はヨーロッパ中を旅するつもりだ.
☑ チャンク a sea voyage	船旅
☑ I decided to make a voyage around the world.	▶私は世界一周の船旅に出ようと決心した.

達成・獲得

1016 ☑ **achieve**
[ətʃíːv | ア**チー**ヴ]
`A2`

動〈目標などを〉成し遂げる, 達成する
（◆accomplish と同義）
関連 **achievement** 業績

1017 ☑ **gain**
[géin | **ゲ**イン]
`B1`
`B1`

動 **1**〈望ましいものを〉得る, 手に入れる
対義 **lose** 失う

2〈数・量などを〉増す

名（努力などによる）成果

1018 ☑ **obtain**
[əbtéin | オブ**テ**イン]
`B1`

動（努力などによって）…を得る

賞賛・非難

1019 ☑ **praise**
[préiz | プ**レ**イズ]
`B1`
`B2`

名（…に対する）賞賛(for ...)

動〈人を〉（公の場などで）ほめる, 賞賛する
→**【praise Ⓐ for Ⓑ】**ⒷのことでⒶをほめる

1020 ☑ **award**
[əwɔ́ːrd | ア**ウォー**ド]
`A2`
`B1`

名賞

動〈賞などを〉与える, 授与する
→**【award Ⓐ Ⓑ】**または**【award Ⓑ to Ⓐ】**
ⒶにⒷを与える

1021 ☑ **admire**
[ədmáiər | アド**マ**イア]
`A2`

動…に感心する；…を賞賛する
関連 **admiration** 賞賛
→**【admire Ⓐ for Ⓑ】**ⒶのⒷに感心する

1022 ☑ **blame**
[bléim | ブ**レ**イム]
`A2`

動 **1**…に責任を負わせる, …のせいにする
→**【blame Ⓐ for Ⓑ】**または**【blame Ⓑ on Ⓐ】**
ⒷをⒶのせいにする
2…を非難する

1023 ☑ **be to blame**

（…の）責任[罪]がある(for ...)

| ☑ チャンク achieve **success** | 成功する |
| ☑ She **achieved** her goal of winning a gold medal at last. | ▶彼女はついに金メダルを勝ち取るという目標を成し遂げた. |

☑ チャンク gain **support**	支持を得る
☑ Her father **gained** an international reputation as a movie director.	▶彼女の父は映画監督として国際的な評価を得た.
☑ I've **gained** three kilograms.	▶私は体重が3キロ増えた.
☑ No pain, no **gain**.	▶苦労なくして成果なし；「苦は楽の種」（◆ことわざ）

| ☑ チャンク obtain **permission** | 許可を得る |
| ☑ Success can be **obtained** only through effort. | ▶成功は努力によってのみ得られる. |

☑ チャンク deserve **praise**	賞賛に値する
☑ He won high **praise for** his new novel.	▶新作の小説に対して彼は大いに賞賛された.
☑ People **praised** Susan **for** her hard work.	▶人々はスーザンの努力を賞賛した（⊜ 彼女の努力のことでスーザンをほめた）.

☑ チャンク a Grammy **Award**	グラミー賞
☑ Audrey Hepburn won the Academy **Award** for Best Actress in 1953.	▶オードリー・ヘプバーンは1953年にアカデミー主演女優賞を受賞した.
☑ They **awarded** him the Pulitzer Prize. [≒ They **awarded** the Pulitzer Prize to him.]	▶彼にピューリッツァー賞が贈られた.

| ☑ チャンク admire **your work** | あなたの仕事ぶりを賞賛する |
| ☑ I **admired** the boy **for** his honesty. | ▶私はその少年の正直さに感心した. |

☑ チャンク Don't blame **me.**	私のせいにするな.
☑ They **blamed** me **for** the failure. [≒ They **blamed** the failure **on** me.]	▶彼らはその失敗を私のせいにした.
☑ I don't **blame** you.	▶あなたに非はありません（⊜ 私はあなたを非難しない）.
☑ The bus driver **was to blame for** the accident.	▶その事故の責任はバスの運転手にあった.

農業

1024 ☑ **agriculture**
[ǽgrikʌ̀ltʃər | ア**グ**リカる
チャ] B1

名 農業
関連 agricultural 農業の,
fisheries industry 水産業, forestry 林業

1025 ☑ **farm**
[fáːrm | ふ**ア**ーム] A1

名 農場
関連 farmer 農場主

1026 ☑ **field**
[fíːld | ふ**ィ**ーるド] A1

名 ❶ 畑

❷ (活動・研究などの)分野, 領域

1027 ☑ **crop**
[kráp | ク**ラ**ップ] B1

名 (穀物・野菜・果物などの)(農)作物

1028 ☑ **harvest**
[háːrvist | **ハ**ーヴェスト] A2

名 (作物の)収穫

部分・要素

1029 ☑ **consist**
[kənsíst | コン**スィ**スト] A2

動 (部分・要素・材料などから)成り立つ
関連 consistent 一貫した
☞ 【consist of Ⓐ】Ⓐから成り立つ

1030 ☑ **mix**
[míks | **ミ**ックス] A2

動 …を(ほかの物と)混ぜる;(ほかの物と)混ざる
関連 mixed 混じり合った, mixture 混合
☞ 【mix Ⓐ with Ⓑ】ⒶをⒷと混ぜる

1031 ☑ **section**
[sékʃn | **セ**クション] A1

名 (場所などの)部分;(組織などの)部門

1032 ☑ **unit**
[júːnit | **ユ**ーニット] A2

名 (構成)単位, ユニット
関連 unite 結合させる, united 結束した,
unity まとまり

1033 ☑ **top**
[táp | **タ**ップ] A1

名 (…の)最上部, 頂上(of ...)
関連 topping トッピング
対義 bottom 底

1034 ☑ **detail**
[ditéil | ディ**テ**イる] A2

名 (さほど重要ではない)細部, 詳細
関連 detailed 詳細な

STAGE 6

☑ チャンク **organic agriculture**	有機農業
☑ She made a speech about the importance of **agriculture**.	▶彼女は農業の重要性についてスピーチした.

☑ チャンク **farm produce**	農産物
☑ I grew up on a **farm**.	▶私は農場で育った.

☑ チャンク **a rice field**	水田
☑ My father was working in the **fields**.	▶父は畑仕事をしているところだった.
☑ I'm interested in the IT **field**.	▶私は情報技術分野に興味がある.

☑ チャンク **a good crop**	豊作
☑ Potatoes are an important **crop** in Idaho.	▶アイダホ州ではジャガイモは重要な農作物だ.

☑ チャンク **at harvest**	収穫時期に
☑ The rice **harvest** starts in September.	▶米の収穫は9月に始まる.

☑ チャンク **consist mainly of Ⓐ**	主に Ⓐ から成り立つ
☑ Water **consists of** hydrogen and oxygen.	▶水は水素と酸素から成り立つ.

☑ チャンク **mix with water**	水と混ざる
☑ I **mixed** blue paint **with** white to make the color of the sky.	▶私は空の色を出すために青の絵の具を白の絵の具と混ぜた.

☑ チャンク **a busy section of the road**	道路の混雑している部分
☑ I am a member of the brass **section** of the orchestra.	▶私はそのオーケストラの金管楽器部門のメンバーだ.

☑ チャンク **small units**	小ユニット
☑ The family is the basic **unit** of society.	▶家族は社会の基本的な構成単位だ.

☑ チャンク **on the top of a tree**	木のてっぺんに
☑ The **top of** Mt. Fuji is covered with snow.	▶富士山の頂上は雪で覆われている.

☑ チャンク **in detail**	詳細に
☑ I still remember every **detail** of the movie.	▶私は今でもその映画の細部まで覚えている.

特徴・特色

1035 ☑ **characteristic** B1
[kæ̀rəktərístik | キャラクタリスティック]

名 (一般的な)特徴, 特色
関連 **character** 性格,
characteristically 特徴的に

B2 形 (…に)特有の(of ...)

1036 ☑ **feature** A2
[fíːtʃər | ふィーチャ]

名 (典型的な)特徴, 特色

B2 動 …を呼び物にする

1037 ☑ **aspect**
[ǽspekt | あスペクト]

名 (物事の)(側)面

B1

移動・動き

1038 ☑ **climb**
[kláim | クライム]
発音 A2

動 〈山・木などに〉登る;〈階段を〉上がる

1039 ☑ **flow** B1
[flóu | ふロウ]

名 (液体・気体などの)流れ

B1 動 〈液体・気体などが〉流れる

1040 ☑ **cross**
[krɔ́(ː)s | クロ(ー)ス]

動 1 〈道などを〉渡る
関連 **crossing** 横断, 交差点
2 〈道などと〉交差する

A2

1041 ☑ **shake**
[ʃéik | シェイク]
過去 shook
過分 shaken B1

動 1 (突然大きな力で)…を揺する, 振る

2 〈体・声が〉震える

1042 ☑ **shake hands with ...**

…と握手する

1043 ☑ **mobile**
[móubl | モウブる]
A2

形 〈道具・機械などが〉(簡単に)移動できる,
移動式の

☐ **チャンク** the main **characteristic** 主な特徴

☐ What are the **characteristics** of this school? ▶この学校の特色は何ですか？

☐ That custom is **characteristic** of this island. ▶その風習はこの島に特有のものだ.

☐ **チャンク** a significant **feature** 重要な特徴

☐ Beautiful wings are a common **feature** of these butterflies. ▶美しい羽はこれらのチョウに共通する特徴だ.

☐ This art exhibition **features** some works of Leonardo da Vinci. ▶この美術展はレオナルド・ダ・ビンチの作品数点を呼び物にしている.

☐ **チャンク** an important **aspect** 重要な側面

☐ Technology has both negative and positive **aspects**. ▶科学技術にはマイナスの面とプラスの面がある.

☐ **チャンク** climb the **stairs** 階段を上がる

☐ I **climbed** Mt. Fuji last year. ▶私は昨年富士山に登った.

☐ **チャンク** go against the **flow** 流れに逆らう

☐ The **flow** of the river is continuous. ▶川の流れは絶え間がない.

☐ The river **flows** through several towns. ▶その川はいくつかの町を流れている.

☐ **チャンク** cross the **sea** 海を渡る

☐ Be careful when you **cross** the street. ▶通りを渡るときは気をつけるのよ.

☐ This road **crosses** the main street in front of the station. ▶この道路は駅前で本通りと交差している.

☐ **チャンク** shake a **bottle** ボトルを振る

☐ I **shook** him and said, "Wake up!" ▶私は彼を揺すって「目を覚ませ！」と言った.

☐ They were **shaking** with fear. ▶彼らは恐怖に震えていた.

☐ Please **shake hands** with me. ▶私と握手してください.

☐ **チャンク** a mobile **phone** 携帯電話

☐ Do you have a **mobile** computer? ▶モバイルコンピュータを持っていますか？

273

感情・気持ち

1044 ☐ **cry**　A2
[krái | クライ]

動 **1** 泣く

2 (大声で)叫ぶ(◆shout と同義)

A1　名 叫び(声)
🔸 【a cry of Ⓐ】Ⓐ の叫び

1045 ☐ **cry over ...**

〈失敗・不幸などを〉嘆いて泣く

1046 ☐ **angry**
[ǽŋgri | あングリ]　A1

形 (…に)怒っている(with ...)
関連 **anger** 怒り

1047 ☐ **violence**
[váiələns | ヴァイオれンス]
B1

名 (…を傷つけようとする)暴力(行為)(against ...)
関連 **violent** 暴力的な

1048 ☐ **nervous**
[nə́:rvəs | ナ〜ヴァス]
A2

形 (これから起こることなどが原因で)神経質になって;緊張して
関連 **nerve** 神経

1049 ☐ **relax**
[riláeks | りらぁックス]　A2

動 くつろぐ, リラックスする
関連 **relaxed** リラックスした, **relaxation** 息抜き

言葉・記号・信号

1050 ☐ **text**
[tékst | テクスト]

名 **1** (注釈などに対して)本文

A2　**2** (翻訳などの)原文;(演説などの)原稿

1051 ☐ **paragraph**
[pǽrəgrǽf | パぁラグラぁふ]　A1

名 段落, パラグラフ(いくつかの文が集まって1つの内容を表す, 文章構成上の区切り)

1052 ☐ **phrase**
[fréiz | ふレイズ]
B1

名 (文法上の)句(◆in Japan(日本で)のように「主語+述語」の構造をもたない語群);
(慣用的な)フレーズ

1053 ☐ **mark**
[má:rk | マーク]　A2

名 (描かれた)印;マーク

A2　動 (ペンなどで)…に印をつける

1054 ☐ **signal**
[sígnəl | スィグナる]
B1

名 信号

動 (身ぶりや声などで)…を合図する
🔸 【signal to Ⓐ to *do*】Ⓐ に…するよう合図する

☑ チャンク **cry for joy**	うれし泣きをする
☑ I **cried** with pain.	▶私は痛くて泣いた.
☑ He **cried** for help.	▶彼は助けを求めて大声で叫んだ.
☑ She gave **a cry of** surprise.	▶彼女は驚いて(⑩ 驚きの)叫び声をあげた.
☑ It is no use **crying over** spilt milk.	▶こぼれたミルクを嘆いて泣いてもしかたがない;「覆水盆に返らず」(♦ことわざ)
☑ チャンク **get angry**	怒る
☑ Don't be **angry with** me.	▶私に怒らないでくれ.
☑ チャンク **domestic violence**	家庭内暴力
☑ Stop **violence against** children.	▶子どもに対する暴力をなくそう.
☑ チャンク **get nervous**	緊張する
☑ I was very **nervous** just before the interview.	▶その面接の直前, 私はとても緊張していた.
☑ チャンク **Please relax.**	どうぞリラックスしてください.
☑ I like to **relax** in a hot bath.	▶私は熱いふろにつかってくつろぐのが好きだ.

☑ チャンク **lay out the text**	本文をレイアウトする
☑ This book has about five hundred pages of **text**.	▶この本は本文がだいたい 500 ページある.
☑ I have the full **text** of the speech.	▶私はそのスピーチの全文を持っている.
☑ チャンク **the opening paragraph**	最初のパラグラフ
☑ Skip the next **paragraph**.	▶次の段落を飛ばして先を読みなさい.
☑ チャンク **words and phrases**	単語と句
☑ My teacher often uses the **phrase**, "slowly but steadily."	▶私の先生はよく「ゆっくり, しかし着実に」というフレーズを口にする.
☑ チャンク **a question mark**	クエスチョンマーク
☑ What does this **mark** mean?	▶この印は何を意味しているのですか?
☑ I **marked** the new words.	▶私は新出単語に印をつけた.
☑ チャンク **a traffic signal**	交通信号
☑ They sent a danger **signal**.	▶彼らは危険信号を送った.
☑ My father **signaled to** me **to** wait there.	▶父は私にそこで待つようにと合図した.

275

重要基本語句

1055 ☑ **enough**
[ináf | イナふ]

A2 形 (数量などが)十分な

👉【enough Ⓐ to do】…するのに十分な Ⓐ

A2 副 (数量などが)十分に

👉【enough to do】…するのに十分なだけ

A2 代 十分な数[量]

1056 ☑ **fall**
[fɔ́ːl | ふォーる]
過去 fell
過分 fallen

A2 動 ❶ (低い所に)落ちる;〈温度・値段などが〉下がる

❷〈人・木などが〉倒れる
❸ (好ましくない状態に)なる

B1 名 ❶ 秋(◆autumn と同義)

❷ (高い位置からの)落下
❸ 滝(◆通例複数形)

1057 ☑ **fall down**

〈建物などが〉崩れる, 倒れる

1058 ☑ **wonder**
[wʌ́ndər | ワンダ]

A2 動 ❶ …だろうかと思う(◆疑問詞(what, why など)を伴う)

👉【wonder if ...】…かどうかと思う
❷ (…について)不思議に思う(about ...)

B1 名 (美しいものなどに対して感じる)驚き
関連 wonderful すばらしい

1059 ☑ **I wonder if ...**

❶ …してもよろしいですか(◆許可を求める 丁寧な表現)
❷ …していただけますでしょうか(◆丁寧な 依頼の表現)

☑ チャンク **enough time**	十分な時間
☑ We still have **enough** water.	▶水はまだ十分にある（圏 十分な水がある）.
☑ I have **enough** money **to** buy the PC.	▶私にはそのパソコンを買うのに十分なお金がある.
☑ The house was large **enough** for our family.	▶その家は私たち家族には十分な広さだった（圏 十分に広かった）.
☑ He is old **enough to** get a driver's license.	▶彼は運転免許証を取れる年齢（圏 取るのに十分なだけの年齢）だ.
☑ "Would you like another cup of tea?" "No, thank you. I've had **enough**."	▶「紅茶をもう1杯いかがですか？」「結構です. もう十分いただきました」

☑ チャンク **fall on the floor**	床に落ちる
☑ The temperature began to **fall**.	▶気温が下がり始めた.
☑ The tree **fell** in the storm.	▶その木はあらしで倒れた.
☑ I **fell** sick last week.	▶私は先週病気になった.
☑ We're going to move to Boston this **fall**.	▶私たちはこの秋ボストンに引っ越します.
☑ He had a **fall** from the roof.	▶彼は屋根から落下した.
☑ Have you ever seen Niagara **Falls**?	▶ナイアガラの滝を見たことある？
☑ The building **fell down** in the earthquake.	▶地震でその建物は倒壊した.

☑ チャンク **I wonder.**	それはどうかな.
☑ I **wonder why** he went home so early.	▶彼はなぜあんなに早く帰ってしまったのだろう.
☑ I **wonder if** her story is true.	▶彼女の話は本当だろうか.
☑ I **wonder about** the variety of life.	▶生命の多様性について不思議に思う.
☑ We stared in **wonder** at the beautiful mountains.	▶私たちは驚いてその美しい山々を見つめた.
☑ I **wonder if** I could open the window.	▶窓をあけてもよろしいでしょうか.
☑ I **wonder if** you could help me.	▶手伝っていただけますでしょうか.

重要基本語句

1060 ☑ **mind** [máind｜マインド]	**A1**	**名** (人間の)心, 精神；(個人の)考え **対義** body 肉体
	A2	**動** いやがる；気にする(◆否定文・疑問文で用いる) 👉▶【mind *do*ing】…するのをいやがる 👉▶【mind ❹ *do*ing】❹が…するのをいやがる
1061 ☑ **bear ... in mind**		…を心にとめておく
1062 ☑ **make up** *one's* **mind**		(よく考えたうえで)決心する 👉▶【make up *one's* mind to *do*】…しようと決心する 👉▶【make up *one's* mind that ...】…ということを決心する
1063 ☑ **Never mind.**		(心配している人に向かって)気にしないで,大丈夫だよ
1064 ☑ **short** [ʃɔːrt｜ショート]		**形 1** 〈長さ・時間などが〉短い **関連** shorten 短くする, shortly 間もなく,short-term 短期間の **対義** long 長い **2** 〈人・動植物などが〉背の低い **対義** tall 背の高い **3** (資金などが)不足した, 足りない **関連** shortage 不足 **対義** enough 十分な 👉▶【be short of ❹】❹が不足している
	A1	
1065 ☑ **be short for ...**		…の省略である
1066 ☑ **for short**		略して
1067 ☑ **in short**		要するに
1068 ☑ **run short**		〈資源・食料などが〉不足する；(資源・食料などを)切らす(of ...)

STAGE 6

☑ チャンク **peace of** mind	心の安らぎ
☑ She never changed her **mind**.	▶彼女は決して自分の考えを変えなかった.
☑ "**Do** you **mind** if I sit here?" "No, go right ahead."	▶「ここに座ってもかまいませんか(⬤ ここに座ったらいやですか)？」「ええ,どうぞ」
☑ **Would** you **mind opening** the window?	▶窓をあけていただけませんか(⬤ 窓をあけるのがいやですか)？
☑ **Do** you **mind** me [my] **smoking** here?	▶ここでたばこを吸ってもよろしいですか(⬤ 私がたばこを吸うのはいやですか)？
☑ **Bear** this lesson **in mind**.	▶この教訓を心にとめておきなさい.
☑ He **made up** his **mind to** leave town. [≒ He **made up** his **mind that** he would leave town.]	▶彼は町を去る決心をした.
☑ "I've broken the dish ..." "**Never mind**."	▶「お皿,割っちゃった…」「気にしないでいいよ」
☑ チャンク **in a short** time	短時間で
☑ She has **short** hair.	▶彼女は髪が短い.
☑ Bill is **shorter** than his father.	▶ビルは彼の父親より背が低い.
☑ We **are short of** funds.	▶我々には資金が足りない.
☑ NGO **is short for** "nongovernmental organization."	▶NGO は nongovernmental organization の略だ.
☑ Benjamin is often called Ben **for short**.	▶ベンジャミンは略してベンと呼ばれることが多い.
☑ **In short**, we cannot trust him.	▶要するに,私たちは彼を信用できないんだ.
☑ Fuel is **running short**. [≒ We're **running short of** fuel.]	▶燃料が切れつつある.

コーパス道場 6

show [ʃóu | ショウ] →p. 186

コアイメージ 「人前に見せる, 示す」

🏆[show + 名詞]ランキング

☐ S278 **第1位** show signs of ...	▶ …の兆候[形跡]を示す
☐ The clouds show signs of rain.	▶ 雨の降りそうな雲行きだ.

☐ S279 **第2位** show (an) interest	▶ 興味を示す
☐ Many people showed interest in the new shop.	▶ 多くの人が, その新しい店に関心を示した.

☐ S280 **第3位** show evidence of ...	▶ …の形跡を示す
☐ The computer showed evidence of being hacked.	▶ コンピュータがハッキングされた形跡を示した.

☐ S281 **第4位** show courage	▶ 勇気を示す
☐ She showed courage and spoke to him.	▶ 彼女は勇気を出し, 彼に話しかけた.

☐ S282 **第5位** show symptoms of ...	▶ …の症状を示す
☐ The patient showed symptoms of flu.	▶ その患者はインフルエンザの症状を示していた.

tell [tél | テる] →p. 94

コアイメージ 「情報を相手に言葉で伝える」

🥈🥇🥉 [tell + 名詞] ランキング

☐ S283 第1位 **tell a story** ▶ 物語を話して聞かせる

☐ Local volunteers **tell stories** to children every Friday. ▶ 地元のボランティアは毎週金曜日に子供たちに物語を話して聞かせている.

☐ S284 第2位 **tell the truth** ▶ 真実を伝える

☐ He did not **tell the truth** to the police. ▶ 彼は警察に真実を伝えなかった.

☐ S285 第3位 **tell a tale** ▶ 物語を話して聞かせる

☐ I **told a tale** to my baby. ▶ 私は赤ん坊に物語を話して聞かせた.

☐ S286 第4位 **tell a lie** ▶ うそを言う

☐ Don't **tell a lie**. ▶ うそをつくな.

☐ S287 第5位 **tell the news** ▶ ニュースを伝える

☐ The TV program **tells the news** every Saturday afternoon. ▶ そのテレビ番組は毎週土曜日の午後にニュースを伝える.

7. 感情1

S288 ☑ 喜んでいる
delighted[diláitid]

S289 ☑ 興奮した
excited[iksáitid]

S290 ☑ 疲れ果てた
exhausted[igzɔ́:stid]

S291 ☑ がっかりした
disappointed
[dìsəpɔ́intid]

S292 ☑ 緊張した
nervous[nə́:rvəs]

S293 ☑ 怒った
angry[ǽŋgri]

S294 ☑ 驚いた
surprised[sərpráizd]

S295 ☑ おびえた
scared[skéərd]

S296 ☑ 退屈した
bored[bɔ́:rd]

S297 ☑ 誇りに思っている
proud[práud]

S298 ☑ リラックスした
relaxed[rilǽkst]

S299 ☑ 困惑した
confused[kənfjú:zd]

STAGE 7

平均単語レベル
大学入試

出席・欠席

1069 ☑ **present**² [préznt | プレズント]
形 **1** (会議などに)出席して;(特別な場面に)居合わせて
関連 **presence** 存在;出席
2 (時間が)現在の, 今の
B1

1070 ☑ **at present**
現在は, 今のところは

1071 ☑ **absent** [ǽbsənt | あブセント]
形 (休みを取っており)不在で, 欠席して
関連 **absence** 不在
B1
☞【**be absent from Ⓐ**】Ⓐを欠席している

1072 ☑ **attend** [əténd | アテンド]
動 **1** 〈会・授業などに〉出席する
関連 **attendance** 出席, **attendant** 係員
2 〈学校・教会などに〉(規則的に)通う
B1

物・物質

1073 ☑ **piece** [píːs | ピース]
A1
名 **1** つ, 1 個(◆a piece of ...のような形で, 数えられない名詞に用いる)

1074 ☑ **block** [blák | ブラック]
A1
名 **1** (平面をもつ)塊;(建築用の)ブロック
2 (市街地の)街区, ブロック(◆4 辺を道路で囲まれた区画)
B1
動 〈道などを〉ふさぐ

1075 ☑ **glass** [glǽs | グらぁス]
名 **1** ガラス
A1
2 (ガラス製の)コップ, グラス

1076 ☑ **board** [bɔ́ːrd | ボード]
A1
名 板
B1
動 (船・飛行機などに)乗り込む
関連 **aboard** (船・飛行機などに)乗って

☑ チャンク **be present at the ceremony**　式に参列している

☑ I was **present** at the meeting. ▶私はその会議に出席した.

☑ You should report the **present** situation. ▶君は現在の状況を報告したほうがよい.

☑ Everything is going well **at present**. ▶今のところすべて順調だ.

☑ チャンク **be absent from work**　仕事を休んでいる

☑ I was **absent from** school today. ▶私はきょう学校を休んだ.

☑ チャンク **attend classes**　授業に出席する

☑ A lot of people **attended** the party. ▶たくさんの人がそのパーティーに出席した.

☑ My family **attends** church every Sunday. ▶私の家族は毎週日曜日に教会に通っている.

STAGE 7

☑ チャンク **a piece of information**　1 つの情報

☑ There is **a piece of** cake. ▶ケーキが1切れありますよ.

☑ チャンク **a block of ice**　氷塊

☑ The wall of the house was made of concrete **blocks**. ▶その家の壁はコンクリートのブロックでできていた.

☑ The library is two **blocks** away. ▶図書館は2ブロック先です.

☑ Fallen rocks were **blocking** the road. ▶落石が道路をふさいでいた.

☑ チャンク **a glass bottle**　ガラスびん

☑ I cut my fingers on the broken **glass**. ▶割れたガラスで指を切ってしまった.

☑ May I have a **glass** of water? ▶コップ1杯の水をいただけますか?

☑ チャンク **a cutting board**　まな板

☑ Have you seen the bulletin **board** yet? ▶掲示板はもう見たの?

☑ I was waiting to **board**. ▶私は搭乗するのを待っていた.

考え・概念

1077 ☑ **image**
[ímidʒ | **イ**メッヂ]
🎺 発音

名 **1** (世間に与える)イメージ

2 (心に描く)像
関連 **imagine** 想像する
3 (テレビなどの)映像；
(コンピュータ画面などの)画像 (A2)

1078 ☑ **symbol**
[símbl | **ス**ィンブる]

名 **1** (…の)象徴, シンボル(of ...)
関連 **symbolic** 象徴的な, **symbolize** 象徴する

2 (…の)記号, 符号(for ...) (A2)

1079 ☑ **thought**
[θɔ́ːt | **そ**ート]

名 **1** (…についての)考え(on ...)

2 (じっくりと)考えること
関連 **thoughtful** 思いやりがある (A2)

目的・目標

1080 ☑ **aim**
[éim | **エ**イム]

B1 名 (成し遂げたい)目的

B2 動 (…することを)目標にする(to do)

1081 ☑ **miss**
[mís | **ミ**ス]

動 **1** 〈ねらった物・標的などを〉はずす

2 〈列車・飛行機などに〉乗り遅れる
対義 **catch** …に間に合う
3 〈機会などを〉逃す
4 …がいないのを寂しく思う
A1 関連 **missing** 行方不明の

1082 ☑ **intend**
[inténd | イン**テ**ンド]

動 (…する)つもりである(to do)
(◆口語では be going to doを用いるのがふつう)
B1 関連 **intention** 意図, **intentional** 故意の

1083 ☑ **attempt**
[ətémpt | ア**テ**ンプト]

B1 動 〈困難なことを〉試みる
👉【**attempt to** do】…することを試みる

A2 名 (…しようとする)試み(to do)

START ⊂══════════════⊃ GOAL

STAGE 7

☑ チャンク the public image　一般的なイメージ
☑ The company is trying hard to improve its image. ▶その会社はイメージをアップさせようと懸命になっている.
☑ I still have a clear image of my hometown. ▶私は今でも故郷の町を鮮明に思い出せる(⑩ 故郷の町の鮮明な像をもっている).
☑ Smartphones can send and receive images. ▶スマートフォンは画像を送受信できる.

☑ チャンク a symbol of love　愛の象徴
☑ The dove is known as a symbol of peace. ▶ハトは平和のシンボルとして知られている.
☑ H₂O is the symbol for water. ▶H₂O は水を表す記号だ.

☑ チャンク That's a thought!　それはいい考えだ！
☑ Let me have your thoughts on this problem. ▶この問題についてのあなたの考えをお聞かせください.
☑ After serious thought, she made up her mind. ▶よく考えてから，彼女は決断した.

☑ チャンク the main aim　主な目的
☑ What is the aim of this plan? ▶この計画の目的は何ですか？
☑ Haruka said on the phone that she was aiming to arrive by noon. ▶遥は正午までに到着したいと(⑩ 到着することを目標にしていると)電話で言った.

☑ チャンク miss the target　的をはずす
☑ He missed five shots in the first half. ▶彼は前半5本のシュートをはずした.
☑ I missed my usual train. ▶私はいつもの電車に乗りそこねた.
☑ I don't want to miss any chances. ▶私はいかなるチャンスも逃したくない.
☑ I'm going to miss you. ▶君がいなくなるなんて寂しいよ.

☑ チャンク fully intend to go　断固として行くつもりである
☑ I intend to study in Canada. ▶私はカナダに留学するつもりだ.

☑ チャンク attempt a rescue　救出を試みる
☑ I attempted to break the code. ▶私はその暗号の解読を試みた.
☑ His attempt to escape failed. ▶彼の逃亡しようとする試みは失敗した.

287

国内・海外

1084 ☑ **foreign**
[fɔ́(ː)rin | **ふォ**(ー)リン]
🔊 発音　A1

形 外国の
　関連 foreigner 外国人

1085 ☑ **domestic**
[dəméstik | ド**メ**スティック]
B2

形 **1** 国内の

　2 家庭(内)の

1086 ☑ **abroad**
[əbrɔ́ːd | アブ**ロー**ド]
A2

副 外国に[へ]

1087 ☑ **overseas**
[òuvərsíːz | オウヴァ
スィーズ]
A2　B2

副 海外に[で, へ]（◆「海を渡って」,「海をはさんで」と
いう意味合いがある）

形 海外からの[への]

性格

1088 ☑ **personality**
[pə̀ːrsənǽləti | パ〜ソナ**あ**り
ティ]
A2

名 性格（◆主に人柄を表す）, 個性
　関連 personal 個人的な

1089 ☑ **friendly**
[fréndli | ふ**レ**ンドり]
B2

形 **1** (性格などが)好意的な, 友好的な
　関連 friend 友人, friendship 友情
　対義 unfriendly 友好的でない
　2 (…と)親しい(with ...)

1090 ☑ **honest**
[ɑ́nist | **ア**ネスト]
🔊 発音　B1

形 **1** (性格などが)正直な
　関連 honestly 正直に, honesty 正直さ
　対義 dishonest 不正直な
　👉【be honest with Ⓐ】Ⓐに対して正直な
　2 〈意見など〉率直な

1091 ☑ **curious**
[kjúəriəs | **キュ**(ア)リアス]
B1

形 (…に対して)好奇心の強い(about ...)
　関連 curiosity 好奇心

　👉【be curious to do】…したがっている

1092 ☑ **ambitious**
[æmbíʃəs | アン**ビ**シャス]
B1

形 野心をもった
　関連 ambition 野心

☑ チャンク **a foreign country** 　　　外国
☑ I like studying foreign languages. ▶私は外国語学習が好きだ.

☑ チャンク **a domestic flight** 　　　(飛行機の)国内便
☑ Pay attention to the trends of the domestic market. ▶国内市場の動向に注意せよ.
☑ He told me about his domestic troubles. ▶彼は家庭内の問題について私に話した.

☑ チャンク **study abroad** 　　　留学する
☑ My mother often goes abroad on business. ▶母はよく仕事で外国に行く.

☑ チャンク **go overseas** 　　　海外に行く
☑ He wants to live overseas. ▶彼は海外で暮らしたいと思っている.
☑ We have three overseas students in our class. ▶私たちのクラスには留学生が(◉ 海外からの学生が)3人いる.

☑ チャンク **a charismatic personality** 　カリスマ的な性格
☑ Haruka has a warm personality. ▶遥は思いやりのある性格だ.

☑ チャンク **a friendly atmosphere** 　友好的な雰囲気
☑ My host family was very friendly. ▶私のホストファミリーはとても親切だった.
☑ I'm friendly with the writer. ▶私はその作家と親しくしている.

☑ チャンク **an honest person** 　正直な人
☑ I'll be honest with you. ▶あなたには正直に言いますね.
☑ I want your honest opinion. ▶私はあなたの率直な意見を聞きたい.

☑ チャンク **a curious look** 　好奇心に満ちた表情
☑ Children are curious about everything. ▶子どもは好奇心が旺盛だ(◉ 全てに好奇心が強い).
☑ I'm curious to hear the answer. ▶私はその答えが聞きたい.

☑ チャンク **an ambitious boy** 　野心をもった少年
☑ Tom has an ambitious dream. ▶トムは野心的な夢を持っている.

STAGE 7

289

数・量

1093 ☑ **limit**
[límit | **リ**ミット]

B1 名 (数・量などの)限界；(速度などの)制限

B1 動 〈数・量などを〉制限[限定]する
関連 limitation 制限, limited 限られた
【limit Ⓐ to Ⓑ】ⒶをⒷまでに制限する

1094 ☑ **measure**
[méʒər | **メ**ジャ]
🎺 発音

B1 動 **1** 〈長さ・大きさなどを〉はかる
関連 measurement 測定
2 〈人・価値などを〉判断する, 評価する

B1 名 **1** (主に公的な)対策(◆通例複数形で用いる)

2 (判断などの)基準(of ...)

1095 ☑ **quantity**
[kwántəti | **ク**ワンティティ]

名 (…の)量(of ...)(◆amountと同義)
関連 quantitative 量的な

B1

話す・伝える

1096 ☑ **invite**
[inváit | イン**ヴァ**イト]

A2

動 〈人を〉(夕食・パーティーなどに)招待する
関連 invitation 招待
【invite Ⓐ to Ⓑ】ⒶをⒷに招待する

1097 ☑ **introduce**
[ìntrədjúːs | イントゥロ**デュー**ス]
A1

動 〈人を〉紹介する
関連 introduction 紹介
【introduce Ⓐ to Ⓑ】ⒶをⒷに紹介する

1098 ☑ **advice**
[ədváis | アドゥ**ヴァ**イス]
🎺 アクセント **A2**

名 助言, アドバイス
関連 advise 助言する, adviser 助言者

1099 ☑ **interview**
[íntərvjùː | **イ**ンタヴュー]
A1

名 インタビュー；(就職活動などにおける)面接
関連 interviewee インタビューされる人,
interviewer インタビューする人, 面接官

B1 動 〈人に〉インタビューする

1100 ☑ **gesture**
[dʒéstʃər | **ヂェ**スチャ]
B1

名 身ぶり, ジェスチャー

STAGE 7

☑ チャンク **an age limit** — 年齢制限

☑ Be careful about the speed limit. ▶制限速度に気をつけて.

☑ Limit your answer to 20 words. ▶20語以内で答えなさい(⑩ 答えを20語に制限しなさい).

☑ チャンク **measure the distance** — 距離をはかる

☑ We measured the height of the tree. ▶私たちはその木の高さをはかった.

☑ People often measure others only by their looks. ▶人間はしばしば外見だけで他者を判断する.

☑ The police took strong measures against violent crimes. ▶警察は凶悪犯罪に対して強硬な対策をとった.

☑ Money is not the only measure of success. ▶金だけが成功をはかる基準ではない.

☑ チャンク **quantity and quality** — 質と量(⑩ 量と質)

☑ There was a large quantity of food on the table. ▶テーブルの上には多量の食べ物があった.

☑ チャンク **Thank you for inviting me.** — ご招待ありがとうございます.

☑ I invited my girlfriend to dinner. ▶私はガールフレンドを夕食に招待した.

☑ チャンク **May I introduce myself?** — 自己紹介させてください.

☑ I'd like to introduce you to my brother John. ▶あなたを兄のジョンに紹介しますね.

☑ チャンク **seek expert advice** — 専門家のアドバイスを求める

☑ You should follow your parents' advice. ▶君は両親の助言に従うべきだよ.

☑ チャンク **a job interview** — 就職の面接

☑ I had an exclusive interview with the singer. ▶私はその歌手に独占インタビューをした.

☑ She interviewed the President. ▶彼女は大統領にインタビューした.

☑ チャンク **make a gesture** — ジェスチャーをする

☑ The chimpanzees were communicating by gesture. ▶そのチンパンジーたちは身ぶりで互いの意思を伝え合っていた.

物・物質

1101 ☑ **substance**
[sÁbstəns | **サ**ブスタンス]
B2

名 物質(◆matter と同義)
関連 **substantial** かなりの

1102 ☑ **mass**
[mǽs | **マ**あス]
B2

名 **1** (特定の形をもたない)塊
2 多数(の…), 多量(の…)(of ...)
関連 **massive** 巨大な

1103 ☑ **material**
[mətíəriəl | マ**ティ**(ア)リアる]
A2

名 **1** (木材・金属など)材料, 原料;(衣服などの)
生地(◆「料理の材料」は ingredient)

2 (執筆や授業などで用いる)資料

1104 ☑ **sheet**
[ʃíːt | **シ**ート]
B1

名 **1** (紙などの)1 枚(of ...)

2 (ベッドなどの)シーツ

自由・強制

1105 ☑ **free**
[fríː | ふ**リ**ー]
A1

形 **1** (制限などがなく)自由な
関連 **freedom** 自由, **freely** 自由に
☞ **【be free to** *do***】**自由に…できる
2 (特にすることがなく)暇な
対義 **busy** 忙しい
3 (値段が)無料の

1106 ☑ **release**
[rilíːs | リ**リ**ース]
B1

動 **1** …を(束縛・義務などから)解放する
☞ **【release Ⓐ from Ⓑ】Ⓐ**を**Ⓑ**から解放する
2 〈映画などを〉封切る;〈CD などを〉発売する;
〈ニュースなどを〉公表する

1107 ☑ **impose**
[impóuz | イン**ポ**ウズ]
B2

動 〈税金・義務などを〉課す, 負わせる
☞ **【impose Ⓐ on Ⓑ】Ⓐ**を**Ⓑ**に課す

1108 ☑ **obligation**
[àbligéiʃn | アブリ**ゲ**イション]
B2

名 (法律上の)責任, 義務
関連 **oblige** 〈人に〉…させる

☑ チャンク **a chemical** substance | 化学物質
☑ Nitroglycerin is a dangerous **substance**. | ▶ニトログリセリンは危険な物質だ.

☑ チャンク **a mass of snow** | 雪の塊
☑ Uluru is a huge **mass** of rock. | ▶ウルルは巨大な岩の塊だ.
☑ I gathered a **mass of** data. | ▶私は大量のデータを集めた.

☑ チャンク **building materials** | 建築資材
☑ The **material** of this wedding dress is silk. | ▶このウェディングドレスの生地はシルクだ.
☑ My teacher often uses old movies as teaching **materials**. | ▶私の先生はよく古い映画を教材として使う.

☑ チャンク **a sheet of paper** | 1 枚の紙
☑ Give me another **sheet of** paper. | ▶紙をもう 1 枚ください.
☑ Please put a **sheet** on the bed. | ▶ベッドにシーツを敷いてください.

☑ チャンク **a free discussion** | 自由な話し合い
☑ You **are free to** use this computer. | ▶このコンピュータはご自由にお使いください.

☑ Are you **free** this Saturday? | ▶今度の土曜日は暇?

☑ The company offers a **free** gift. | ▶その会社は無料ギフトを提供している.

☑ チャンク **release prisoners** | 囚人を解放する
☑ He **released** the rabbit **from** the trap. | ▶彼はそのウサギをわなから放してやった.
☑ The movie will be **released** next month. | ▶その映画は来月封切られる予定だ.

☑ チャンク **impose a duty** | 義務を課す
☑ The government will **impose** a higher tax **on** cigarettes. | ▶政府はたばこにより高い税金を課す予定だ.

☑ チャンク **basic obligation** | 基本的義務
☑ They have an **obligation** to keep this secret. | ▶彼らはこの秘密を守る義務がある.

STAGE 7

重要・重大

1109 ☑ **main**
[méin | メイン] `B1`

形 主な, 最も重要な, メイン…
関連 **mainly** 主として

1110 ☑ **significant**
[signífikənt | スィグ**ニ**ふィカント] `A2`

形 (影響力があり)重要な
関連 **significance** 重要性,
significantly 意義深いことに
対義 **insignificant** 取るに足りない

1111 ☑ **primary**
[práimeri | プ**ラ**イメリ] `B2`

形 **1** 主な, 最も重要な(◆mainと同義)
関連 **primarily** 主に

2 (発展段階が)初期の

1112 ☑ **principal** `A2`
[prínsəpl | プ**リ**ンスィプる]

形 主な, 最も重要な(◆main, primaryと同義)

`B2` 名 (学校の)校長

1113 ☑ **emphasize**
[émfəsàiz | **エ**ンふァサイズ] `B1`

動 〈重要性などを〉強調する
関連 **emphasis** 強調

問題・困難

1114 ☑ **struggle** `B2`
[strʌ́gl | スト**ゥラ**グる]

動 **1** (困難な目標を達成するために)一生懸命に
努力する
→**【struggle to *do*】**…するために努力する
2 (病気などと)闘う
→**【struggle with Ⓐ】**Ⓐと闘う

`B1` 名 (…を得ようとする)闘い, 努力(for ...)

1115 ☑ **settle**
[sétl | **セ**トゥる] `B1`

動 **1** 〈争いなどを〉解決する
関連 **settlement** 解決
2 (場所に)定住[移住]する(in ...)

1116 ☑ **be settled by ...**

〈場所が〉…によって移住される

1117 ☑ **settle down**

1 (…に)腰を落ち着けて取り組む(to ...)
2 (気持ちが)落ち着く

STAGE 7

☐ チャンク **the** main **dish** | メインディッシュ，主菜
☐ The next match is the main event. | ▶次の試合はメインイベントだ.

☐ チャンク **a** significant **change** | 重要な**変化**
☐ The next job interview is significant for my future. | ▶次回の就職面接は私の将来にとって重要だ.

☐ チャンク **the** primary **aim** | 主な**ねらい**
☐ The primary purpose of my journey is to visit historic places in Europe. | ▶私の旅行の主な目的はヨーロッパの史跡を訪ねることだ.
☐ Social life started in the primary stage of civilization. | ▶社会生活は文明の初期段階に始まった.

☐ チャンク **a** principal **feature** | 主な**特徴**
☐ Potatoes are the principal food in this country. | ▶この国ではジャガイモは主食(⑩ 主な食べ物)だ.
☐ She is the principal of my school. | ▶彼女は私の学校の校長だ.

☐ チャンク emphasize **the need** | **必要性を**強調する
☐ He emphasized the importance of agriculture in Japan. | ▶彼は日本における農業の重要性を強調した.

☐ チャンク struggle **for success** | 成功するために**努力する**
☐ She is struggling to pay her school fees. | ▶彼女は自分の学費を払うために一生懸命努力している.
☐ He has struggled with cancer for two years. | ▶彼は2年間癌(ガ)と闘っている.
☐ Living things try to survive the struggle for life. | ▶生物は生存競争で(⑩ 生存を求める闘いで)生き残ろうとする.

☐ チャンク settle **an argument** | **論争を**解決する
☐ We settled the international dispute. | ▶我々はその国際紛争を解決した.
☐ They settled in California. | ▶彼らはカリフォルニアに定住した.
☐ The land was settled by people from Europe. | ▶その土地にはヨーロッパから来た人々が移住した(⑩ その土地はヨーロッパから来た人々によって移住された).
☐ Let's settle down to business. | ▶さあ本腰を入れて仕事に取りかかろう.
☐ Settle down! Don't make a noise! | ▶落ち着け！静かにするんだ！

有利・利益

1118 ☑ **advantage**
[ədvǽntidʒ | アドヴ**ァ**ンティッヂ] **A2**

名 (他者に対する)利点, 有利な点
関連 advantageous 有利な
対義 disadvantage 不利

1119 ☑ **take advantage of ...**

〈状況・機会などを〉利用する

1120 ☑ **benefit**
[bénəfit | ベネふィット] **B1**

名 利益, 恩恵
関連 beneficial 有益な

1121 ☑ **profit**
[práfit | プラふィット]

名 (金銭的な)利益, もうけ
関連 profitable 利益になる
対義 loss 損失

動 利益を得る
➡【profit from Ⓐ】Ⓐから利益を得る **B2**

程度・度合い

1122 ☑ **extent**
[ikstént | イクス**テ**ント]

名 ❶ (問題・損害などの)程度

❷ (空間における)広がり
関連 extensive 広い, extend 広げる **B1**

1123 ☑ **to some extent**

ある程度までは

1124 ☑ **medium**
[míːdiəm | ミーディアム] **B1**

形 〈質・大きさなどが〉中間の
関連 media メディア

1125 ☑ **scale**
[skéil | ス**ケ**イる]

名 ❶ 規模, スケール

❷ はかり **A2**

1126 ☑ **fully**
[fúli | ふり] **A2**

副 完全に, 十分に
関連 full 十分な

1127 ☑ **absolutely**
[ǽbsəlùːtli | **あ**ブソ**ル**ートリ] **B1**

副 ❶ 絶対に, 完全に
関連 absolute 絶対的な
❷ (受け答えで)もちろん, そのとおり

☑ チャンク **to his advantage** | 彼にとって有利な[に]
☐ Her experience of studying abroad gave her a big **advantage**. | ▶彼女の留学の経験は大きな利点となった.

☐ I took **advantage of** the good weather to paint this picture of the sea. | ▶私は好天を利用してこの海の絵を描いた.

☑ チャンク **gain a benefit** | 利益を得る
☐ The English conversation class was of great **benefit** to me. | ▶その英会話クラスは私にとってとても役に立った(⑩ 有益であった).

☑ チャンク **net profit** | 純益
☐ He made a large **profit** in the stock market. | ▶彼は株式市場で莫大(ばく)な利益を得た.

☐ We are **profiting** greatly from this new Internet business. | ▶我々はこの新規インターネット事業からたくさんの利益を得ている.

STAGE 7

☑ チャンク **the extent of pollution** | 汚染の程度
☐ The **extent** of the damage was beyond our expectations. | ▶損害の程度は我々の予想を超えていた.
☐ From the hill, we saw the full **extent** of the village. | ▶私たちはその丘から村の全景を(⑩ 完全な広がりを)望んだ.

☐ I agree with you **to some extent**. | ▶ある程度まではあなたに賛成です.

☑ チャンク **medium size** | M サイズ
☐ A **medium** Coke, please. | ▶コーラの M をください.

☑ チャンク **on a large scale** | 大規模に
☐ They didn't understand the **scale** of the earthquake. | ▶彼らはその地震の規模がつかめなかった.
☐ My kitchen **scale** is very old. | ▶私の台所のはかりはとても古い.

☑ チャンク **be fully aware of Ⓐ** | Ⓐに完全に気づいている
☐ He hasn't **fully** recovered from his lost love. | ▶彼は失恋から十分に立ち直ってはいない.

☑ チャンク **be absolutely clear** | 完全に明らかである
☐ You are **absolutely** right. | ▶あなたは絶対に正しい.
☐ "Can I ask you a question?" "**Absolutely**." | ▶「質問してもいいですか？」「もちろん」

壊す・破壊

1128 ☐ **destroy**
[distrɔ́i | ディストゥ**ロ**イ]
A2

動 …を(激しく)破壊する
関連 destruction 破壊, destructive 破壊的な
対義 construct 建設する

1129 ☐ **shoot**
[ʃúːt | **シュー**ト]
過去・過分 shot
A2

動 …を(銃などで)撃つ;〈銃などを〉撃つ
関連 shot 発射

1130 ☐ **damage**
[dǽmidʒ | **ダ**ぁメッヂ]
B1

名 損害, 被害(◆「失うことによる損害」はloss)

B1 動 …に損害を与える

知性

1131 ☐ **clever**
[klévər | ク**れ**ヴァ]
A1

形 (機転が利き)利口な
関連 cleverly 利口に

1132 ☐ **smart**
[smáːrt | ス**マー**ト]
A1

形 (機転が利き)利口な(◆cleverと同義;
日本語の体格を表す「スマート」の意味はない)
関連 smartly 利口に

1133 ☐ **wise**
[wáiz | **ワ**イズ]
A2

形 (知識が豊富で)賢い
関連 wisely 賢明に
対義 foolish, stupid ばかな
☞ [it is wise of Ⓐ to *do*] Ⓐが…するのは賢明だ

1134 ☐ **wisdom**
[wízdəm | **ウィ**ズダム]
A2

名 (経験に裏打ちされた)知恵

1135 ☐ **intellectual**
[ìntəléktʃuəl | インテ**れ**クチュ
アる]
B2

形 ❶ 知性の;知的な

❷ (学識があり)知性的な

1136 ☐ **intelligent**
[intélidʒənt | イン**テ**リヂェン
ト]
A2

形 〈人間・動物などが〉知能が高い

1137 ☐ **intelligence**
[intélidʒəns | イン**テ**リヂェン
ス]
A2

名 (言語などを学習する)知能

22471

STAGE 7

☑ チャンク **destroy a building**　　　　　　　**建物を破壊する**

☑ We mustn't **destroy** the environment.　▶私たちは環境を破壊してはならない.

☑ チャンク **shoot a pistol**　　　　　　　　　**ピストルを撃つ**

☑ The policeman **shot** the man in the leg.　▶警官はその男の足を撃った.

☑ チャンク **fire damage**　　　　　　　　　　**火災による被害**

☑ This area suffered a lot of **damage** because of the earthquake.　▶その地震によりこの地域は大きな損害を受けた.

☑ The scandal **damaged** his reputation.　▶そのスキャンダルは彼の名声に傷をつけた.

☑ チャンク **clever people**　　　　　　　　　**利口な人々**

☑ Meg is a **clever** girl.　▶メグは利口な女の子だ.

☑ チャンク **a smart kid**　　　　　　　　　　**利口な子ども**

☑ Jane is a **smart** woman.　▶ジェーンは賢い女性だ.

☑ チャンク **a wise person**　　　　　　　　　**賢い人**

☑ I think you made a **wise** choice.　▶あなたは賢い選択をしたと思います.

☑ It was **wise** of him to give up smoking.　▶彼が禁煙したのは賢明だった.

☑ チャンク **words of wisdom**　　　　　　　**知恵にあふれる言葉**

☑ He is a person of great **wisdom**.　▶彼はとても知恵のある人だ.

☑ チャンク **intellectual property**　　　　　**知的財産**

☑ We are studying **intellectual** development of children.　▶我々は子どもの知性の発達を研究している.

☑ Lisa is **intellectual** and creative.　▶リサは知性的で創造力豊かだ.

☑ チャンク **intelligent people**　　　　　　**頭のよい人々**

☑ The chimpanzee is an **intelligent** animal.　▶チンパンジーは知能が高い動物だ.

☑ チャンク **artificial intelligence**　　　　　**人工知能**

☑ Dolphins have a high degree of **intelligence**.　▶イルカは高度な知能をもっている.

追う・逃げる

1138 ☑ **escape**
[iskéip | イスケイプ] **B1**

動 (危険な人や場所などから)逃げる, 脱出する
(from ...)

1139 ☑ **hunt**
[hʌ́nt | ハント]

B1 名 (動物などの)狩り, 狩猟

B1 動 〈動物などを〉狩る
　　関連 hunter ハンター

見る

1140 ☑ **observe**
[əbzə́ːrv | オブザ〜ヴ]

動 **1** …を(注意深く)観察する
　　関連 observation 観察, **observatory** 観測所,
　　　　observer 立会人
B1 **2** (見て)…に気づく

1141 ☑ **sight**
[sáit | サイト]

名 **1** 視力(◆eyesightと同義)

2 視野, 視界
A1 **関連 sightseeing** 観光

1142 ☑ **in sight**　　見える範囲に

1143 ☑ **out of sight**　　目の届かない範囲に

1144 ☑ **vision**
[víʒn | ヴィジョン]

名 視力(◆eyesight,sightと同義)
　　関連 visible 目に見える, **visibly** 目に見えて,
B1 　　**visionary** 先見の明のある

掃除・清潔

1145 ☑ **clean**
[klíːn | クリーン] **A1**

形 きれいな, 清潔な

A1 動 …をきれいにする, 掃除する

1146 ☑ **dirty**
[də́ːrti | ダ〜ティ] **A1**

形 汚い, 汚れた
　　関連 dirt 汚れ

1147 ☑ **wash**
[wɑ́ʃ | ワッシ]

A1 動 (水とせっけんなどを使って)…を洗う
　　関連 washing 洗濯
A1 名 (水とせっけんなどを使って)洗うこと, 洗濯

1148 ☑ **bath**
[bǽθ | バぁす]

名 入浴
　　関連 bathe 入浴する, **bathroom** 浴室;トイレ
A1

☑ **チャンク** **escape** from prison 　　　脱獄する

☑ They **escaped from** the sinking ship. 　▶彼らは沈没しつつある船から脱出した.

☑ **チャンク** **go on a** hunt 　　　狩りに行く

☑ I didn't join the tiger **hunt**. 　▶私はそのトラ狩りに参加しなかった.

☑ We went to the forest to **hunt** wild birds. 　▶私たちは野生の鳥を狩りにその森へ行った.

☑ **チャンク** **observe** behavior 　　　行動を観察する

☑ We **observed** the aurora. 　▶私たちはオーロラを観察した.

☑ I **observed** a slight change in his expression. 　▶私は彼の表情のかすかな変化に気づいた.

☑ **チャンク** **have poor** sight 　　　視力が悪い

☑ She has good **sight**. 　▶彼女は視力がよい.

☑ A beautiful beach came into **sight**. 　▶美しい海岸が見えてきた(⑩ 視界に入ってきた).

☑ There was nobody in **sight**. 　▶周りにはだれもいなかった.

☑ I waved at her on the train until she was **out of sight**. 　▶私は列車に乗った彼女に, その姿が見えなくなるまで手を振った.

☑ **チャンク** **have poor** vision 　　　視力が悪い

☑ Some animals have good night **vision**. 　▶動物の中には夜間でもよく目の見えるものがいる.

☑ **チャンク** **clean** water 　　　きれいな水

☑ The hotel room was very **clean**. 　▶そのホテルの部屋はとても清潔だった.

☑ I must **clean** my room. 　▶部屋を掃除しなくちゃ.

☑ **チャンク** **dirty** clothes 　　　汚れた衣服

☑ The floor was very **dirty**. 　▶その床はとても汚かった.

☑ **チャンク** **wash** the dishes 　　　皿を洗う

☑ **Wash** your hands before eating. 　▶食事の前に手を洗いなさい.

☑ I do the **wash** on Sunday. 　▶私は日曜日に洗濯をする.

☑ **チャンク** **a hot** bath 　　　温浴

☑ I took a **bath** before going to bed. 　▶私は寝る前に入浴した.

STAGE 7

失敗

1149 ☑ **mistake** A2
[mistéik | ミス**テイク**]
過去 mistook
過分 mistaken

名 誤り, ミス

動 …を誤解する
⇨ [mistake Ⓐ for Ⓑ] ⒶをⒷと間違える

1150 ☑ **by mistake**

誤って, 間違って

1151 ☑ **error**
[érər | **エ**ラ] A2

名 (計算などの)誤り, エラー

1152 ☑ **excuse**
[ikskjúːs | イクス**キュー**ス] A1

名 (…に対する)言い訳(for ...)

熱・エネルギー

1153 ☑ **heat** A2
[híːt | **ヒー**ト] B1

名 (物理的な)熱

動 〈物質を〉熱する
関連 heater 暖房器具, heating 暖房(装置)
対義 cool 冷ます

1154 ☑ **electricity**
[ilèktrísəti | イレクトゥ**リ**スィ
ティ] B1

名 電気
関連 electric 電気の, electronic 電子の

1155 ☑ **burn** B1
[bớːrn | **バ**〜ン]
過去・過分 burned, burnt

動 〈火・物質が〉燃える; 〈物質を〉燃やす

1156 ☑ **melt**
[mélt | **メ**るト] B1

動 〈固体が〉(熱で)溶ける
(◆「〈固体が〉〈液体の中に〉溶け込む」は dissolve)
関連 melting pot るつぼ

1157 ☑ **boil**
[bɔ́il | **ボ**イる] A2

動 **1** 〈液体が〉沸騰する; 〈液体を〉沸騰させる
関連 boiler ボイラー, boiling point 沸点
2 〈食物を〉煮る, ゆでる

1158 ☑ **nuclear**
[njúːkliər | **ニュー**クリア] B1

形 (エネルギーなどが)原子力の, 核の

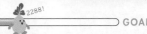
STAGE 7

☑ チャンク **correct a** mistake　　　　誤り**を正す**

☑ Be careful not to make careless mistakes.　▶ケアレスミスをしないよう気をつけなさい.

☑ I mistook his silence.　▶私は彼の沈黙を誤解した.

☑ At first I mistook Haruka's mother for her sister.　▶最初私は遥のお母さんを彼女のお姉さんだと思った.

☑ He sent the e-mail to his ex-girlfriend by mistake.　▶彼は誤って昔のガールフレンドにそのＥメールを送ってしまった.

☑ チャンク **an** error **in calculation**　　計算ミス

☑ A bug was the cause of the computer error.　▶バグがそのコンピュータエラーの原因だった.

☑ チャンク **a poor** excuse　　　　　　下手な言い訳

☑ There's no excuse for what you did.　▶君がしたことに弁解の余地はありません.

☑ チャンク **the** heat **of the sun**　　　太陽熱

☑ Iron conducts heat well.　▶鉄は熱をよく伝える.

☑ Water turns into steam when it is heated.　▶水は熱せられると水蒸気になる.

☑ チャンク generate **electricity**　　　電気を起こす

☑ This car runs on electricity.　▶この車は電気で動く.

☑ チャンク burn **dead leaves**　　　　枯れ葉を燃やす

☑ The campfire was still burning brightly.　▶キャンプファイアーの炎はまだ赤々と燃えていた.

☑ チャンク melt **away**　　　　　　　溶けてなくなる

☑ Watch out! Your ice cream is melting.　▶ほら！アイスクリームが溶けているよ.

☑ チャンク boil **water**　　　　　　　お湯を沸かす

☑ Water boils at 100 degrees Celsius.　▶水はセ氏 100 度で沸騰する.

☑ Please boil the eggs hard.　▶卵を固ゆでにしてください.

☑ チャンク **a** nuclear **weapon**　　　核兵器

☑ There are some nuclear power plants near here.　▶この近くに数基の原子力発電所がある.

ⓘ Scene 7 帰り道 On the Way Back Home

S300 ☐ ① 街灯
street light
[stríːt làit]

S301 ☐ ② 歩道
sidewalk
[sáidwòːk]

S302 ☐ ③ 街路樹
street tree
[stríːt trìː]

S303 ☐ ④ バス停
bus stop
[bʌ́s stàp]

S304 ☐ ⑤ 郵便ポスト
mailbox
[méilbɑ̀ks]

S305 ☐ ⑥ 交差点
intersection
[ìntərsékʃn]

S306 ☐ ⑦ 消火栓
fire hydrant
[fáiər hàidrənt]

S307 ☐ ⑧ 横断歩道
crosswalk
[krɔ́(ː)swɔ̀ːk]

S308 ☐ ⑨ 歩行者
pedestrian
[pədéstriən]

S309 ☐ ⑩ 信号
traffic light
[trǽfik làit]

帰り道の行動 Actions on the Way Back Home

S310 ☑ コンビニに入る
walk into a
convenience store

S311 ☑ トイレを借りる
use the restroom

S312 ☑ コンビニでお菓子を買う
buy candies at
a convenience store

S313 ☑ カラオケルームで歌う
sing in a karaoke
room

S314 ☑ コーヒーショップに
立ち寄る
drop into a coffee shop

S315 ☑ ファーストフード店で時間
をつぶす kill time in
a fast-food restaurant

S316 ☑ 書店で立ち読みをする
browse in a bookstore

S317 ☑ ボランティアの仕事を
する
do voluntary work

S318 ☑ まっすぐ家に帰る
go straight home

S319 ☑ 靴を脱ぐ
take off my shoes

305

休暇・休息

1159 ☑ **rest**¹
[rést | **レ**スト]

B1 名休み，休憩（◆breakと同義）

B1 動（座るなどして）休む

� rest には「残り」という意味もあります．

1160 ☑ **holiday**
[hálədèi | **ハ**りデイ]
A1

名**1** 休日，祝日（◆holy day「神聖な日」から；土曜日や日曜日は含まない）
2 休暇

1161 ☑ **vacation**
[veikéiʃn | ヴェイ**ケ**イション]
🎺 発音 A1

名休暇（◆holidayと同義）

1162 ☑ **on vacation**

休暇中で

1163 ☑ **leisure**
[líːʒər | **り**ージャ]
🎺 発音 A2

名余暇，自由な時間

場所・位置・バランス

1164 ☑ **corner**
[kɔ́ːrnər | **コ**ーナ] A1

名（物体・図形の）角◌◌；(道の)曲がり角

1165 ☑ **guide**
[gáid | **ガ**イド]

B1 名（観光地などの）案内人，ガイド
関連 **guidance** 指導，ガイダンス，
guidebook ガイドブック，**guideline** 指針

B1 動（観光地などで）…を案内する，ガイドする

1166 ☑ **balance**
[bǽləns | **バ**ランス]

B1 名（重さなどの）バランス
関連 **balanced** バランスのとれた

B2 動…のバランスをとる

1167 ☑ **background**
[bǽkgràund | **バ**ックグラウンド]
A2

名**1** (景色などの)背景
関連 **background music**
バックグラウンドミュージック，BGM
2 (人の)経歴

☑ チャンク **have a good** rest | よく休む
☑ Let's take a **rest**. | ▶ひと休みしようよ.
☑ We **rested** for a while. | ▶私たちはしばらくの間休憩した.

☑ チャンク **celebrate a** holiday | 祝日を祝う
☑ Next Monday is a **holiday**! | ▶今度の月曜日は休日だ！
☑ I'm going to take two weeks' **holiday** next month. | ▶私は来月に2週間の休暇を取るつもりだ.

☑ チャンク **Christmas** vacation | クリスマス休暇
☑ Have a nice **vacation**! | ▶よい休暇を！
☑ He's in Hawaii **on vacation**. | ▶彼は休暇でハワイにいる.

☑ チャンク **leisure** activity | 余暇活動
☑ I've had no **leisure** to read recently. | ▶最近, 私には本を読む暇がない.

STAGE 7

☑ チャンク **the corners of a table** | テーブルの角
☑ Turn right at the next **corner**. | ▶次の角を右に曲がってください.

☑ チャンク **a tour** guide | ツアーガイド
☑ We hired a **guide** in Rome. | ▶私たちはローマでガイドを雇った.

☑ My cousin **guided** us around Kyoto. | ▶京都ではいとこが私たちを案内してくれた.

☑ チャンク **a sense of** balance | バランス感覚
☑ The skater is amazingly good at keeping her **balance**. | ▶そのスケート選手は驚くほどバランスを保つのがうまい.
☑ My father makes efforts to **balance** work and family. | ▶父は仕事と家庭のバランスをとろうと努力している.

☑ チャンク **in the** background | 背景に
☑ We had our photo taken against a **background** of Mt. Fuji. | ▶私たちは富士山を背景に写真を撮ってもらった.
☑ Your musical **background** is amazing. | ▶あなたの音楽に関する経歴はすばらしい.

道具・機械・装置

1168 ☐ **machine**
[məʃíːn | マシーン] A1

名 機械
関連 machinery 機械類

1169 ☐ **engine**
[éndʒin | エンヂン] B1

名 エンジン

1170 ☐ **engineer**
[èndʒəníər | エンヂニア]
アクセント A1

名 エンジニア, 技師

1171 ☐ **screen**
[skríːn | スクリーン] A2

名 (テレビ・コンピュータなどの)画面, スクリーン

1172 ☐ **alarm**
[əláːrm | アらーム] A2

名 1 警報器

2 目覚まし時計(◆alarm clock ともいう)

1173 ☐ **electronic**
[ilèktránik | イれクトゥ
ラニック] B1

形 (精密機械などが)電子の
関連 electronics 電子工学

内部

1174 ☐ **inside**
[insáid | インサイド]

A1 前 …の内側に
関連 insider 集団内部の人, インサイダー
対義 outside …の外側に

A2 副 (建物などの)内側に
対義 outside 外側に

1175 ☐ **inside out**

(衣服などを)裏返しに

1176 ☐ **inner**
[ínər | イナ] A2

形 内部の；内側の
対義 outer 外部の

1177 ☐ **internal**
[intáːrnl | インター〜ヌる]

形 1 〈問題などが〉国内の
対義 foreign 外国の
2 (建物や人体などの)内部の

B1 **関連** internally 内部で **対義** external 外部の

1178 ☐ **content**
[kántent | カンテント]
アクセント B1

名 (箱・びんなどの)中身；(文書などの)内容
(◆通例複数形で用いる)

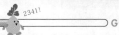

☐ チャンク **a washing** machine　　　洗濯機
☐ There are more than 4,000,000 ▶日本には 400 万台以上の自動販売機がある.
vending **machines** in Japan.

☐ チャンク **turn off an** engine　　　エンジンを切る
☐ The **engine** won't start. ▶エンジンがかからない.

☐ チャンク **an electrical** engineer　　　電気技師
☐ I want to be a sound **engineer**. ▶私はサウンドエンジニアになりたい.

☐ チャンク **the computer** screen　　　コンピュータ画面
☐ This TV set has a 32-inch **screen**. ▶このテレビの画面は 32 インチだ.

☐ チャンク **a fire** alarm　　　火災警報器
☐ Sound the **alarm**! ▶警報器を鳴らせ!
☐ I set my **alarm** for five. ▶私は目覚まし時計を5時にセットした.

☐ チャンク **an electronic** organ　　　電子オルガン
☐ What do you think of **electronic** ▶電子ブックをどう思いますか?
books?

STAGE 7

☐ チャンク **What's inside** the bag?　　　かばんの中身は何?
☐ Bob has a great passion **inside** him. ▶ボブは強い情熱を内に秘めている.

☐ Let's go **inside** and have some coffee. ▶中に入ってコーヒーでも飲もうよ.

☐ She wore her sweater **inside** out. ▶彼女はセーターを裏返しに着ていた.

☐ チャンク **inner** feelings　　　内に秘めた感情
☐ I put my wallet into the **inner** pocket. ▶私は財布を内ポケットに入れた.

☐ チャンク **an internal** flight　　　国内便
☐ Let's discuss **internal** affairs. ▶国内問題について話し合いましょう.
☐ My **internal** clock tells me it's time ▶私の体内時計が昼食の時間を告げている.
for lunch.

☐ チャンク **the contents** of a letter　　　手紙の内容
☐ I don't know the **contents** of this box. ▶私はこの箱の中身が何なのか知らない.

方向・方角

1179 ☑ **straight**
[stréit | ストゥレイト]

形 〈線や道などが〉まっすぐな
関連 straighten まっすぐにする
対義 curved 曲がった, winding 曲がりくねった

A1 副 (道などを)まっすぐに

1180 ☑ **ahead**
[əhéd | アヘッド]

副 **1** (特に方向を表して)前へ
対義 behind 後ろへ

A2 **2** (時間を表して)前もって

1181 ☑ **go ahead**

(相手の行為を促して)どうぞ

1182 ☑ **reflect**
[riflékt | リふれクト]

動 **1** 〈光・熱を〉反射する；〈鏡・水面などが〉…を映す
関連 reflection 反射
2 (…を)よく考える, 回想する(on ...)
A2

深浅

1183 ☑ **deep**
[díːp | ディープ]

形 〈海・川・眠りなどが〉深い
関連 deeply 深く, depth 深さ
対義 shallow 浅い

1184 ☑ **sink**
[síŋk | スィンク]
過去 sank, sunk
過分 sunk

B1 動 (水面下に)沈む, 沈没する
対義 float 浮く

A2 名 (台所の)流し, シンク

1185 ☑ **hole**
[hóul | ホウる]
A1

名 穴, くぼみ

金属・岩石・土

1186 ☑ **metal**
[métl | メトゥる]

名 金属
関連 metallic 金属の
🪨 金属には, gold「金」, silver「銀」, iron「鉄」, copper
A2 「銅」, aluminum「アルミニウム」などがあります.

1187 ☑ **rock**
[rák | ラック]
A2

名 岩；岩石

1188 ☑ **soil**
[sɔ́il | ソイる]
B2

名 (植物が生える)土, 土壌

☑ チャンク **draw a straight line**	直線を引く
☑ She has beautiful **straight** hair.	▶彼女の髪は美しいストレートヘアだ.

| ☑ Just go **straight** down this street. | ▶この通りをまっすぐ行きなさい. |

☑ チャンク **the place up ahead**	すぐ先の場所
☑ Go straight **ahead** and you'll get to the main street.	▶まっすぐ行けば(⬛ まっすぐ前へ進めば)本通りに出ますよ.
☑ Be sure to plan **ahead**.	▶必ず前もって計画を立てなさい.

| ☑ "May I ask you something?" "**Go ahead**." | ▶「ちょっと聞きたいことがあるんだけどいい?」「どうぞ」 |

☑ チャンク **reflect sunlight**	日光を反射する
☑ The water **reflected** the sunset.	▶水面には夕焼けが映っていた.
☑ I **reflected on** my sister's words again and again.	▶私は姉の言葉について何度も考えた.

☑ チャンク **a deep sleep**	深い眠り
☑ Be careful! This river is **deep**.	▶気をつけて!この川は深いよ.

☑ チャンク **begin to sink**	沈みはじめる
☑ The Titanic **sank** to the bottom of the sea.	▶タイタニック号は海底に沈んだ.

| ☑ Leave the dirty dishes in the **sink**. | ▶汚れたお皿は流しに置いておいて. |

☑ チャンク **a tiny hole**	小さな穴
☑ I found a **hole** in the road.	▶私は道に穴があいているのを見つけた.

☑ チャンク **heavy metals**	重金属
☑ The box was made of **metal**.	▶その箱は金属製だった.

☑ チャンク **solid rock**	硬い岩
☑ This table is hard as a **rock**.	▶このテーブルは岩のように頑丈だ.

☑ チャンク **work the soil**	土地を耕す
☑ **Soil** is rich in this area.	▶この地域の土壌は肥えている.

STAGE 7

公共・社会

1189 ☐ **official**
[əfíʃl | オ**ふ**ィシャる]
🔊 アクセント
- A2
- 形 〈記録・言語などが〉公式の, 公認された
  対義 unofficial 非公式の
- B2
- 名 (会社・団体の)役員, (政府)高官

1190 ☐ **citizen**
[sítizn | ス**ィ**ティズン]
- A2
- 名 (都市などの)住民；(ある国の)国民
  関連 citizenship 市民権

1191 ☐ **neighbor**
[néibər | **ネ**イバ]
🔊 発音
- A1
- 名 近所の人, 隣人
  関連 neighborhood 近所

1192 ☐ **gender**
[dʒéndər | **チェ**ンダ]
- A2
- 名 (社会的・文化的な役割における)性差, 性別
  (◆形容詞的に用いられることが多い)

お金・財産

1193 ☐ **cash**
[kǽʃ | **キ**ぁッシ]
- A2
- 名 現金(◆小切手やクレジットカードは含まない)
- 動 〈小切手を〉現金に換える

1194 ☐ **tax**
[tǽks | **タ**ぁックス]
- B1
- 名 税金

1195 ☐ **income**
[ínkʌm | **イ**ンカム]
- B1
- 名 (一定の)収入, 所得

1196 ☐ **wage**
[wéidʒ | **ウェ**イ**ヂ**]
- B2
- 名 給料(◆時間給, 日給, 週給を指す)
  関連 salary 月給, 年俸

1197 ☐ **property**
[prápərti | プ**ラ**パティ]
- B1
- 名 ❶ (個人・組織の)所有物, 財産
- ❷ 所有地, (土地・建物などの)不動産

1198 ☐ **wealth**
[wélθ | **ウェ**るす]
- A2
- 名 (莫大(ばくだい)な)財産, 富
  関連 wealthy 裕福な

1199 ☐ **poverty**
[pávərti | **パ**ヴァティ]
- B1
- 名 貧困(状態)
  関連 poor 貧しい, poorly 貧しく

STAGE 7

☑ チャンク **an official record**   公式記録
☐ The **official** language of my country is Spanish.   ▶私の国の公用語はスペイン語だ.

☐ My father is a bank **official**.   ▶私の父は銀行の役員だ.

☑ チャンク **senior citizens**   高齢者
☐ She became a British **citizen** in 1985.   ▶彼女は 1985 年に英国国民になった.

☑ チャンク **friends and neighbors**   友人と隣人
☐ The elderly woman is my next-door **neighbor**.   ▶その老婦人は私の家の隣に住んでいる（🔎 隣人だ）.

☑ チャンク **gender differences**   性による違い
☐ Sarah is studying traditional **gender** roles.   ▶サラは伝統的な性別役割分担について研究している.

☑ チャンク **be short of cash**   お金が足りない
☐ He paid in **cash**.   ▶彼は現金で払った.

☐ Would you **cash** this check for me?   ▶この小切手を現金に換えていただけますか?

☑ チャンク **consumption tax**   消費税
☐ I paid 200 dollars in **taxes**.   ▶私は税金に 200 ドル払った.

☑ チャンク **an annual income**   年収
☐ People on a high **income** live in this neighborhood.   ▶高所得の人々がこの地域に住んでいる.

☑ チャンク **a wage increase**   昇給
☐ I get a weekly **wage** of 300 dollars.   ▶私は週に 300 ドルの稼ぎがある.

☑ チャンク **private property**   私有財産
☐ These books are my **property**.   ▶これらの本は私のものだ.
☐ She has a small **property**.   ▶彼女は小さな不動産をもっている.

☑ チャンク **the distribution of wealth**   富の分配
☐ They created **wealth** by inventing the video-sharing site.   ▶彼らはその動画共有サイトを開発することで莫大な財産を築いた.

☑ チャンク **live in poverty**   貧しく暮らす
☐ A lot of people in the country are suffering from **poverty**.   ▶その国では多くの人々が貧困に苦しんでいる.

押す・引く

1200 ☑ **push** [púʃ｜**プッシ**] A1	動 (手などを使って)…を押す	

1201 ☑ pull
[púl｜**プ**る] A2
動 (手などを使って)…を引く, 引っぱる
👉【pull Ⓐ Ⓑ】Ⓐを引いてⒷの状態にする

1202 ☑ pull in
❶ (車を道路わきなどに)駐車させる
❷ 〈列車が〉駅に入ってくる

1203 ☑ pull out
❶ 〈車などが〉道路に出る
❷ 〈列車が〉駅から発車する

1204 ☑ pull up
(車を)駐車させる

1205 ☑ press B1
[prés｜**プレ**ス]
動 …を(しっかりと)押す
関連 **pressure** 圧力, プレッシャー
B1 名 報道陣

病気・医療

1206 ☑ injure
[índʒər｜**イン**ヂャ] A2
動 (事故などにより)…にけがをさせる
関連 **injury** けが

1207 ☑ recover
[rikʌ́vər｜リ**カ**ヴァ]
動 ❶ (病気などから)回復する
関連 **recovery** 回復
👉【recover from Ⓐ】Ⓐから回復する
❷ 〈健康などを〉取り戻す
B1

1208 ☑ virus
[váirəs｜**ヴァ**イラス]
🎺 発音 B1
名 (病原体)ウイルス；(コンピュータ)ウイルス

1209 ☑ epidemic
[èpidémik｜エピ**デ**ミック]
名 伝染病, 疫病

1210 ☑ organ
[ɔ́:rɡən｜**オー**ガン] B1
名 (生物の)臓器, 器官
関連 **organic** 有機物の, **organize** 準備する

1211 ☑ therapy
[θérəpi｜**せ**ラピ] B2
名 治療(法)(◆通例, 薬や手術によらないものを指す)
関連 **therapist** セラピスト

☑ チャンク **push** the door open ドアを押してあける
☑ **Push** this button to stop the recording. ▶録画を止めるにはこのボタンを押してね.

☑ チャンク **pull** the curtain カーテンを引く
☑ **Pull** the door and it will open. ▶そのドアは手前に引けば開くよ.
☑ Please **pull** the window shut. ▶窓を引いて閉めてください.

☑ I **pulled in** and picked him up. ▶私は車を道路わきに止めて彼を乗せた.
☑ The train **pulled in** just on time. ▶その列車は定刻に到着した.

☑ Don't **pull out**. A car is coming. ▶まだ発車させないで. 車が来ているよ.
☑ The train **pulled out** five minutes behind schedule. ▶その列車は5分遅れて駅から発車した.

☑ Please **pull up** over there. ▶向こうに車を止めてください.

☑ チャンク **press** the switch スイッチを押す
☑ He **pressed** the brake pedal. ▶彼はブレーキペダルを強く踏んだ.

☑ They held a **press** conference. ▶彼らは記者会見を開いた.

STAGE 7

☑ チャンク **injure** my ankle 私の足首を痛める
☑ They were seriously **injured** in the railway accident. ▶彼らはその列車事故で大けがをした (⑩ 大けがをさせられた).

☑ チャンク be **recovering** nicely 順調に回復してきている
☑ My mother **recovered from** her illness. ▶私の母は病気から回復した.
☑ I **recovered** my health by taking a long rest. ▶私は長期間の休養をとって健康を回復した.

☑ チャンク the influenza **virus** インフルエンザウイルス
☑ My PC caught a computer **virus**. ▶私のパソコンはコンピュータウイルスに感染した.

☑ チャンク **epidemic** prevention 防疫
☑ The **epidemic** spread throughout the country. ▶その伝染病は国中で広まった.

☑ チャンク **sense** organ 感覚器官
☑ His sense **organs** are normal. ▶彼の感覚器官は正常です.

☑ チャンク **radiation** therapy 放射線治療
☑ The doctor recommended me natural **therapy**. ▶医者は私に自然療法を勧めた.

奇妙・珍しさ・異常

1212 ☑ **strange**
[stréindʒ | ストゥ**レ**インヂ]
A1

形 奇妙な, 不思議な
関連 strangely 奇妙なことに,
stranger 見知らぬ人
☞【it is strange that ...】…とは奇妙だ

1213 ☑ **unusual**
[ʌnjúːʒuəl | アン**ユ**ージュア
る]
A2

形 (状況・状態などが)異常な
対義 usual いつもの
☞【it is unusual for Ⓐ to do】Ⓐが…するのは
異常だ

1214 ☑ **rare**
[réər | **レ**ア]
B1

形 まれな, 珍しい
関連 rarely めったに…ない

☞【it is rare for Ⓐ to do】Ⓐが…するのは
まれだ

1215 ☑ **extraordinary**
[ikstrɔ́ːrdənèri | イクストゥ
ローディネリ]
B1

形 (驚くほど)異常な
対義 ordinary ふつうの

話す・伝える

1216 ☑ **insist**
[insíst | イン**スィ**スト]
B1

動 ① (…を強く)主張する
関連 insistence 強い主張
☞【insist on Ⓐ】Ⓐを強く主張する
② (…を強く)要求する
☞【insist that ...】…と強く要求する

1217 ☑ **persuade**
[pərswéid | パス**ウェ**イド]
B1

動〈人を〉説得する(のに成功する)
関連 persuasion 説得,
persuasive 説得力のある
☞【persuade Ⓐ to do】Ⓐを説得して…させる

1218 ☑ **apologize**
[əpálədʒàiz | ア**パ**ろヂャイズ]
A2

動 (悪いことなどをして)謝る, 謝罪する
関連 apology 謝罪
☞【apologize to Ⓐ for Ⓑ】
Ⓑのことで Ⓐに謝る

1219 ☑ **quote**
[kwóut | ク**ウォ**ウト]
B2

動〈言葉・文章などを〉引用する
関連 quotation 引用

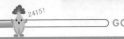

STAGE 7

☑ **チャンク** That's **strange.** — それは変ですね.

☑ A **strange** thing happened yesterday. ▶きのう奇妙なことが起こったんだ.

☑ **It is strange that** he knows that. ▶彼がそのことを知っているなんて奇妙だ.

☑ **チャンク** an **unusual** situation — 異常な**状況**

☑ It was an **unusual** experience. ▶それは異常な体験だった.

☑ **It is unusual for** Becky **to** say such a thing. ▶ベッキーがそんなことを言うなんておかしい.

☑ **チャンク** a **rare** talent — まれに見る才能

☑ A lot of **rare** animals live on this island. ▶この島にはたくさんの珍しい動物が生息している.

☑ **It is rare for** Bob **to** be late for school. ▶ボブが学校に遅刻するのはまれだ.

☑ **チャンク** **extraordinary** weather — 異常**気象**

☑ His ideas are quite **extraordinary**. ▶彼の考えることはかなり変わっている.

☑ **チャンク** **insist on** my innocence — 私自身の無実を**主張する**

☑ She **insisted on** doing it by herself. ▶彼女はそれを自分でやると強く主張した.

☑ He **insisted that** we (should) be quiet. ▶彼は私たちに静かにするよう強く求めた.
（◆イギリス英語では通例 should を用いる）

☑ **チャンク** try to **persuade** me — 私を**説得**しようとする

☑ We **persuaded** Haruka **to** be chairperson. ▶私たちは遥を説得して議長になってもらった.

☑ **チャンク** **apologize** sincerely — 心の底から**謝る**

☑ I must **apologize to** you **for** telling a lie. ▶私はうそをついたことを君に謝らなければなりません.

☑ **チャンク** **quote** a poem — 詩を**引用する**

☑ She often **quotes** her friend. ▶彼女はよく友人の言葉を引用する.

広がる・広げる

1220 ☑ **spread**
[spréd | スプレッド]
🎺 発音
過去・過分 spread

B2 動 …を(平面に)広げる；…が(平面に)広がる

A2 名 (時間・空間における)広がり

1221 ☑ **extend**
[iksténd | イクステンド]
B1

動 **1** 〈範囲などを〉広げる；(範囲などが)広がる
関連 **extensive** 広い, **extent** 範囲
2 〈時間的・空間的に〉…を延ばす

1222 ☑ **stretch**
[strétʃ | ストゥレッチ]
B1

動 **1** 〈手足などを〉伸ばす；ストレッチをする

2 〈生地などが〉伸びる

取り除く

1223 ☑ **remove**
[rimúːv | リムーヴ]
B1

動 …を(場所から)取り除く
関連 **removable** 取りはずし可能な.
removal 取りはずし
⤷ [remove ❹ from ❺] ❹を❺から取り除く

1224 ☑ **eliminate**
[ilímineìt | イりミネイト]
B1

動 〈不要な物などを〉除去する
関連 **elimination** 除去
⤷ [eliminate ❹ from ❺]
❹を❺から除去する

平和・調和・安定

1225 ☑ **peace**
[píːs | ピース]
A1

名 平和；(心の)平安
関連 **peaceful** 平和な, **peacefully** 平和に,
peacekeeping 平和維持の
対義 **war** 戦争

1226 ☑ **compromise**
[kámprəmàiz | カンプロマイ
ズ] 🎺 アクセント **B1**

名 和解, 示談
⤷ [a compromise with ❹] ❹との和解

1227 ☑ **stable**
[stéibl | ステイブる]
B1

形 〈状態・金額などが〉安定した
関連 **stability** 安定, **stabilize** 安定させる
対義 **unstable** 不安定な

☑ **チャンク** spread **a map**	地図を広げる
☑ The news spread throughout the town.	▶そのニュースは町中に広がった.
☑ We must stop the spread of AIDS.	▶私たちはエイズ感染の広がりを止めなくてはならない.

☑ **チャンク** extend **the range**	範囲を広げる
☑ The park extends over 10 hectares.	▶その公園は 10 ヘクタール以上の広さがある.
☑ It's a waste of tax money to extend the expressway.	▶その高速道路を延長することは税金の無駄づかいだ.

☑ **チャンク** stretch **out my hand**	私の手を伸ばす
☑ Stretch well before the training.	▶トレーニングの前によくストレッチをしなさい.
☑ The material of the swimsuit stretches well.	▶その水着の生地はよく伸びる.

☑ **チャンク** remove **my makeup**	私の化粧を落とす
☑ The waitress removed the dishes quickly from the table.	▶ウェイトレスはテーブルから皿をてきぱきと片づけた.

☑ **チャンク** eliminate **poverty**	貧困を根絶する
☑ Drinking water helps us eliminate waste matter from the body.	▶水を飲めば体から老廃物を排出するのが促進される.

☑ **チャンク** pray for **peace**	平和を祈願する
☑ They are working for world peace.	▶彼らは世界平和のために活動している.

☑ **チャンク** reach **a** compromise	和解をする
☑ He is trying to reach a compromise with Bill.	▶彼はビルと和解しようとしている.

☑ **チャンク** stable **prices**	安定した価格
☑ The patient's condition is stable now.	▶その患者の容態は今は安定している.

STAGE 7

受諾・拒絶

1228 □ **adopt**
[ədápt | アダプト] **B1**

動 〈方法・意見などを〉採用する
関連 adoption 採用

1229 □ **permit**
[pərmít | パミット] **B1**

動 (規律などで)…を許可する(◆しばしば受身で)
関連 permission 許可
【be permitted to *do*】…することを許可されている

1230 □ **decline** **B2**
[dikláin | ディクらイン]

動 **1** 〈申し出などを〉(丁重に)断る
【decline to *do*】…することを丁重に断る

2 〈数値などが〉低下する

B1 名 (数値などの)減少

誇り・恥

1231 □ **hero**
[híːrou | ヒーロウ] **A2**

名 (偉大なことを成し遂げた)英雄, ヒーロー

1232 □ **honor**
[ánər | アナ]
🎺発音 **A2**

名 名誉, 光栄(であること)
関連 honorable りっぱな
対義 dishonor 不名誉
【it is an honor to *do*】…して光栄に思う

B2 動 …に名誉を与える(◆しばしば受身で)
【be honored to *do*】…することを光栄に思う

1233 □ **proud**
[práud | プラウド]

形 (業績などを)誇りに思っている
関連 pride 誇り
【be proud of **Ⓐ**】**Ⓐ**を誇りに思っている
【be proud to *do*】…することを誇りに思っている
B1

1234 □ **shame**
[ʃéim | シェイム]

名 **1** (自分の行為に対する)恥ずかしさ
関連 ashamed 恥じて(いる),
shameful 恥ずべき
2 残念なこと(◆pity と同義)

【it is a shame that ...】…とは残念だ

B1

☑ **チャンク** adopt a new method　　　新しい方法を採用する
☑ We'll adopt your proposal.　　　▶私たちはあなたの提案を採用します.

☑ **チャンク** exceed the permitted level　許容レベルを超える
☑ Smoking is not permitted here.　　▶ここでは喫煙は許可されておりません.
☑ You are not permitted to enter　　▶身分証明書をお持ちでなければ入場できませ
without an ID.　　　　　　　　　ん（圖 入場することを許可されていない）.

☑ **チャンク** decline an offer　　　　　申し出を断る
☑ He declined to join our team.　　　▶彼は私たちのチームに加わることを丁重に
　　　　　　　　　　　　　　　　　断った.
☑ The birth rate is declining.　　　　▶出生率は低下している.
☑ A decline in population is often　　▶人口の減少がしばしば報道されている.
reported.

☑ **チャンク** a local hero　　　　　　地元の英雄
☑ Ichiro is a national hero.　　　　　▶イチローは国民的ヒーローだ.

☑ **チャンク** gain honor　　　　　　　名誉を得る
☑ I told the truth to defend my honor.　▶私は自分自身の名誉のために真実を話した.
☑ It is an honor to attend this meeting.　▶この会に出席することができて光栄に思い
　　　　　　　　　　　　　　　　　ます.
☑ I am honored to meet you.　　　　▶あなたにお会いできて光栄です.

☑ **チャンク** something to be proud of　誇りに思うべきこと
☑ We're proud of your success.　　　▶私たちはあなたの成功を誇りに思う.
☑ I am proud to be her husband.　　　▶私は彼女の夫であることを誇りに思う.

☑ **チャンク** feel shame　　　　　　　恥ずかしさを感じる
☑ Her face burned with shame.　　　▶恥ずかしさのあまり，彼女は赤面した.
☑ "I'm sorry. I can't go to the party."　▶「ごめんね. パーティーには行けないんだ」
"What a shame!"　　　　　　　　　「それは残念！」
☑ It's a shame that all the tickets were　▶チケットが売り切れてしまっていたのが残念
sold out.　　　　　　　　　　　　でならない.

STAGE 7

好き・嫌い

1235 ☐ **prefer**
[prifə́:r | プリふァ〜]
A2

動 (むしろ)…のほうを好む
関連 preference 好み
☞【prefer Ⓐ to Ⓑ】Ⓑよりも Ⓐを好む
☞【prefer to do】(むしろ)…したい

1236 ☐ **favorite** **A1**
[féivərit | ふェイヴァリット]
A1

形 いちばん好きな, お気に入りの
関連 favor 好意, favorable 好意的な
名 お気に入りの物[人]

1237 ☐ **hate**
[héit | ヘイト]
A2

動 …をひどく嫌う, 憎む
関連 hatred 憎しみ
☞【hate doing [to do]】…するのをひどく
いやがる, 嫌う

1238 ☐ **dislike**
[disláik | ディスらイク]
B1

動 …を嫌う
対義 like …が好きである
☞【dislike doing】…することを嫌う

順序

1239 ☐ **former**
[fɔ́:rmər | ふォーマ]
B1

形 **1** (二者のうち)前者の
対義 latter (二者のうち)後者の

2 以前の, 前の, 元の
関連 formerly 以前は

1240 ☐ **final**
[fáinl | ふァイヌる] **A2**

形 最終的な；最後の
関連 finally ついに；最後に

出版・メディア

1241 ☐ **publish**
[pʌ́bliʃ | パブりッシ]
A2

動 **1** 〈本などを〉出版する
関連 publication 出版, publisher 出版社

2 〈情報を〉公表する

1242 ☐ **advertise**
[ǽdvərtàiz | あドヴァタイズ]
B1

動 〈商品・サービスなどを〉広告する, 宣伝する
関連 advertisement 広告

1243 ☐ **scene**
[sí:n | スィーン]
A2

名 **1** (映画などの)場面, シーン

2 (実際に目にした)光景；(絵などの)風景

STAGE 7

☑ チャンク **Which do you prefer?**　どっちがいい？

☑ I prefer Italian food to French food.　▶私はフランス料理よりイタリア料理のほうが好きだ.

☑ I prefer to stay home today.　▶きょうは家にいたい.

☑ チャンク **my favorite CD**　私のお気に入りの CD

☑ Who's your favorite writer?　▶あなたのいちばん好きな作家はだれですか？

☑ This bag is my favorite.　▶このかばんは私のお気に入りだ.

☑ チャンク **hate war**　戦争を憎む

☑ I hate cigarette smoke.　▶私はたばこの煙が大嫌いだ.

☑ I hate going [to go] to the dentist.　▶私は歯医者に行くのがほんとうにいやだ.

☑ チャンク **dislike bitter coffee**　苦いコーヒーが嫌いだ

☑ I dislike people who lie.　▶私はうそをつく人が嫌いだ.

☑ My sister dislikes flying.　▶私の妹は飛行機に乗るのが嫌いだ.

☑ チャンク **the former option**　前者の選択肢

☑ Of the two plans, I prefer the former one.　▶その2つの計画のうち, 私は前者がよいと思う.

☑ We walked to school in former times.　▶私たちは以前は歩いて学校に通っていた.

☑ チャンク **the final round**　(試合の)最終ラウンド

☑ She scored the final goal.　▶彼女は最後のゴールを決めた.

☑ チャンク **publish a magazine**　雑誌を出版する

☑ The novel will be published next month.　▶その小説は来月出版される予定だ.

☑ The news was published yesterday.　▶そのニュースはきのう公表された.

☑ チャンク **advertise on TV**　テレビで広告する

☑ The company advertised the new product on the Internet.　▶その会社はインターネットで新製品を宣伝した.

☑ チャンク **a love scene**　ラブシーン

☑ I don't like battle scenes very much.　▶私は戦闘シーンがあまり好きではない.

☑ It was a beautiful scene.　▶それは美しい光景だった.

323

司法・犯罪

1244 ☑ **law**
[lɔ́ː | ろー] A2
名 (一般に)法；(個々の)法律
関連 lawyer 弁護士

1245 ☑ **crime**
[kráim | クライム] A2
名 (法律上の)罪；犯罪
関連 criminal 犯人

1246 ☑ **judge**
[dʒʌ́dʒ | ヂャッヂ] B1
名 裁判官, 判事；(競技・コンテストなどの)審判員, 審査員
関連 court 法廷
A1
動 …を判断する
関連 judgment 判決, 判断, 意見

1247 ☑ **steal**
[stíːl | スティーる]
過去 stole
過分 stolen A2
動 〈物などを〉盗む
[have Ⓐ stolen] Ⓐを盗まれる

1248 ☑ **legal**
[líːgl | りーグる] B1
形 ❶ 法律(上)の
❷ 〈行為などが〉合法的な(◆lawful と同義)
対義 illegal 非合法の

1249 ☑ **guilty**
[gílti | ギるティ]
形 ❶ 有罪の
関連 guilt 罪を犯していること
対義 innocent 無罪の, innocence 無罪
[find Ⓐ guilty of Ⓑ] Ⓐに Ⓑの罪で有罪判決[有罪の評決]を下す
❷ (…のことで)罪悪感をいだいている
(about ...) B1

よい・悪い

1250 ☑ **superior**
[supíəriər | スピ(ア)リア] B1
形 (競争相手と比べて)すぐれている
関連 superiority 優勢
対義 inferior 劣っている
[be superior to Ⓐ] Ⓐよりもすぐれている

1251 ☑ **convenient**
[kənvíːniənt | コンヴィーニエント] A2
形 〈場所・時間などが〉好都合な, 便利な
関連 convenience 便利なこと,
conveniently 便利に
対義 inconvenient 不便な

1252 ☑ **suitable**
[súːtəbl | スータブる] A2
形 (…に)適した, ふさわしい
対義 unsuitable 適さない

☑ チャンク **civil law** 民法
☑ Drunk driving is against the **law**. ▶飲酒運転は法律に違反している.

☑ チャンク **a serious crime** 重大な犯罪
☑ I don't think he committed such a **crime**. ▶彼がそのような罪を犯したなんて思えない.

☑ チャンク **a high court judge** 高等裁判所判事
☑ Ms. Greene is one of the panel of **judges** at the speech contest. ▶グリーン先生はスピーチコンテストの審査員の1人だ.
☑ Don't **judge** a person by his or her looks. ▶人を外見で判断するな.

☑ チャンク **steal an idea** アイディアを盗む
☑ Someone **stole** my wallet. ▶だれかが私の財布を盗んだ.
☑ I had my bag **stolen**. ▶私はバッグを盗まれた.

☑ チャンク **legal aid** 法的援助
☑ I'm going to take **legal** action. ▶私は訴訟する (🔁 法的手段を取る) つもりだ.
☑ Is it a **legal** act? ▶それは合法的行為なのですか？

☑ チャンク **a guilty verdict** 有罪の評決
☑ The jury **found** the man **guilty of** murder. ▶陪審員団はその男に殺人の有罪の評決を下した.

☑ I feel **guilty about** telling a lie. ▶うそをついて悪かったと思っています (🔁 うそをついたことで罪悪感をいだいている).

☑ チャンク **be vastly superior** はるかにすぐれている
☑ This computer **is superior to** that one in processing speed. ▶このコンピュータはあのコンピュータよりも処理速度においてすぐれている.

☑ チャンク **a convenient meeting place** 待ち合わせに便利な場所
☑ Friday is **convenient** for me. ▶金曜日は都合がつきます (🔁 私にとって都合がよい).

☑ チャンク **suitable for food** 食用に適している
☑ This dress is **suitable** for you. ▶このドレスはあなたにふさわしい.

STAGE 7

重要基本語句

1253 ☑ **hard**
[háːrd | ハード]

A1 形 **1** 〈物体が〉硬い
関連 **harden** 硬くする, **hardware** ハードウェア
対義 **soft** 柔らかい
2 〈問題・行為などが〉難しい(◆difficult と同義)
関連 **hardship** 苦難
対義 **easy** 簡単な
👉【it is hard for **A** to *do*】
　　A が…するのは難しい
👉【**A** is hard to *do*】**A** は…するのが難しい

3 熱心な, 一生懸命な
関連 **hard-working** 勤勉な

A1 副 **1** (努力を惜しまず)熱心に, 一生懸命に
2 (程度が)激しく

1254 ☑ **cut**
[kʌ́t | カット]
過去・過分 cut

A1 動 **1** (刃物で)…を切る

2 〈経費などを〉減らす, 削減する

B1 名 **1** 切り傷, 傷口
2 (経費などの)削減

1255 ☑ **cut down on ...**
…(の量)を減らす

1256 ☑ **cut in**
(会話などに)口をはさむ(on ...)

1257 ☑ **respect**
[rispékt | リスペクト]

B1 動 **1** 〈人を〉尊敬する
👉【respect **A** as **B**】**A** を **B** として尊敬する
2 〈意志・権利などを〉尊重する

B1 名 **1** (…への)尊敬(の念)(for ...)
関連 **respectable** まともな, **respectful** 丁寧な
対義 **disrespect** 無礼
2 (…に対する)配慮(for ...)

3 点(◆point と同義)
関連 **respective** それぞれの,
　　respectively それぞれ

☑ **チャンク** **a hard stone** | 硬い石
☑ Diamond is the **hardest** substance. | ▶ダイヤモンドは最も硬い物質だ.

☑ Give me a **hard** question. | ▶難しい問題を出してよ.

☑ **It is hard for** me **to** finish reading this book by tomorrow. | ▶この本をあすまでに読み終えるのは私には難しい.
☑ Chinese characters **are hard to** understand. | ▶漢字を理解するのは難しい.
☑ He's a **hard** worker. | ▶彼は働き者[努力家]だ.

☑ She studied very **hard**. | ▶彼女は一生懸命に勉強した.
☑ It's raining **hard**. | ▶雨が激しく降っている.

☑ **チャンク** **cut the cake in half** | ケーキを半分に切る
☑ He **cut** his finger with a knife by mistake. | ▶彼は誤ってナイフで指を切った.
☑ We must **cut** expenses. | ▶我々は経費を削減しなければならない.

☑ I got a small **cut** on my hand. | ▶私は少し手を切ってしまった.
☑ Gasoline got a **cut** in prices. | ▶ガソリンが値下げされた.

☑ You must **cut down on** food. | ▶食事の量を減らしなさい.

☑ He **cut in on** our conversation. | ▶彼は私たちの会話に口をはさんできた.

☑ **チャンク** **respect a teacher** | 先生を尊敬する
☑ I **respect** him **as** a great scientist. | ▶私は彼を偉大な科学者として尊敬している.
☑ My coach **respected** my will. | ▶コーチは私の意志を尊重してくれた.

☑ I have **respect for** my parents. | ▶私は両親を尊敬している.

☑ He had no **respect for** my feelings. | ▶彼は私の感情に対してまったく配慮しなかった.

☑ In this **respect**, I agree with you. | ▶この点においては,私はあなたと同意見です.

STAGE 7

重要基本語句

1258 ☐ **like**^{2} [láik ｜らイク] A1	**動** …が好きである **対義** dislike 嫌う ☛**【like** *do*ing **[to** *do*]**】**…するのが好きである 🖐 like には「…のような」,「…に似ている」と いう意味もあります.
1259 ☐ **How do you like ...?**	…をどう思いますか
1260 ☐ **How would you like ...?**	…はいかがですか(◆料理·飲み物を勧める表現)
1261 ☐ **would like ...**	…が欲しい
1262 ☐ **would like to** *do*	…したいのですが
1263 ☐ **love** [lʌ́v ｜らヴ] A1 A1	**名** 愛(情), 恋 **動** …を愛する；…が大好きである(◆like よりも強い 感情を表す) **関連** lovely すてきな. lover 恋人 ☛**【love** *do*ing **[to** *do*]**】**…するのが大好きで ある
1264 ☐ **fall in love with ...**	…に恋をする
1265 ☐ **concern** [kənsə́ːrn ｜コンサ～ン] A2 B2	**名 ❶** (重要な)関心事, 関係 **❷** (特にたくさんの人が抱えている)心配 **動 ❶** 〈書物などが〉…に関係する **❷** 〈人を〉心配させる
1266 ☐ **as far as ... be concerned**	(自分の意見を述べるときに)〈人の〉考えでは, …に言わせれば
1267 ☐ **be concerned about ...**	…について心配している
1268 ☐ **be concerned with ...**	…に関係している, …に携わっている

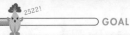

□ **チャンク** **like fish better than meat** 肉より魚のほうが好きだ

□ I **like having** [**to have**] strong coffee in the morning. ▶私は朝に濃いコーヒーを飲むのが好きだ.

□ **How do you like** Japanese food? ▶日本料理をどう思いますか？

□ "**How would you like** a cup of coffee?" "No, thanks." ▶「（1杯の）コーヒーはいかがですか？」「いいえ，結構です」

□ **I'd like** this shirt. ▶（店で）このシャツが欲しいのですが.

□ **I'd like to** take a rest. ▶ひと休みしたいのですが.

□ **チャンク** **Love is blind.** 恋は盲目.

□ It was **love** at first sight. ▶それはひとめぼれだった.

□ I really **love** you. ▶私は心からあなたを愛しています.

□ I **love** mystery novels. ▶私は推理小説が大好きだ.

□ I **love** playing [to play] video games. ▶私はテレビゲームをするのが大好きだ.

□ I **fell in love with** Ross right after I met him. ▶出会ってすぐに私はロスに恋をした.

□ **チャンク** **It isn't my** concern. 私には関心ありません.

□ What are your major **concerns** as a journalist? ▶ジャーナリストとしてあなたの主な関心事は何ですか？

□ We have **concern** about the environment. ▶私たちは環境について心配している.

□ The book **concerns** love and peace. ▶その本は愛と平和について書かれている（⑩ 愛と平和に関係する）.

□ His health really **concerns** me. ▶彼の健康がほんとうに心配だ.

□ **As far as** I **am concerned,** the movie was terrible. ▶私に言わせれば，その映画はひどかった.

□ She **is** always **concerned about** her children. ▶彼女はいつも子どもたちのことを心配している.

□ Robin **is concerned with** the study of the ancient language. ▶ロビンはその古代言語の研究に携わっている.

STAGE 7

基本単語 コーパス道場 7

find [fáind | ふァインド] →p. 136

コアイメージ 「探していたものを見つける」

[find it + 形容詞 + to do]ランキング

☑ S320 第1位 **find it difficult to** *do*	▶ …することが困難だと分かる
☑ I found it difficult to solve the problem.	▶ 私はその問題を解決することが難しいと分かった.

☑ S321 第2位 **find it hard to** *do*	▶ …することが難しいと分かる
☑ I found it hard to get a new job.	▶ 私は新しい仕事を得ることが難しいと分かった.

☑ S322 第3位 **find it impossible to** *do*	▶ …することが不可能だと分かる
☑ My father found it impossible to repair his bike by himself.	▶ 私の父は自転車を自分で修理することが不可能だと分かった.

☑ S323 第4位 **find it easy to** *do*	▶ …することがやさしいと分かる
☑ I found it easy to climb the tree.	▶ 私はその木に登ることがやさしいと分かった.

☑ S324 第5位 **find it necessary to** *do*	▶ …することが必要だと分かる
☑ She found it necessary to study English every day.	▶ 彼女は英語を毎日勉強することが必要だと分かった.

330

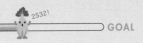

feel [fíːl | ふィーる] →p. 16

コアイメージ 「触って, または心で感じる」

2 1 3 [feel + 形容詞] ランキング

☑ S325 **第1位** **feel better** ▶ (病気の症状などが) よくなる

☑ The patient **felt better** after taking the medicine. ▶ その患者は薬を飲んだ後に (症状が) よくなった.

☑ S326 **第2位** **feel sorry** ▶ 気の毒に思う

☑ The woman **felt sorry** for the poor old man. ▶ 女性はその貧しい老人を気の毒に思った.

☑ S327 **第3位** **feel guilty** ▶ 罪悪感を覚える

☑ I **feel guilty** about lying. ▶ 私は嘘をついたことに罪悪感を覚えている.

☑ S328 **第4位** **feel good** ▶ 気分がいい

☑ I **feel good** today. ▶ 今日, 私は気分がいい.

☑ S329 **第5位** **feel comfortable** ▶ 快適である

☑ I **feel comfortable** in this sweatshirt. ▶ このスウェットを着ると快適だ.

8. 感情2

S330 ☑ 気落ちした
depressed
[diprést]

S331 ☐ 心地よい
comfortable
[kʌ́mfərtəbl]

S332 ☑ 不快な
uncomfortable
[ʌnkʌ́mfərtəbl]

S333 ☑ 満足した
satisfied
[sǽtisfàid]

S334 ☑ 不満な
dissatisfied
[dissǽtisfàid]

S335 ☑ 我慢強い
patient
[péiʃnt]

S336 ☑ 我慢できない
impatient
[impéiʃnt]

S337 ☑ いらいらした
annoyed
[ənɔ́id]

S338 ☑ うろたえた
upset
[ʌpsét]

S339 ☑ フラストレーション
のたまった
frustrated
[frʌ́streitid]

S340 ☑ 妬んだ
jealous
[dʒéləs]

S341 ☑ 恥ずかしい
embarrassed
[embǽrəst]

STAGE 8

平均単語レベル
大学入試

計画・予定・約束

1269 ☑ **due**
[djúː | デュー]
A1

形❶（…する）予定で（ある）
☞【be due to *do*】…する予定である
❷〈金銭などが〉当然支払われるべき

1270 ☑ **due to ...**

…が原因で，…のために（◆because of ...と同義）

1271 ☑ **promise**　A2
[prάmis | プラミス]

名約束

B1

動❶…を約束する
❷〈よいことを〉期待させる
関連 promising 有望な

1272 ☑ **cancel**
[kǽnsl | キぁンスる]　B1

動〈予定などを〉取り消す，キャンセルする
（◆call off と同義）

1273 ☑ **strategy**
[strǽtədʒi | ストゥラぁテ
ヂィ]　A2

名戦略，戦術

災害・事故

1274 ☑ **accident**
[ǽksidənt | あクスィデント]
A2

名（予期せぬ）事故，出来事
関連 accidental 偶然の

1275 ☑ **by accident**

偶然に

1276 ☑ **flood**　A2
[flʌ́d | ふらッド]
発音
B1

名洪水

動〈場所を〉水浸しにする

1277 ☑ **earthquake**
[ə́ːrθkwèik | ア～すクウェイ
ク]　A2

名地震（◆quakeともいう）

1278 ☑ **crash**　B1
[krǽʃ | クラぁッシ]
B1

名（車などの）衝突（事故）；（飛行機の）墜落（事故）

動〈車などが〉衝突する；〈飛行機が〉墜落する

1279 ☑ **victim**
[víktim | ヴィクティム]　B1

名（犯罪・災害などの）犠牲者，被害者（of ...）

☑ チャンク **be due** next Sunday	今度の日曜日に予定されている
☑ Sarah **is due to** leave Japan tomorrow.	▶サラはあす日本を発(た)つ予定だ.
☑ The rent is **due** by the end of the month.	▶家賃は月末までに支払わなければならない.
☑ The accident was **due to** the heavy snow.	▶その事故は大雪が原因だった.

☑ チャンク **keep a** promise	約束を守る
☑ Don't break your **promise**.	▶約束を破ってはだめだよ.
☑ I'll do my best, but I can't **promise** anything.	▶精一杯やってみますが, 何も保証は (🔊 約束することは)できませんよ.
☑ A red sunset **promises** good weather.	▶赤い夕日は晴天を期待させる.

☑ チャンク **cancel a** tour	ツアーをキャンセルする
☑ I **canceled** the hotel reservation.	▶私はホテルの予約を取り消した.

☑ チャンク **economic** strategy	経済戦略
☑ The business **strategy** of the company is unique.	▶その会社のビジネス戦略は類がないものだ.

☑ チャンク **prevent** accidents	事故を防止する
☑ They met with a traffic **accident**.	▶彼らは交通事故にあった.
☑ I found the book by **accident**.	▶私は偶然その本を見つけた.

☑ チャンク **flood** warnings	洪水警報
☑ The hurricane caused a **flood**.	▶そのハリケーンは洪水を引き起こした.
☑ Because of the heavy rain, the town was **flooded**.	▶激しい雨のため, その町は冠水した.

☑ チャンク **a strong** earthquake	大地震
☑ There was a light **earthquake** yesterday.	▶きのう小さな地震があった.

☑ チャンク **the site of a** crash	墜落現場
☑ Luckily no one died in the **crash**.	▶幸いにもその衝突事故で死者はなかった.
☑ A truck nearly **crashed** into my car.	▶トラックが私の車に衝突しそうになった.

☑ チャンク **earthquake** victims	地震の被災者たち
☑ They are the **victims of** the war.	▶彼らは戦争の犠牲者だ.

STAGE 8

義務・責任

1280 ☑ **task**
[tǽsk | **タ**ぁスク] A2

名 (課せられた)仕事, 務め

1281 ☑ **duty**
[djúːti | **デュー**ティ] B1

名❶ (良心・道徳などによる)義務

❷ 職務, 任務

1282 ☑ **fault**
[fɔ́ːlt | **ふォー**ルト] A2

名❶ (過失の)責任

❷ 欠点, 短所
対義 merit 長所

1283 ☑ **responsible**
[rispánsəbl | リス**パ**ンスィブ
る] B1

形 (物事に対して)責任がある(for ...)
関連 responsibility 責任
対義 irresponsible 無責任な
👉【be responsible for *doing*】
　…する責任がある

調べる

1284 ☑ **examine**
[igzǽmin | イグ**ザ**ぁミン] B1

動 (注意深く)…を調査する
関連 examination 試験

1285 ☑ **explore**
[iksplɔ́ːr | イクスプ**ろ**ー(ア)] A2

動 〈未知の場所などを〉探検する
関連 exploration 探検, explorer 探検家

追加・余剰・ゆとり

1286 ☑ **rest**²
[rést | **レ**スト] B1

名 (…の)残り(of ...)

1287 ☑ **afford**
[əfɔ́ːrd | ア**ふォー**ド] B1

動 (金銭的・時間的に)…する余裕がある;
〈物を〉買うお金がある
👉【can afford to *do*】(◆主に否定文・疑問文で)
　…する余裕がある

1288 ☑ **extra**
[ékstrə | **エ**クストゥラ] A2

形 (通常の値を超えて)余分な, 追加された

1289 ☑ **besides**
[bisáidz | ビ**サ**イヅ] A2

副 そのうえ

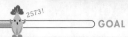
☑ チャンク **a difficult task** — 困難な**仕事**
☑ Raising children is no easy **task**. ▶子育てはなまやさしいことではない.

☑ チャンク **a sense of duty** — **義務感**
☑ It's my **duty** to help them. ▶彼らを助けるのは私の**義務**だ.
☑ Those are the **duties** of a nurse. ▶それらは看護師の**職務**だ.

☑ チャンク **It's all my fault.** — すべて私の**責任**です.
☑ Did the computer break down? ▶コンピュータが故障したのですか？
It's not my **fault**. それは私の**責任**ではありませんよ.
☑ Everyone has his or her **faults**. ▶だれにでも**欠点**はある.

☑ チャンク **a responsible attitude** — **責任**ある**態度**
☑ He feels **responsible for** the failure. ▶彼はその失敗に**責任**を感じている.

☑ I am **responsible for arranging** the meeting. ▶私にはその会議を設定する**責任**がある.

☑ チャンク **examine the effects of Ⓐ** — **Ⓐ の影響について調査する**
☑ They are **examining** the cause of the crash. ▶彼らはその墜落事故の原因を**調査**している.

☑ チャンク **explore the world** — 世界を**探検する**
☑ We **explored** the jungle. ▶我々はそのジャングルを**探検**した.

☑ チャンク **Keep the rest.** — **残り**はあげるよ.
☑ I saved the **rest of** the money. ▶私は**残り**のお金を貯金した.

☑ チャンク **afford a new car** — 新しい車を**買うお金がある**
☑ I **couldn't afford to** buy the computer. ▶私にはそのコンピュータを**買う余裕が**なかった.

☑ チャンク **extra time** — **追加された**時間
☑ You can have coffee at no **extra** charge. ▶コーヒーは無料です（⑩ **余分な**料金がかからない）.

☑ チャンク **Besides, it looks great.** — **そのうえ**, それは見栄えがする.
☑ My car is very old. **Besides**, it breaks down easily. ▶私の車はとても古い. **そのうえ**, すぐに故障する.

STAGE 8

伝統・慣習・習慣

1290 ☑ **tradition**
[trədíʃn | トゥラ**ディ**ション]
A2

名 伝統
関連 traditional 伝統的な,
traditionally 伝統的に

1291 ☑ **custom**
[kʌ́stəm | **カ**スタム]
A2

名 ❶ (社会・集団の)慣習, しきたり
関連 customary 習慣的な

❷ (空港などの)税関(◆複数形で用いる)

1292 ☑ **habit**
[hǽbit | **ハ**ぁビット]
A1

名 (個人的な)習慣
関連 habitual 習慣的な

1293 ☑ **used**
[júːst | **ユ**ース(ト)]
発音

動 ❶ (以前は)よく…したものだ(◆過去における習慣を表す)
【used to do】よく…したものだ
❷ (以前は)…だった(◆過去における状態・状況を表す)
【used to be ...】かつて…だった

1294 ☑ **be used to ...** …に慣れている(◆toの後はdoingまたは名詞)

1295 ☑ **get used to ...** …に慣れる(◆toの後はdoingまたは名詞)

広さ

1296 ☑ **wide**
[wáid | **ワ**イド]
A2

形 ❶ (空間において)(幅の)広い
関連 widely 広く, width 幅
対義 narrow 幅の狭い
❷ (知識などが)幅広い

1297 ☑ **vast**
[vǽst | **ヴ**ぁスト]
B1

形 (面積が)広大な;(数量が)莫大(ばく)な
関連 vastly 非常に

1298 ☑ **broad**
[brɔ́ːd | **ブ**ロード]
発音
B1

形 ❶ (空間において)(幅の)広い(◆wide と同義)
関連 breadth 幅, broadband ブロードバンド
❷ (対象範囲が)広い

☐ チャンク **a religious** tradition	**宗教的な伝統**
☐ We have a long **tradition** of visiting a shrine or a temple at the New Year.	▶私たちにはお正月に神社やお寺にお参りをする長い伝統がある.
☐ チャンク **an old** custom	**古いしきたり**
☐ It's a Japanese **custom** to make a sound when eating noodles.	▶音を立ててめん類を食べるのは日本人の慣習だ.
☐ I waited for about 30 minutes to clear **customs**.	▶税関を通るのに30分ほど待たされた.
☐ チャンク **a bad** habit	**悪習**
☐ You should change your eating **habits**.	▶食習慣を変えたほうがいいよ.
☐ チャンク **used to** go there	**よくそこに行ったものだ**
☐ Children **used to** play around in this park.	▶昔はこの公園で子どもたちが遊び回っていたものだ.
☐ Bob **used to be** a weak child.	▶ボブはかつて病弱な子どもだった.
☐ Haruka **is used to getting** up early.	▶遥は早起きに慣れている.
☐ I soon **got used to** my new school.	▶私はすぐに新しい学校に慣れた.

☐ チャンク **a wide** area	**広い地域**
☐ The lower Nile is not usually so **wide**.	▶ナイル川下流は通常そんなに川幅は広くない.
☐ This library has a **wide** variety of books.	▶この図書館にはさまざまな分野の本（⑩ 幅広い種類の本）がそろっている.
☐ チャンク **a vast** area of snow	**広大な雪原**
☐ A **vast** amount of money was spent on the public works project.	▶その公共事業には莫大な額の金が費やされた.
☐ チャンク **a broad** street	**広々とした通り**
☐ My brother has **broad** shoulders.	▶兄は肩幅が広い.
☐ The singer has a **broad** range of fans.	▶その歌手のファン層は広い.

STAGE 8

339

結末・結論

1299 ☑ **conclude**
[kənklúːd | コンク**る**ード]
B1

動 **1** …だと結論を下す
関連 **conclusion** 結論
☞**【conclude that ...】**…と結論を下す
2〈スピーチ・本などを〉(…で)終える, 締めくくる
(with ...)

1300 ☑ **consequence**
[kánsikwèns | **カ**ンセクウェンス] 🔊 アクセント
A2

名 結果, 影響(◆通例望ましくない内容について
用いられる)
関連 **consequently** その結果として

1301 ☑ **eventually**
[ivéntʃuəli | イ**ヴェ**ンチュアり]
B1

副 結局, 最後には(◆finallyと同義)

集める・集まる

1302 ☑ **collect**
[kəlékt | コ**れ**クト]
A1

動〈同種の物や情報などを〉集める
関連 **collection** コレクション

1303 ☑ **gather**
[gǽðər | **ギ**ぁざ]
A2

動 **1**〈人などが〉集まる

2〈情報などを〉集める

1304 ☑ **concentrate**
[kánsntrèit | **カ**ンセントゥレイト] 🔊 アクセント
A2

動 **1** (…に)(意識を)集中する(on ...)
関連 **concentration** 集中

2 (…に)〈努力などを〉集中する(on ...)

修理する

1305 ☑ **repair**
[ripéər | リ**ペ**ア]
A2

動〈壊れた物などを〉修理する(◆ややかたい語)
☞**【have Ⓐ repaired】**Ⓐを修理してもらう

1306 ☑ **fix**
[fíks | **ふぃ**ックス]
B1

動 **1**〈壊れた物などを〉修理する
2 …を(しっかりと)固定する
☞**【fix Ⓐ to Ⓑ】**ⒶをⒷに固定する

☑ チャンク **conclude from the evidence**　証拠から結論を下す

☑ They **concluded that** the plan should be canceled.
▶彼らはその計画を中止すべきであるとの結論を下した.

☑ She **concluded** her speech **with** tears in her eyes.
▶彼女は目に涙を浮かべてスピーチを終えた.

☑ チャンク **take the consequences**　結果を受けとめる

☑ The failure had serious **consequences** for the future of the company.
▶その失敗は会社の将来に深刻な影響を及ぼした.

☑ チャンク **eventually make success**　最終的に成功する

☑ I believe your efforts will **eventually** pay off.
▶最後にはあなたの努力が実を結ぶことを私は信じています.

☑ チャンク **collect stamps**　切手を集める

☑ I **collect** uniforms of soccer teams.
▶私はサッカーチームのユニフォームを集めている.

☑ チャンク **gather around the TV**　テレビの周りに集まる

☑ A lot of people **gathered** in the stadium.
▶たくさんの人がスタジアムに集まった.

☑ More and more people use the Internet to **gather** information.
▶ますます多くの人が情報を集めるのにインターネットを使うようになっている.

☑ チャンク **find it hard to concentrate**　集中するのが難しいとわかる

☑ Be quiet! I can't **concentrate on** my homework.
▶静かにしてよ！宿題に集中できないじゃないか.

☑ We **concentrated** our efforts **on** developing the new product.
▶我々はその新商品の開発に全力を注いだ（📖 努力を集中した）.

☑ チャンク **repair the roof**　屋根を修理する

☑ He **repaired** the TV.
▶彼はテレビを修理した.

☑ I had my watch **repaired**.
▶私は時計を修理してもらった.

☑ チャンク **fix a car**　車を修理する

☑ My father **fixed** my bike.
▶父は私の自転車を修理してくれた.

☑ Please **fix** this shelf **to** the wall.
▶この棚を壁に固定してください.

STAGE 8

大きさ

1307 ☑ **huge**
[hjú:dʒ | **ヒューヂ**]
B1

形 (大きさが)巨大な；(数量が)莫大(煞)な

1308 ☑ **enormous**
[inɔ́:rməs | **イノーマス**] **A2**

形 (大きさが)巨大な；(数量が)莫大な(◆hugeと同義)

1309 ☑ **tiny**
[táini | **タイニ**]
B1

形 (大きさが)非常に小さい；(数量が)ごくわずかの

1310 ☑ **length**
[léŋkθ | **れ**ンクす]

B1

名 **1** (物の)長さ
関連 **long** 長い

2 (時間の)長さ，期間

1311 ☑ **expand**
[ikspǽnd | **イクスパぁンド**]
B1

動 (体積が)膨張する；(数量が)増大する
関連 **expansion** 拡大

病 気・医 療

1312 ☑ **ill**
[íl | **イる**]
比較 worse
最上 worst **A2**

形 〈人・動物などが〉病気の(◆sickよりもかたい語)
関連 **illness** 病気(の状態)
対義 **healthy** 健康な

1313 ☑ **operation**
[ὰpəréiʃn | **アペレイション**]
B1

名 (身体部位の)(外科)手術(on ...)
関連 **operate** 手術をする

1314 ☑ **hurt**
[hə́:rt | **ハ〜ト**]
過去・過分 hurt **A1**

動 **1** 〈体などを〉傷つける；〈人の心を〉傷つける

2 〈体の一部などが〉痛む

1315 ☑ **cure**
[kjúər | **キュア**]
B1

名 (病気などの)治療(法)(for ...)

B2

動 〈病気を〉治療する；〈悪癖などを〉除く
👉 **[cure Ⓐ of Ⓑ]** ⒶのⒷ(病気, 悪癖など)を
治す

1316 ☑ **symptom**
[símptəm | **スィ**ンプトム]
B1

名 (病気の)症状，徴候

☑ チャンク **a huge amount of money** 莫大な額のお金

☑ The **huge** stadium was built in 2005. ▶その巨大なスタジアムは 2005 年に建てられた.

☑ チャンク **an enormous amount of data** 莫大な量のデータ

☑ The pyramid is **enormous**. ▶そのピラミッドは巨大だ.

☑ チャンク **a tiny little baby** 小さくてかわいい赤ちゃん

☑ My room is really **tiny**. ▶私の部屋はほんとうに狭い.

☑ チャンク **measure the length** 長さをはかる

☑ My skis are 160 centimeters in **length**. ▶私のスキー板は長さが 160 センチメートルだ.

☑ The **length** of a game is 45 minutes. ▶1 試合の長さは 45 分だ.

☑ チャンク **expand rapidly** 急激に膨らむ

☑ Substances **expand** when they turn into gas. ▶物質は気体になると膨張する.

☑ チャンク **become ill** 病気になる

☑ I felt **ill** and decided not to go to school. ▶私はぐあいが悪かったので学校を休むことにした.

☑ チャンク **perform an operation** 手術を行う

☑ I'll have an **operation** on my knee next week. ▶私は来週, ひざの手術を受ける予定だ.

☑ チャンク **hurt my feelings** 私の心を傷つける

☑ I **hurt** my back during the game. ▶私は試合中に背中を痛めた.

☑ Where does it **hurt**? ▶どこが痛むの?

☑ チャンク **an effective cure** 効果的な治療法

☑ Doctors have been looking for a **cure** for AIDS. ▶医者たちはエイズの治療法を探しつづけている.

☑ This medicine **cures** stomachaches. ▶この薬は胃痛に効く.

☑ Dr. Greene **cured** him of his cancer. ▶グリーン医師が彼の癌(がん)を治療した.

☑ チャンク **symptoms of AIDS** エイズの症状

☑ My brother showed the **symptoms** of influenza. ▶弟にインフルエンザの症状が出た.

STAGE 8

343

適切・公平

1317 ☑ **fair**
[féər | ふェア]
A1

形 **1** (状況・行為などが)公平な, フェアな
関連 **fairly** 公平に 対義 **unfair** 不公平な
2 ⟨数・量が⟩かなりの
関連 **fairly** けっこう

1318 ☑ **appropriate**
[əpróupriit | アプロウプリエット]
A2

形 (…にとって)適切な, ふさわしい(for ...)
対義 **inappropriate** 不適切な

1319 ☑ **proper**
[prápər | プラパ]
A2

形 ⟨場所・方法などが⟩適切な, ふさわしい
関連 **properly** 適切に
対義 **improper** 不適当な

問題・困難

1320 ☑ **difficulty**
[dífikʌlti | ディふィカるティ]
A2

名 困難(なこと)
関連 **difficult** 難しい
対義 **ease** たやすいこと
➡ 【have difficulty in doing】…するのに苦労する

1321 ☑ **tough**
[tʌ́f | タふ]
発音 B2

形 **1** ⟨問題などが⟩困難な;⟨状況などが⟩厳しい
2 (身体的・精神的に)強い

1322 ☑ **handle**
[hǽndl | ハぁンドゥる]
B1
A2

動 …をうまく扱う;⟨問題などを⟩(うまく)処理する

名 (ドアなどの)取っ手, ノブ(◆車のハンドルは steering wheel, 自転車のハンドルは handlebars)

1323 ☑ **cope**
[kóup | コウプ]
B2

動 (困難なことなどを)処理する, (難局などを)乗り切る
➡ 【cope with Ⓐ】Ⓐを処理する

魅力

1324 ☑ **attract**
[ətrǽkt | アトゥラぁクト]
B1

動 ⟨注意・関心などを⟩引く;⟨人を⟩魅了する
関連 **attraction** 魅力, **attractive** 魅力的な, **attractively** 魅力的に

1325 ☑ **beauty**
[bjúːti | ビューティ]
A2

名 (人・物・場所などの)美, 美しさ
関連 **beautiful** 美しい, **beautifully** 美しく
対義 **ugliness** 醜さ

26411

☐ チャンク **fair play** — フェアプレー
- ☐ Do you think life is **fair**? ▶ 人生は公平だと思いますか？
- ☐ A **fair** number of people attended the ceremony. ▶ かなり多くの人がその式に参列した．

☐ チャンク **appropriate action** — 適切な**行動**
- ☐ T-shirts are not **appropriate for** the party. ▶ Ｔシャツはそのパーティーにふさわしくない．

☐ チャンク **a proper place** — 適切な**場所**
- ☐ Please show me the **proper** way to make coffee. ▶ コーヒーの適切ないれ方を教えてください．

☐ チャンク **face a difficulty** — 困難**に直面する**
- ☐ You can surely get over such a **difficulty**. ▶ 君ならそのような困難にもきっと打ち勝てるよ．
- ☐ I **had difficulty in understanding** his English. ▶ 私は彼の英語を理解するのに苦労した．

☐ チャンク **a tough problem** — 難しい**問題**
- ☐ It was a **tough** year for us. ▶ それは私たちにとって大変な１年だった．
- ☐ Rachel is a **tough** woman. ▶ レイチェルは強い女性だ．

☐ チャンク **handle the pressure** — プレッシャー**を克服する**
- ☐ I can't **handle** those children. ▶ あの子どもたちは私の手に負えない．
- ☐ I turned the **handle** and opened the door. ▶ 私はノブを回し，ドアを開けた．

☐ チャンク **cope with a crisis** — 危機**を乗り切る**
- ☐ I can't **cope with** so much work. ▶ 私にはそんなにたくさんの仕事は処理できない．

☐ チャンク **attract attention** — 注意**を引く**
- ☐ Her friendly smile **attracted** me. ▶ 彼女の人なつっこい笑顔は私を魅了した．

☐ チャンク **the beauty of nature** — 自然**の美しさ**
- ☐ I was moved by the **beauty** of the flowers in the park. ▶ 私はその公園の花々の美しさに感動した．

STAGE 8

選択

1326 ☑ **pick**
[pík | ピック]

A1

動 1 (同種のものの中から)…を選ぶ
☞【pick Ⓐ as Ⓑ】ⒶをⒷとして選ぶ

2 〈花・草・果物などを〉摘み取る

1327 ☑ **pick out**

…を選び出す(◆日本語ではこの意味で「ピックアップする」というので注意)

1328 ☑ **pick up**

1 …を拾い上げる

2 …を(乗り物で)迎えに行く

1329 ☑ **select**
[silékt | セれクト]

B2

動 〈最もよいと思われるものを〉選ぶ
関連 selection 選択

☞【select Ⓐ for Ⓑ】ⒷにⒶを選ぶ

1330 ☑ **vote**
[vóut | ヴォウト]

A1 **名** (選挙における)投票;(個々の)票

B1 **動** (選挙において)投票する
関連 voter 投票者
☞【vote for Ⓐ】Ⓐに賛成投票する

1331 ☑ **option**
[ápʃn | アプション]

B1

名 (特定の状況における)選択(の自由)
関連 optional 自由に選択できる
☞【option to do】または【option of doing】
…する選択の自由

仲間

1332 ☑ **partner**
[pá:rtnər | パートナ]

A1

名 パートナー
関連 partnership 共同

1333 ☑ **companion**
[kəmpǽnjən | コンパぁニョン]

B1

名 (長い時間を共に過ごす)仲間(◆ペット動物も含む;日本語の「コンパニオン」(案内や接待をする女性)の意味はない)

1334 ☑ **colleague**
[káli:g | カリーグ]

B2

名 (職場の)同僚

☑ チャンク **pick** a theme | テーマを1つ選ぶ
☑ The magazine **picked** our restaurant **as** the best in town. | ▶その雑誌は私たちのレストランを町で最高の店として選んだ.
☑ I **picked** the flower for her. | ▶ぼくは彼女にその花を摘んであげた.

☑ You can **pick out** any kind of cake you like. | ▶どれでも好きなケーキを選んでね.

☑ I **picked up** the handkerchief she dropped. | ▶私は彼女が落としたハンカチを拾った.
☑ I'll **pick** you **up** at the station at eight. | ▶8時に駅まで車で迎えに行くよ.

☑ チャンク **select** the best jeans | 最もよいジーンズを選ぶ
☑ You should **select** a cell phone model carefully. | ▶携帯電話の機種は慎重に選んだほうがいいよ.

☑ I **selected** the CD **for** his birthday present. | ▶私は彼の誕生日プレゼントにそのCDを選んだ.

☑ チャンク the result of the **vote** | 投票結果
☑ I cast my **vote** for the young candidate. | ▶私はその若い立候補者に票を投じた.

☑ I **voted for** the Democratic Party in the last election. | ▶私は前回の選挙で民主党に賛成投票した.

☑ チャンク **have** two **options** | 2つの選択肢がある
☑ Students have the **option to take** French or German. [≒Students have the **option of taking** French or German.] | ▶学生はフランス語かドイツ語を選択できる (⬤ 選択する自由がある).

☑ チャンク a strategic **partner** | 戦略上のパートナー
☑ The advertising agency is the ideal business **partner** for my company. | ▶その広告代理店は私の会社にとって理想的なビジネスパートナーだ.

☑ チャンク a traveling **companion** | 旅の道連れ
☑ My dog is a good **companion**. | ▶私の犬はよき友だ.

☑ チャンク a former **colleague** | かつての同僚
☑ Susan is a **colleague** of mine. | ▶スーザンは私の同僚だ.

STAGE 8

347

明確

1335 ☑ **obvious**
[ábviəs | **ア**ブヴィアス]
`B1`

形 〈理由・事実などが〉明白な, 明らかな
（◆clearと同義）
関連 **obviously** 明らかに
👉 【it is obvious to ❹ that ...】
　　❹にとって…であるのは明らかだ

1336 ☑ **specific**
[spəsífik | スペ**スィ**ふィック]
🔊 アクセント　`A2`

形 （分野・内容などが）明確な, 具体的な；特定の
関連 **specifically** 明確に, **specify** 明確に述べる

1337 ☑ **plain**
[pléin | プ**レ**イン]
`B1`

形 **1** 〈事実などが〉明らかな, 明白な（◆clear, obvious
と同義）
関連 **plainly** はっきりと
👉 【it is plain that ...】
　　…ということは明らかだ
2 〈言葉づかいなどが〉分かりやすい, やさしい
（◆easyと同義）
3 （余計な装飾がなく）質素な, 地味な
（◆simpleと同義）

変化

1338 ☑ **adjust**
[ədʒʌ́st | ア**ヂャ**スト]
`A2`

動 **1** （新しい環境などに）適応する, 慣れる
（◆adaptと同義）
👉 【adjust to ❹】❹に適応する, 慣れる
2 …を調節する

1339 ☑ **exchange**
[ikstʃéindʒ | イクス**チェ**インヂ]
`B1`

動 **1** …を交換する, 取り替える
👉 【exchange ❹ for ❺】❹を❺と交換する
2 〈お金を〉両替する
👉 【exchange ❹ for ❺】❹を❺に両替する

1340 ☑ **stage**
[stéidʒ | ス**テ**イヂ]
`A1`

名 **1** （過程・発達の）段階
2 （劇場などの）舞台, ステージ

1341 ☑ **revolution**
[rèvəlú:ʃn | レヴォ**る**ーション]
`B2`

名 （社会構造などの）革命
関連 **revolutionary** 革命的な,
　　　revolutionize 革命をもたらす

☑ チャンク **an obvious reason** — 明白な**理由**

☑ **It is obvious to me that** she loves you. ▶彼女が君のことを好きなのは（私にとって）明らかだよ.

☑ チャンク **a specific area** — 特定の**分野**

☑ Please be more **specific** in your explanation. ▶もう少し具体的に説明して（⑩ 説明においてより明確になって）ください.

☑ チャンク **a plain fact** — 明白な**事実**

☑ **It is plain that** something good happened to Bob. ▶ボブに何かいいことがあったのは明らかだ.

☑ The book is written in **plain** English. ▶その本はやさしい英語で書かれている.

☑ I like **plain** T-shirts. ▶私は地味なTシャツが好きだ.

☑ チャンク **adjust gradually** — 徐々に**慣れる**

☑ It was hard to **adjust to** the climate here. ▶ここの気候に適応するのは大変だった.

☑ **Adjust** the heat. ▶（料理で）火かげんを調節しなさい.

☑ チャンク **exchange presents** — プレゼントを**交換する**

☑ I'd like to **exchange** this sweater **for** a bigger one. ▶このセーターをもっと大きいものと取り替えたいのですが.

☑ I'd like to **exchange** some yen **for** dollars. ▶円をドルに両替したいのですが.

☑ チャンク **the final stage** — **最終**段階

☑ I cannot predict a winner at this **stage**. ▶この段階では私には勝者を予測できない.

☑ The actor on **stage** was like a different person. ▶舞台に上がったその俳優は別人のようだった.

☑ チャンク **the Industrial Revolution** — 産業**革命**

☑ A **revolution** broke out in the country. ▶その国で革命が起きた.

打つ

1342 ☐ **hit**
[hít | ヒット]
過去・過分 hit A2

動 1 (力を込めて)…を打つ, たたく

2 〈天災などが〉〈場所を〉襲う

1343 ☐ **strike** B1
[stráik | ストゥライク]
過去・過分 struck A2

動 (力を込めて)…を打つ, たたく(◆hitのほうが頻繁に用いられる)

名 (労働者の)ストライキ

1344 ☐ **beat**
[bí:t | ビート]
過去 beat
過分 beaten, beat B1

動 1 (素手・棒などで続けざまに)…を打つ, たたく

2 〈相手・敵を〉負かす

1345 ☐ **knock**
[nák | ナック]
🎺 発音 B1

動 1 (ドアなどを)ノックする(at ...)

2 (偶然)…にぶつかる(against ...)

距離

1346 ☐ **nearby** B1
[nìərbái | ニアバイ]

形 (距離が)近くの
関連 near 近い

B1

副 (距離が)近くに

1347 ☐ **apart**
[əpá:rt | アパート] A2

副 (…から)離れて(from ...)

1348 ☐ **apart from ...**

…は別として

1349 ☐ **come apart**

(壊れて)ばらばらになる

1350 ☐ **fall apart**

〈組織などが〉崩壊する

1351 ☐ **distant**
[dístənt | ディスタント] B1

形 (距離・時間が)(…から)遠い, 離れている(from ...)(◆far と同義)
関連 distance 距離

1352 ☐ **remote**
[rimóut | リモウト] A2

形 (町などから)遠く離れている, へんぴな

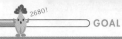
☑ チャンク hit **a ball with a bat**	バットでボールを打つ
☑ He **hit** me in the face.	▶彼はぼくの顔を殴った.
☑ A hurricane **hit** the city.	▶ハリケーンがその都市を襲った.

☑ チャンク **be struck by lightning**	雷に打たれる
☑ He **struck** the table with his fist.	▶彼はこぶしでテーブルをたたいた.
☑ They went on a **strike**.	▶彼らはストライキを始めた.

☑ チャンク beat **the drum**	ドラムをたたく
☑ He **beat** the man.	▶彼はその男性を殴った.
☑ No one can **beat** her at chess.	▶チェスではだれも彼女を負かすことができない.

☑ チャンク knock **at the door**	ドアをノックする
☑ **Knock** before you come in the room.	▶部屋に入る前にノックしなさい.
☑ My elbow **knocked against** the glass.	▶私のひじがグラスに当たってしまった.

STAGE 8

☑ チャンク a nearby **hotel**	近くの**ホテル**
☑ I often go for a walk in the **nearby** park.	▶私はよく近くの公園に散歩に行く.
☑ Is there a convenience store **nearby**?	▶この近くにコンビニはありますか？

☑ チャンク **be a mile apart**	1 マイル離れている
☑ I had to sit **apart from** my friends on the plane.	▶私は機内で友だちと離れて座らなければならなかった.
☑ **Apart from** Tom's idea, do you have any suggestions?	▶トムの考えは別として, ほかに何か提案はありますか？
☑ The mysterious material suddenly **came apart** in my hands.	▶そのなぞの物質は突然私の手の中でばらばらになった.
☑ The organization is **falling apart**.	▶その組織は崩壊しはじめている.

☑ チャンク in the distant **past**	遠い昔に
☑ The sun is **distant from** the earth.	▶太陽は地球から遠く離れている.

☑ チャンク a remote **forest area**	人里離れた**森林地帯**
☑ His house was in a **remote** place.	▶彼の家はへんぴな場所にあった.

351

道理・論理・証明

1353 ☑ **demonstrate**
[démənstrèit | デモンストゥレイト]
🔊 アクセント
B1

動 ❶（実物を見せて）…を説明する；
〈効果などを〉証明する

❷（…に反対して）デモをする（against ...）
関連 demonstration デモ

1354 ☑ **reasonable**
[ríːznəbl | リーズナブる]
B1

形 ❶〈言動などが〉理にかなった, 筋の通った
関連 reason 理由, reasonably かなり
対義 unreasonable 不合理な
❷〈値段などが〉てごろな

1355 ☑ **thus**
[ðʌ́s | ざス]
B1

副 それゆえに, したがって（◆thereforeと同義）

1356 ☑ **despite**
[dispáit | ディスパイト]
B1

前 …にもかかわらず（◆新聞などで好んで用いられる；in spite ofと同義）

☞ 【despite the fact that ...】…という事実にもかかわらず

礼儀・マナー

1357 ☑ **manner**
[mǽnər | マあナ]
A2

名 ❶ 行儀, マナー（◆複数形で用いられる）

❷（他人に対する）態度, 物腰
❸（話したりする際の）方法, やり方

1358 ☑ **formal**
[fɔ́ːrml | ふォームる]
B1

形 ❶〈言葉づかいなどが〉かたい；
〈服装が〉フォーマルな
対義 casual カジュアルな
❷ 正式の, 公式の
関連 formally 正式に **対義** informal 略式の

1359 ☑ **polite**
[pəláit | ポらイト]
A2

形（ふるまいなどが）礼儀正しい, 丁寧な
関連 politely 丁寧に, politeness 礼儀正しさ
対義 impolite, rude 無作法な
☞ 【it is polite of Ⓐ to do】Ⓐが…するのは礼儀にかなっている

☑ チャンク **demonstrate the effectiveness**　効果を証明する

☑ I'll **demonstrate** how to use this digital camera.
▶このデジタルカメラの使い方を説明しますね.

☑ A lot of people **demonstrated against** the war.
▶たくさんの人々が戦争反対のデモをした.

☑ チャンク **a reasonable request**　もっともな**要求**

☑ His opinion is **reasonable**.
▶彼の意見は筋が通っている.

☑ The melon was sold at a **reasonable** price.
▶そのメロンはてごろな値段で売られていた.

☑ チャンク **and thus**　それで

☑ Traffic became heavier, **thus** increasing air pollution.
▶交通量が増え, それで大気汚染がひどくなった.

☑ チャンク **despite the difficulties**　困難にもかかわらず

☑ **Despite** his old age, my grandfather climbed the mountain.
▶老齢にもかかわらず, 祖父はその山に登った.

☑ **Despite the fact that** the pianist was under much pressure, she played the tune without a mistake.
▶そのピアニストは大きなプレッシャーを感じていたにもかかわらず, ミス1つしないで曲を演奏した.

☑ チャンク **table manners**　テーブルマナー

☑ Haruka has good **manners**.
▶遥は行儀がいい.

☑ I can't stand his rude **manner**.
▶彼の無礼な態度には我慢できない.

☑ The salesperson talked to me in a friendly **manner**.
▶その店員は私に親しみのある口調で話しかけてきた.

☑ チャンク **formal dress**　礼服

☑ E-mails from my father are always written in **formal** language.
▶父からのEメールはいつもかたい言葉で書かれている.

☑ The company president made a **formal** apology.
▶その会社の社長は正式に謝罪した (ⓓ 正式な謝罪をした).

☑ チャンク **polite behavior**　礼儀正しい**ふるまい**

☑ Be **polite** to others.
▶他人には礼儀正しくしなさい.

☑ **It is** not **polite of you to** make noise at the table.
▶食事中に音を立てるのは無作法だ (ⓓ 礼儀にかなっていない).

STAGE 8

353

⊡ Scene 8 夕食の準備 Preparation of Dinner

S342 ☑ ① シチューなべ
saucepan[sɔ́:spæn]

S343 ☑ ② ガスレンジ
gas range[gǽs rèindʒ]

S344 ☑ ③ なべつかみ
potholder[pɑ́thòuldər]

S345 ☑ ④ まな板
cutting board[kʌ́tiŋ bɔ̀:rd]

S346 ☑ ⑤ 包丁
kitchen knife[kìtʃən náif]

S347 ☑ ⑥ 炊飯器
rice cooker[ráis kùkər]

S348 ☑ ⑦ 流し
sink[síŋk]

S349 ☑ ⑧ フライ返し
spatula[spǽtʃələ]

S350 ☑ ⑨ 電子レンジ
microwave[máikrouwèiv]

S351 ☑ ⑩ 冷蔵庫
refrigerator[rifrídʒərèitər]

S352 ☑ ⑪ 皮むき器
peeler[pí:lər]

S353 ☑ ⑫ (水切り)ざる
colander[kʌ́ləndər]

S354 ☑ ⑬ おたま
ladle[léidl]

S355 ☑ ⑭ 泡だて器
whisk[hwísk]

料理方法 How to Cook

S356 ☑ ケーキをオーブンで
焼く **bake a cake in
the oven**

S357 ☑ 鶏肉を網で焼く
**roast chicken on
the grill**

S358 ☑ パスタをゆでる
boil pasta

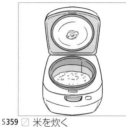

S359 ☑ 米を炊く
cook rice

S360 ☑ フライパンでタマネギ
をいためる **fry onions
in a frying pan**

S361 ☑ コロッケを揚げる
deep-fry croquettes

野菜 Vegetables

S362 ☑ キャベツ
cabbage
[kǽbidʒ]

S363 ☑ にんじん
carrot
[kǽrət]

S364 ☑ レタス
lettuce
[létis]

S365 ☑ キュウリ
cucumber
[kjú:kʌmbər]

S366 ☑ ジャガイモ
potato
[pətéitou]

S367 ☑ ナス
eggplant
[égplænt]

S368 ☑ ピーマン
green pepper
[grí:n pépər]

S369 ☑ ホウレンソウ
spinach
[spínitʃ]

STAGE 8

355

競争・敵対・対立

1360 ☑ **match**
[mǽtʃ | マあッチ]

A1 名 (スポーツの)試合

◆ 球技の試合には game が，個人競技には match がよく用いられます．

B1 動 (色などが)…と調和する，…に合う

1361 ☑ **race²**
[réis | レイス]

B1 名 競走，レース；(…を求めての)競争(for ...)

B1 動 (…と)競走する(against ...)

◆ race には「人種」という意味もあります．

1362 ☑ **compete**
[kəmpíːt | コンピート]

動 競争する，争う

関連 competition 競争，competitive 競争の，competent 有能な

☞【compete with Ⓐ】Ⓐと競争する

☞【compete for Ⓐ】Ⓐを求めて争う

B1

移動・動き

1363 ☑ **lift**
[líft | リふト]

動 ❶ …を持ち上げる

B1 ❷ 〈体の一部などを〉上に向ける

1364 ☑ **slip**
[slíp | スリップ]

動 ❶ (不意に)滑る，滑り落ちる

関連 slippery 滑りやすい

B1 ❷ (見つからないように)こっそり入る[出る]

1365 ☑ **motion**
[móuʃn | モウション]

名 ❶ (物体の)運動

B2 ❷ (コミュニケーションのための)身ぶり

1366 ☑ **transition**
[trænzíʃn | トゥラあンズィ ション]

名 ❶ 変遷，移行

❷ 移行期，過渡期

B2

1367 ☑ **shift**
[ʃíft | シふト]

B1 動 …を(元の位置から)移す

☞【shift Ⓐ from Ⓑ to Ⓒ】ⒶをⒷからⒸに移す

B2 名 (意見などの)変更(in ...)

START ● ● GOAL

☐ チャンク a boxing match　　　ボクシングの試合
☐ I won the match 3-2.　　　▶私は３対２で試合に勝った.
☐ The soccer game was exciting.　　　▶そのサッカーの試合はおもしろかった.
☐ The scarf matches this shirt well.　　　▶そのスカーフはこのシャツによく合う.

☐ チャンク have a race　　　競走する
☐ She is in the race for the presidency.　　　▶彼女は大統領選挙（⚫ 大統領職をめぐる競争）に立候補している.
☐ He will race against some world-class athletes.　　　▶彼は世界レベルのアスリートたちと競走することになるだろう.

☐ チャンク cannot compete with Ⓐ　　　Ⓐとは勝負にならない
☐ We have to compete with foreign companies on prices.　　　▶我々は価格面で外国企業と競争しなければならない.
☐ We competed for the trophy.　　　▶我々はトロフィーをかけて（⚫ トロフィーを求めて）争った.

☐ チャンク lift the phone　　　受話器を取る
☐ I lifted the box onto the shelf.　　　▶私はその箱を棚の上に上げた.
☐ Haruka lifted her eyes from the book.　　　▶遥は本から目を上げた.

☐ チャンク slip out of my hand　　　私の手から滑り落ちる
☐ I slipped and fell down on the wet floor.　　　▶私はぬれた床で滑って転んだ.
☐ I slipped into the room.　　　▶私はその部屋の中にこっそり入った.

☐ チャンク in slow motion　　　スローモーションで
☐ She studies the motion of Mars.　　　▶彼女は火星の運動について研究している.
☐ He made a motion to us to hurry up.　　　▶彼は私たちに急ぐよう身ぶりで示した.

☐ チャンク season's transition　　　季節の移り変わり
☐ The pianist made a transition to a music teacher.　　　▶そのピアニストは仕事を変えて音楽の先生になった.
☐ This country is in transition to an industrial country.　　　▶この国は先進国への過渡期にある.

☐ チャンク shift my eyes　　　私の視線を移す
☐ My mother shifted the vase from the table to the desk.　　　▶母は花びんをテーブルから机に移した.
☐ There was a shift in policy.　　　▶政策の変更があった.

STAGE 8

357

楽しさ

1368 ☑ **fun**
[fÁn | ふアン] (A1)

图 楽しみ；おもしろさ
関連 **funny** おもしろい

1369 ☑ **make fun of ...**

…をからかう

1370 ☑ **joy**
[dʒɔ́i | ヂョイ] (A2)

图 (大きな)喜び，うれしさ
対義 **sorrow** 悲しみ

1371 ☑ **humor**
[hjú:mər | ヒューマ] (B1)

图 ユーモア
関連 **humorous** ユーモアのある

1372 ☑ **pleasant**
[pléznt | プれズント] (A2)

圏 〈時間・出来事などが〉楽しい；〈場所が〉心地よい
関連 **pleased** 喜んで (いる)
対義 **unpleasant** 不愉快な
☞ 【it is pleasant to do】 …するのは楽しい

苦しみ・恐怖

1373 ☑ **threaten**
[θrétn | すレトゥン] (B2)

動 …を(凶器などで)おどす
関連 **threat** 脅迫，脅威
☞ 【threaten Ⓐ with Ⓑ】 ⒶをⒷでおどす
☞ 【threaten to do】 …するとおどす

1374 ☑ **bear**
[béər | ベア]
過去 bore
過分 borne (A2)

動 〈痛み・つらい状況などを〉我慢する(◆standと同義)
関連 **bearable** 我慢できる

貸す・借りる

1375 ☑ **lend**
[lénd | れンド]
過去・過分 lent (A2)

動 …を(無料で)貸す
☞ 【lend Ⓐ Ⓑ】 または 【lend Ⓑ to Ⓐ】
　 ⒶにⒷを貸す

1376 ☑ **borrow**
[bɔ́:rou | ボーロウ] (A1)

動 …を(無料で)借りる
☞ 【borrow Ⓑ from Ⓐ】 ⒶからⒷを借りる
　 本・車など移動可能な物を「無料で借りる」ときは borrow を，トイレなどその場に設置してある物を「使わせてもらう」ときは use を使います．

1377 ☑ **rent**
[rént | レント] (A2) (A2)

图 (部屋の)賃貸料(for ...)

動 〈部屋などを〉賃借りする

☑ チャンク just for fun	ただ楽しむために
☑ I had a lot of fun on the school trip.	▶修学旅行はとても楽しかった.
☑ Don't make fun of me.	▶ぼくをからかわないでよ.
☑ チャンク weep for joy	うれし泣きをする
☑ We jumped for joy at the result.	▶私たちはその結果に跳び上がって喜んだ.
☑ チャンク be full of humor	ユーモアたっぷりである
☑ Bob has a good sense of humor.	▶ボブはユーモアのセンスがある.
☑ チャンク a pleasant place	心地よい場所
☑ We had a pleasant time.	▶私たちは楽しい時を過ごした.
☑ It is pleasant to walk along the beach.	▶海岸沿いを歩くのは楽しい.

☑ チャンク Are you threatening me?	私を脅迫する気か?
☑ The man threatened me with a gun.	▶その男は私を銃でおどした.
☑ He threatened to hit me.	▶彼は私を殴るぞとおどした.
☑ チャンク bear the pain	痛みを我慢する
☑ His bad manners were more than I could bear.	▶彼の無作法に私は我慢することができなかった.

☑ チャンク lend money	お金を貸す
☑ Please lend me your bike. [≒ Please lend your bike to me.]	▶私に自転車を貸してください.
☑ チャンク borrow a car	車を借りる
☑ I borrowed the book from Ms. Hudson.	▶私はハドソン先生からその本を借りた.
☑ Can I use the bathroom?	▶トイレを借りてもいい?

☑ チャンク pay the rent	家賃を払う
☑ How much is the rent for this apartment?	▶このアパートの家賃はいくらですか?
☑ I rent a room from Mr. Carter.	▶私はカーターさんから部屋を借りている.

STAGE 8

魅力

1378 ☑ **pretty**
[príti | プリティ]

A1 形 〈特に女性・子どもが〉かわいらしい, きれいな

A2 副 かなり, ほんとうに

1379 ☑ **cute**
[kjúːt | キュート]
A1

形 (小さくて)かわいい；(性的に)魅力のある

1380 ☑ **romantic**
[roumǽntik | ロウマぁンティック]
A2

形 ロマンチックな, 恋愛の
 関連 **romance** ロマンス

速度・緩急

1381 ☑ **quick**
[kwík | クウィック]

A2

形 (動きが)速い；(行動が)即座の
 関連 **quickly** すぐに
 対義 **slow** 遅い
☞ 【be quick to *do*】即座に[ためらわずに]…する

1382 ☑ **rapid**
[rǽpid | ラぁピッド]
B1

形 (速度・動作などが)速い, 急速な
 関連 **rapidly** 速く
 対義 **slow** 遅い

1383 ☑ **sudden**
[sʌ́dn | サドゥン]
A2

形 (予想に反して)突然の, 急な
 関連 **suddenly** 突然

1384 ☑ **all of a sudden**

突然(◆suddenlyと同義)

1385 ☑ **gradually**
[grǽdʒuəli | グラぁヂュアり]
A2

副 (長い時間をかけて)徐々に
 関連 **grade** 段階, **gradual** 段階的な

苦しみ・当惑・恐怖

1386 ☑ **scare**
[skéər | スケア]
B1

動 …を怖がらせる, おびえさせる(◆frightenと同義)
 関連 **scared** おびえている

1387 ☑ **embarrassment**
[embǽrəsmənt | エンバぁラスメント]
B1

名 困惑, 当惑
 関連 **embarrass** 困惑させる

1388 ☑ **severe**
[səvíər | セヴィア]
B1

形 ❶ 〈苦痛・天候などが〉ひどい, 激しい
 ❷ 〈批判・罰などが〉厳しい, 過酷な
 関連 **severely** 厳しく

☑ チャンク a pretty **woman**	きれいな**女性**
☑ Their daughter is very **pretty**.	▶彼らの娘はとてもかわいらしい.
☑ The movie was **pretty** good.	▶その映画はほんとうによかった.

☑ チャンク a **cute** little baby	小さくてかわいい**赤ちゃん**
☑ Don't you think he's **cute**?	▶彼って魅力的だと思わない?

☑ チャンク a **romantic** novel	恋愛**小説**
☑ This restaurant is the most **romantic** place in town.	▶このレストランは町で最もロマンチックな場所だ.

☑ チャンク Be **quick**!	急いで!
☑ The soccer player is very **quick** in his movement.	▶そのサッカー選手は動きが非常に素早い.
☑ She was **quick to** answer my question.	▶彼女は即座に私の質問に答えた.

☑ チャンク a **rapid** train	快速**列車**
☑ Bob made **rapid** progress in speaking Japanese.	▶ボブは日本語を話すのが急速に進歩した(● 急速な進歩を遂げた).

☑ チャンク a **sudden** illness	急**病**
☑ There was a **sudden** change in the weather.	▶天気が急に変わった.
☑ **All of a sudden**, they stopped talking and looked at me.	▶突然, 彼らは話すのをやめて私を見た.

☑ チャンク increase **gradually**	徐々に**増える**
☑ The situation is **gradually** changing.	▶状況は徐々に変化している.

☑ チャンク I'm **scared**!	怖い!
☑ You **scared** me to death!	▶あまり怖がらせないでよ!

☑ チャンク feel **embarrassment**	困惑**している**
☑ He caused Lily **embarrassment**.	▶彼はリリーを困惑させた.

☑ チャンク a **severe** storm	激しい**嵐**
☑ I felt a **severe** pain.	▶私はひどい痛みを感じた.
☑ My parents were very **severe** then.	▶当時, 私の両親はとても厳しかった.

交通

1389 ☑ **flight** [fláit | ふ**ら**イト] A2	名 (飛行機に乗っての)飛行；(飛行機の)便
1390 ☑ **automobile** [ɔ́:təməbì:l | **オー**トモビーる] 🎺 発音	名 自動車(◆carよりもかたい語)
1391 ☑ **vehicle** [ví:ikl | **ヴィー**イクる] 🎺 発音 B1	名 (主に陸上の)乗り物
1392 ☑ **highway** [háiwèi | **ハ**イウェイ] A2	名 幹線道路(◆日本語の「ハイウエー(高速道路)」は, 英語では expressway, freeway などという)
1393 ☑ **subway** [sʌ́bwèi | **サ**ブウェイ] A1	名 地下鉄(◆主に米国で用いられる； 英国では underground, またはtubeという)

話す・伝える

1394 ☑ **announce** [ənáuns | ア**ナ**ウンス] B1	動 **1** 〈決定・計画などを〉(公式に)発表する 関連 **announcement** 発表 ➡ 【announce Ⓐ to Ⓑ】Ⓐを Ⓑに発表する **2** (駅・空港で)…のアナウンスをする (◆しばしば受身で)
1395 ☑ **lie**² B1 [lái | **ら**イ] A2	名 うそ 関連 **liar** うそつき 対義 **truth** 真実 動 うそを言う ➡ 【lie to Ⓐ about Ⓑ】ⒷについてⒶにうそを 言う 🌀 lie には「横たわる」という意味もあります.

場所・位置

1396 ☑ **beside** [bisáid | ビ**サ**イド] A1	前 …のそばに
1397 ☑ **somewhere** [sʌ́mhwèər | **サ**ム(ホ)ウェア] A2	副 どこかで, どこかへ
1398 ☑ **surround** [səráund | サ**ラ**ウンド] B1	動 〈場所を〉囲む 関連 **surrounding** 周囲の

☑ チャンク **a direct** flight 直行便
☑ Did you enjoy your **flight**? ▶空の旅は楽しかった？

☑ チャンク **the** automobile **industry** 自動車産業
☑ The company develops electric **automobiles**. ▶その会社は電気自動車を開発している．

☑ チャンク **a motor** vehicle 自動車
☑ I'm the driver of this **vehicle**. ▶私はこの車の運転手だ．

☑ チャンク **patrol the** highway 幹線道路をパトロールする
☑ We often use the **highway**. ▶私たちはよくその幹線道路を利用する．

☑ チャンク **take the** subway 地下鉄に乗る
☑ I go to school by **subway**. ▶私は地下鉄で通学している．

☑ チャンク **announce a plan** 計画を発表する
☑ The President **announced** his final decision to the press. ▶大統領は最終決定を記者団に発表した．
☑ The departure time hasn't **been announced** yet. ▶発車時刻はまだアナウンスされていない．

☑ チャンク **a white lie** 悪意のないうそ
☑ Don't tell a **lie**! ▶うそをつくんじゃない！
☑ He **lied to** me **about** the money. ▶彼はそのお金について私にうそを言った．

☑ チャンク **beside the river** 川のそばに
☑ The dog was lying **beside** him. ▶犬は彼のそばで寝そべっていた．

☑ チャンク **go somewhere romantic** どこかロマンチックな所に行く
☑ I remember seeing her **somewhere** in Rome. ▶ローマのどこかで彼女に会った覚えがある．

☑ チャンク **surround a house** 家を囲む
☑ Japan is **surrounded** by the sea. ▶日本は海に囲まれている．

STAGE 8

363

政治

1399 ☑ **democracy**
[dimάkrəsi | ディマクラスィ]
🎺 アクセント B1

名 民主主義
関連 democratic 民主主義の

1400 ☑ **election**
[ilékʃn | イれクション] B1

名 選挙
関連 elect (投票で)選ぶ

1401 ☑ **campaign** B2
[kæmpéin | キャンペイン]
🎺 発音

名 (社会的・政治的な)運動, キャンペーン
🔊 【campaign to do】…するための運動

動 (社会的・政治的な)運動を行う
🔊 【campaign for Ⓐ】Ⓐのための運動を行う

障害・福祉

1402 ☑ **volunteer** B2
[vὰləntíər | ヴァらンティア]
🎺 アクセント

名 ボランティア
関連 voluntarily 自発的に, voluntary 自発的な

B1
動 (無償,または善意で)…を進んで提供する
🔊 【volunteer to do】進んで…する

1403 ☑ **disabled**
[diséibld | ディスエイブるド]

B1
形 (身体・精神に)障害をもつ, 体の不自由な
(◆特にイギリス英語)
関連 disability 身体[精神]障害, physically
challenged 体の不自由な(◆アメリカ英語)

1404 ☑ **handicapped**
[hændikæpt | ハぁンディ
キャップト]

A2
形 (身体・精神に)障害をもつ, 体の不自由な
(◆差別的ととられることも多いのでdisabledを
用いるほうが好ましい)
関連 handicap 身体[精神]障害

1405 ☑ **blind**
[bláind | ブらインド]

B1
形 〈人が〉目の見えない, 目の不自由な
関連 blindness 目が見えないこと,
blind spot 盲点

1406 ☑ **deaf**
[déf | デふ]
🎺 発音 B1

形 〈人が〉耳が聞こえない, 耳の不自由な

1407 ☑ **wheelchair**
[hwíːltʃeər |
(ホ)ウィーるチェア] A2

名 車いす

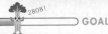
28081

☑ チャンク **freedom and democracy** 　自由と民主主義

☑ Terrorism is a threat to democracy. 　▶テロは民主主義に対する脅威だ.

☑ チャンク **a general election** 　総選挙

☑ She won the election. 　▶彼女は当選した(⑩ 選挙で勝利した).

☑ チャンク **a campaign against smoking** 　禁煙キャンペーン

☑ We are carrying on a campaign to raise money. 　▶私たちは募金活動を(⑩ お金を募るための活動を)行っている.

☑ The NPO campaigns for women's rights. 　▶その NPO は女性の権利のための運動を行っている.

☑ チャンク **volunteer activities** 　ボランティア活動

☑ We clean up the park as volunteers. 　▶私たちはボランティアで公園の清掃をしている.

☑ She volunteered to teach Japanese to the students from abroad. 　▶彼女は留学生に進んで日本語を教えた.

☑ チャンク **be severely disabled** 　重度の障害をもつ

☑ All stations must have facilities for disabled passengers. 　▶すべての駅は体の不自由な乗客のための設備を備えていなければならない.

☑ チャンク **a handicapped person** 　体の不自由な人

☑ The child was born mentally handicapped. 　▶その子どもは精神に障害をもって生まれてきた.

☑ チャンク **blind people** 　目の見えない人々

☑ Stevie Wonder became blind just after he was born. 　▶スティービー・ワンダーは生後すぐに失明した.

☑ チャンク **deaf children** 　耳が聞こえない子どもたち

☑ Beethoven became deaf, but he continued to write great symphonies. 　▶ベートーベンは耳が聞こえなくなったが, すばらしい交響曲を作曲しつづけた.

☑ チャンク **use a wheelchair** 　車いすを使う

☑ He is in a wheelchair. 　▶彼は車いすに乗っている.

STAGE 8

助ける

1408 ☑ **aid**
[éid | エイド]

B1 名（金・食糧などの）援助（物資）

B1 動〈困っている人などを〉援助する

1409 ☑ **favor**
[féivər | ふェイヴァ]

名**1**（困っている人などに対する）親切な行為

2（考え・計画などへの）支持（with ...）
A2 関連 **favorable** 好意的な, **favorite** お気に入りの

1410 ☑ **ask a favor of ...** 〈人に〉頼み事をする

1411 ☑ **in favor of ...** 〈案・活動などに〉賛成して

液体

1412 ☑ **liquid**
[líkwid | **り**クウィッド]

B1 名液体（◆「固体」は solid,「気体」は gas）

B1 形液体の, 液状の

1413 ☑ **pour**
[pɔ́ːr | **ポ**ー（ア）]
🎣 発音

動**1**（容器に入った）〈液体を〉注ぐ
A2 **2**〈液体が〉流れ出る

1414 ☑ **float**
[flóut | ふ**ろ**ウト]

動**1**（水面に）浮く
対義 **sink** 沈む
B1 **2**（空中を）漂う

愚かさ・ばかばかしさ

1415 ☑ **stupid**
[stjúːpid | ス**テュ**ービッド]

形ばかな, 愚かな
対義 **wise** 賢い
👉 **[it is stupid of Ⓐ to do]** Ⓐが…するのは
B1 愚かである

1416 ☑ **foolish**
[fúːliʃ | ふ**ー**リッシ]

形ばかな, 愚かな（◆stupidと同義）
関連 **fool** 愚か者
👉 **[be foolish enough to do]** …するとは
B1 愚かである

1417 ☑ **ridiculous**
[ridíkjələs | リ**ディ**キュラス]
B1

形（不合理で）ばかげた

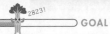
☑ チャンク **humanitarian aid**	人道的支援
☑ Foreign **aid** will be delivered soon.	▶外国からの援助物資はすぐに届くだろう.
☑ The volunteer group **aids** victims of the earthquake.	▶そのボランティアグループは地震の被災者を援助している.

☑ チャンク **return the favor**	恩を返す
☑ Could you do me a **favor**?	▶あなたにお願いしたいことがあるのですが. （⑩ 私に親切な行為をしてくれますか？）
☑ His proposal won **favor with** the President.	▶彼の提案は大統領の支持を得た.
☑ May I **ask a favor of** you?	▶あなたにお願いがあるのですが.
☑ There were more than 200 votes **in favor of** the bill.	▶その法案に200以上の賛成票が投じられた.

☑ チャンク **turn to liquid**	液体に変わる
☑ What is that black **liquid**?	▶その黒い液体は何ですか？
☑ I use **liquid** soap.	▶私は液体せっけんを使っている.

☑ チャンク **pour juice**	ジュースを注ぐ
☑ I **pour** some milk into the coffee.	▶私はコーヒーにミルクを入れる.
☑ Tears **poured** from his eyes.	▶彼の目から涙があふれ出た.

☑ チャンク **float on the water**	水の上に浮く
☑ Leaves were **floating** on the pond.	▶池に木の葉が浮かんでいた.
☑ A balloon was **floating** in the sky.	▶空に風船が漂っていた.

☑ チャンク **a stupid question**	ばかげた質問
☑ I was **stupid** enough to believe that man.	▶あの男を信じるなんて私は愚かだった.
☑ **It was stupid of** me **to** do that.	▶あんなことをするなんて私は愚かだった.

☑ チャンク **a foolish joke**	ばかげた冗談
☑ I was **foolish enough to** quit the band.	▶バンドを辞めるなんてぼくは愚かだった.

☑ チャンク **a ridiculous demand**	ばかげた要求
☑ That's **ridiculous**!	▶そんなのばかげているよ！

STAGE 8

367

場所

1418 ☑ **district**
[dístrikt | ディストゥリクト]
B1

名 (特色をもつ)地域;
(行政などの目的で区分された)地区

1419 ☑ **suburb**
[sʌ́bəːrb | サバ～ブ] B2

名 (都市の)郊外
関連 suburban 郊外の

1420 ☑ **colony**
[kɑ́ləni | カらニ]

名 植民地
関連 colonial 植民地の,
colonist (植民地の)開拓者

宗教・倫理

1421 ☑ **religion**
[rilídʒən | リリ**ヂ**ョン] B1

名 宗教, 信仰
関連 religious 宗教の

1422 ☑ **ethic**
[éθik | エすィック]
B2

名 道徳, 倫理

1423 ☑ **moral**
[mɔ́(ː)rəl | モ(ー)ラる] B2

形 道徳の, 道徳的な
関連 morally 道徳的に 対義 immoral 不道徳な

1424 ☑ **justice**
[dʒʌ́stis | **ヂャ**スティス]
B1

名 1 正義;公正
関連 just 正しい, justify 正当化する
対義 injustice 不正
2 裁判

音・声

1425 ☑ **volume**
[vɑ́lju:m | **ヴァ**りューム]
B1

名 1 (テレビなどの)音量, ボリューム

2 (…の)量(of ...)

1426 ☑ **shout**
[ʃáut | シャウト] B1

動 叫ぶ, 大声をあげる

1427 ☑ **ring** [ríŋ | リング]
過去 rang
過分 rung A1

動〈電話・鐘などが〉鳴る;〈鐘などを〉鳴らす

1428 ☑ **silent**
[sáilənt | サイれント]
B1

形 1〈時間・場所などが〉静かな
関連 silence 静けさ, silently 静かに
2〈人が〉沈黙している

☑ チャンク **mountainous** districts	山岳地域
☑ There are four school **districts** in the city.	▶その市には４つの学区が（⑩ 学校の区域が）ある.

☑ チャンク a **suburb** of Tokyo	東京の郊外
☑ She lives in the **suburbs** of Oslo.	▶彼女はオスロの郊外に住んでいる.

☑ チャンク **plant** a colony	植民地を建設する
☑ Western countries once had a lot of **colonies**.	▶西洋諸国はかつてたくさんの植民地を持っていた.

☑ チャンク **freedom** of religion	信教の自由
☑ I'm studying the role of **religion**.	▶私は宗教の役割を研究している.

☑ チャンク work **ethic**	労働倫理
☑ Both my parents have a high work **ethic**.	▶私の両親はともに高い労働倫理を持っている.

☑ チャンク **moral** standards	道徳基準
☑ Be a **moral** person.	▶品行方正な（⑩ 道徳的な)人になるんだよ.

☑ チャンク social **justice**	社会正義
☑ Haruka has a strong sense of **justice**.	▶遥は正義感が強い.
☑ The International Court of **Justice** is in The Hague.	▶国際司法裁判所はハーグにある.

☑ チャンク turn the **volume** up	ボリュームを上げる
☑ Please turn the **volume** down.	▶ボリュームを下げてください.
☑ The **volume** of the traffic on this highway is increasing.	▶この幹線道路の交通量は増え続けている.

☑ チャンク **shout** for help	助けを求めて叫ぶ
☑ "Don't touch that!" she **shouted**.	▶「それにさわってはだめ！」と彼女は叫んだ.

☑ チャンク **ring** the doorbell	玄関のベルを鳴らす
☑ My cell phone **rang** just then.	▶ちょうどそのとき私の携帯電話が鳴った.

☑ チャンク a **silent** room	静かな部屋
☑ It was a **silent** night.	▶静かな夜だった.
☑ He was **silent** during the meeting.	▶彼は会議の間黙っていた.

STAGE 8

関係

1429 ☐ **rely**
[rilái | リらイ]
B1

動 (信用して)頼る, 依存する (◆depend と同義)
関連 reliable 頼りになる, reliance 依存
☞ 【rely on Ⓐ】Ⓐ に頼る
☞ 【rely on Ⓐ to do】Ⓐ が…するのを当てにする

1430 ☐ **independent**
[ìndipéndənt |
インディペンデント]
B1

形 〈国が〉(…から)独立している (of [from] ...)
関連 independence 独立,
independently 独立して

1431 ☐ **direct**
[dirékt | ディレクト]
A2

形 ❶ 直接的な;直通の
関連 direction 方向, directly 直接
対義 indirect 間接的な
❷ 〈言動などが〉率直な, 正直な

B1

動 ❶ …を(ある方向に)向ける
☞ 【direct Ⓐ to Ⓑ】Ⓐ を Ⓑ に向ける
❷ 〈活動・組織などを〉指揮する

なぞ・秘密・神秘

1432 ☐ **secret**
[síːkrit | スィークレット]
A2

名 秘密
関連 secretary 秘書

B1

形 秘密の
関連 secretly ひそかに

1433 ☐ **mystery**
[místəri | ミステリ]
A2

名 (不可解な)なぞ, 神秘;(小説などの)ミステリー
関連 mysterious 不思議な,
mysteriously 不思議なことに

1434 ☐ **magic**
[mǽdʒik | マぁヂック]
A2

名 ❶ (呪文などによる)魔法
関連 magical 魔法の
❷ (人々を楽しませるための)手品
関連 magician 手品師

1435 ☐ **miracle**
[mírəkl | ミラクる]
B1

名 奇跡
関連 miraculous 奇跡的な,
miraculously 奇跡的に

1436 ☐ **clue**
[klúː | クるー]
A2

名 (問題を解く)手がかり, ヒント (to ...)

28681

☑ チャンク **rely on TV for information** 　情報入手をテレビに頼る

☑ I often **rely on** my girlfriend. 　▶ぼくはよくガールフレンドに頼る.

☑ When you are in trouble, you can
rely on me to help you. 　▶困ったときはぼくを頼ってくれていいよ.

☑ チャンク **an independent country** 　独立国家

☑ Indonesia became **independent of**
[**from**] the Netherlands in 1949. 　▶インドネシアは 1949 年にオランダから
独立した.

☑ チャンク **a direct influence** 　直接的な影響

☑ I have **direct** access to the database. 　▶私はそのデータベースに直接アクセスできる.

☑ Please give me a **direct** answer. 　▶正直に答えて（⑩ 率直な答えを）ください.

☑ The incident **directed** public attention
to food safety. 　▶その事件は世間一般の関心を食の安全に
向けさせた.

☑ My mother **directs** some volunteer
groups. 　▶母はボランティアグループをいくつか指揮
している.

☑ チャンク **keep a secret** 　秘密を守る

☑ This is a **secret** among us. 　▶これは私たちだけの秘密だよ.

☑ Please keep this **secret** from
everybody. 　▶このことはみんなには秘密にしてね.

☑ チャンク **mysteries of life** 　生命の神秘

☑ The cause of the accident remains
a **mystery**. 　▶その事故の原因はなぞのままだ.

☑ チャンク **use magic** 　魔法を使う

☑ I used to believe in **magic**. 　▶私はかつて魔法を信じていた.

☑ Bob performed **magic** at the party. 　▶ボブはパーティーで手品を披露した.

☑ チャンク **by a miracle** 　奇跡的に

☑ It was a **miracle** that we survived
that accident. 　▶あの事故で私たちが助かったのは奇跡だった.

☑ チャンク **an important clue** 　重要な手がかり

☑ The police have found a **clue to**
the case at last. 　▶警察はついにその事件を解決する手がかりを
見つけた.

STAGE 8

競争・敵対・対立

1437 ☐ **enemy**
[énəmi | **エ**ネミ]
B1

名 (戦争・けんかなどの)敵

◆ スポーツや議論などの「敵」,「対戦相手」は opponent といいます.

1438 ☐ **battle**
[bǽtl | **バ**ぁトゥる]
B1

名 **1** (大規模な)戦闘

2 (困難な状況を打開するための)闘い

1439 ☐ **conflict**
[kánflikt | **カ**ンふりクト]
B1

名 **1** (…をめぐる)(意見などの)衝突, 対立(over ...)

2 紛争

1440 ☐ **contest**
[kántest | **カ**ンテスト]
A1

名 **1** コンクール, コンテスト

2 (権力などを求めての)競争(for ...)

集団・集まり

1441 ☐ **participate**
[pɑːrtísəpèit | パー**ティ**スィペイト] 🔊 **アクセント**
B1

動 (活動などに)参加する
関連 participation 参加, participant 参加者
➡ 【participate in ❹】❹ に参加する
(◆ take part in と同義)

1442 ☐ **collective**
[kəléktiv | コ**れ**クティヴ]

形 **1** 集団の, 共同の
2 集合的な, 集まった
関連 collect 集める

1443 ☐ **staff**
[stǽf | ス**タ**ぁふ]
A2

名 (会社などの)職員(全員), スタッフ(全員)

1444 ☐ **row**
[róu | **ロ**ウ]
A1

名 (…の)列(of ...)
◆ row には「〈ボートなどを〉こぐ」という意味もあります.

1445 ☐ **senior**
[síːnjər | ス**ィ**ーニャ]
A2

形 (…よりも)(地位が)上の(to ...), 上級の
対義 junior (地位が)下の

☑ チャンク **a natural** enemy 　　　天敵
☑ I've made an **enemy** of him. 　　▶私は彼を敵に回してしまった.
☑ I'm going to beat my **opponent** in the final today. 　　▶きょうの決勝戦で相手を負かしてやるぞ.

☑ チャンク the **Battle of** Gettysburg 　ゲティスバーグの戦い
☑ They will win the **battle**. 　　▶彼らはその戦いに勝つだろう.
☑ She won the **battle** against cancer. 　▶彼女は癌(がん)との闘いに勝った.

☑ チャンク **come into** conflict **with** Ⓐ 　Ⓐと衝突する
☑ They resolved the **conflict over** working conditions. 　▶彼らは労働条件をめぐる衝突を解決した.
☑ The armed **conflict** has been going on for years. 　▶その武力紛争は何年も続いている.

☑ チャンク **a speech** contest 　　弁論大会
☑ Haruka won the piano **contest**. 　▶遥はピアノコンクールで優勝した.
☑ The **contest for** the party leadership is getting the attention of the media. 　▶党首の地位をめぐる争いはメディアの注目を集めている.

STAGE 8

☑ チャンク **participate** in a discussion 　話し合いに参加する
☑ I want to **participate in** various volunteer activities. 　▶私はさまざまなボランティア活動に参加したい.

☑ チャンク **a collective** action 　　集団行動
☑ We have to express our **collective** opinion at the meeting. 　▶私たちはその会議で総意を発表しなければならない.
☑ This success was a **collective** effort. 　▶この成功は結集した努力によるものだ.

☑ チャンク **a staff** member 　　(1人の)職員
☑ The hotel **staff** here is very helpful. 　▶このホテルの従業員はとても親切だ.

☑ チャンク the **front** row 　　最前列
☑ There is a **row of** beautiful houses along the street. 　▶その道に沿って美しい家並みが続いている.

☑ チャンク **a senior** position 　　上級の役職
☑ Ms. White is **senior to** me. 　▶ホワイトさんは私の上司だ.

373

道具・機械・装置

1446 ☑ **device**
[diváis | ディ**ヴァ**イス] B1

名 装置, 機械
関連 devise 工夫する

1447 ☑ **instrument**
[ínstrəmənt | **イ**ンストゥルメント] A2

名 ❶ (実験などで使用される)器具, 道具

❷ 楽器(◆musical instrumentともいう)
関連 instrumental 器楽の

1448 ☑ **mechanism**
[mékənìzm | **メ**カニズム]
🎺 発音

名 (機械の内部の小さな)装置
関連 mechanical 機械の

1449 ☑ **switch** B1
[swítʃ | ス**ウィ**ッチ]

名 (電気器具の)スイッチ

B1 **動** 〈言葉・場所などを〉変える
➡ 【switch from ❹ to ❺】❹から❺へ
変える

1450 ☑ **switch on**

(電気器具の)スイッチを入れる

情熱・興奮・興味

1451 ☑ **passion**
[pǽʃn | **パ**ぁション]

名 ❶ 情熱, 熱情

❷ (…への)熱中, 愛着
関連 passionate 情熱的な
B1

1452 ☑ **eager**
[í:gər | **イ**ーガ]

形 (…を)熱望して(for ...)
関連 eagerly 熱心に

➡ 【be eager to do】…することを
B1 熱望している

1453 ☑ **calm** B1
[ká:m | **カ**ーム]
🎺 発音

形 (感情が)落ち着いた;〈天気・海などが〉穏やかな
関連 calmly 冷静に

動 〈感情を〉静める

1454 ☑ **adventure**
[ədvéntʃər | アド**ヴェ**ンチャ] A2

名 冒険(すること)
関連 adventurous 冒険好きな

☑ チャンク **a safety** device ・・・・・ 安全装置
☑ A dishwasher is a useful **device**. ▶皿洗い機は便利な機械だ.

☑ チャンク **surgical** instruments ・・・・・ 外科手術器具
☑ The company sells medical **instruments**. ▶その会社は医療器具を販売している.
☑ How about learning an **instrument**? ▶楽器を習ってみたらどう？

☑ チャンク **the brake** mechanism ・・・・・ ブレーキ装置
☑ This digital camera has a special **mechanism**. ▶このデジタルカメラには特別な装置が組み込まれている.

☑ チャンク **turn on the** switch ・・・・・ スイッチを入れる
☑ The light **switch** is here. ▶ライトのスイッチはここです.
☑ The interviewer **switched from** Japanese **to** English. ▶インタビュアーは日本語から英語に言葉を切り換えた.

☑ I **switched on** my stereo. ▶私はステレオのスイッチを入れた.

☑ チャンク **songs of** passion ・・・・・ 情熱的な歌
☑ He talked about his dream with **passion**. ▶彼は自分の夢について情熱をこめて話した.
☑ Maria has a **passion** for learning foreign languages. ▶マリアは外国語を学ぶことに熱中している.
☑ Playing the violin is Susan's great **passion**. ▶スーザンはバイオリンをひくことに大いに夢中になっている.

☑ チャンク **be eager to** learn ・・・・・ 勉強熱心である
☑ I am **eager for** a chance to study abroad. ▶私は留学したくてたまらない.
☑ He **is eager to** learn web designing. ▶彼はウェブデザインを習いたがっている.

☑ チャンク **a calm** day ・・・・・ 穏やかな日
☑ A glass of water will help you stay **calm**. ▶水を一杯飲めば気持ちが落ち着くよ.
☑ **Calm** down. You'll be all right. ▶落ち着きなさい. 大丈夫だから.

☑ チャンク **spirit of** adventure ・・・・・ 冒険心
☑ I am looking for romantic **adventure**. ▶私はロマンチックな冒険がしたい.

STAGE 8

重要基本語句

1455 ☑ **matter**
[mǽtər | **マ**ぁタ]

`A1` 名 **1** 事柄

2 事態, 状況

3 (物体を構成する)物質

`A2` 動 重要である(◆通例 it が主語になり,否定文・疑問文で用いる)

1456 ☑ **as a matter of fact**

実を言うと

1457 ☑ **no matter what ...**

たとえ何が…であろうとも

1458 ☑ **to make matters worse**

さらに悪いことに

1459 ☑ **stop**
[stáp | ス**タ**ップ]

`A1` 動 **1** 〈行為・活動を〉やめる

☞**【stop** *do*ing**】**…することをやめる
2 〈動いているものが〉止まる
☞**【stop to** *do***】**…するために (立ち) 止まる

`A1` 名 **1** (動いていたものが)止まること, 停止
2 (バスの)停留所;(電車の)停車駅

1460 ☑ **stop by ...**

〈場所に〉立ち寄る

☑ **チャンク** **a private** matter	個人的な**事柄**
☑ That's no laughing **matter**.	▶それは笑い事ではない.
☑ Your idea will help **matters** improve.	▶あなたの案は事態を好転させるのに役立つで しょう.
☑ Dry ice is solid **matter** of carbon dioxide.	▶ドライアイスは二酸化炭素が固体状に なったものだ.
☑ **It doesn't matter** when to start.	▶出発時間はいつでもかまいません (㊀ いつ出発するかは重要ではない).
☑ "I hear Kate has a new boyfriend." "**As a matter of fact**, I am the lucky guy."	▶「ケイトに新しいボーイフレンドができたらし いよ」「実を言うと,（その幸運な男は）ぼく なんだ」
☑ **No matter what** happens, I will never give up.	▶たとえ何が起ころうとも，私は絶対に あきらめない.
☑ My bike broke down on the way, and **to make matters worse**, it began to rain.	▶自転車が途中で壊れて，さらに悪いことに 雨が降りはじめた.

☑ **チャンク** **Stop** it!	そんなことは**やめるんだ**！
☑ We **stopped** work for half an hour to have some coffee.	▶私たちはコーヒーを飲むために仕事を 30分間中断した.
☑ You should **stop eating** too much.	▶食べすぎはやめたほうがいいよ.
☑ The bus **stopped** at the front gate.	▶そのバスは正門で止まった.
☑ I **stopped to read** the incoming e-mail.	▶私は着信メールを読むために立ち止まった.
☑ The train made a brief **stop** at Sendai.	▶その電車は仙台に少しだけ停車した.
☑ Is there a bus **stop** near here?	▶この近くにバス停はありますか？
☑ How about **stopping by** my house for a moment?	▶私の家に少し寄っていきませんか？

STAGE 8

重要基本語句

1461 ☐ **point** A1 名❶ (話などの)重要な点
[pɔ́int | ポイント]

❷ (空間上の)点

A2 動❶ 指さす
☞【point at Ⓐ】Ⓐを指さす
❷ …を(目標に)向ける
☞【point Ⓐ at Ⓑ】ⒶをⒷに向ける

1462 ☐ **make a point of** (努力して)…するように心がける
*do*ing

1463 ☐ **to the point** 〈発言などが〉(簡潔で)要を得て

1464 ☐ **point out** …を(…に)指摘する(to ...)

1465 ☐ **sure** A1 形 (正しいと)確信して(いる)(◆certain と同義)
[ʃúər | シュア] 関連 **surely** 間違いなく
☞【be sure of Ⓐ】Ⓐを確信している
☞【be sure to *do*】きっと…する

A2 副❶ 確かに

❷ もちろん(◆of course, certainly と同義)

1466 ☐ **for sure** 確かに, 確実に

1467 ☐ **make sure** (…を)確かめる(of ...)

1468 ☐ **break** A1 動❶ (力を加えるなどして)…をこわす;
[bréik | ブレイク] 〈物が〉こわれる
過去 broke 関連 **broken** こわれた
過分 broken ❷ 〈法律・規則・約束などを〉破る
❸ 〈続いているものを〉中断する
❹ 〈記録を〉破る
A2 名 休憩

1469 ☐ **break down** 〈機械などが〉こわれる, 故障する

1470 ☐ **break out** 〈戦争などが〉急に始まる;〈疫病などが〉発生する

☑ チャンク **get the point**	要点**を理解する**
☑ That's a good **point**.	▶いい点に気がついたね （⦿ それは話の重要な点だ）．
☑ No parking beyond this **point**.	▶ここ（⦿ この地点）より先，駐車禁止．
☑ You shouldn't **point** at a person.	▶人を指さしてはいけません．
☑ The hunter **pointed** his gun **at** the bear.	▶猟師はそのクマに銃を向けた．
☑ I **make a point of keeping** early hours.	▶私は早寝早起きをするよう心がけている．
☑ Her comment was **to the point**.	▶彼女のコメントは要を得ていた．
☑ He **pointed out** some errors **to** me.	▶彼は私にいくつか間違いを指摘した．
☑ チャンク **I'm not sure.**	確信はありません．
☑ I'm **sure of** his innocence.	▶私は彼の無実を確信している．
☑ It **is sure to** rain this afternoon.	▶きょうの午後きっと雨が降るだろう．
☑ "It's very cold out here!" "Yes, it **sure** is."	▶「ここはなんて寒いんだ！」 「ああ，確かに」
☑ "May I borrow your bike?" "**Sure.**"	▶「自転車を借りてもいい？」「もちろん」
☑ No one knows **for sure** what will happen tomorrow.	▶あす何が起こるか確実に分かる人はいない．
☑ I **made sure of** the arrival time of the train.	▶私は列車の到着時刻を確かめた．
☑ チャンク **break into pieces**	粉々にこわれる
☑ "Who **broke** the window?" "I did."	▶「窓を割ったのはだれ？」 「ぼくです」
☑ The food company **broke** the law.	▶その食品会社は法律に違反した．
☑ He **broke** the silence.	▶彼は沈黙を破った．
☑ She will **break** the world record.	▶彼女は世界記録を破るだろう．
☑ Let's take a **break**.	▶休憩しましょう．
☑ My car **broke down** in the middle of the desert.	▶私の車が砂漠の真ん中で故障した．
☑ The war **broke out** in 1939.	▶その戦争は 1939 年に勃発(⊞3)した．

STAGE 8

重要基本語句

1471 ☑ **lead**
[líːd | **リード**]
過去・過分 led

B1 動 **1** (ある場所に)導く, 案内する
⚡▶**[lead Ⓐ to Ⓑ]** ⒶをⒷに導く
2 〈道などが〉(ある場所に)通じる
⚡▶**[lead to Ⓐ]** Ⓐに通じる
3 (ある分野において)…の先頭に立つ
関連 **leader** リーダー,
leadership リーダーシップ, **leading** 主要な
⚡▶**[lead Ⓐ in Ⓑ]** ⒷにおいてⒶの先頭に立つ

A2 名 **1** (レースなどにおける)先頭

2 先導

1472 ☑ **charge**
[tʃɑ́ːrdʒ | **チャーヂ**]

B1 名 **1** (商品・サービスなどの)代金, 料金

2 (…の)容疑, 告発(of ...)

B1 動 **1** (…に対する)〈代金などを〉請求する(for ...)

⚡▶**[charge Ⓐ Ⓑ]** ⒶにⒷを請求する

2 〈人・会社などを〉告発する(◆しばしば受身で)
⚡▶**[be charged with Ⓐ]** Ⓐの容疑で告発
される
3 …だとして(公然と)非難する
⚡▶**[charge that ...]** …だとして非難する

1473 ☑ **in charge of ...**

〈職務などを〉担当して

☑ チャンク lead the way to the exit ／ 出口まで導く

☑ I'll lead you to the meeting room. ▶会議室までご案内いたします.

☑ This underpass leads to the subway station. ▶この地下道を行くと地下鉄の駅に着く(⑩ 地下鉄の駅に通じている).

☑ My country is leading the world in robotics. ▶ロボット工学において私の国は世界の先端を行っている.

☑ The Tigers have the lead in the pennant race. ▶ペナントレースではタイガースが首位に立っている.

☑ Japan has been taking the lead in the movement against nuclear weapons. ▶核兵器反対運動において日本は世界を先導してきた.

☑ チャンク an admission charge ／ 入場料

☑ We will deliver the goods free of charge. ▶商品は無料で(⑩ 料金なしで)配達いたします.

☑ He was arrested on a charge of an attempted hijack. ▶彼はハイジャック未遂の容疑で逮捕された.

☑ That hotel charges 15,000 yen for one night. ▶そのホテルは1泊1万5千円だ(⑩ 1泊に1万5千円を請求する).

☑ That café charged me 2,000 yen for a sandwich. ▶その喫茶店はサンドイッチ1つで私に2,000円を請求した.

☑ He was charged with having drugs. ▶彼は麻薬所持の容疑で告発された.

☑ She charged that the police arrested innocent people. ▶彼女は警察が無実の人々を逮捕したと非難した.

☑ He's in charge of public relations. ▶彼は広報を担当している.

STAGE 8

381

help [hélp|へるプ] →p. 182

コアイメージ 「助ける, 手を貸す」

2 1 3 [help +〈人〉+ (to) do] ランキング

☐ S370 第1位 **help Ⓐ (to) get ...** ▶〈Ⓐが〉…を手に入れるのを手伝う

☐ They **helped** my brother **get** a job. ▶ 彼らは兄の就職を世話してくれた.

☐ S371 第2位 **help Ⓐ (to) understand ...** ▶〈Ⓐが〉…を理解するのに役立つ

☐ The book will **help** you **understand** Western culture. ▶ この本は西洋文化を理解するのに役立つでしょう.

☐ S372 第3位 **help Ⓐ (to) find ...** ▶〈Ⓐが〉…を見つけるのを手伝う

☐ Will you **help** me **find** my key? ▶ かぎを探すのを手伝ってくれますか?

☐ S373 第4位 **help Ⓐ (to) see ...** ▶〈Ⓐが〉…を理解するのに役立つ

☐ The movie **helped** the students **see** the history of Japan. ▶ その映画は生徒たちが日本の歴史を理解するのに役立った.

☐ S374 第5位 **help Ⓐ (to) make ...** ▶〈Ⓐが〉…をつくるのを手伝う

☐ My big brother **helped** me **make** a cake. ▶ 兄は, 私がケーキをつくるのを手伝った.

turn [tə́:rn|タ～ン] →p. 184

→p. 184

コアイメージ 「回す,向きを変える」

STAGE 8

2⃞1⃞3⃞[turn + 形容詞]ランキング

☑ S375 **第1位** turn sour ▶ **酸っぱくなる;うまくいかなくなる**
☑ The yogurt turned sour. ▶ そのヨーグルトは酸っぱくなった.

☑ S376 **第2位** turn red ▶ **赤くなる**
☑ Maple leaves turn red in autumn. ▶ カエデの葉は秋に赤くなる.

☑ S377 **第3位** turn blue ▶ **青くなる**
☑ The litmus paper turned blue. ▶ そのリトマス試験紙は青くなった.

☑ S378 **第4位** turn cold ▶ **冷たくなる**
☑ The weather has been turning cold these days. ▶ 最近寒くなってきている.

☑ S379 **第5位** turn professional ▶ **プロに転向する**
☑ She turned professional and made big money. ▶ 彼女はプロに転向し,大金を稼いだ.

9. 症状

S380 ☑ 頭痛がする
have a headache
[héd èik]

S381 ☑ 腹痛がする
have a stomachache
[stʌ́məkèik]

S382 ☑ 歯が痛い
have a toothache
[tú:θèik]

S383 ☑ かぜをひいている
have a cold
[kóuld]

S384 ☑ 熱がある
have a fever
[fí:vər]

S385 ☑ めまいがする
feel dizzy
[dízi]

S386 ☑ のどが痛い
have a sore throat
[sɔ́:r θróut]

S387 ☑ せきがひどい
have a bad cough
[kɔ́:f]

S388 ☑ 腰が痛い
have a backache
[bǽkèik]

S389 ☑ 打撲傷を負う
have a bruise
[brú:z]

S390 ☑ 腕を骨折している
have a broken arm
[bróukən á:rm]

S391 ☑ 突き指している
have a sprained finger
[spréind fíŋgər]

384

FINAL STAGE 1

ここからは，難関大学の入試に向けて高度な語を学びます．
すべて大切なものです．繰り返し学習しましょう．

【FINAL STAGE 分析対象校リスト】

●国公立大学（40校）

北海道大	弘前大	岩手大	東北大	国際教養大
筑波大	埼玉大	千葉大	お茶の水女子大	東京都立大
東京大	東京医科歯科大	東京外国語大	東京学芸大	東京工業大
東京農工大	一橋大	横浜国立大	横浜市立大	新潟大
金沢大	信州大	静岡大	名古屋大	名古屋市立大
三重大	京都大	京都府立大学	京都府立医科大	大阪大
大阪市立大	大阪府立大	神戸大	奈良女子大	岡山大
広島大	愛媛大	九州大	長崎大	熊本大

●私立大学（26校）

自治医科大	獨協大	青山学院大	学習院大	慶應義塾大
国際基督教大	上智大	成蹊大	成城大	中央大
津田塾大	東京慈恵会医科大		東京女子大	東京理科大
日本女子大	法政大	明治大	明治学院大	立教大
早稲田大	南山大	同志社大	立命館大	関西大
関西学院大	西南学院大			

1474 ☐ **habitat** [hǽbitæt｜**ハ**ぁビタぁット] B1	名 生息地
1475 ☐ **innovation** [ìnəvéiʃn｜イノ**ヴェ**イション] B2	名 革新；革新的なもの
1476 ☐ **instance** [ínstəns｜**イ**ンスタンス] B1	名 例，実例
1477 ☐ **irrigation** [ìrigéiʃn｜イリ**ゲ**イション]	名 灌漑(かんがい)
1478 ☐ **path** [pǽθ｜**パ**ぁす] A2	名 小道
1479 ☐ **psychologist** [saikálədʒist｜サイ**カ**ろヂスト] A2	名 心理学者
1480 ☐ **abandon** [əbǽndən｜ア**バ**ぁンダン] B1	動 …を捨てる
1481 ☐ **attribute** [ətríbju:t｜アトゥ**リ**ビュート] B2	動 …を(…に)原因があると考える(to ...)
1482 ☐ **breed** [brí:d｜ブ**リ**ード] B1	動〈動植物を〉育てる
1483 ☐ **evaluate** [ivǽljuèit｜イ**ヴ**ぁりュエイト] B2	動 …を評価する
1484 ☐ **omit** [oumít｜オウ**ミ**ット]	動 …を省略する，省く
1485 ☐ **biological** [bàiəládʒikəl｜バイオ**ら**ヂカる] B2	形 生物学(上)の；血のつながった
1486 ☐ **chemical** [kémikəl｜**ケ**ミカる] A2	形 化学の
1487 ☐ **genuine** [dʒénjuin｜**ヂェ**ニュイン] B2	形 本物の，真の
1488 ☐ **prime** [práim｜プ**ラ**イム] B2	形 最も重要な，第一の

☑ We must preserve the natural **habitat** of the cranes.	▶私たちはツルの自然の生息地を保護しなければならない.
☑ The computer has contributed to **innovations** in art.	▶コンピュータは芸術における革新に貢献した.
☑ This is an **instance** of a language change.	▶これは言語が変化した例だ.
☑ This lake water was used for **irrigation**.	▶この湖水は灌漑のために使われていた.
☑ We followed the **path** in the woods.	▶私たちは森の小道をたどっていった.
☑ Ann is a child **psychologist**.	▶アンは児童心理学者だ.
☑ The suspect **abandoned** the car and ran away on foot.	▶容疑者は車を捨てて徒歩で逃走した.
☑ She **attributes** her success **to** her family's support.	▶彼女は自分が成功したのは家族の支えのおかげだと思っている.
☑ **Breeding** dogs is his business.	▶犬を繁殖させるのが彼の仕事だ.
☑ We must **evaluate** the results of the experiment.	▶我々はその実験結果を評価しなければならない.
☑ Let's **omit** these parts this time.	▶これらの部分は今回省略しましょう.
☑ She is not my **biological** mother.	▶彼女は私の生みの母親ではない.
☑ I don't want to use **chemical** products on my hair.	▶私は髪に化学製品を使いたくない.
☑ It can't be a **genuine** Picasso.	▶それが本物のピカソの作品であるはずがない.
☑ Our **prime** concern is our son's illness.	▶私たちの一番の心配は息子の病気だ.

FINAL STAGE 1

1489 ☑ **dialect** [dáiəlèkt | **ダイ**アれクト]	名 方言
1490 ☑ **entity** [éntəti | **エ**ンティティ]	名 実在，実体；実在する物
1491 ☑ **facility** [fəsíləti | ふァ**スィ**りティ] B1	名 施設，設備
1492 ☑ **fund** [fʌ́nd | **ふァ**ンド] B1	名 基金
1493 ☑ **insight** [ínsàit | **イ**ンサイト] B1	名 洞察 (力)，眼識
1494 ☑ **philosophy** [filásəfi | ふぃ**ら**ソふィ] B1	名 哲学
1495 ☑ **plenty** [plénti | **プれ**ンティ] A2	名 たくさん，十分
1496 ☑ **cheat** [tʃíːt | **チー**ト] B2	動 …をだます；不正を働く
1497 ☑ **constitute** [kánstitjùːt | **カ**ンスティテュート] B1	動 …を構成する
1498 ☑ **fold** [fóuld | **ふォ**ウるド] B1	動 …を折る，折りたたむ
1499 ☑ **glance** [glǽns | グ**らぁ**ンス] B1	動 ちらっと見る
1500 ☑ **migrate** [máigreit | **マ**イグレイト]	動 〈鳥などが〉渡る，移動する
1501 ☑ **alien** [éiliən | **エ**イりアン]	形 異国の；なじまない
1502 ☑ **scarce** [skéərs | ス**ケ**アス]	形 乏しい，少ない
1503 ☑ **sole** [sóul | **ソ**ウる]	形 唯一の，ただ1人 [1つ] の

☑ Very few people speak the **dialect** today. ▶今日その方言を話す人はほとんどいない.

☐ This organization was not recognized as a business **entity**. ▶この組織は企業体として認識されていなかった.

☐ The resort has extensive leisure **facilities**. ▶そのリゾートには大規模なレジャー施設がある.

☑ They set up a **fund** to support students in need. ▶彼らは困っている学生を支援するための基金を設立した.

☑ He is a man of great **insight**. ▶彼は深い洞察力のある人だ.

☐ She majored in **philosophy** in college. ▶彼女は大学で哲学を専攻した.

☑ We have **plenty** of time to do the job. ▶私たちにはその仕事をする時間がたっぷりある.

☑ I've never **cheated** on school exams. ▶学校の試験でカンニングをしたことは一度もない.

☑ Eleven players **constitute** a soccer team. ▶11人の選手でサッカーチームを構成する.

☑ She **folded** the paper in two. ▶彼女は紙を2つに折った.

☑ "I must go," he said, **glancing** at his watch. ▶「行かなきゃ」と彼は時計をちらっと見ながら言った.

☑ These birds **migrate** south in winter. ▶これらの鳥は冬に南へ渡る.

☑ Those customs seemed **alien** to me. ▶それらの習慣は私にはなじみがなかった.

☑ Fuel was getting **scarce**. ▶燃料が乏しくなりつつあった.

☑ The girl was the **sole** survivor of the crash. ▶その少女は衝突事故のただ1人の生存者だった.

FINAL STAGE 1

1504 ☑ **collision** [kəlíʒn | コ**リ**ジョン]		**名** 衝突；(意見・利害などの) 衝突，不一致
1505 ☑ **cooperation** [kouàpəréiʃn | コウア**ペ**レイション] **B2**		**名** 協力，協同
1506 ☑ **hypothesis** [haipáθəsis | ハイ**パ**せスィス]		**名** 仮説
1507 ☑ **obesity** [oubíːsəti | オウ**ビー**スィティ]		**名** 肥満
1508 ☑ **obsession** [əbséʃn | オブ**セ**ション] **B2**		**名** 強迫観念，妄想
1509 ☑ **sum** [sʌ́m | **サ**ム] **A1**		**名** 金額；合計
1510 ☑ **ache** [éik | **エ**イク] **B2**		**動** 〈体が〉(継続的に鈍く) 痛む，うずく
1511 ☑ **equip** [ikwíp | イク**ウィ**ップ] **B2**		**動** …に (…を) 備えつける(with ...)
1512 ☑ **gaze** [géiz | **ゲ**イズ] **B2**		**動** (…を) じっと見つめる
1513 ☑ **multiply** [mʌ́ltəplài | **マ**るティプらイ] **B2**		**動** …に (…を) 掛ける(by ...)
1514 ☑ **undertake** [ʌ̀ndərtéik | アンダ**テ**イク] **B2**		**動** …を引き受ける，請け合う
1515 ☑ **abundant** [əbʌ́ndənt | ア**バ**ンダント] **B1**		**形** 豊富な
1516 ☑ **bold** [bóuld | **ボ**ウるド] **B1**		**形** 大胆な
1517 ☑ **decent** [díːsnt | **ディー**セント] **B2**		**形** きちんとした，まともな
1518 ☑ **peculiar** [pikjúːliər | ペ**キュー**りア] **B1**		**形** 奇妙な，変な

☑ I witnessed a **collision** between two taxis.	▶私は2台のタクシーの衝突を目撃した.
☑ Thank you very much for your **cooperation**.	▶ご協力ありがとうございます.
☑ Her **hypothesis** was rejected by most scientists.	▶彼女の仮説はほとんどの科学者からはねつけられた.
☑ **Obesity** is a serious problem in the U.S.	▶肥満はアメリカで深刻な問題だ.
☑ He got rid of the strange **obsession**.	▶彼はその奇妙な強迫観念を追い払った.
☑ He spends large **sums** of money on clothes.	▶彼は洋服に多額のお金を使う.
☑ My knees **ache** badly these days.	▶最近膝がひどく痛む.
☑ The kitchen is **equipped with** a microwave.	▶台所には電子レンジが備えつけられている.
☑ The couple **gazed** into each other's eyes.	▶その2人は互いの目をじっと見つめ合った.
☑ 3 **multiplied by** 4 is [makes] 12.	▶3掛ける4は12.
☑ We decided to **undertake** the project.	▶我々はそのプロジェクトを引き受けることに決めた.
☑ Wildlife is **abundant** in the woods.	▶森には野生の生き物がたくさんいる.
☑ Changing the system was a **bold** move.	▶システムを変えるというのは大胆な手段だった.
☑ I haven't had a **decent** meal all day.	▶一日中まともな食事をしていない.
☑ He behaved in a **peculiar** way.	▶彼は奇妙なふるまいをした.

FINAL STAGE 1

1519 ☐ **fake** [féik | ふェイク] B1	名 偽物
1520 ☐ **fee** [fíː | ふィー] A2	名 料金；報酬
1521 ☐ **inhabitant** [inhǽbitənt | インハぁビタント] B1	名 住民，住人
1522 ☐ **load** [lóud | ろウド] A2	名 荷，重荷，積荷
1523 ☐ **odor** [óudər | オウダ]	名 (特に不快な) におい，臭気
1524 ☐ **thirst** [θə́ːrst | さ〜スト] B2	名 のどの渇き
1525 ☐ **amuse** [əmjúːz | アミューズ] B2	動 …をおもしろがらせる
1526 ☐ **beg** [bég | ベッグ] A2	動 請う，懇願する
1527 ☐ **comprehend** [kàmprihénd | カンプリヘンド]	動 …を (十分に) 理解する
1528 ☐ **nod** [nád | ナッド] B2	動 うなずく
1529 ☐ **seize** [síːz | スィーズ] B1	動 …をつかむ，とらえる
1530 ☐ **fertile** [fə́ːrtl | ふァ〜トゥる]	形 肥沃な，肥えた
1531 ☐ **hostile** [hástl | ハストゥる]	形 敵意をもった，敵対した
1532 ☐ **noble** [nóubl | ノウブる] B2	形 気高い；高貴な
1533 ☐ **vivid** [vívid | ヴィヴィッド] B1	形 鮮やかな，鮮明な

☑ The painting she bought was a **fake**. ▶彼女が買った絵は偽物だった.

☑ We charge an entrance **fee** of 5 dollars. ▶５ドルの入場料をいただきます.

☑ The number of **inhabitants** on the island is around 150. ▶その島の住民の数は約 150 人だ.

☑ They were carrying a heavy **load** on their backs. ▶彼らは重い荷物を背負っていた.

☑ The bad **odor** came from the drain. ▶その悪臭は排水溝から来ていた.

☑ He relieved his **thirst** by drinking rainwater. ▶彼は雨水を飲んでのどの渇きをいやした.

☐ My uncle's stories always **amuse** us. ▶おじの話はいつも私たちを楽しませる.

☑ Tom **begged** for another chance. ▶トムはもう一度チャンスをくれと懇願した.

☑ He seems unable to **comprehend** the nature of the problem. ▶彼は問題の本質を理解できていないようだ.

☐ I asked her if she liked me, and she **nodded**. ▶彼女に私のことが好きかと尋ねたら, 彼女はうなずいた.

☑ Bill **seized** her by the arm. ▶ビルは彼女の腕をつかんだ.

☑ The **fertile** soil produces good crops. ▶肥沃な土壌はよい収穫を生む.

☐ She gave me a **hostile** look. ▶彼女は私を敵意をもった目で見た.

☑ He is admired for his courage and **noble** action. ▶彼は勇気と高潔な行動で尊敬されている.

☑ I have a **vivid** memory of the incident. ▶その事件について鮮明な記憶がある.

1534 ☑ **accent** [ǽksent｜**あ**クセント] B1	名 アクセント；なまり
1535 ☑ **administration** B1 [ədmìnistréiʃn｜アドミニストゥ**レ**イション]	名 管理，経営；政府，行政
1536 ☑ **ambition** [æmbíʃn｜あン**ビ**ション] A2	名 野心，大望；夢
1537 ☑ **commodity** [kəmάdəti｜コ**マ**ディティ]	名 生活必需品，日用品
1538 ☑ **currency** [kə́:rənsi｜**カ**〜レンスィ] B1	名 通貨；流通
1539 ☑ **portion** [pɔ́:rʃn｜**ポ**ーション] B2	名 (…の) 部分
1540 ☑ **worship** [wə́:rʃip｜**ワ**〜シップ] B2	名 崇拝；礼拝
1541 ☑ **compel** [kəmpél｜コン**ペ**る]	動 …に (無理に) …させる
1542 ☑ **confess** [kənfés｜コン**ふェ**ス] B2	動 (…を) 告白する，白状する(to …)
1543 ☑ **emigrate** [émigrèit｜**エ**ミグレイト]	動 (他国へ) 移住する(to …)
1544 ☑ **sigh** [sái｜**サ**イ] B2	動 ため息をつく
1545 ☑ **absurd** [əbsə́:rd｜アブ**サ**〜ド] B2	形 ばかげた，不合理な
1546 ☑ **bare** [béər｜**ベ**ア] B1	形 むき出しの；(一部が) 裸の
1547 ☑ **fierce** [fíərs｜**ふィ**アス] B2	形 獰猛(どう)な；猛烈な
1548 ☑ **sacred** [séikrid｜**セ**イクレッド] B1	形 神聖な，聖なる

☑ She speaks English with a French **accent**.	▶彼女はフランス語なまりの英語を話す.
☑ That was an important issue for the Kennedy **administration**.	▶それはケネディ政権にとって重要な課題だった.
☑ His **ambition** is to become an astronaut.	▶彼の夢は宇宙飛行士になることだ.
☑ You can get **commodities** at the supermarket.	▶そのスーパーで日用品を買うことができます.
☐ The single European **currency** was introduced in 1999.	▶欧州単一通貨は 1999 年に導入された.
☑ A large **portion** of his income was spent on clothes.	▶彼の収入の大部分は洋服に費やされた.
☑ Ancestor **worship** is common in ancient cultures.	▶古代文化において先祖崇拝はよく見られる.
☐ Public opinion **compelled** the minister to resign.	▶世論が大臣を辞職に追い込んだ.
☑ The boy **confessed to** stealing the money.	▶少年はその金を盗んだことを白状した.
☑ Our neighbors **emigrated to** Canada.	▶我が家の隣人はカナダへ移住した.
☑ On hearing the news, she **sighed** with relief.	▶その知らせを聞くと, 彼女は安堵(あんど)のため息をついた.
☑ The claims she made are **absurd**.	▶彼女の出した要求はばかげたものだ.
☑ I felt the warm sun on my **bare** arms.	▶私はむき出しの腕に太陽の暖かさを感じた.
☑ He survived the **fierce** battle.	▶彼は猛烈な戦闘を生き延びた.
☑ The cow is a **sacred** animal in India.	▶インドでは牛は神聖な動物だ.

FINAL STAGE 1

1549 ☑ **cattle** [kǽtl｜**キ**ぁトゥる] `B1`	图 牛
1550 ☑ **conscience** [kάnʃəns｜**カ**ンシェンス] `B2`	图 良心，道義心
1551 ☑ **dawn** [dɔ́ːn｜**ドー**ン] `B2`	图 夜明け
1552 ☑ **faculty** [fǽklti｜**ふぁ**カるティ] `B2`	图 (大学の) 学部
1553 ☑ **poll** [póul｜**ポ**ウる]	图 (世論) 調査
1554 ☑ **usage** [júːsidʒ｜**ユー**セッヂ] `B1`	图 使い方，用法
1555 ☑ **boost** [búːst｜**ブー**スト] `B2`	動 …を持ち上げる，後押しする
1556 ☑ **convert** [kənvɔ́ːrt｜コン**ヴァ**〜ト] `B2`	動 …を変える，転換する
1557 ☑ **enhance** [enhǽns｜エン**ハ**ぁンス] `B2`	動 〈価値などを〉高める
1558 ☑ **restore** [ristɔ́ːr｜リス**ト**ー(ア)] `B1`	動 …を回復する；…を修復する
1559 ☑ **shrink** [ʃríŋk｜シュ**リ**ンク] `B2`	動 縮む
1560 ☑ **feminine** [fémənin｜**ふ**ェミニン]	形 女性の，女性的な
1561 ☑ **horizontal** [hɔ̀ːrəzάntəl｜ホーリ**ザ**ンタる]	形 水平の；横(向き)の
1562 ☑ **industrious** [indʌ́striəs｜イン**ダ**ストゥリアス]	形 勤勉な
1563 ☑ **supreme** [supríːm｜ス**プ**リーム]	形 最高の，最高位の

☑ His family raises **cattle** in Hokkaido. ▶彼の家族は北海道で牛を飼育している.

☑ Our teacher is a man of **conscience**. ▶我々の先生は良心的な方だ.

☑ Bakers start working before **dawn**. ▶パン職人は夜明け前から仕事を始める.

☑ He is a professor in the **Faculty** of Law. ▶彼は法学部の教授だ.

☑ A recent **poll** shows a decrease in the number of smokers. ▶最近の調査によると喫煙者数は減っている.

☑ These legal terms are now in common **usage**. ▶これらの法律用語は現在慣用的に使われている.

☑ The Olympic Games **boosted** Japan's economy. ▶オリンピックは日本の景気を活性化した.

☑ The castle was **converted** to a luxurious hotel. ▶その城は豪華なホテルに変えられた.

☑ This salt will **enhance** the flavor of the meat. ▶この塩は肉の風味を増す.

☑ The church was **restored** recently. ▶その教会は最近修復された.

☑ Don't put it in the dryer or it will **shrink**. ▶それは乾燥機に入れないで. さもないと縮むよ.

☑ You look very **feminine** in that dress. ▶そのワンピースを着るととても女らしいね.

☑ He drew some **horizontal** lines on the paper. ▶彼は紙に何本か横線を引いた.

☑ The Japanese are an **industrious** people. ▶日本人は勤勉な国民だ.

☑ The case went to the **Supreme** Court. ▶その事件は最高裁までいった.

FINAL STAGE 1

397

| 1564 ☑ **avenue**
[ǽvənjùː \| **あ**ヴェニュー] B1 | 名 大通り，…街 |

| 1565 ☑ **component**
[kəmpóunənt \| コン**ポ**ウネント] B2 | 名 構成要素，部品 |

| 1566 ☑ **geography**
[dʒiágrəfi \| ヂ**ア**グラふィ] B1 | 名 地理(学)；地形，地勢 |

| 1567 ☑ **impulse**
[ímpʌls \| **イ**ンパるス] B2 | 名 衝動，一時の感情 |

| 1568 ☑ **privilege**
[prívəlidʒ \| プ**リ**ヴィれッヂ] B2 | 名 特権；恩恵 |

| 1569 ☑ **revenue**
[révənjùː \| **レ**ヴェニュー] B2 | 名 (国などの) 歳入，税収 |

| 1570 ☑ **cite**
[sáit \| **サ**イト] | 動 …を引用する |

| 1571 ☑ **classify**
[klǽsəfài \| **クら**スィふァイ] B1 | 動 …を分類する |

| 1572 ☑ **leap**
[líːp \| **リ**ープ] B1 | 動 跳ぶ，跳びはねる |

| 1573 ☑ **qualify**
[kwáləfài \| ク**ワ**りふァイ] B1 | 動 …に資格を与える |

| 1574 ☑ **undergo**
[ʌ̀ndərgóu \| アンダ**ゴ**ウ] B1 | 動 …を受ける，経験する |

| 1575 ☑ **fancy**
[fǽnsi \| **ふぁ**ンスィ] A2 | 形 高級な，(値段の) 高い |

| 1576 ☑ **initial**
[iníʃəl \| イ**ニ**シャる] B2 | 形 初めの，最初の |

| 1577 ☑ **multiple**
[mʌ́ltəpl \| **マ**るティプる] B2 | 形 多様な；複合的な |

| 1578 ☑ **relevant**
[réləvənt \| **レ**れヴァント] B2 | 形 関連している；妥当な |

☑ The hotel is located on Madison **Avenue**. ▶そのホテルはマディソン街にある.

☐ That company manufactures car **components**. ▶その会社は車の部品を製造している.

☐ Water supply is limited because of the **geography** of the region. ▶その地域の地形のため水の供給は限られている.

☐ I had a sudden **impulse** to laugh. ▶私は突然笑いたい衝動にかられた.

☐ Education should not be a **privilege** of the wealthy. ▶教育はお金持ちの特権であってはならない.

☑ **Revenue** from income tax has been decreasing. ▶所得税収入が減ってきている.

☐ He **cited** a passage from Shakespeare. ▶彼はシェイクスピアの一節を引用した.

☐ The books are **classified** according to subject. ▶本はテーマによって分類されている.

☑ Some fish **leaped** out of the water. ▶魚が数匹水面から跳びはねた.

☑ My sister is **qualified** as a nurse. ▶妹は看護師の資格を持っている.

☐ He **underwent** a heart transplant. ▶彼は心臓移植を受けた.

☑ I had never been to such a **fancy** restaurant. ▶私はそんなに高級なレストランに行ったことがなかった.

☐ Her **initial** reaction was negative. ▶彼女の最初の反応は否定的だった.

☑ Most words have **multiple** meanings. ▶たいていの言葉には多様な意味がある.

☑ His comments are always short and **relevant**. ▶彼のコメントはいつも短くて妥当だ.

FINAL STAGE 1

399

| 1579 ☐ **consensus** | 名 (意見の) 一致；総意 |
| [kənsénsəs｜コン**セ**ンサス] B2 | |

| 1580 ☐ **despair** | 名 絶望 |
| [dispéər｜ディス**ペ**ア] B1 | |

| 1581 ☐ **grave** | 名 墓 |
| [gréiv｜グ**レ**イヴ] B1 | |

| 1582 ☐ **grief** | 名 深い悲しみ，悲嘆 |
| [grí:f｜グ**リ**ーふ] B2 | |

| 1583 ☐ **manuscript** | 名 (手書きの) 原稿 |
| [mǽnjəskrìpt｜**マ**あニュスクリプト] | |

| 1584 ☐ **rubbish** | 名 ごみ；くだらないこと |
| [rʌ́biʃ｜**ラ**ビッシ] B1 | |

| 1585 ☐ **accelerate** | 動 …を促進する，…の速度を速める |
| [əksélərèit｜アク**セ**れレイト] | |

| 1586 ☐ **diminish** | 動 減少する，小さくなる |
| [dimíniʃ｜ディ**ミ**ニッシ] | |

| 1587 ☐ **foster** | 動 …を育成する；〈実子でない子を〉養育する |
| [fɔ́(:)stər｜**ふォ**(ー)スタ] | |

| 1588 ☐ **reinforce** | 動 …を補強する，強める |
| [rì:infɔ́:rs｜リーイン**ふォ**ース] B2 | |

| 1589 ☐ **revise** | 動 …を改訂する；…を修正する，改める |
| [riváiz｜リ**ヴァ**イズ] B1 | |

| 1590 ☐ **altogether** | 副 完全に；全体として；合計で |
| [ɔ̀:ltəgéðər｜オーるトゥ**ゲ**ざ] B1 | |

| 1591 ☐ **further** | 副 さらに，もっと；もっと遠くへ |
| [fə́:rðər｜**ふァ**〜ざ] B1 | |

| 1592 ☐ **meanwhile** | 副 その間に；その一方では |
| [mí:nhwàil｜**ミ**ーン(ホ)ワイる] B1 | |

| 1593 ☐ **moreover** | 副 そのうえ，さらに |
| [mɔ:róuvər｜モア**オ**ウヴァ] B1 | |

☑ The decision was made by **consensus**. ▶その決定は総意に基づいてなされた.

☑ He cried in **despair**. ▶彼は絶望して泣き叫んだ.

☑ We visit Grandma's **grave** twice a year. ▶私たちは年に2回祖母のお墓にお参りする.

☑ He was overcome with **grief**. ▶彼は深い悲しみに打ちひしがれていた.

☑ The author's unpublished **manuscript** was discovered. ▶その作家の未発表の原稿が見つかった.

☑ What he says is absolute **rubbish**! ▶彼の言うことは全くばかげたことだ！

☑ That substance **accelerates** the growth of a plant. ▶その物質は植物の生長を促進させる.

☑ His influence gradually **diminished**. ▶彼の影響力は徐々に弱まった.

☑ Her artistic ability was **fostered** at a young age. ▶彼女の芸術的な才能は幼いころに育まれた.

☑ The story of his success **reinforced** my hope. ▶彼が成功した話は私の希望を強固にした.

☑ I'll have to **revise** my opinion about him. ▶私は彼についての考えを改めざるを得ないだろう.

☑ The situation was **altogether** out of control. ▶状況は完全に収拾がつかなくなっていた.

☑ I'm tired and can't walk any **further**. ▶私は疲れていてこれ以上歩けない.

☑ I'll prepare salad. **Meanwhile**, you set the table. ▶私がサラダを作るから, その間にあなたは食卓の用意をして.

☑ You don't need a car, and **moreover** it costs a lot. ▶君に車は必要ないし, そのうえ車はとてもお金がかかる.

FINAL STAGE 1

1594 ☑ **boredom** [bɔ́:rdəm | ボー(ア)ダム] **B1**	名 退屈
1595 ☑ **conviction** [kənvíkʃn | コンヴィクション]	名 信念，確信
1596 ☑ **pity** [píti | ピティ] **A2**	名 哀れみ；残念なこと
1597 ☑ **plague** [pléig | プれイグ] **B2**	名 ペスト；疫病
1598 ☑ **ray** [réi | レイ] **A2**	名 光線，光
1599 ☑ **treaty** [trí:ti | トゥリーティ] **B2**	名 条約，協定
1600 ☑ **accumulate** [əkjú:mjəlèit | アキューミュれイト] **B2**	動 (長期間)…をためる，集める
1601 ☑ **attain** [ətéin | アテイン] **B1**	動 〈目標などを〉達成する
1602 ☑ **enforce** [enfɔ́:rs | エンふォース] **B2**	動 〈法律などを〉守らせる；…を強要する
1603 ☑ **extract** [ikstrǽkt | イクストゥラぁクト] **B2**	動 …を引き抜く[出す]，抽出する
1604 ☑ **mount** [máunt | マウント] **B2**	動 高まる，増える；…に乗る，登る，上がる
1605 ☑ **approximately** [əprάksəmitli | アプラクスィメットり] **B1**	副 およそ，約
1606 ☑ **hence** [héns | ヘンス]	副 それゆえに，したがって
1607 ☑ **nonetheless** [nὰnðəlés | ナンざれス] **B1**	副 それにもかかわらず
1608 ☑ **simultaneously** [sàiməltéiniəsli | サイマるテイニアスり] **B1**	副 同時に，いっせいに

☑ This will kill the **boredom** of a long car trip.	▶これが長時間ドライブの退屈をまぎらわせるだろう.
☑ What is your political **conviction**?	▶あなたの政治的信念は何ですか？
☑ Bob felt no **pity** for her.	▶ボブは彼女に哀れみを感じなかった.
☑ The **plague** swept through Europe in the 14th century.	▶14世紀, ペストがヨーロッパ中に蔓延(まん)した.
☑ A **ray** of sunshine came through the clouds.	▶雲間から太陽の光が差してきた.
☑ Finally a peace **treaty** was signed.	▶ついに平和条約が調印された.
☑ Researchers are trying to **accumulate** evidence.	▶研究者たちは証拠を集めようとしている.
☑ He **attained** his goal of winning an Olympic medal.	▶彼はオリンピックのメダルを獲るという目標を達成した.
☑ The duty of the police is to **enforce** the law.	▶警察の仕事は法を守らせることだ.
☑ They **extracted** useful information about the product.	▶彼らはその商品に関する有益な情報を引き出した.
☑ The tax rate was raised and expenses began to **mount**.	▶税率が引き上げられ出費が増え始めた.
☑ The flight takes **approximately** three hours.	▶フライトは約3時間だ.
☑ She failed the exam, and **hence** was not promoted.	▶彼女は試験に落ち, したがって昇進しなかった.
☑ He looked serious but was **nonetheless** very friendly.	▶彼は深刻な顔をしていたが, それにもかかわらずとても友好的だった.
☑ The movie was released **simultaneously** all over the world.	▶その映画は世界中で同時に公開された.

FINAL STAGE 1

| 1609 ☑ **accord** | 名 一致，調和；合意 |
| [əkɔ́ːrd｜アコード] | |

| 1610 ☑ **biography** | 名 伝記 |
| [baiágrəfi｜バイアグラふィ] B1 | |

| 1611 ☑ **fare** | 名 料金，運賃 |
| [féər｜ふェア] A2 | |

| 1612 ☑ **glory** | 名 栄光，栄誉 |
| [glɔ́ːri｜グろーリ] B1 | |

| 1613 ☑ **microscope** | 名 顕微鏡 |
| [máikrəskòup｜マイクロスコウプ] B2 | |

| 1614 ☑ **spectator** | 名 観客，見物人 |
| [spékteitər｜スペクテイタ] B1 | |

| 1615 ☑ **assert** | 動 …を断言する；主張する |
| [əsə́ːrt｜アサ～ト] B2 | |

| 1616 ☑ **confine** | 動 …を制限する； |
| [kənfáin｜コンふァイン] B2 | …を閉じ込める，監禁する |

| 1617 ☑ **manipulate** | 動 …を操る，操作する |
| [mənípjəlèit｜マニピュれイト] B2 | |

| 1618 ☑ **strive** | 動 懸命に努力する，奮闘する |
| [stráiv｜ストゥライヴ] B2 | |

| 1619 ☑ **violate** | 動 …に違反する；…を侵害する |
| [váiəlèit｜ヴァイオれイト] B2 | |

| 1620 ☑ **elsewhere** | 副 どこかほかの所で[へ] |
| [élshwèər｜エるス(ホ)ウェア] A2 | |

| 1621 ☑ **forth** | 副 外へ；前へ |
| [fɔ́ːrθ｜ふォーす] B1 | |

| 1622 ☑ **furthermore** | 副 そのうえ，さらに |
| [fə́ːrðərmɔ̀ːr｜ふァ～ざモーア] B1 | |

| 1623 ☑ **likewise** | 副 同じように，同様に |
| [láikwàiz｜らイクワイズ] B2 | |

☑ They have reached an **accord** on the subject. ▶彼らはその件について合意に達した.

☑ I read the **biography** of Steve Jobs. ▶私はスティーブ・ジョブズの伝記を読んだ.

☑ Train **fares** will be raised next month. ▶列車の運賃が来月引き上げられる.

☑ Spain was at the height of its **glory**. ▶スペインは栄光の極みにあった.

☑ They can only be seen by using a **microscope**. ▶それらは顕微鏡でしか見ることができない.

☑ The **spectators** cheered on the runners. ▶見物人はランナーたちに声援を送った.

☑ Lisa **asserted** that she was innocent. ▶自分は無実だとリサは言い張った.

☑ I was **confined** to bed with a bad cold. ▶ひどい風邪でベッドから離れられなかった.

☑ The robot arms are **manipulated** by a surgeon. ▶ロボットのアームは外科医によって操作される.

☑ They always **strive** for a better life. ▶彼らはいつもよりよい生活を目指して努力している.

☑ He was accused of **violating** the rules. ▶規則に違反したことで彼は告訴された.

☑ We have to go **elsewhere** to eat. ▶私たちはどこかほかの所へ食事に行かなければならない.

☑ I ran back and **forth** between the hospital and my house. ▶私は病院と家の間を走って行ったり来たりした.

☑ I don't know where he is now, and **furthermore**, I don't care. ▶彼が今どこにいるか知らないし, さらに言えば, どうでもいい.

☑ Watch what I do and then do **likewise**. ▶私がすることを見て同じようにやりなさい.

◑ Scene 9 夕食後 After Dinner

S392 ☑ ① ソファー
sofa
[sóufə]

S393 ☑ ② コーヒーテーブル
coffee table
[kɔ́:fi tèibl]

S394 ☑ ③ ランプ
lamp
[lǽmp]

S395 ☑ ④ (ランプを置く)
サイドテーブル
end table
[énd tèibl]

S396 ☑ ⑤ 敷物
rug
[rʌ́g]

S397 ☑ ⑥ ティッシュ
tissue
[tíʃu:]

S398 ☑ ⑦ テレビ
television
[téləvìʒn]

S399 ☑ ⑧ リモコン
remote control
[rimóut kəntróul]

S400 ☑ ⑨ フロアスタンド
floor lamp
[flɔ́:r lǽmp]

S401 ☑ ⑩ サボテン
cactus
[kǽktəs]

夕食後の行動 Actions after Dinner

S402 ☑ テレビでニュースを
見る
watch the news on TV

S403 ☑ 夕刊を読む
**read the evening
paper**

S404 ☑ 飼い猫の世話をする
take care of our cat

S405 ☑ テレビゲームをする
play video games

S406 ☑ 1日の出来事につい
て話す **talk about the
day's events**

S407 ☑ 宿題をする
do my homework

S408 ☑ (携帯電話に)Eメール
が届く
receive an e-mail

S409 ☑ Eメールを返信する
send an e-mail in reply

S410 ☑ ギターの練習をする
practice the guitar

S411 ☑ ネットサーフィンを
する
surf the Net

S412 ☑ 動画共有サイトで動画
を見る **watch movies
on a video-sharing site**

S413 ☑ 筋力トレーニングを
する
build up my muscles

基本単語 コーパス道場 9

call [kɔ́:l | コーる] →p. 34

コアイメージ 「大きな声で叫ぶ, 声を出して呼ぶ」

[call + 名詞] ランキング

☑ S414 第1位 **call the police**	▶ (電話をかけて) 警察を呼ぶ
☑ The man called the police for help.	▶ その男性は助けを求めて警察に電話した.

☑ S415 第2位 **call a meeting**	▶ 会議を招集する
☑ He called a meeting to discuss the project.	▶ そのプロジェクトについて話し合うため, 彼は会議を招集した.

☑ S416 第3位 **call an ambulance**	▶ (電話をかけて) 救急車を呼ぶ
☑ I saw an injured woman and called an ambulance.	▶ けがをした女性を見て, 私は救急車を呼んだ.

☑ S417 第4位 **call an election**	▶ 選挙を行う
☑ The government called an election last month.	▶ 政府は先月, 選挙を行った.

☑ S418 第5位 **call a doctor**	▶ 医者を呼ぶ
☑ Shall I call a doctor for you?	▶ 医者を呼びましょうか.

work [wə́ːrk | ワ～ク] →p. 48

→p. 48

コアイメージ 「人や機械・集団などが働いて機能する」

2 1 3 [work in [at] + 名詞]ランキング

☑ S419 **第1位** **work at** home ▶ 在宅勤務する

☑ My father **works at home** twice a week. ▶ 父は週に2日，在宅勤務をしている．

☑ S420 **第2位** **work in** [at] a factory ▶ 工場で働く

☑ I **work in a** car **factory**. ▶ 私は自動車工場で働いている．

☑ S421 **第3位** **work in** a shop ▶ 店で働く

☑ He **works in a** flower **shop**. ▶ 彼は生花店で働いている．

☑ S422 **第4位** **work in** [at] the office ▶ 会社で働く

☑ My mother **works in the office** as an engineer. ▶ 母はエンジニアとして会社で働いている．

☑ S423 **第5位** **work in** [at] the hospital ▶ 病院で働く

☑ Many skillful nurses **work in the hospital**. ▶ 多くの有能な看護師がその病院で働いている．

FINAL STAGE 1

10. 職業

S424 ☑ 料理長
chef[ʃéf]

S425 ☑ 映画監督
movie director
[múːvi dirèktər]

S426 ☑ ソフトウエアエンジニア
software engineer
[sɔ́ːftwèər èndʒəníər]

S427 ☑ 漫画家
cartoonist
[kɑːrtúːnist]

S428 ☑ 報道写真家
photojournalist
[fòutoudʒə́ːrnəlist]

S429 ☑ 美容師
hairstylist
[héərstàilist]

S430 ☑ 庭師
gardener
[gáːrdnər]

S431 ☑ 保育士
nursery school teacher
[nə́ːrsəri skùːl tíːtʃər]

S432 ☑ 獣医
veterinarian
[vètərənéəriən]

S433 ☑ 看護師
nurse[nə́ːrs]

S434 ☑ 消防士
fire fighter
[fáiər fàitər]

S435 ☑ 客室乗務員
flight attendant
[fláit ətèndənt]

FINAL STAGE 2

1624 ☑ **bond** [bánd | バンド] B1	名 きずな，結びつき
1625 ☑ **greenhouse** [grí:nhàus | グリーンハウス] B1	名 温室
1626 ☑ **outcome** [áutkʌ̀m | アウトカム] B2	名 (最終的な) 結果
1627 ☑ **stroke** [stróuk | ストゥロウク] B2	名 脳卒中；(病気の) 発作
1628 ☑ **tissue** [tíʃu: | ティシュー] B1	名 (動植物の) 組織；ティッシュペーパー
1629 ☑ **trait** [tréit | トゥレイト] B2	名 特徴，特質
1630 ☑ **assemble** [əsémbl | アセンブる] B2	動 …を集める；…を組み立てる
1631 ☑ **boast** [bóust | ボウスト] B1	動 自慢する，鼻にかける
1632 ☑ **dedicate** [dédikèit | デディケイト] B1	動 …をささげる
1633 ☑ **alert** [ələ́:rt | アら〜ト] B2	形 油断のない；機敏な
1634 ☑ **controversial** [kàntrəvə́:rʃəl | カントゥロ**ヴァ**〜シャる] B1	形 論争を引き起こしている， 物議をかもす
1635 ☑ **divine** [diváin | ディ**ヴァ**イン] B1	形 神の；神聖な；神のような
1636 ☑ **gifted** [gíftid | **ギ**ふテッド] B1	形 生まれつき (…の) 才能のある
1637 ☑ **indigenous** [indídʒənəs | イン**ディ**ヂェナス]	形 固有の，土着の
1638 ☑ **vulnerable** [válnərəbl | **ヴァ**るネラブる]	形 傷つきやすい，もろい，弱い

☑ That incident strengthened the **bond** between them.	▶その事件が彼らのきずなを強めた.
☑ This product emits less **greenhouse** gases.	▶この製品は温室効果ガスの排出が少ない.
☑ I don't know what the **outcome** will be.	▶結果がどうなるか私には分からない.
☑ My grandfather suffered a **stroke** last year.	▶祖父は去年脳卒中を患った.
☑ A way to treat damaged brain **tissues** will likely be developed.	▶損傷した脳組織の治療法が見つかるだろう.
☑ Honesty is one of her good **traits**.	▶正直なことが彼女の美点(働 よい特質)のひとつだ.
☑ All the students were **assembled** in the gym.	▶全生徒が体育館に集められた.
☑ She is always **boasting** about her bright son.	▶彼女はいつも出来のいい息子を自慢している.
☑ Mother Teresa **dedicated** her life to helping the poor.	▶マザーテレサは恵まれない人々を助けることに人生をささげた.
☑ Stay **alert** while driving.	▶運転中は注意を怠らないでいなさい.
☑ The death penalty is a **controversial** issue.	▶死刑は賛否両論のある問題だ.
☑ He believes it was a **divine** message.	▶彼はそれが神のお告げだったと信じている.
☑ She was **gifted** with a talent for music.	▶彼女は音楽の才能に恵まれていた.
☑ The kiwi bird is **indigenous** to New Zealand.	▶キーウィはニュージーランド固有の鳥だ.
☑ My sister is **vulnerable** to criticism.	▶妹は批判に傷つきやすい.

FINAL STAGE 2

1639 ☑ **bias** [báiəs｜**バ**イアス]	名 先入観，偏見
1640 ☑ **compound** [kámpaund｜**カ**ンパウンド] `B1`	名 化合物，合成物
1641 ☑ **gravity** [grǽvəti｜グ**ラ**ぁヴィティ]	名 重力，引力；重大さ
1642 ☑ **hydrogen** [háidrədʒən｜**ハ**イドゥロヂェン]	名 水素
1643 ☑ **ingredient** [ingrí:diənt｜イング**リ**ーディエント] `B1`	名 材料，食材；成分
1644 ☑ **orbit** [ɔ́:rbit｜**オ**ービット] `B1`	名 軌道
1645 ☑ **contradict** [kàntrədíkt｜カントゥラ**ディ**クト] `B2`	動 …を否定する，…に反対する； …に矛盾する
1646 ☑ **dare** [déər｜**デ**ア] `B1`	動 思い切って…する，…する勇気がある
1647 ☑ **flourish** [flə́:riʃ｜ふ**ら**〜リッシ]	動 栄える，繁栄する；活躍する
1648 ☑ **retreat** [ritrí:t｜リトゥ**リ**ート] `B2`	動 引きこもる；撤退する
1649 ☑ **ample** [ǽmpl｜**あ**ンプる] `B2`	形 十分な，豊富な
1650 ☑ **incredible** [inkrédəbl｜インク**レ**ディブる] `B1`	形 信じられない；途方もない
1651 ☑ **polar** [póulər｜**ポ**ウら]	形 極の；北 [南] 極の
1652 ☑ **prior** [práiər｜プ**ラ**イア] `B2`	形 前の，先の；優先する
1653 ☑ **tense** [téns｜**テ**ンス] `B1`	形 緊張した，張り詰めた

☐ Decisions should be made without **bias**. ▶先入観なしで決定されなくてはならない.

☐ Water is a **compound** of oxygen and hydrogen. ▶水は酸素と水素の化合物だ.

☐ Newton discovered the law of **gravity**. ▶ニュートンは(万有)引力の法則を発見した.

☐ **Hydrogen** is used as fuel in fuel cells. ▶水素は燃料電池の燃料として使われている.

☐ Mix all the **ingredients** in a bowl. ▶すべての材料をボウルに入れて混ぜてください.

☐ What happens if the spaceship goes out of **orbit**? ▶もし宇宙船が軌道をはずれたらどうなりますか?

☐ Your actions **contradict** your words. ▶君の行動は言葉と矛盾している.

☐ Ann didn't **dare** to ask him. ▶アンは彼に聞く勇気がなかった.

☐ The city **flourished** as a center of trade. ▶その市は貿易の中心地として栄えた.

☐ He **retreated** to his hometown. ▶彼は故郷の町に引きこもった.

☐ We had **ample** money to buy food. ▶我々は食料を買うために十分なお金を持っていた.

☐ She does an **incredible** amount of work. ▶彼女はとんでもない量の仕事をこなす.

☐ My favorite animal is the **polar** bear. ▶いちばん好きな動物は北極グマだ.

☐ Price is subject to change without **prior** notice. ▶価格は予告なく変更されることがあります.

☐ I got **tense** in the last game. ▶私は最後のゲームで緊張した.

FINAL STAGE 2

415

1654 ☑ **council** [káunsl｜**カ**ウンスる] **B1**	名 会議，評議会；議会
1655 ☑ **drought** [dráut｜ド**ゥラ**ウト] **B2**	名 干ばつ，日照り
1656 ☑ **feather** [féðər｜**ふェ**ざ] **A2**	名 羽，羽毛
1657 ☑ **peer** [píər｜**ピ**ア] **B2**	名 仲間，同僚
1658 ☑ **prey** [préi｜プ**レ**イ]	名 えじき，獲物
1659 ☑ **primate** [práimeit｜プ**ラ**イメイト]	名 霊長類の動物
1660 ☑ **insult** [insʌ́lt｜イン**サ**るト] **B2**	動 …を侮辱する
1661 ☑ **integrate** [íntigrèit｜**イ**ンテグレイト] **B2**	動 …を統合する，まとめる
1662 ☑ **portray** [pɔːrtréi｜ポートゥ**レ**イ]	動 …を描写する
1663 ☑ **scatter** [skǽtər｜ス**キ**ぁタ] **B1**	動 …をまき散らす，ばらまく
1664 ☑ **exotic** [igzátik｜イグ**ザ**ティック] **B2**	形 異国風の
1665 ☑ **medieval** [mìːdíːvl｜ミーディ**イー**ヴる] **B2**	形 (ヨーロッパ) 中世の
1666 ☑ **obscure** [əbskjúər｜オブス**キュ**ア]	形 あいまいな，はっきりしない
1667 ☑ **stubborn** [stʌ́bərn｜ス**タ**ボン] **B1**	形 頑固な，強情な；いこじな
1668 ☑ **valid** [vǽlid｜**ヴぁ**りッド] **B2**	形 有効な，効力のある

☑ Kim is president of the student **council**. ▶キムは生徒会長だ.

☑ A severe **drought** hit Australia. ▶深刻な干ばつがオーストラリアを襲った.

☑ The hat was as light as a **feather**. ▶その帽子は羽のように軽かった.

☑ Bob has gained respect from his **peers**. ▶ボブは仲間から尊敬を集めている.

☑ A rabbit fell **prey** to the hawk. ▶ウサギがタカのえじきになった.

☑ **Primates** include monkeys, apes and humans. ▶霊長類にはサル, 類人猿, ヒトが含まれる.

☐ We felt **insulted** by his rudeness. ▶彼の無礼な態度に私たちは侮辱されたと感じた.

☑ This program **integrates** art and science. ▶この番組は芸術と科学を統合している.

☑ The life of the author is **portrayed** in the movie. ▶その作家の人生がその映画で描かれている.

☐ Books and magazines were **scattered** on the floor. ▶本や雑誌が床に散らかっていた.

☑ We enjoyed the **exotic** flavor of Indian food. ▶私たちはインド料理の異国的な味を堪能した.

☑ I'm interested in **medieval** European culture. ▶私は中世ヨーロッパ文化に興味がある.

☑ The origin of this custom is **obscure**. ▶この習慣の起源ははっきりしていない.

☑ My father has become **stubborn** these days. ▶父は最近頑固になった.

☑ The ticket is **valid** for five days. ▶その切符は 5 日間有効です.

FINAL STAGE 2

417

1669 ☐ **anthropologist** [æ̀nθrəpálədʒist｜あんすロ**パ**ろヂスト]	名 人類学者
1670 ☐ **hemisphere** [hémisfìər｜**ヘ**ミスふィア]	名 半球
1671 ☐ **molecule** [máləkjùːl｜**マ**れキューる] B1	名 分子；微粒子
1672 ☐ **phase** [féiz｜**ふェ**イズ] B2	名 段階，局面
1673 ☐ **pile** [páil｜**パ**イる] A2	名 積み重ね，(…の) 山(of ...)
1674 ☐ **stem** [stém｜ス**テ**ム] B1	名 茎，幹；(グラスの) 脚
1675 ☐ **carve** [káːrv｜**カ**ーヴ] B2	動 …を刻む，彫る；〈肉を〉切り分ける
1676 ☐ **dissolve** [dizálv｜ディ**ザ**るヴ] B1	動 溶ける，解消 [解散] する，消滅する；…を溶かす
1677 ☐ **squeeze** [skwíːz｜スク**ウィ**ーズ] B2	動 …をしぼる，ぎゅっと押す
1678 ☐ **swallow** [swálou｜ス**ワ**ろウ] A2	動 …を飲み込む
1679 ☐ **chronic** [kránik｜ク**ラ**ニック]	形 〈病気が〉慢性の
1680 ☐ **inexpensive** [ìnikspénsiv｜インイクス**ペ**ンスィヴ] A2	形 安価な，てごろな値段の
1681 ☐ **intimate** [íntəmit｜**イ**ンティメット] B2	形 親しい，親密な
1682 ☐ **moderate** [mádərit｜**マ**デレット] B1	形 適度の，中くらいの
1683 ☐ **outstanding** [àutstǽndiŋ｜アウトス**タ**ぁンディンッ] B1	形 目立った；傑出した

☐ He is a famous **anthropologist**. ▶彼は有名な人類学者だ.

☐ It's summer in the southern **hemisphere**. ▶南半球では夏だ.

☐ O₃ stands for one ozone **molecule**. ▶O₃は1つのオゾン分子を表している.

☐ Let's go on to the second **phase** of the project. ▶プロジェクトの第2段階へ進みましょう.

☐ He sat on a **pile of** magazines. ▶彼は雑誌の山の上に座った.

☐ You should hold a wine glass by the **stem**. ▶ワイングラスの脚を持ちなさい.

☐ His name was **carved** into the wood. ▶その木には彼の名が彫られていた.

☐ Sugar **dissolves** easily in hot water. ▶砂糖はお湯にすぐ溶ける.

☐ She **squeezed** juice from an orange. ▶彼女はオレンジから果汁をしぼった.

☐ He shut his eyes and **swallowed** the medicine. ▶彼は目をつぶって薬を飲み込んだ.

☐ Do you suffer from any **chronic** illnesses? ▶何か持病はありますか？

☐ This restaurant is **inexpensive** but delicious. ▶このレストランは値段は安いがとてもおいしい.

☐ We are on **intimate** terms with the Smiths. ▶私たちはスミス家の人々と親しい間柄だ.

☐ Grandma does **moderate** exercise every day. ▶祖母は毎日適度な運動をしている.

☐ Her athletic ability was **outstanding**. ▶彼女の運動能力は際立っていた.

FINAL STAGE 2

419

1684 ☑ **equator** [ikwéitər｜イク**ウェ**イタ]	名《the equator, the Equatorで》赤道
1685 ☑ **grocery** [gróusəri｜グ**ロ**ウサリ]	名 食料雑貨（店）
1686 ☑ **metaphor** [métəfɔːr｜**メ**タふォー（ア）] B2	名 隠喩(いん)，暗喩
1687 ☑ **recession** [riséʃn｜リ**セ**ション] B2	名 景気後退，不景気
1688 ☑ **recipe** [résəpi｜**レ**スィピ] B2	名 調理法，レシピ
1689 ☑ **session** [séʃn｜**セ**ション] B1	名 会議；（議会などの）開会，（法廷の） 開廷；会期
1690 ☑ **accommodate** [əkámədèit｜ア**カ**モデイト]	動 …を収容できる；…を宿泊させる
1691 ☑ **commute** [kəmjúːt｜コ**ミュ**ート] B2	動 通勤[通学]する
1692 ☑ **decay** [dikéi｜ディ**ケ**イ] B2	動 腐る，腐敗する；虫歯になる
1693 ☑ **precede** [prisíːd｜プリ**スィ**ード] B2	動 …に先行する，…より先に起こる
1694 ☑ **fluent** [flúːənt｜ふ**る**ーエント] B1	形 流暢(りゅう)な，流暢に話す
1695 ☑ **indispensable** [indispénsəbl｜インディス**ペ**ンサブる] B2	形 絶対必要な，不可欠な
1696 ☑ **inherent** [inhírənt｜イン**ヒ**ラント]	形 本来備わっている，固有の
1697 ☑ **irrelevant** [iréləvənt｜イ**レ**れヴァント]	形 無関係な
1698 ☑ **sensory** [sénsəri｜**セ**ンサリ]	形 知覚の，感覚の

☑ The equator runs through Brazil. ▶赤道はブラジルを通っている.

☑ I have to do some grocery shopping. ▶食料雑貨の買い物をしなくては.

☑ Sleep is used as a metaphor for death. ▶眠りは死の隠喩として使われている.

☑ When will the economy come out of recession? ▶いつ経済は不景気から脱却するだろうか?

☑ Please give me the recipe for this pie. ▶このパイの作り方を教えてください.

☑ A special session of the Diet will be held. ▶臨時国会(⑩ 国会の臨時の会議)が開かれる.

☑ The hotel accommodates up to 500 people. ▶そのホテルは 500 人まで収容できる.

☑ He commutes from Nara to Osaka every day. ▶彼は奈良から大阪まで毎日通勤している.

☑ Foods decay quickly in hot weather. ▶暑い気候では食べ物が早く腐る.

☑ A parade preceded the ceremony. ▶式典に先だってパレードが行われた.

☑ She answered in fluent French. ▶彼女は流暢なフランス語で答えた.

☑ Sleep is indispensable for good health. ▶睡眠は健康に欠かせない.

☐ Creativity is inherent in everyone. ▶創造力はすべての人に本来備わっている.

☑ Your argument is irrelevant to the discussion at hand. ▶君の論点は目下の議論とは無関係だ.

☑ The human head contains many sensory organs. ▶ヒトの頭にはたくさんの感覚器官がある.

1699 ☑ **astronomer** [əstrάnəmər｜アストゥ**ラ**ノマ] `B1`	名 天文学者
1700 ☑ **equation** [ikwéiʒn｜イク**ウェ**イジョン] `B2`	名 等式，方程式；同一視
1701 ☑ **infrastructure** [ínfrəstrʌ̀ktʃər｜**イ**ンふラストゥラクチャ]	名 社会基盤；基盤設備
1702 ☑ **lung** [lʌ́ŋ｜**ら**ンッ] `B1`	名 肺
1703 ☑ **telescope** [téləskòup｜**テ**れスコウプ] `B2`	名 望遠鏡
1704 ☑ **trail** [tréil｜トゥ**レ**イる] `B1`	名 (通った) 跡；小道
1705 ☑ **drown** [dráun｜ドゥ**ラ**ウン] `B1`	動 おぼれ死ぬ
1706 ☑ **heal** [híːl｜**ヒ**ーる] `B1`	動 …を治す，いやす
1707 ☑ **rub** [rʌ́b｜**ラ**ブ] `B2`	動 …をこする，すり込む
1708 ☑ **utter** [ʌ́tər｜**ア**タ] `B2`	動 〈言葉などを〉発する，口に出す
1709 ☑ **awkward** [ɔ́ːkwərd｜**オ**ークワド] `B1`	形 ぎこちない，不器用な；気まずい
1710 ☑ **deliberate** [dilíbərit｜デ**リ**ベレット] `B2`	形 故意の，意図的な；熟考された
1711 ☑ **immense** [iméns｜イ**メ**ンス]	形 巨大な，非常に大きな
1712 ☑ **magnificent** [mægnífəsnt｜マぁグ**ニ**ふィセント] `B1`	形 壮大な；すばらしい
1713 ☑ **obese** [oubíːs｜オウ**ビ**ース]	形 肥満の

☑ He is the greatest **astronomer** of our time.	▶彼は現代の最も偉大な天文学者だ.
☑ She kept working on her **equations**.	▶彼女はずっと方程式を考え続けていた.
☑ New **infrastructure** has been established.	▶新しい基盤設備が整った.
☑ Smoking increases the risk of **lung** cancer.	▶喫煙は肺がんのリスクを高める.
☑ Have you ever seen stars through a **telescope**?	▶望遠鏡で星を見たことがありますか?
☑ A **trail** through the woods led us to the castle.	▶森の中の小道を行くと城に着いた.
☑ How can dolphins sleep without **drowning**?	▶なぜイルカはおぼれずに眠ることができるのだろう?
☑ This medicine will help **heal** the wound.	▶この薬を使うと傷の治りがよくなるだろう.
☑ He made a fire by **rubbing** two sticks together.	▶彼は2本の棒をこすり合わせて火をおこした.
☑ He didn't **utter** a single word of protest.	▶彼は抗議の言葉を一言も口にしなかった.
☑ There was an **awkward** silence after he spoke.	▶彼が話したあと気まずい沈黙があった.
☑ It was a **deliberate** effort to deceive people.	▶それは人々をだまそうとする意図的なたくらみだった.
☑ The pressure on Olympic athletes can be **immense**.	▶オリンピック選手にかかる重圧は非常に大きなものだろう.
☑ We enjoyed the **magnificent** view of the ruins.	▶私たちは遺跡の壮大な眺めを楽しんだ.
☑ **Obese** patients have higher risk of many diseases.	▶肥満の患者は多くの病気にかかるリスクが高い.

FINAL STAGE 2

1714 ☐ **angle** [ǽŋgl | **あ**ングる] B1	名 角度，角；視点
1715 ☐ **archaeologist** [à:rkiάlədʒist | アーキ**ア**ろヂスト] B2	名 考古学者
1716 ☐ **counterpart** [káuntərpà:rt | **カ**ウンタパート]	名 相当するもの；(対等の) 相手方
1717 ☐ **pension** [pénʃn | **ペ**ンション] B2	名 年金
1718 ☐ **refugee** [rèfjudʒí: | レふュ**ヂ**ー] B2	名 難民
1719 ☐ **weed** [wí:d | **ウィ**ード] B2	名 雑草
1720 ☐ **betray** [bitréi | ビトゥ**レ**イ] B2	動 …を裏切る，…に背く
1721 ☐ **comprise** [kəmpráiz | コンプ**ラ**イズ]	動 …から成る，…で構成される
1722 ☐ **glow** [glóu | グ**ロ**ウ]	動 光を放つ；赤々と燃える
1723 ☐ **infer** [infə́:r | イン**ふァ**〜] B2	動 …を推論する
1724 ☐ **resume** [rizú:m | リ**ズ**ーム] B2	動 …を再開する；…を取り戻す
1725 ☐ **soak** [sóuk | **ソ**ウク] B2	動 …を (液体に) つける；(液体に) つかる
1726 ☐ **tolerate** [tάlərèit | **タ**れレイト] B2	動 …を我慢する，大目に見る
1727 ☐ **marvelous** [mά:rvələs | **マ**ーヴェらス] A2	形 (信じられないほど) すばらしい
1728 ☐ **metabolic** [mètəbάlik | メタ**バ**りック]	形 (新陳) 代謝の

☑ Look at things from different **angles**.	▶違った角度から物事を見てごらんなさい.
☑ **Archaeologists** were excited by the discovery.	▶考古学者たちはその発見に興奮した.
☑ The President had talks with his French **counterpart**.	▶大統領はフランスの相手方[大統領]と会談した.
☑ Mr. and Mrs. Reed live on a **pension**.	▶リード夫妻は年金生活を送っている.
☑ **Refugees** kept flowing across the border.	▶国境を越えて難民の流入が続いた.
☑ I pulled out the **weeds** in the garden.	▶私は庭の雑草を抜いた.
☑ He would never **betray** his colleagues.	▶彼は決して同僚を裏切らないだろう.
☑ The play **comprises** three acts.	▶その劇は3幕で構成されている.
☑ Two golden eyes **glowed** in the darkness.	▶2つの金色の目が暗やみで光った.
☑ What can be **inferred** from this data?	▶このデータから何が推論できますか？
☑ We'll **resume** the meeting after lunch.	▶昼食後, 会議を再開します.
☑ **Soak** the beans overnight.	▶豆を一晩(水に)つけてください.
☑ He can't **tolerate** the improper use of Japanese.	▶彼は誤った日本語の使い方が我慢できない.
☑ The weather was **marvelous**.	▶天気はすばらしかった.
☑ The **metabolic** rate varies among individuals.	▶代謝率は個人によってさまざまだ.

1729 ☑ **deforestation** [dìːfɔ(ː)ristéiʃn	ディーふォ(ー)レステイション]	**B2**	名 森林破壊
1730 ☑ **diabetes** [dàiəbíːtiz	ダイアビーティーズ]		名 糖尿病
1731 ☑ **edition** [idíʃn	イディション] **B1**		名 (出版物の) 版
1732 ☑ **hybrid** [háibrid	ハイブリッド] **B2**		名 雑種, 混成物, ハイブリッド
1733 ☑ **thief** [θíːf	すィーふ] **A2**		名 泥棒
1734 ☑ **venture** [véntʃər	ヴェンチャ] **B2**		名 (冒険的な) 新事業, ベンチャー
1735 ☑ **inquire** [inkwáiər	インクワイア] **B2**		動 (…を) 問う, 尋ねる
1736 ☑ **presume** [prizúːm	プリズーム]		動 …を推定する, …だと思う
1737 ☑ **soar** [sɔ́ːr	ソー(ア)] **B2**		動 空高く舞う；急騰する
1738 ☑ **startle** [stáːrtl	スタートゥる] **B2**		動 …をびっくりさせる
1739 ☑ **halfway** [hǽfwéi	ハぁふウェイ]		副 中間で, 途中で
1740 ☑ **invariably** [invéəriəbli	インヴェ(ア)リアブり] **B2**		副 変わることなく, いつも
1741 ☑ **newly** [njúːli	ニューり] **B1**		副 最近, 近ごろ
1742 ☑ **scientifically** [sàiəntífikəli	サイエンティふィカり] **B2**		副 科学的に
1743 ☑ **thereby** [ðèərbái	ゼアバイ]		副 それによって

☑ **Deforestation** is a serious problem in developing countries.	▶森林破壊は途上国において深刻な問題だ.
☑ **Diabetes** ranks high as a cause of death.	▶糖尿病は死亡原因で高い割合を占めている.
☑ The new **edition** of the dictionary was released.	▶その辞書の新版が発売された.
☑ **Hybrids** are the trend in many fields.	▶多くの分野でハイブリッドが流行している.
☑ A **thief** stole my computer.	▶泥棒が私のコンピュータを盗んだ.
☑ They started a risky **venture**.	▶彼らはリスクの大きい事業を始めた.
☑ She **inquired** about the tickets for the concert.	▶彼女はそのコンサートのチケットについて問い合わせた.
☑ I **presume** that my purse will never be found.	▶私の財布は絶対見つからないと思う.
☑ Gas prices **soared** last month.	▶先月ガソリンの値段が急騰した.
☑ The sound of fireworks **startled** my dog.	▶花火の音が犬を驚かせた.
☑ I'm **halfway** through with my homework.	▶私は宿題を半分ほど終えた.
☑ John is **invariably** late.	▶ジョンはいつも遅れてくる.
☑ They are a **newly** married couple.	▶彼らは新婚夫婦だ(◉ 最近結婚した夫婦だ).
☑ Its effect is **scientifically** proved.	▶その効果は科学的に証明されている.
☑ He signed the contract, **thereby** parting with the property.	▶彼は契約書にサインをし, それにより財産を手放した.

1744 ☑ **envelope** [énvəlòup	エンヴェろウプ] A2	名封筒
1745 ☑ **estate** [istéit	イステイト] B2	名地所，所有地；財産
1746 ☑ **migrant** [máigrənt	マイグラント]	名移住者；渡り鳥
1747 ☑ **output** [áutpùt	アウトプット] B2	名生産（高）；出力，アウトプット
1748 ☑ **tide** [táid	タイド] B1	名潮，潮流；風潮
1749 ☑ **embrace** [embréis	エンブレイス]	動…を抱きしめる
1750 ☑ **rid** [ríd	リッド] B1	動…を取り除く
1751 ☑ **speculate** [spékjəlèit	スペキュれイト]	動考えを巡らす，推測する
1752 ☑ **surrender** [səréndər	サレンダ] B2	動（…に）降伏する，降参する(to …)
1753 ☑ **tackle** [tækl	タぁくる] B2	動…に取り組む；…にタックルする
1754 ☑ **tempt** [témpt	テンプト] B1	動…を誘惑する，そそる
1755 ☑ **underlie** [ʌndərlái	アンダらイ]	動…の根底にある
1756 ☑ **drastically** [dræstikəli	ドゥラぁスティカり]	副思いきって，徹底的に；極端に
1757 ☑ **overly** [óuvərli	オウヴァり] B2	副過度に，あまりに（も）
1758 ☑ **unexpectedly** [ʌnikspéktidli	アニクスペクテッドり] B1	副思いがけず，突然に

She put the letter in an **envelope**. ▶彼女は手紙を封筒に入れた.

He left his **estate** to his only daughter. ▶彼はひとり娘に財産を残した.

Migrants from Asia reached America in ancient times. ▶はるか昔, アジアからの移住者がアメリカに到達した.

They will increase the **output** of the products. ▶彼らはその製品の生産を増やす予定だ.

You can walk to the island during low **tide**. ▶潮が引いているときはその島へ歩いて行けます.

She **embraced** her daughter warmly. ▶彼女は娘を温かく抱きしめた.

I got **rid** of my old clothes and books. ▶私は古い服と本を処分した.

We **speculated** about the reason for his absence. ▶私たちは彼が不在の理由をあれこれ考えた.

They finally **surrendered to** the authorities. ▶彼らはついに当局に投降した.

We've found a way to **tackle** the problem. ▶私たちはその問題に取り組む方法を見つけた.

She was **tempted** to have dessert. ▶彼女はデザートを食べたいという誘惑にかられた.

What **underlies** the bad feelings between them? ▶何が彼らの間の悪感情の根底にあるのだろう?

Life changed **drastically** for them. ▶彼らにとって生活は極端に変わった.

I think Lisa is **overly** sensitive. ▶リサはあまりに神経過敏だと思う.

The minister resigned **unexpectedly**. ▶その大臣は突然辞職した.

FINAL STAGE 2

429

1759 ☑ **compliment** [kámpləmənt｜**カ**ンプリメント] B1	名 ほめ言葉，賛辞
1760 ☑ **crack** [kræk｜クラぁック] B2	名 ひび，裂け目；すき間
1761 ☑ **litter** [lítər｜**リ**タ] B2	名 ごみ，くず
1762 ☑ **log** [lɔ́(ː)g｜**ロ**(ー)グ] B1	名 丸太
1763 ☑ **plantation** [plæntéiʃn｜プらぁン**テ**イション]	名 大農園，プランテーション
1764 ☑ **province** [právins｜プ**ラ**ヴィンス] B2	名 (カナダなどの) 州，(中国などの) 省
1765 ☑ **utility** [ju:tíləti｜ユー**ティ**りティ] B2	名 有用性；公共事業 [料金]
1766 ☑ **coordinate** [kouɔ́ːrdənèit｜コウ**オー**ディネイト]	動 …を調和させる；…と調整する
1767 ☑ **mislead** [mislíːd｜ミス**リ**ード] B1	動 …に誤解を与える，惑わす
1768 ☑ **nurture** [nə́ːrtʃər｜**ナ**〜チャ]	動 …を育てる，養育する
1769 ☑ **retrieve** [ritríːv｜リトゥ**リ**ーヴ] B2	動 …を取り戻す，救う
1770 ☑ **split** [splít｜スプ**リ**ット] B2	動 …を割る，裂く；…を分ける
1771 ☑ **afterward** [æftərwərd｜**あ**ふタワド] B1	副 後で，その後
1772 ☑ **beforehand** [bifɔ́ːrhænd｜ビふ**オー**(ア)ハぁンド]	副 前もって，あらかじめ
1773 ☑ **swiftly** [swíftli｜ス**ウィ**ふトり]	副 速く，素早く，ただちに

☑ Thank you for the **compliment**.	▶ほめてくれてありがとう.
☑ There were many **cracks** in the ground after the earthquake.	▶地震のあと, 地面にたくさんのひび割れができていた.
☑ Don't throw **litter** out of your car.	▶車からごみを捨ててはいけません.
☑ His arms looked like **logs**.	▶彼の腕は丸太のようだった.
☑ His family worked on a banana **plantation**.	▶彼の家族はバナナの大農園で働いていた.
☑ Toronto is in the **Province** of Ontario.	▶トロントはオンタリオ州にある.
☑ **Utility** bills will increase next spring.	▶来春, 公共料金が上がる.
☑ The various groups should **coordinate** their activities.	▶各グループはそれぞれの活動を調整する必要がある.
☑ He didn't intend to **mislead** the public.	▶彼は世間を惑わすつもりはなかった.
☑ Parents should **nurture** their children's independence.	▶親は子どもの独立心を育てるべきだ.
☑ They successfully **retrieved** the data.	▶彼らは無事にデータを回復した.
☑ The teacher **split** the class into three groups.	▶先生はクラスを3つのグループに分けた.
☑ I wrote her a letter of thanks **afterward**.	▶私はその後彼女に礼状を書いた.
☑ Let me know the time of arrival **beforehand**.	▶到着時間を前もって教えてください.
☑ The smoke spread **swiftly**.	▶煙はたちまち広がった.

FINAL STAGE 2

431

⏱ Scene 10 1日の終わり The End of the Day

S436 ☑ シャンプーする
shampoo my hair

S437 ☑ リンスする
put conditioner on my hair

S438 ☑ 入浴する
take a bath

S439 ☑ 体をバスタオルで拭く
dry myself with a bath towel

S440 ☑ スウェットを着る
put on my sweatshirt

S441 ☑ 体重計で体重をはかる
weigh myself on the scale

S442 ☑ 体重が増える
gain weight

S443 ☑ ダイエットを決意する
decide to go on a diet

S444 ☑ アイスクリームを我慢する
give up ice cream

就寝前の行動 Actions before Going to Bed

S445 ☑ 夜食をとる
have a bedtime snack

S446 ☑ コンタクトレンズをはず
す take out my contact
lenses

S447 ☑ あくびをする
yawn

S448 ☑ おやすみを言う
say goodnight

S449 ☑ ストレッチをする
do stretching exercises

S450 ☑ アラームをセットする
set the alarm

S451 ☑ スマートフォンの充電
をする charge my
smartphone

S452 ☑ ベッドで本を読む
read in bed

S453 ☑ 部屋の明かりを消す
turn off the room
light

Sweet dreams!

bring [bríŋ|ブリン_グ]

→p. 182

> **コアイメージ** 「自分のいる場所や話の中心になっている場所に人や物を移動させる」

🏆[bring + 副詞]ランキング

☑ S454 第1位 bring in ▸ …を持ち込む

☑ It started to rain, so I brought in the washing.	▸ 雨が降り始めたので，私は洗濯物を取り込んだ.

☑ S455 第2位 bring up ▸ …を育てる；…を持ち出す

☑ I was born and brought up in Okinawa.	▸ 私は沖縄で生まれ育った.

☑ S456 第3位 bring back ▸ …を持って帰る；…を返す

☑ Bring back this book by next Friday.	▸ この本を次の金曜日までに返しなさい.

☑ S457 第4位 bring out ▸ …を取り出す

☑ My grandfather brought out a box of candies from the shelf.	▸ 私の祖父は棚から飴(あめ)の入った箱を取り出した.

☑ S458 第5位 bring together ▸ …をグループにまとめる

☑ We brought together great scientists and created new AI.	▸ 私たちは偉大な科学者を集め，新しい人工知能を生み出した.

keep [kíːp | キープ] →p. 230

コアイメージ 「自分のところに一定期間ずっともっている, 保持する」

②①③ [keep + 名詞]ランキング

☑ S459 第1位 **keep an eye** (on ...) ▶ (…から) 目を離さない

☑ You must keep an eye on your luggage. ▶ 荷物から目を離さないようにしなくてはいけません.

☑ S460 第2位 **keep** one's mind (on ...) ▶ (…に) (意識を) 集中する

☑ Watch out! Keep your mind on driving! ▶ 危ない! 運転に集中しなさい!

☑ S461 第3位 **keep** one's head ▶ 冷静さを保つ

☑ I tried to keep my head during the discussion. ▶ 私は議論の間, 冷静さを保つように努めた.

☑ S462 第4位 **keep pace with ...** ▶ …に遅れずについていく

☑ My grandmother keeps pace with the trend and uses her smartphone well. ▶ 私の祖母は流行に遅れず, スマートフォンを使いこなしている.

☑ S463 第5位 **keep control of ...** ▶ …をコントロールする

☑ She tried to keep control of her feelings. ▶ 彼女は自分の感情をコントロールしようとした.

FINAL STAGE 2

435

索 引

この索引には，本文LESSONと「コーパス道場」に収録されている単語，熟語がそれぞれアルファベット順に掲載されています（単語には発音記号を併記）．太字の語句は見出し語句として，細字の語句は関連語・対義語として収録されています．斜字体のページでは，「コーパス道場」としてその語を特集しています．

437

F

G

445

H

索引

Q

R

U

463

フェイバリット
英単語・熟語〈テーマ別〉
コーパス 3000 4th Edition

発行日	2008年2月1日　初版発行 2020年2月1日　新版第1版発行
監修	投野由紀夫（東京外国語大学）
表紙・本文デザイン	株式会社ファクトリー701
イラスト	榊原ますみ／ ちよ丸（株式会社ファクトリー 701）／ハヤシナオユキ
編集協力	日本アイアール株式会社 図書印刷株式会社
発行者	東京書籍株式会社　千石雅仁 東京都北区堀船2-17-1　〒114-8524
印刷所	株式会社リーブルテック

支社・出張所電話（販売窓口）

札幌 011-562-5721	大阪 06-6397-1350
仙台 022-297-2666	広島 082-568-2577
東京 03-5390-7467	福岡 092-771-1536
金沢 076-222-7581	鹿児島 099-213-1770
名古屋 052-939-2722	那覇 098-834-8084

編集電話　03-5390-7516
ホームページ　https://www.tokyo-shoseki.co.jp
東書Eネット　https://ten.tokyo-shoseki.co.jp
落丁・乱丁本はおとりかえいたします。
ISBN978-4-487-37778-7 C7082

不規則動詞変化表 2

原形	現在形	過去形	過去分詞	-ing 形
lose	lose(s)	lost	lost	losing
make	make(s)	made	made	making
mean	mean(s)	meant	meant	meaning
meet	meet(s)	met	met	meeting
put	put(s)	put	put	putting
read	read(s)	read [réd]	read [réd]	reading
ride	ride(s)	rode	ridden	riding
rise	rise(s)	rose	risen	rising
run	run(s)	ran	run	running
say	say(s)	said	said	saying
see	see(s)	saw	seen	seeing
sell	sell(s)	sold	sold	selling
send	send(s)	sent	sent	sending
shine	shine(s)	shone	shone	shining
show	show(s)	showed	shown	showing
sing	sing(s)	sang	sung	singing
sit	sit(s)	sat	sat	sitting